韩国精神文化语言学

本书的出版得到中国国家社科基金后期资助项目《认知语言学视域下的韩国语研究》(20FYYB045)的资助。

韩国精神文化语言学

王芳·王波

역락

前言

　　文化语言学通俗地说就是将文化与语言结合起来进行研究的科学，此类研究在西方最著名的当属19世纪前期德国的洪堡特，20世纪初的美国人类学家Franz Boas、萨丕尔、沃尔夫，并且有了萨丕尔——沃尔夫假说，欧洲则有马林诺夫斯基，不过西方人的研究更多的属于人类语言学，因为他们的主要研究对象是没有文字传统的民族语言。

　　中国的文化语言学源远流长，最初的专著有罗常培的《语言与文化》，这是中国文化语言学的开山之作(游汝杰 1995:11)，但是文化语言学在中国作为一门相对独立的分支学科主要起源于20世纪后期，并形成了三大流派，其中之一是以游汝杰为代表的"双向交叉文化语言学"，强调语言与文化的双向研究，以及历时与共时研究；其二是以陈建民为代表的"社会交际文化语言学"；第三派是以申小龙为代表的"全面认同文化语言学"，认为语言是一个民族看待世界的样式，是对该民族具有根本意义的价值系统的意义系统(邵敬敏 1995:2)。关于文化语言学，虽然各个流派的观点有的分歧较大，但在文化语言学是立足于描写语言基础之上的解释性语言学(游汝杰 1995:12)这一点上比较统一。

　　语言文化研究最终要上升到思想研究，纳日碧力戈在《地方知识》的代译序中提到"对现代思想作描述，是一项庞杂繁纷的工作，要涉及'爬虫类动物学、亲属关系理论、小说写作、心理分析、微分拓扑学(differential topology)、流体力学、图像学与数量经济等一切可以对我们构成起码范畴的东西',这些都是我们这个生活世界中的社会活动"。文化囊括了整个社会的方方面面,文化还是一个自古延续至今的传承过程,对这样一个庞大的内容,要想面面俱到、保证正确无误,其难度之大可想而知。要想对一个民族社会的思想作描述需要无数学科的共同努力,而文化语言学则要主动借用社会学、历史学、人类学、心理学、生态学尤其是哲学等学科的知识进行研究。

"文化的分析不是一种寻求规律的实验科学,而是一种探求意义的解释科学"(格尔茨 2014/2017:5)。正因为文化分析的这种特点,所以纳日碧力戈在格尔茨(2014)的代译序中说"这是一门奇怪的学问,最有说服力,也最脆弱。"但"正是这样一项工作,不仅可以使我们熟悉一个国家的历史、文学和思维方式,而且将会照亮人类心灵中朦胧昏暗的领域"(赫尔德 2011:64)。

洪堡特(2011:28)曾说"每一种特定的语言实际上都是三种不同的力量会同作用的结果,其一是客体实在性质的作用,这种性质在心灵中造成印象;其二是一个民族的主观作用;其三是语言自身特性的作用。"这里所说的客体实在与民族的主观作用都是文化,换句话说,一种语言是文化和语言内在特性的有机合成,所以借助文化语言学,我们可以通过语言来反观一个民族的客体文化、主观文化的投影,来探讨一个民族的思维和认知,也可探讨三种力量对语言影响作用的大小和程度以及语言的演变。

本研究共分五部,分别是《韩国自然文化语言学》《韩国生活文化语言学》《韩国精神文化语言学》《韩国文化语言学综论》以及《语言与文化》,其中《韩国精神文化语言学》主要分析与精神文化有关的韩国语言现象。

　　精神文化是人类在社会实践和精神意识活动中长期育化出来的价值观念、思维方式、宗教信仰、道德情操等，此外，它还可以包括各种语言、艺术形式(唐晓峰 2012:53)。与包括自然文化和生活文化在内的物质文化相比，精神文化是深层次的文化，对于两者的关系，Shaules(2007)将其描述为洋葱关系，如下图所示：

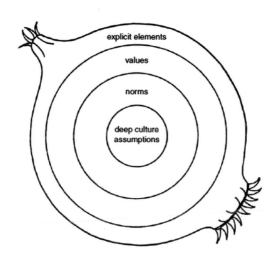

[图1] 文化分层(Shaules 2007:15)

　　如上，物质文化处于表层位置，属于表层文化，而精神文化处于深层位置，属于深层文化，具有难于表述的抽象性。处于两者之间的是价值(values)和概念(norms)。

　　《韩国精神文化语言学》共十一章，分别为：事大主义与语言，关系与语言，交际与语言，人名与语言，地名与语言，外貌与语言，婚恋与语言，性别与语言，宗教、信仰与语言，文学与语言，曲艺与语言。

韩国的精神文化受中国儒家文化的影响最深，儒学在韩国称作儒教，但与一般的宗教并不相同，但是正像이동희(2015:9)所说，儒学已经不知不觉间渗透于东亚地区人们的思想中，并且一直延伸到人们无意识的思想深层。所以从这个角度来看，儒学可以视作是与宗教同等重要的信念体系。

中韩两国都属于儒家文化圈，其中中国是文化核心区。王恩涌(1995:13-14)认为中心文化区的特征表现得最为强烈、最典型，数量多且集中；随着从核心区向外距离的增加，该文化特征的典型性逐渐减弱，最后趋于消失；并且文化特征是不断变化的，如果文化圈的范围比较大，当某特征到达圈边缘时，其核心区的该特征已有新的变化，所以在核心区的特征比较新，而边缘的则比较老，这种时间差异就成为不同文化层。

例如，中国作为儒家文化的核心区，儒家文化在中国已经发生了很多的变化，而处于文化圈边缘的韩国却依然较多地保留了儒家文化的原初特征，从而使中韩两国文化成为不同的文化层。

对韩国人来说，不管他们的信仰属于哪个宗教，如果分析深层次的精神文化，会发现他们的价值观、思考方式以及生活方式都带着儒家文化的印记(금정태 1999)。例如，韩国社会非常重视各种人际关系，尤其是血缘关系，产生了集体主义、面子文化。这些文化形式又集中体现在重礼这种文化上，表现在语言上就是韩国延续至今的复杂的敬语语言系统。其次，上述文化的内涵还表现在命名文化、外貌观、婚丧嫁娶民俗、性别文化等方面。虽然这些文化形式源于中国儒学，但又发生了变化。在这些因素的综合作用下，形成了韩国人独特的精神文化，也形成了韩国人独特的语言、艺术形式。

本书主要研究韩国语言这种媒介与韩国文化的关系，研究语料主要为韩国《표준국어대사전》收录的词条释义、惯用语和俗语。

为探讨语言是如何与文化交融在一起的，本研究还借用了大量的电视剧剧本语料、新闻文本、小说文本、语料库、现行韩国语教科书等。借此，可以检验词语、惯用语、俗语的时效性以及它们在人们的日常文化生活中是如何得以运用的，也可对大量的文化现象进行更细致具体的分析。本书例句仅用于对相关语言文化现象作例证分析，不代表任何政治立场。

另外，关于本书中的标点符号，原则上采用汉语标识，与英语有关的采用英语标识，与韩国语有关的采用韩国语标识。关于作者的引用，为便于与参考文献统一，如果引文是外文原文，作者姓名则使用外文；如果引文是外文译文，作者则使用译著中所标出的中文译名；韩译日本文献的作者姓名因为要与参考文献一致，所以在文中引用时也使用韩译日语姓名。例句与图表序号都以每章为单位编号。

目录

图表目录

第一章

事大主义与语言

1.1 引论

受中国文化的影响，韩国在政治思想上出现了事大主义。"사대주의(事大主義)"指的是古代朝鲜半岛上的新罗、高丽和朝鲜王朝三个王朝时期的外交政策。"事大"一词来源于《孟子》中的"以小事大"。在朝鲜王朝，主张效忠清王朝、反对日本干预的人们被称为"事大党"。

事大主义的形成与传统的华夷秩序有密切的关系。由于朝鲜长期奉中国为大国及自己的宗主国，视中原王朝为中华，故称自己为小中华(有"中华第二"之意)，是为所谓的"小中华思想"，而忠效中国的政策即为事大主义。

事大主义有多种表现：其一是高丽时期开始开设译馆，机构名称、设置、功能如表1所示：

机构名称	设置朝代	设置年代	机构职能
译科设置	神宗5年	1202	译科试取
译语都监	高宗18年以前	1231年以前	通译教育
通文馆	忠烈王2年	1276年	汉语教习
汉语都监	忠烈王15年以前	1289年以前	汉语专担
吏学都监	忠惠王元年	1341年	吏文专担
司译院	恭让王元年	1389年	吏学专担
汉文都监	恭让王3年	1391年	汉语专担

[表1] 高丽时期的译馆

(根据박동석(2003)、박룡운(2005)、崔桂华(2012:62)整理而成)

韩国古代这些专门机构的设立都是为了吸收中国文化和汉语，反映了中国文化对韩国文化的影响之深远。

表现之二，是汉文的使用。事大主义在朝鲜形成、发展的媒介之一就是汉文的传播，或者说大量汉文典籍将中国文化传播到了朝鲜半岛，形成并发展了韩国的事大主义。而事大主义的盛行表现在语言上就是汉字文化统治着朝鲜。高句丽（前37-668）"国初始用文字"[01]，从那时起，中国的汉文就逐渐开始成为韩国的书面文字形式，一直到朝鲜世宗大王时期，因为韩国没有自己的文字，所有的记录都是利用汉字来进行的。因为输入的汉字不够用，韩国人还自创了一些汉字，称作"韩制汉字"或"固有汉字"（김상근 1990:284）。

除了使用汉文之外，韩国人还称中国为"대국(大國)、대방(大邦)"[02]，有俗语"대국 고추는 작아도 맵다"，意思是中国产的辣椒虽

01　《三国史记》卷二十《高句丽本纪第八》，朝鲜中宗壬申年刻本。（转引自刘畅 2015:104）

02　不过现在"대국"也指国力强盛、国土面积大的国家，如"경제 대국"。派生词"대국적02(大國的)"则指具有大国风范的，如"대국적 기질"。

然个头小但却非常辣，并且还比喻有根底的东西不能光靠外表来判断，这反映的也是对中国的崇拜。朝鲜时代用来迎接中国使臣的地方称作"모화관(慕華館)"，"慕华"顾名思义就是"仰慕中华"，可见对中国的崇拜心之强。并且慕华馆作为招待中国使臣的地方，是庄重肃静的地方，不得大声喧哗，与此相关有俗语"모화관 동냥아치 떼쓰듯"，意思是就像在慕华馆前面耍赖的乞丐，比喻用有违事理的言辞来大声喧哗、吵闹。

汉文在韩国的使用也带来一些弊端，例如老百姓没有文化，不识汉字，所以知识阶层就成了既得利益者。因此，事大主义也被当时的部分学者认为是朝鲜王朝末期妨碍朝鲜近代化的原因之一。

为了促进百姓的开化，朝鲜世宗大王在郑麟趾、申叔舟、崔恒、成三问等的帮助下开始了创制韩文的工作。但韩文的创制遭到了以崔万里、金汶等为首的事大主义者的强烈反对，他们的主张是：

"我朝自祖宗以來. 至誠事大. 一尊華制. 今當同文同軌之時. 創作諺文有駭觀聽. 儻曰諺文皆本古字. 非新字也. 則字形雖倣古之篆文. 用音合字盡反於古. 實無所據. 若流中國. 或有非議之者. 豈不有愧於事大慕華. (世宗16年甲子2月20日的上书)"(강신항 1987/2008:202)

他们反对的理由就是创制韩文不符合朝鲜的事大主义思想。但因为朝鲜世宗大王的坚持，所以朝鲜最终于1443年成功创制了韩文，1446年正式颁布。从韩文创制颁布的复杂过程以及遭受的阻力也可以窥视中国文化对韩国的影响之大。

事大主义的表现之三是中国儒家思想对韩国社会造成了莫大的影响，儒家思想对韩国的影响波及韩国社会的各个层面，但对政治、教育领域的影响尤其巨大。此外，儒家思想的影响使韩国形成了儒家文化下的集体主义和关系文化(第二章)、形成了爱用敬语的文化(第三章)；中国文化还影响了韩国人名和地名的演变、以及中国人名和地名在韩国的语义泛化(第四、五章)；中国文化还影响了韩国的外貌观(第六章)；中国文化对韩国的婚丧嫁娶产生了极大影响(第七章)；儒家男尊女卑的思想影响了韩国的性别文化和语言(第八章)；中国的道教和被中国再发展了的佛教也影响了韩国的宗教文化(第九章)；中国的文化影响还表现在大量的文学作品在韩国传播(第十章)；韩国的曲艺语言中也有大量的汉字词存在(第十一章)。

发展到现代社会，对事大主义的看法也有不同的声音。例如韩国前总统金大中在《김대중 옥중서신:민족의 한을 안고》中认为：朝鲜的事大主义是一种形式上的尊崇，韩国的服饰、饮食、语言、住居等保持了自己的特色，韩国人在经济上阻挡了华侨的渗入和支配，但他也承认，朝鲜文化受到了中国文明的极大影响(金大中1984:83)[03]。

不过，我们的研究发现，虽然在饮食方面韩国人保留了自己的文化特色，但服饰尤其是帽子文化却深受中国文化的影响，与帽子有关的语言大部分都是汉字词；住居文化、出行文化、军事文化以及经济文化中也出现了大量汉字词，这都是中国文化在韩国文化上打下的历史烙印。

03　우리 민족은 비록 형식적으로는 사대를 했지만 내부적으로 특히 국민 대중은 자기의 주체성을 튼튼히 유지했습니다. 중국 문명의 월등한 영향 속에서도 문화 전반의 뚜렷한 자기 특색을 보존해왔습니다. 의복, 음식, 언어, 주거 등 전체 생활이 분명한 특색을 간직했으며, 경제면에서는 저 유명한 화교의 침투와 지배를 완전히 봉쇄하였습니다. 동남아시아 각국이 지금까지도 그 경제권을 화교의 손에 내맡기고 있는 현실을 보면 우리는 우리 조상에게 감사하지 않을 수 없을 것입니다. (강준만 2007)

事大主义不仅从政治和思想上对韩国带来了极大的影响，使它的文化被烙上了中国文化的深深印记，也使韩国的思想、宗教信仰、文学艺术以及日常生活等都表现出了浓厚的东方文化特点。此外，事大主义也给韩国语带来了极大的变化。

本章主要从语言学的角度来分析事大主义的影响。事大主义给韩国社会造成的其他影响，将在后面的章节中分散进行分析。

1.2 事大主义与千字文

韩国人学习汉文主要靠汉文典籍，其中一半老百姓主要靠学习《千字文》，叫作《천자문(千字文)》。所以韩国有了与此相关的民俗，如果有亲戚家的孩子过一周岁生日或者到了上学的年龄，亲戚们就会以每人写一个字的方式抄写一部《千字文》送给孩子，对孩子进行劝学并祈愿他长命百岁(이규태 2009:261)。由此可见《千字文》在韩国人心目中的分量之重以及韩国人学习汉文的热情之高。

韩国电视剧里对此也有所反映，例如反映韩国16世纪初社会现象的电视剧《역적, 1회》中，父亲出门远行时，对两个儿子说道：

(1) 우리 길현이 줄 천자문도 사올 것이고 길동한테 꿀떡도
    사올란다. 我会给我们吉贤买《千字文》，也会给吉童
    买蜂蜜糕的。

由此可见，《千字文》在韩国过去经常被用作教育用教材来送给孩子。从顺序上来看，中国《千字文》的第一句是"天地玄黄"。在

韩国，因为韩国人是利用《千字文》来学习汉字，所以书中加入了对汉字的解释，最前面一句是"하늘 천 땅 지"，意为"'하늘'义的'天'，'땅'义的'地'"。韩国人经常利用这句话来比喻"천자문"，是用部分来转喻整体，如：

(2) 사십 늙은이더러 하늘 천 땅 지를 시작하란 말이야?《홍명희, 임꺽정》你这是让四十岁的老头来学习千字文吗？

由于"玄"字是《千字文》的第三个字，所以韩国语还有俗语"하늘 천 하면 검을 현 한다"，指学了天字就知道意为黑的玄字，比喻教一个会三个，或比喻事先猜中对方的意图而提前进行处理。

《千字文》是过去韩国人学习的基础，因为韩国的印章都是用汉字刻的，如果不学《千字文》就不会刻章，所以俗语"천자문도 못 읽고 인 위조한다"意思是《千字文》都不会读还造假章，用来嘲笑那些蠢笨无知的人反而试图行骗的情况。

1.3 事大主义与韩国语词汇系统

在语言接触中，语音和语法的民族性比较强，不大容易受到影响，词汇是比较敏感的部分，比较容易体现出语言与文化的共变关系(袁焱 2001:197)。中国对朝鲜半岛的文化影响表现在词汇上，其中之一就是改变了韩国语的词汇系统，最终形成了固有词、汉字词与外来语三分天下的局面。

韩国所有的韩国语词典中收集的汉字词都在总词汇量的50%以上，如表2所示：

[表2] 韩国语词汇分类

	词典	固有词	汉字词	汉字词外的外来语
1	큰사전(한글학회 1957)	46.99%	53.01%	
2	국어대사전(이희승 1991, 민중서림)	24%	69.32%	6.28%
3	우리말 큰사전(한글학회 1991)	39.94%	57.92%	2.10%
4	표준국어대사전(국립국어원 2002)	25.23%	69.02%	5.75%
5	외국인을 위한 한국어학습 사전(서상규 외 2006)	43%	53%	4%

无论是在韩国的日常语言生活中，还是在书报、杂志等的阅读中，都会遇到许多汉字词。在第2、3、4部词典中收录的词语中，汉字词都占了近60%-70%。第1、5部词典中汉字词占了53%左右，之所以出现这种差异，是因为第1部词典的编撰时间比较久远，所以汉字词的比率较低，并且没有收录外来语。第5部词典则是因为这是针对外国人的韩国语学习词典，在基础学习词汇中，固有词的比例要多一些，所以固有词与汉字词的数量相差不是太多，尽管如此，汉字词仍然要比固有词高10%。

当然，汉字词融入韩国语的过程是与固有词展开竞争的过程，最终形成了汉字词与固有词词汇系统的和谐，有的是固有词被汉字词所取代，有的是汉字词与固有词形成近义关系。由于事大主义的影响，当汉字词与固有词形成近义关系时，汉字词一般含有更尊敬、更郑重的感情色彩。

从语义系统来看，固有词多是多义词，一般表达情感意义。汉

字词一般多用于专业领域(한국 교육부 1996:116[04])。本研究发现，韩国语里自然文化与生活文化[05]有关的词语中汉字词的比例并不相同，如表3所示：

[表3] 汉字词比例

章节		文化领域	词语	汉字词	汉字词比例	汉字词占比高低排序
自然文化语言学	第一章	人体	404	54	**13.37%**	14
	第二章	地理环境	279	120	43.01%	8
	第三章	动物	467	109	**23.34%**	10
	第四章	植物	221	50	**22.62%**	11
生活文化语言学	第一章	饮食	825	146	**17.70%**	13
	第二章	服饰	370	78	**21.08%**	12
	第三章	住居	278	131	47.12%	6
	第四章	出行	178	105	58.99%	3
	第五章	农业	114	38	**33.33%**	9
	第六章	政治法律	171	132	77.19%	1
	第七章	经济	161	90	55.90%	4
	第八章	军事	191	137	71.73%	2
	第九章	医学	195	101	51.79%	5
	第十章	教育	112	51	45.54%	7

　　如上，与人体、饮食、服饰、植物、动物、农业有关的文化词中汉字词的比例分别为13.37%、17.70%、21.08%、22.62%、23.34%、

04　국어(상)의 4단원 '읽기와 어휘'의 학습할 원리

05　详见作者的《韩国自然文化语言学》《韩国生活文化语言学》。

33.33%，占比很低，说明这些文化领域具有很强的韩国文化特性，也说明这些领域的文化保守性比较强，受外国文化的影响较小。相反，与政治法律、军事、出行、经济、医学、住居、教育、地理环境有关的词语中汉字词的比例分别是77.19%、71.73%、58.99%、55.90%、51.79%、47.12%、45.54%、43.01%，尤其是政治法律语言和军事语言中汉字词的比例都超过70%，由此可见在这些文化领域中国文化对韩国文化的影响之深。

이문규(2003:391-392)认为这种语义系统的形成并不是根据一般百姓的选择使用而产生的语言变迁的自然结果，而是"언어적 사대주의 语言事大主义"这种语言观造成的结果，是韩国社会的知识分子在自己的语言生活中不断使其加强的结果。因为汉字词传入韩国后，使用阶层主要是知识分子，他们有意识地在公共语言中使用汉字词而不是固有词，而这种倾向也逐渐扩散到整个社会。虽然汉字词的使用与语义范围受到了韩国古代知识分子的"语言事大主义"这种语言观的影响，但是也与先进文物的传播有关，也就是说随着古代中国先进文物的引进，而自然地开始使用这些先进文物的载体——汉字词，也是一种非常自然的行为。

通过汉字词的使用情况，我们可以推测韩国人过去的生活状态。例如，韩国语的手指名称从食指开始分别叫作"엄지손가락、집게손가락、가운뎃손가락/장짓가락(長指--)/장손가락(長---)/중지(中指)、약손가락(藥---)、새끼손가락"。其中拇指、食指、中指、小指都有固有词表达，中指还有众多的汉字词表达，而无名指韩国语用的是汉字词与固有词的混合词，由此可以推测，在汉字词传入之前，韩国语里是没有无名指这一名字的，而现在之所以命名为"약손가락"与韩国人的生活习惯有关，因为韩国人吃药时多用无名指来搅拌一下，用手指尝东西的时候也多用无名指。

韩国语时间系统里"大前天、前天、昨天、今天、后天、大后天"等都用固有词表达，但只有"明天"是汉字词"내일(來日)"。有的学者以记录高丽语言的《계림유사(雞林類事)》为据，认为韩国语里的固有词明天是"올제(轄載)"(강신항 1990；박영준등 2002)。也有的学者企图从日本的地方名中来寻找韩国明天的固有词表达，认为是"날새"(이어령 2002/2011:165)。

韩国学者们之所以这样苦心寻找固有词的明天，也反映了"固有词是韩国的传统，汉字词不是韩国的传统"这样一种思想。所以韩国的前文化部长이어령(2002/2011:166)才会疾呼：

내일은 한자 말이지만 그보다 더 먼 '모레'는 수순한 우리말이 아니야. 아니다. 모레라는 말뿐이겠는가? 모레 다음에는 '글피'가 있고 글피 다음에는 또 '그글피'가 있다. 일본어든 영어든 한번 해 보라. 내일이란 말 다음에 '모레'를 뭐라고 하는가? 글피와 그글피란 말이 있는가? 虽然明天是汉字词，但是比这更远的"后天"是纯粹的固有词啊。不对。哪里只是后天啊？后天之后还有"大后天"，大后天后面还有"大大后天"。看看日语和英语吧。他们明天后面的后天叫什么？问问他们有大后天和大大后天吗？

这段话的意思是，虽然韩国语里的"明天"用的是汉字词，但"后天、大后天、大大后天"都是固有词，相比日语、英语来说，韩国语还是稍强一筹的。而这段话背后反映的却是：作为时间这样重要的基础性词语，其中的"明天"用的却是汉字词这一点让韩国人感到非常难以接受，所以才一再找理由地来宽慰自己。

这种心态的产生其实还有另外一个语言学方面的原因，因为一般来说一种语言的基本词汇是该语言词汇的核心地带，外来语言成

分很少能够进入，但韩国语是个例外(汪大昌 2009/2013:150)，例如亲属称谓语中有许多汉语借词，除了"할아버지、할머니、아버지、어머니、아들、딸、언니、누나"之外，"고모、이모、삼촌、형、동생"等都是汉字词，当然这些汉字词应该是与固有词进行竞争的结果，其中一个原因是固有词普遍音节偏多，不符合语言的经济性原则。不仅如此，人称代词如"나、너"等，虽然韩国人不将其看作汉字词，但根据古代汉语的发音来对照的话，这些人称代词都与古代汉语的人称代词相像(汪大昌 2009/2013:150)。而上面所提到的时间系统也是一种语言的核心地带，但偏偏"내일(來日)"是汉字词[06]，这更让韩国人害怕有人说"韩国人没有明天"，所以这就不难理解为什么有这么多的学者来为韩国人寻找"明天"，但寻"明天"未果时，就有了上面前文化部长的"疾呼"了。

当然，韩国语之所以能够大量吸收外来语，除了历史和文化传播因素之外，还与民族性格特点有关，因为韩国是半岛国家，虽然其开放性不如岛国文化，但与陆地文化的中国相比，却具有较强的开放性。当然，韩国语能够吸收大量外来语，还与韩国语的语言特点有关，因为韩国语具有配义性的特点，并且音节组合能力弱，为了表达新的事物或概念，除了利用旧词的语义泛化外，另外一个手段就是大量吸收外来语。也就是说，单纯从事大主义这一点去批判韩国语里的大量外来语是片面的，因为韩国语的语言特点和表达概念的需要使其不得不吸收大量外来语。当然，外来语进入韩国语词汇系统后所被赋予的积极的感情色彩意义则名副其实是韩国人思想上的问题。而语言是文化的载体，大量的外来语是外国文化的载

---

06 有的韩国学者竟然悲观地说，因为老祖宗认为韩国没有明天，所以没有创造出固有词，后来只得借用了汉字词。

体，韩国人在使用这些外来语的过程中必然不得不受到外国文化的影响，这也是语言影响文化的方式和表现之一。

1.4 事大主义与文字的感情色彩

韩文颁布实施后很长时间内一直都被看作是女人们用的文字，例如，从15世纪中叶王室女性能够自由使用韩文开始，与王室女性有关的文章等都被翻译成韩文，韩文逐渐成了王室女性的正式文字，不仅是写作的人，如果收信人或阅读人是女性的话，一般也要写韩文，后来逐渐波及到民间女性之间，女性遭受了语言上的性别歧视(규장각한국학연구원 2010/2011:244-245，249)。韩文还被贬称为"암글 阴文/女书/女字"，并且还用来贬称无法学以致用的死知识，与"암글"相对比，中国的汉文则被尊称为"수글 阳文/男书/男字"，也指能够学以致用的文字。

与汉字有关，韩国语还有俗语"양반은 죽어도 문자 쓴다"，这里的"문자(文字)"指由汉字组成的成语、词组或句子，因为过去会汉文是有知识的表现，而有知识就有威信，所以这个俗语比喻非常注重威信，但这是从贵族两班的角度来分析的；如果从一般老百姓角度来看，就会觉得可笑，因此这个俗语也被用来嘲笑痴迷于汉文的贵族两班。不过，不管这个俗语的意义如何，从中至少可以看出汉文、汉字在韩国人心目中是身份、威信的象征。

虽然上面的俗语是讽刺过去的贵族，但汉字是身份和威信的象征这种思想并不只是存留在过去的两班身上，一般老百姓至今还有这种思想。

例如，电视剧《연인, 4회》中，姜会长指示手下为儿子买房子，并要挂上门牌，门牌要写汉字，而不是韩文，他说道：

(3) 세연이 살 집 알아봐. 백은건설 대표 사는 집이니까 폼 나는 걸로. 명패 미리 파놓고. 한글로 말고 한문으로 파. 뭐 좀 있어 보이게. 打听一下给世然买个住房。因为是给白银建设代表住的房子，所以要买个场面点的。把门牌提前做好。不要用韩文，要用汉文做，看起来有品位一点。

正因为韩国人认为汉文看起来比韩文更有品位，所以韩国人印制名片时，一般名字都用汉文而不用韩文。而这背后也反映了韩国人要面子的思想文化。

不过随着以美国为代表的西方国家对韩国影响的加重，韩国出现了英语外来语泛滥的现象，例如广告用语中就出现了外语和外来语的泛滥(강신룡 2002:130)，服装店、咖啡厅等地方的招牌更喜欢用外来语(김혜숙 1991:258)。关于造成这种现象的原因，김윤학(1988)从三个角度进行了分析：第一，这样做是为了造成本国产的东西像外国产的假象；第二，借用这种人为创造出的假象传达"质量好"这样的信息；第三，促进商品的销售。김용경(2005:29)认为这种现象的背后是人们认为"使用外来语显得更高级、更专业"这种思想在起作用，隐含的是对本国固有词和本国商品的自信心不足，是一种"事大主义"的思想在作祟。也就是说，英语外来语的泛滥也是事大主义的表现，只不过事大的对象变成了西方国家而已。

1.5 事大主义与词语的感情色彩

唐晓峰(2012:56)提到:"我的体会,吵架骂人,普通话最没有力度,不如用方言",他这样说的原因是因为语言也有"高低贵贱"之分,这里的"高低贵贱"也就是感情色彩的问题。一般来说,普通话比较"雅",而方言比较"俗",而骂人是"俗活",不是"雅兴",所以用比较"雅"的语言去干比较"俗"的活,自然力度不够,所以还是用比较"俗"的方言去干"俗活"——骂人,才更原汁原味,更对路。

上面提到的是普通话与方言的感情色彩问题,那么外来语与固有词呢,一般人认为外来语更"洋"一些,而固有词则更"土"一些。例如在英语里,家里饲养的猪牛羊分别是pig、cow、sheep,但说到吃肉,便要换成来自法语的pork、beef、mutton,之所以有这种差异,是因为当年吃得起肉的英国人大多能接触到法语,并且是以说法语为荣的(李倩 2015:75)。当然,表示动物名的词仍然沿用了过去的盎格鲁-撒克逊语,这说明了最基本词语名称的恒久性。

词语感情色彩所反映出的思想问题同样适用于韩国人,这种思想也导致韩国语的词汇出现了以下三大特点。

1.5.1 汉字词>固有词

虽然汉字词传入韩国的历史非常悠久,但与固有词相比,汉字词是外来语,比固有词具有较高的感情色彩。例如,김혜숙(1991:58)调查发现,74.4%的韩国人认为汉字词比固有词具有更加庄重的感情色彩。韩国人的这种思想意识也使他们的日常生活受到各种影响。

장승욱(2004/2005:273-274)记录了这样一个小故事，说他经常去一个“포장마차(路边带棚子的小吃店)”喝小酒，韩国的这种小吃店一般都有一道菜是“닭똥집구이(烤鸡胗)”。有一天他发现菜单有了变化，“닭똥집”的“똥”字被用红笔涂掉了，而在旁边写上了一个“변(便)”字，菜名变成了“닭변집”，结果让喝酒的人一下子酒兴尽失。

韩国语里鸡胗为什么被命名为“닭똥집”不得而知。而小吃店主人为其“改名正身”可能是源于其思想意识里认为这个名称难登大雅之堂，因为一般人都认为汉字词比固有词更高雅，所以才会想到将“똥”改成“변(便)”，虽然两者都指大便，但后者是汉字词。而客人酒兴尽失则是因为“닭똥집”作为一个菜名，属于专有名词，一般人不会对其进行构词分析，所以不会做过多的联想，而主人将菜名一改，却使得客人们开始去注意这个词的结构，从而发现菜名里还藏着一个“똥/변(屎)”字，所以就难以继续津津有味地就着“닭똥/변집”喝酒了。

下面再看几组常用词所表现出的汉字词与固有词的感情色彩差异。

1.5.1.1 身体器官

头在韩国语里有固有词“머리”，是中性词，其他固有词如“대가리、골치、박、골통”等都是俚俗语，都具有贬义，与之相反，汉字词“두각(头角)、수뇌부(首脑部)”则都具有褒义。与生殖器有关，汉字词“음낭(陰囊)”是专业用语，而固有词“불알주머니”是一般用语，固有词“불알망태”是更通俗的称呼。[07]

07　当然也有较为特殊的情况，如与脸有关，固有词“낯、얼굴”没有明显的感情色彩，

与内部器官有关，汉字词"창자(肠子)"是中性词，固有词"배알"有三个意义，可以俗指"창자"；贬称"속마음"，如(4a)；也贬称"배짱"，如(4bc)。

(4) a. 너 혹시 한아름 결혼 축복하러 온 거야?너 배알도 없어?여기 왜 와？《최고의 연인, 91회》你是来祝贺韩雅琳结婚的吗？你没自尊心啊？到这儿来干什么？

b. 궁지에 몰린 적장이지만 그래도 한 가닥의 배알은 있는지 순순히 항복하지 않았다. 虽然敌将已经走投无路，但是可能还有一丝的傲气吧，就是不乖乖投降。

c. 지금 누구한테 배알을 떨어?《우리집 꿀단지, 58회》你这是在谁面前撒野啊？

如上，与汉字词表达褒义、中性意义相比，固有词更多的是表达贬义。

1.5.1.2 性别词

韩国语的性别词中也有固有词与汉字词之分，固有词为"수、암"，汉字词为"남(男)、여(女)"，其中固有词只能用来指动植物或事物，而不能指人。不过去在农村称呼人时也用"수、암"，如"수 사둔、암 사둔"，但是贵族居住的"반촌어"一般拒绝这样使

"낯짝、광대、쪽、상통(相-)、면상(面上)"是俚语，多具有贬义，其中"면상"是汉字词。这种现象的出现与韩国语里对脸的贬低有关，因为即使是表示脸庞的中性词"뺨"也经常用于"뺨치다"中表达贬人扬己的消极意义。

用，而是用"안 사람/어른、바깥 사람/어른"(장태진 2008:283)，这里的"안、바깥"是固有词，是用内、外来转喻女人与男人。与固有词相反，汉字词一般只用来指人。这也说明在韩国人眼里，汉字词是高于固有词的。

再如，固有词"계집"指女人或女性，本来没有褒贬义，但后来随着汉字词"여자(女子)"的出现，使"계집"的语义缩小，逐渐变成了女人或妻子的贬称，如(5)。

(5) a. 술 파는 계집 卖酒女

  b. 계집과 자식 老婆孩子

1.5.1.3 称谓语

电视剧《아버님, 제가 모실게요, 2회》中，儿子한창수与妈妈서혜주之间有下面的对话：

(6) 한창수(아들): 그래도 저는 이렇게 코피 한 번 안 흘리고
     이렇게 잘 지내니까 얼마나 저한테 고마움을 느
     끼실까요? 尽管这样，但是看到我过得这么好，
     连鼻血都不流一次，该多感谢我啊？
   서혜주(엄마): 누가? 谁？
   한창수: 앞에 계신 저의 모친이신 어머니가요. 就是站在
     我面前的我的母亲——妈妈您啊。

上面对话出现了"모친이신 어머니"结构，从中可以看出汉字词"모친(母亲)"是敬语，具有书面性，而固有词"어머니"是一般

用语，具有口语性，两者不能替换。

电视剧《천상의 약속, 67회》中，看到母亲得了老年痴呆，一天不如一天，박휘경心里很难受，但又不能表现出来，所以下班后看到妈妈一个人坐在床沿上，就有了下面的对话：

> (7) 박휘경(아들): 우리 모친 표정이 왜 이렇게 흐림이야? 我
> 们母亲大人的表情怎么阴云密布啊？
> 윤순숙(엄마): 뭐야? 이젠 엄마 표정도 못 읽는 거야?......什
> 么呀？你现在连妈妈的表情都看不懂了啊？
> 박휘경: …우리 모친 한 번 안아 봐야겠다.(엄마를 안고)
> 우리 엄마 품이 최고다. 따뜻해. 我得抱抱我的母
> 亲大人了。(搂抱妈妈)我妈妈的怀抱是天底下
> 最温暖的。

如上，박휘경为了让妈妈高兴故意用了汉字词"모친(母親)"，但在第三句说妈妈的怀抱时，又换成了"엄마 품"，因为"모친"书面性很强，一般是无法与"품"结合的。

再看其他服务行业的口头表达，过去在百货大楼这样的购物中心一般称呼客人都用固有词"손님"，왕한석(2008:78-81)对韩国庆尚北道光州的三大百货大楼调查发现，有两家百货大楼分别从2001年、2002年开始要求员工用汉字词"고객(顧客)님"代替固有词"손님"或其他称谓语来称呼客人，之所以采取这样的语言表达变换措施，是因为韩国人思想里认为汉字词要比固有词更高级，显得更有品味；而另外一家百货大楼虽然没有明文规定用汉字词"고객님"来称呼客人，但调查发现，员工们在对中年以上的顾客尤其是老年顾客时，更多地使用"고객님"，因为汉字词显得更庄重、更尊敬。

但敬语意味着距离感，对百货大楼员工们的这种称呼策略，顾客们的反映是更喜欢听到固有词"손님"，因为固有词代表亲切、没有距离感，相反不太喜欢距离感很强的汉字词所表达的极度尊敬（왕한석2008:91）。

1.5.1.4 感谢、致歉词

韩国语里表示感谢的词语有固有词"고맙다"，也有汉字词"감사(感謝)하다"。홍민표(2007)对韩国大学生调查发现，在表示感谢时，男性一般喜欢说"수고하세요"，而女性一般喜欢说"감사합니다"。

尤其是女性，使用汉字词"감사합니다"的比率是使用固有词"고맙습니다"的两倍，出现这种现象的原因是因为汉字词更适合公共场合，社会性更强，相反，固有词更适合私人场合，对下属、晚辈表示感谢时多用"고맙다/고마워(关系亲密)"或"고마워요/고맙습니다(关系不亲密)"，而不用汉字词"감사하다/감사해요/감사해"类表达。因为汉字词多在正式场合下对长辈、上司使用（홍민표2010:33），那么自然不能用于基本格或非正式语体的"해요체"以及表达亲密关系的半语形式。

不过，有时"고맙다、감사하다"也会连用，表示强调，如(8)，但连用时一般是固有词在前、汉字词在后。

(8) 이젠 이렇게 정이 들어서 내 손녀 같고 너무 고맙고 감사
해서 이렇게 정표를 했다.《하나뿐인 내편, 35회》现在
这样产生了感情，她(金秘书)就像我的孙女一样，我心
里有说不出的感激和感谢，所以我们两人定做了这样一

对情侣项链留作纪念。

韩国语里表示道歉的词语有固有词"미안하다"和汉字词"죄송(罪悚)하다"[08]，在地铁站踩了他人的脚时，韩国人不论男女75%以上都用汉字词"죄송합니다"来道歉。因为与固有词"미안하다"相比，汉字词"죄송하다"的社会性更强，更多用于正式场合，可用于"죄송합니다、죄송해요"等形式，但没有"죄송해"；相反，"미안하다"可以用于"미안、미안해、미안해요、미안합니다"等多种形式，可用于家人、下属、晚辈等，但是对父母不用"미안합니다"，对晚辈、下属不用缩略形式的"죄송"（홍민표 2010:35-36）。

1.5.2 英语外来语>汉字词

随着社会的发展，汉字词对韩国人来说，已不再被认为是外来语，且具有了与韩国语固有词同等的地位，所以从西方传来的英语外来语又具有了比汉字词更高的人气。

例如，"다방(茶房)"与"커피숍(coffee shop)"都表示茶馆，但前者是汉字词，后者是英语外来语，现在除了小城市、农村还有"다방"，一般都称作"커피숍"。虽然从感情色彩意义上还不能说外来语比汉字词的感情色彩更高，但从喜好度上却有赶超汉字词的趋势。

再看与旅馆饭店有关的表达，在韩国，外来语"호텔(hotel)"显得比汉字词"여관(旅館)、여인숙(旅人宿)、민박(民泊)"更高级，

08　"미안하다"虽标注为汉字词"未安"，但现在韩国语将其看作了固有词（홍민표 2010:35）。

"여관、여인숙、민박"产生了设施落后、廉价的印象。与饭店有关，外来语"레스토랑(restart)"显得比"식당(食堂)"更高级，去"레스토랑"吃饭某种程度上成了身份的象征，这要归功于"레스토랑"所隐含的感情色彩意义。

不仅如此，就是开店，开西餐厅也要比开传统的韩食店显得更上档次，如电视剧《쌈,마이웨이,6회》中，因为偶然听到女儿未来的婆家人讨厌女儿娘家是开猪蹄店的，所以妈妈金福回家和爸爸白长寿说：

> (9) 우리 족발집 접고 레스토랑 할까?...그냥 우리 설희가 족
> 발집 딸내미인 것 싫어서. 我们把猪蹄店关了，开个西餐
> 厅吧？……我只是不想让别人说我们雪姬家是卖猪蹄子
> 的。

再看与家具有关的表达，韩国语里桌子为汉字词"상(床)"，书桌为"책상(冊床)、테이블(table)"，前者是汉字词，后者是外来语。当用来表达"被提到议事日程上来"之意时，韩国人用外来语而不用汉字词，如(10)。

> (10) 이전에 밝혔듯이 향후 도발에 대응한 모든 옵션이 여
> 전히 테이블 위에 있지 않으면 안된다.《동아일보,
> 2017.06.13》就像之前所说，今后应对挑衅的所有优
> 先权如果不都拿到桌面上来就不行。

外来语所具有的这种感情色彩意义在汉语里也有所表现，如汉语有"面包车"，但这种面包车其实与中国土生土长的方形馒头很相

似，当这种新型事物进入中国后，却没有被命名为"馒头车"，而是被命名为"面包车"，这种命名方式的原因之一是：因为车是舶来品，所以命名时也用舶来品，这样符合"新奇+新奇"的效果。

英语圈也具有这种文化现象，例如香水等化妆品或高价品一般使用法语名字或者在产品说明里标记法语(이성범 2013:207)，这种命名的背后隐含的是人们认为法语具有更积极的感情色彩。

1.5.3 英语外来语>汉字词>固有词

下面我们将固有词、汉字词、外来语都放在一起来分析一下。先看下面一组句子：

> (11) a. 여기 밀크 한잔 주세요.(√)
>   b. 여기 우유 한잔 주세요.(√)
>   c. 여기 쇠젖 한잔 주세요.(X)(천소영 2000:158)

当表达"给我一杯牛奶"时，用外来语"밀크(milk)"或汉字词"우유(牛奶)"都是可以的，但如果用固有词"쇠젖"就会令人侧目，之所以产生这种差异，是因为三者的隐含意义是不同的，而这种隐含意义的产生可以归因于"(新)事大主义"。

再看"妻子"称谓语的不同类型。例如，韩国人之间有如下说法：

> (12) 은퇴한 남자한테 필요한 다섯 가지가 있다. 그게 바로
>   아내, 와이프, 처, 마누라, 안사람이다.《가족을 지켜라,

24회》对退休男人来说，有五样必需的东西，它们便
是"아내、와이프、처、마누라、안사람"。

如上，这句电视剧台词所表达的是：对退休的男人来说，最重
要和必需的是妻子，为了强调妻子的重要性，用了妻子的五种表达
方式。

韩国语里对妻子的多种称呼根据固有词、汉字词、外来语的分
类以及是自称还是谦称，整理如下：

[表4] 韩国语里"妻子"的称谓语

词汇分类	对妻子的称谓语	
固有词	마누라	自称
	집사람(家里人)、안사람(里面的人)、아내	对他人谦称
	애어머니、애엄마(孩子妈)	自称或谦称
	애미(孩子她妈)	公婆称呼儿媳妇
汉字词	내자(内子)、처(妻)	一般称呼
	부인(夫人)	敬称
外来语	와이프(wife)	自称或他称

如表4所示，在妻子的这么多的称谓语中，固有词一般用作自称
或谦称，而汉字词多用来表示敬称，外来语"와이프"还没有产生
明显的尊敬意义，但从喜好度上要超过汉字词，尤其是在年轻人中
间。并且在实际应用中，尤其是当与固有词"마누라"等对比使用
时，"와이프"的地位显然要高于固有词。

如电视剧《우리집 꿀단지, 97회》中，当윤선영去参加"청모
회"会时，遭到了白眼，其中有人说道：

(13) 원로 와이프 아니고 그 깟 바지사장 마누라가 낄 자리가
　　아니지.《우리집 꿀단지, 97회》你又不是什么元老夫
　　人，就是个傀儡的老婆，这可不是你能参加的地儿。

　　如上，在提到"원로(元老)"的妻子时用了外来语"와이프"，
而后面提到具有贬义的"바지사장 傀儡老板"的妻子时用了"마누
라"。也就是说"원로"与"와이프"的感情色彩是一致的，而"바
지사장"与"마누라"的感情色彩是一致的。另外，因为韩国语里表
示妻子的固有词多用于自称，如果这些固有词用于他称，则带有明
显的贬低义，所以(13)表达了对윤선영的贬低和蔑视。
　　再看电视剧《다시, 첫사랑, 58회》，关于两人的夫妻关系，妻子
백민희对丈夫차도윤说道：

(14) 누가 봐도 당신 차기 회장 자격 있잖아요? 나 당신 아내
　　노릇 생각 없어도 LK회장 부인은 되고 싶거든요. 不管
　　谁来看，你都有资格当下届会长。我即使不想当你真
　　正的妻子，但却想当LK集团会长的夫人。

　　这里提到了固有词"아내"与汉字词"부인(夫人)"，这两个词
实际上指的是一个人，剧中之所以被区别使用，是因为"아내"是
自称词，而"부인"是敬称词。
　　中国每到三八妇女节，网上就会传播一条短信，内容是：老外
问为什么中国女人有这么多称谓？老师说：因为女人有三八节，就
要有38个称谓。这条短信是为三八妇女节而编写的，不过却反映了
汉语里女人称谓极多这一文化现象。汉语里这38个称谓可以分为如
下几种类型：

英语	汉语不同称谓					
	敬语	夫人				
	谦称	拙荆	贱荆	山妻	贱内	内人	内子
	一般称呼	妻子	老婆	太太	爱人	媳妇	对象
	俗称	女主人	屋里的	女人	那口子	另一半	
	从儿对称	孩他妈	孩他娘	娃他娘	崽他娘		
wife	年龄大的人称呼自己的妻子	老伴					
	方言	婆姨	婆娘	堂客	浑人	浑家	娘子
	地位	主妇	糟糠之妻	贤内助	发妻		
	戏称妻子	领导	女当家	财政部长	纪检委		
	戏称女朋友	马子					

如表5所示，英语"wife"一个词在汉语里对应的有这么多表达，从汉语里对妻子的这些复杂分类可以验证中国是关系社会，因为中国人喜欢借助不同称谓语来表达与对方的关系(如谦称、俗称、戏称)，或者借助与他人的关系来称呼妻子(如从儿对称)。与汉语相比，韩国语里对妻子的称谓语分了"固有词、汉字词、外来语"三个词汇系统，所表达的感情色彩和关系意义比汉语更加突出和强烈，这也说明韩国是比中国更加重视垂直秩序和关系的社会。

1.6 汉字词的优势

汉字词源于汉语，本身具有表意性，所以具有固有词与英语外来语所不具备的优势，请看下面一段对话：

(15) 해강: 지금 어디 가는 길이에요? 这是去哪儿啊？

진언: 모릅니다. 나도. 我也不知道。

해강: 운전대 잡은 사람 그걸 모르면 어떻게요? 手握方
向盘的人不知道，怎么行啊？

진언: 이성과 본능이 치고 받고 싸우는 중이라서요. 운
전대 잡고 있는 사람처럼. 现在理性和本能正在做
激烈斗争呢。就像握方向盘的人这样。

해강: 이러기야? 정말. 왜 갑자기 멋대로? 왜 이러는데
또! 你怎么这样啊？真是的。怎么突然自作主张
啊？你又怎么了？

진언: 크리스마스니까. 고요하고 거룩하게 어둠에 묻힌
동요 안에 성스럽게 보내보죠. 우리. 성탄절인데.
因为今天是圣诞节。就让我们在宁静、神圣的夜
幕下的童谣里来神圣地度过这一天吧。因为今天
是圣诞节。

上面是电视剧《애인 있어요》中진언开车带해강去某个地方时
的对话，这段话的最后一句话关于圣诞节用了两个词，开头用了外
来语"크리스마스(Christmas)"，但在最后用了汉字词"성탄절(聖誕
節)"，这句话可以译成"因为是Christmas。就让我们在宁静、神圣
的夜幕下的童谣里来神圣地度过这一天吧。因为今天是圣诞节。"之

所以在最后用了汉字词，是因为前面出现的"거룩하다、성스럽게"都是神圣义，所以汉字词"성탄절"可与前文形成呼应。

再如，表示百分比时，既有汉字词与固有词的混合结构"백분의…"，也有外来语"프로、퍼센트"，如：

(16) 최아란: 말씀 너무 지나치신 것 아니에요? 您说话太过
　　　　分了吧？
　　윤선영: 지나치긴? 내가 하고 싶은 얘기 백분의 일도 다
　　　　못했어. 야!《우리집 꿀단지, 23회》过分？我
　　　　想说的话连百分之一都还没说呢？呀！

如上，这是准儿媳与准婆婆的对话，最后，婆婆说我的话连百分之一都没说完呢，用的是汉字词混合结构"백분의 일"，而不是外来语"일 프로/퍼센트"，因为上面两人的对话不是非常友好亲切的氛围，而是接近于吵架，在这种情况下，用汉字词显得更正式、距离感更强。

当然，汉字词的存在也使韩国语表达更加丰富多彩，能够帮助说话人更好地表达感情，如电视剧《나인룸, 16회》中，을지해이在为死刑犯장화사做最后辩护时，说到：

(17) 제 의뢰인을 좀 봐주십시오. 죽음이 코 앞으로 다가와
　　있습니다. 그런 장화사씨가 형 집행 정지로 나와 가장
　　먼저 한 일은 치료도 요양도 아닌 '나는 무죄다, 나는 죄
　　가 없다' 이걸 밝힌 것였습니다. 请看一下我的委托人。
　　(老天爷)留给她的日子已经不多了。但就是这样，张华
　　莎被保外就医出狱后，她最先做的事情不是去治疗，

也不是去疗养，而是要证明"我没罪，我没有犯罪"。

如上，在强调自己的无罪时，先是用了汉字词"무죄"，然后又用了短语"죄가 없다"，这种重复表达是一种强调，但这种重复又不是完全一致的重复，借助这种重复可以增强语言的表达效果和丰富性。

1.7 外来语的优势

外来语的借用有几种类型，其中第一类是在语言的互相接触中随着新工具、新事物、新概念的引入，其外来语名称也会被一起拿来使用，这是最普通的语言借用形式；第二类是利用外来语来降低语义强度，因为借入方的语众对于本族语所表达的细微感情或语义知之甚深，所以为了避免使用引起羞耻的词语，或者使示爱、不逊、道歉等感情表达的程度浅一些，会故意使用外来语，而一般语众对外来语的理解不深，无法理解那种深层的感情意义，所以接受起来程度就轻[09]；第三类借用是为了避免同音现象出现；第四类借用是为了同时利用几种类型的词语来加强语气。本研究主要分析后三种特殊类型的借用。

09　迪克森(2010:17)曾提到，社会风俗中"出于忌讳"的需要会借用外来语，这里所讲的主要是借用外来语来代替能引起羞耻感的固有词，所以很多外来语可用来作委婉语。但外来语之所以具有这种功能，归根结底还是因为外来语能够降低语义强度。

1.7.1 外来语降低语义程度

1.7.1.1 外来语代替引起羞耻感的词语

利用外来语来降低羞耻感的类型主要分析两种类型。先看第一种类型，韩国语里经常用外来语代替内衣的固有词，韩国语里女性内衣本来有很多固有词名称，但现在多用外来语，如表6所示：

[表6] 女性内衣的不同表达

意义	固有词	汉字词	外来语
女式内裤	고쟁이		
乳罩	말기		브래지어
生理带	서답	생리대	
卫生巾	개짐		
底裤	속잠방이		팬티、팬츠
女式无袖内衣	단속곳		슈미즈
紧身衣、紧身胸衣、长筒袜			거들、코르셋、스타킹

如上，与女性内衣有关的固有词现在已经不太使用，经常用的是外来语。之所以出现这种变化，是借助外来语来消除羞耻感(천소영 2007/2010:280；노대규 2002:999)。

第二种类型，人们在日常生活中会随机借用外来语临时性地规避引起羞耻感的表达。例如，固有词"자다"除了睡觉意义之外，还有男女性交之意，但汉字词"수면(睡眠)"没有这个意义，外来语"sleep"虽然也有和非配偶的人发生性关系之意，但作为外来语在输入韩国语的过程中一般会出现语义缩小的情况，所以这种深层次的意义一般不会被认知到。

例如，电视剧《내 ID는 강남미인!16회》中，当道炅锡与姜美来在家里第一次亲吻之后，发生了这样的对话：

(18) 도경석: 놀랐어? 吓着了？

강미래: 응, 조금. 嗯，有一点。

도경석: 미안. 对不起。

강미래: 아니, 그런 게 아니라…우리~~이젠 잘~까? 不
是，我不是这个意思……我们……现在睡吧？

도경석: …응? 什么？

강미래: 아, 그런 뜻이 아니라 sleeping, 수면! 啊，我不
是这个意思，我是说sleeping, 睡眠！

도경석: 누가 뭐래? 我又没说什么。

如上，在刚刚初吻结束后的暧昧语境下，姜美来说了句"잘까?"这让人很容易产生误会，所以姜美来也马上意识到这个问题，因此马上改用英语，随后又马上用专业性很强的汉字词"수면"来进行补充说明。

当然，汉语里也有这种情况，例如：

(19) 苏小姐胜利地微笑，低声说："Embasse——me!"（吻我）说着一壁害羞，奇怪自己竟有做傻子的勇气，可是她只敢躲在外国话里命令鸿渐吻自己。鸿渐没法推避，回脸吻她。《钱钟书，围城》

《围城》里的苏小姐是接受过西方文化熏陶的，但受中国传统文化的影响，也没有直接用汉语来表达，而是用法语来要求对方吻自

己，因为"吻"这类表示性爱感情的词语在中国传统文化里相当于禁忌词，而外语可以起到缓解禁忌的作用。

1.7.1.2 外来语代替"사랑해요"

韩国人感情比较外露，喜欢身体接触，重视情感表达，所以，与中国人相比，韩国人更多地将"사랑해요"挂在嘴边[10]，并且这个词的适用范围非常广，可以用于恋人之间，也可以用于子女与父母之间或同性朋友之间。尽管如此，韩国人有时也会用英语外来语来委婉地表达自己的感情。

例如，电视剧《부탁해요, 엄마, 53회》中，当嫂子让弟妹채리回家干活时，채리为了逃避干活而说了一大推理由，最后说了一句"형님, 우리 내일 해요 I love you"，这里的"I love you"如果改用韩国语"사랑해요"的话，是比较需要氛围的，而这儿说话者채리只是对嫂子撒娇，让其网开一面，所以用英语外来语显得比较轻松，不那么有负担。

虽然，外来语容易给人一种轻快、年轻、现代的感觉，不过任何事物都有相反的一面，外来语用多了也容易给人一种轻薄的感觉，并且根据读者或听者的不同，外来语的使用容易给人一种生疏感，影响对语言的理解(정경희 1994:86)。

1.7.1.3 外来语代替不逊语义的词语

用外来语代替不逊语义的词语主要是为了照顾听者的感情。例

---

10 尽管조현용(2017:229)认为韩国人喜欢说"사랑하다"的历史也并不长，但与中国人说"我爱你"相比，韩国人说"我爱你"要更频繁。

如，电视剧《부탁해요, 엄마, 53회》中当大家劝说母亲임산옥不要把熟食店关掉时，임산옥说道：

(20) 그 일에 대해서는 더 이상 얘기하지 말아. 당신, 특히
shut mouth, 응? 对那件事大家都不要再说了，尤其是
老公你，给我闭嘴！知道吧。

这句话里出现了英语"shut mouth"，而没有用固有词"입 닥쳐!"或"입 다물어!"，因为固有词是大家熟知的语言，对感情色彩等掌握得很清楚，"입 닥치다、입 다물다"多用于表达对对方的不满，但这里并没有不满，只是强调不要说，所以用固有词不合适，而用了英语，这样可以使语义变得委婉。

再如，韩国语里小妾为汉字词"첩"，但现在多用外来语"세컨드(second)"，语义强度要比汉字词弱。

1.7.1.4 外来语代替道歉词

韩国人说话时有时用外来语来代替"죄송하다、미안하다"等表示道歉的词语，采取这种交际策略目的是为了保全说话人的面子问题。

例如，电视剧《용왕님 보우하사, 4회》中，因마풍도犯错而被심청이要求道歉时，마풍도坚持不道歉，最后说道：

(21) 마풍도: Sorry. Sorry.
심청이: 여기 한국인데요. 这是在韩国。
마풍도: 나 사과 안해. 못해! 我不道歉，我不想道歉。

如上，마충도用英语道歉时没有被接受，所以又用汉字词嚷道
"我不道歉，我不想道歉"，也就是说，从마충도自己的立场来说，
用英语来道歉可以，但是用固有词或汉字词道歉却无法接受。而从
심청이的立场来说，对方用英语来道歉就是为了想蒙混过关，并不是
真正意义上的道歉，因为英语的语义强度很低，只有用汉字词或固
有词才是真正的道歉，才能体现道歉的诚意。

1.7.2 外来语避免同音

有时借用外来语是为了避免同音现象的出现。例如，电视剧
《내 남자의 비밀》中提到一个公司，名称为"강인"，公司里有个评
选活动，评选"本月最受欢迎姜仁员工"，韩国语用了"강인맨(姜仁
man)"，这样就避免了用"강인인(姜仁人)"，从而避免了同音现象。

1.7.3 外来语增强语气

有时外来语与固有词一起连用可以增强语气，如电视剧《비켜
라 운명아, 44회》中，当谈到"현강"公司时，최시우说到：

(22) 할아버지의 현강은 이젠 더 이상 없어. 올드하고 늙은
　　 현강은 내가 싹 갈아엎을 거니까. 爷爷的现江(公司)现
　　 在不会再有了。那种又老又旧的现江(公司)我要给它
　　 大换血。

这里的"올드"是"old"，其意义与固有词"늙다"差不多，

但这里外来语和固有词一起连用是为了强调公司太老、太旧了。

1.8 小结

事大主义对韩国影响很大，过去韩国的书面语都是汉文，这种局面维持了很长的历史时期，后来世宗大王创制韩文时也因此遭到了很多事大主义者的反抗，这种争斗一直持续到现代韩国的语言政策上。

事大主义对韩国语的直接影响就是改变了韩国语的词汇系统，作为外来语的汉字词现在已经不被称作外来语，而是以"汉字词"的名称来与其他外来语进行区别。韩国语固有词、汉字词与外来语的感情色彩不同。

汉字词与外来语具有各自的优势，同时也处于竞争关系之中。

过去韩国人都是通过《千字文》开始学习汉文，所以韩国语里的"천자문(千字文)"具有了特殊的文化意义。

第二章

关系与语言

2.1 引论

关系存在于每一个社会中。韩国人对关系的重视丝毫不亚于中国人。科尔斯(2004:48)曾指出,在带有"存在"倾向的文化背景中,如传统的韩国社会,一个人的价值和别人对他的尊重不在于他曾为社会做出了怎样的贡献,而是在于他是谁,他在这个社会中处于什么样的地位。

美国人类学学者斯图尔德认为:任何一个结构复杂的社会都是由三部分组成的,即该社会的当地人的住家户、该社会的当地人邻居、该社会的当地人的社区(转引自瑞德菲尔德 2013/2015:55)。韩国人的社会结构虽然也可分为这三个部分,但是具体到人际关系,则需要细分为血缘关系、地缘/学缘/同事缘/兵缘关系、邻居/社区关系、朋友关系以及他人关系等五类。

2.2 血缘关系

人类的生活方式决定了人类的伦理观念，例如澳洲土人不以杀儿为不道德，美洲土人不以弃老人为悖理之事，都源于游牧生活生产力低下，无暇顾及多余的小儿或老人(萨孟武 2013/2015:10)。也就是说，游牧生活的人伦理观念要弱，相反，农耕生活的社会则更注重伦理观念，尤其重视对老人的孝道。这种由生活方式决定的伦理关系也出现在韩国社会。

韩国虽然也有渔业，但是农耕在社会生产中也占了非常重要的地位。在过去，大部分的韩国人都是农民。但是，与可以在非常广阔的大平原开展大规模农业生产或在大草原纵横驰骋放牧的游牧民族相比，韩国国土狭小，大部分是山地，农田都是山间的小块土地，这导致韩国农业都是以家族为中心的定居生活，这使得韩国整个民族对土地、林野有一种优先占有意识，并且形成了以血缘为基础的地域集团(이을환 1978:256)。这种思想在过去形成并延续至今。

2.2.1 对血缘的重视

中韩两国都非常重视传宗接代，尤其是过去都有生孩子一定要生男孩的固定观念。韩国过去很多家庭即使已经生了三四个女孩，为了要男孩还会继续生产，而有的儿媳妇则会因不生男孩而备受婆婆冷待。在中国还催生了"招弟、招娣"类女孩名的出现，而韩国出现了"금녀(禁女)、말년(末女)"等女孩名(详见第四章"4.3")。

正因为对血缘的重视，韩国有了很多与此相关的表达，如"혈육(血肉)、피、핏줄"等可以表达血缘意义以及亲密关系。汉语有

"血肉、血脉、血亲、血统"等可以表达血缘与关系亲密意义，不过"血肉"虽可表示关系紧密，但更多的是指人类的躯体。

因为重视血统和传宗接代，所以韩国有了俗语"손자 잃은 영감"，意思是丢了孙子的爷爷，比喻把重要的东西丢了之后而失魂落魄的人。这种重视血缘的思想也间接地反映在俗语里，如"꿩 새끼 제 길로 찾아든다"，意思是即使辛辛苦苦地养育了别人的孩子，最后孩子还是会去找自己的亲生父母。

韩国人认为，一个人如果没有或无法确定自己的血缘关系则没有了根本，尤其是在谈及婚嫁时，如果当事人是孤儿或是被收养的孩子，则会备受歧视。韩国语里"没有根本"被称作"근본없다"，这个词还被韩国人用来嘲笑、贬低他人。汉语里虽然不用这种表达，但中国人在谈及婚嫁时常用"知根知底"来比喻非常了解对方因而非常放心，这背后所反映出的思想与韩国人的思想是一致的。

血缘关系也有远近之分，韩国语里用来表示血缘远近的词语是"촌수(寸數)"。中国人一般用"服"来规定家族的远近关系。

韩国语还有俗语"명주옷은 사촌까지 덥다"，意思是丝绸衣服让姑表亲戚都感到暖和，比喻亲密的人发达后会帮助到一个家族的人。这表现的也是一种血缘依赖意识。

2.2.2 对家族的重视

对韩国人来说，由血缘关系建立起来的"집안"是最重要的家庭集合体，相当于汉语的"家族"，个人只是一个家族的微不足道的个体，只有家族兴盛，个人才能立足，所以家族的兴盛是至关重要的。这种思想也表现在语言上，例如，韩国语里很多俗语都是告诫

家族衰败原因的，如：

[表1] 与家族衰败有关的俗语

	俗语	意义
1	집안이 화합하려면[화목하려면] 베갯 밑송사는 듣지 않는다	要想家庭和睦就不能听女人的话；家里的长辈如若听信女人的枕边风就会招致家庭不和。
	집안 망신은 며느리가[막냇자식이] 시킨다	家族的脸都是被儿媳妇/老小丢的；堡垒是从内部攻破的；不中用的人总是惹祸。
	집안 망하려면 울타리부터 망하고 사람이 망하려면 머리부터 망한다	家族要亡先坏篱笆；人年纪大了，离死期不远时，先从白头发开始。
2	집안이 결딴나면 생쥐가 춤을 춘다	家族运数将近时必定出现奇怪的事情。
	집안이 망하려면 맏며느리가 수염이 난다	
	집안이 망하려면 개가 절구를 쓰고 지붕으로 올라간다	
	집안이 망하려면 제석항아리에 대평수가 들어간다	
	집안이 안되려면 구정물 통의 호박 꼭지가 춤을 춘다	
3	집안이 망하면 집터 잡은 사람만 탓한다	事情出现问题时总是怨天尤人。
	집이 망하면 지관 탓만 한다	

如表1所示，这些俗语可分为三类，第1类指衰败与人有关，第2类指的是家族衰败的征兆，第3类指人遇到家族败落时喜欢怨天尤人。而这些俗语同时也在告诫人们不要犯如上这些错误。

韩国还非常重视"가문(家門)"，人可以因家族而沾光，如"가문 덕에 대접받는다"比喻能力不行的人因为家门显赫而得到尊重，

反过来"가문을 흐리다"则指给家族脸上抹黑。不管是什么名门望族也都有没落的一天，韩国语有俗语"돌절구도 밑 빠질 때가 있다"，其中"돌절구"指石臼，比喻再结实的东西也不会永久不变，也可比喻即使是名门望族也不会万古长青。

名门望族之所以被认可是因为有他自身特有的东西，而其象征物有牌位、香炉和香盒等，所以俗语"종가는 망해도 신주보와 향로 향합은 남는다"比喻名门望族即使衰败了，但仍然留有他们的规矩、品格和节操；也可比喻即使都没有了但总有剩下的东西，在表达第二个意义时，与"논밭은 다 팔아먹어도 향로 촛대는 지닌다"意义相同。所以也就有了俗语"씨도둑은 못한다"，意思是一个家族的传统无论如何是消灭不了的，也指父子之间容貌与性情相似、无法作假。

2.2.3 族谱、户籍

血缘、家族关系的证明就是族谱和户籍，对韩国人来说，族谱、户籍非常重要，尤其是族谱。族谱是记录一个家族的系统与血统关系的书，或者指一个家族的系统或血统关系，如"족보를 캐다查族谱关系"。对韩国人来说，族谱非常重要，所以惯用语"족보를 따지다[캐다]"有了比喻意义，指弄清某事的根源，汉语"族谱"没有此类意义。有时"족보"还可比喻非常贵重的东西。韩国的家族企业也被称作"족보기업"。

族谱反映的是一个家族自古以来的渊源，是一个家族历史和名望的象征。1999年笔者在韩国忠清南道泰安郡厅研修，那时就有一个公务员拿来了他们家的族谱和一份很古老的文书(都是繁体汉字)⁰¹，说是自己祖先受中国某个朝代(时间过去太久，已经记不清楚是哪个朝代了)册封和嘉奖的资料，并向笔者咨询上面的汉字具体是什么意思。当然其中不乏炫耀的成分，意思是他们的祖先与中国有关系，在当时社会地位非常高。

有自己家族的族谱，甚至自己的祖先中有显赫的社会地位是非常令人自豪的事情。许烺光(2001:197)曾提到："只有富裕人家才能够编纂浩繁的家谱，有时达几册之多。较清贫的人家只不过有几代祖先的记载。富裕人家的家谱不仅在家谱图中记载了祖先的姓名官职，而且还包括由家族后代编纂的十分系统的家族史料。"也就是说，家谱的有无、繁简都与社会地位和经济实力有关。而有自己家族的族谱也是后代们的资本。因为过去韩国有的姓氏是没有族谱的。

韩国小说《土地》中就有这样一句话："아무리 팔아먹을 신주도 족보도 없는 갓바치기로서니 맷값으로 술 얻어먹었다는 얘긴 금시초문이라. 《박경리, 토지》"，这句话隐含了很多的文化信息：首先，皮鞋匠在韩国古代是一种比较低贱的职业，这些人一般没有族谱；第二，当人们没有钱时，中国人一般选择去典当东西物品，但韩国人却会选择卖族谱或者牌位。实际上正像费孝通(1993:104)所说："其实哪一家的家谱都要找几个历史上的名人做祖宗装装门面，是否真有血统关系就难说了。"从这个角度来说，韩国人买卖族谱也实是常人之举。

韩国语有俗语"꾸어 온 조상은 자기네 자손부터 돕는다"，指把有名望的他人的祖先当作自己的祖先来供奉是做无用功，也可比

01　韩国人的身份除了族谱，还有装在皮袋子里的作为身份证明的"호패(號牌)，"호패"上一般会写着父母的住址、姓名以及为官的职级(이규태 1983/2011(2):160)。

喻不管形式多么具备，但事情都是根据利害关系来决定的，人们都会倾向于关系到切身利益的那一方。

　　实际上，一直到20世纪初，大多数韩国人都是连姓氏都没有的下层民众，随着民籍部制作的完成，韩国人的名字实现了汉字化。在这个过程中，大部分的韩国人都建立了自己的族谱，并且很多都成了名门望族。那么没有姓氏的下层民众是如何一跃成为名门望族的呢，方法之一就是姓氏和族谱的买卖。

　　韩国电视剧《가문의 영광, 8회》就对这种现象进行了刻画，剧中이천갑是白手起家，没有任何可以炫耀的家世，成为富翁有了经济实力之后想建立自己家的族谱，所以就想花钱购买没落名门望族家的族谱，请看下面的对话：

　　(1) 이강석: 아드님부터 살려놓고 보자는 것 아닙니까? 족보
　　　　　　　가 아드님의 생명보다 더 중하다 생각하시면 모
　　　　　　　르겠습니다만. 所以我现在给您提建议，救儿子
　　　　　　　要紧。如果您把族谱看得比儿子的性命更重要
　　　　　　　的话，那我就没办法了。
　　　　이경호: 그런 것도 사고팔 수 있는 건가요? 那种东西也能
　　　　　　　买卖吗？
　　　　이강석: 필요한 사람에게 적당한 가격을 지불하는 것 당
　　　　　　　연한 것 아닙니까? 对有需要的人支付一定的价
　　　　　　　钱，这不是理所当然的吗？
　　　　이경호: 남의 집의 족보를 뭐에 쓰시려고 이러시는지? 您
　　　　　　　拿别人家的族谱做什么用啊？
　　　　이강석: 뭐에 쓰는지 알 것 없구요. 파시겠다고 한다면 아
　　　　　　　드님 치료비 외에도 앞으로 살아갈 수 있을 정도

의 액수 지급도 가능합니다. 이 자리에 결정하시
면 지금이라도 지급할 의향이 있습니다. 做什么
用您就不用管了。如果您要卖，除了您儿子的
治疗费，我还能给一部分钱作为您们将来的生
活费。如果您现在下决心的话，我现在当场就
可以给您付钱。

이경호: 자식한테 물려줄 수 있는 건 그게 전부인데. …그
게 우리 아버님 목숨보다도 지키신 족본데…집
에 불이 났을 때 아버님 불에 뛰어들어 지켜온 족
본데… 그래서, 그래서 끝내 돌아가신 아버님인
데. 我能留给孩子的东西也就是那东西了。……
那是我父亲冒着生命危险保留下来的族谱。
是家里着火时我父亲闯进火海里抢救出来的族
谱。而，而我父亲却因此最终去世了。

　　上文中，이경호的儿子生重病欠下高额医疗费，值此之际，이
강석想购买同是李姓的이경호家的族谱。通过对话可以得知，이경호
家的族谱是自己父亲用生命换来的非常珍贵的东西，在关系到儿子
生命安危之际，虽然急需救命钱但也难以下定出售的决心。由此可
见，对韩国人来说族谱的重要性之大。而对没有族谱的人来说，想
获得族谱的心情又是多么的迫切。

　　族谱除了买之外，也可自行编制。例如，电视剧《풍문으로 들
었소》中，因为儿媳서봄的家境、家世都非常一般，也没有自己家的
族谱，为了让儿媳家配得上自己家，公公한정호让人专门为儿媳家制
作了家谱，说其是名门望族之后。虽然这部电视剧是讽刺剧，但也
反映了韩国人对族谱的重视。

对族谱的重视实际也反映了韩国人对自己姓氏传统的重视。所以，一般情况下，韩国人不会改变自己家族族谱中所延续下来的源于中国汉族的取名方式，即"姓+名"。而这种文化与西方文化具有明显的差异，斯塔夫里阿诺斯(1988:137)曾指出"祖先崇拜从最古代起就一直是中国宗教的一个主要特征，对一个人的姓十分重视与这一点有密切联系。中国人的姓总是位于个人的名字之前，而不像西方那样，位于个人的名字之后；这反映了中国社会历来起主要作用的是家庭，而不是个人、国家或教堂。"也就是说，姓名的前后语序不同反映了人们对事物重要性的认识不同。

发展到现代社会，证明一个家族的更多的是记录家庭关系的户籍关系，而户籍成了维系父母子女关系的纽带，所以在韩国如果儿女不听话，父母就会说"호적에서 파버리겠다. 把你从户口本里挖掉"，也就是说，从户籍里除名就是断绝关系。

2.2.4 姓氏与身份

一直到高丽初期，韩国下层民众很多人没有姓氏(고종석 1999/2004:229)。如电视剧《역적:백성을 훔친 도적, 4회》就反映了这种历史现象，剧中出现的主要人物"아모개、길동、업산、꿋쇠、모리"等奴婢都只有名字，而没有姓，后来他们给自己定了一个姓"홍 哄"[02]。也就是说，姓氏代表着身份，没有姓氏意味着身份低贱。

即使有姓氏，但姓氏也有贵贱之分，在韩国比较尊贵的姓有"이(李)"，即李姓，有俗语"목잔 좀 불량해도 이태 존대"，意思

---

02 《한국고중세사사전》中认为"홍길동"的姓是"洪"，并且韩国姓氏中没有"哄"。

是即使木字李有点问题也要尊敬两年。朝鲜王朝又称"李朝"，这是因为朝鲜王朝是李成桂打下来的天下，所以朝鲜时代对李姓特别优待。代表性的贱姓是皮姓。

因为姓氏分贵贱，所以不同姓氏需穿或佩戴不同的服饰，俗语"성은 피가(皮哥)라도 옥관자[동지] 맛에 다닌다"意思是虽然姓皮，不是两班贵族的姓，但头巾上挂着"옥관자 玉冠子"，且得意洋洋，用来讽刺那些本质不好的人只重视外貌并洋洋自得。

韩国人还认为不同姓氏的人具有不同的品性。例如，与崔姓有关，有俗语"죽은 최가 하나가 산 김가 셋을 당한다"，意思是姓崔的人非常狠毒，能干过三个姓金的。在韩国人眼里，姓崔的还非常吝啬，连祭祀都不正儿八经地弄，俗语"최 생원의 신주 마르듯"比喻遇到吝啬的人什么也没得到。这个俗语的原型是"초상 안에 신주 마르듯 하다"，因为家里有丧事时一般不举行祭祀，所以魂灵会挨饿，又因为韩国人认为崔姓的人吝啬，所以就将"초상 안에"换成"최 생원의"，从而产生了前面的俗语(김동진、조항범 2001:209)。

韩国最多的姓是金姓和李姓，如俗语"촌놈 성이 김가 아니면 이가라"，意思是金姓和李姓非常多。韩国还有洪姓，有俗语"홍 감사네 되 근방이라"，意为这是洪监察家的墓地，不要在近前转悠，"홍 생원네 흙질하듯"比喻做事没有诚意、乱做一气。

姓氏对人来说非常重要，所以中国人经常说"大丈夫行不改名坐不改姓""我要是撒谎，我就不姓……"等，而韩国人也差不多，例如"성을 갈다/바꾸다"意为改姓，多用来发誓不再干某事或者保证什么。而"성 바꿀 놈"则用来俗指那些品行不端的人。

与姓氏有关，韩国语还有"각성바지"，第一个意思是同母异父的兄弟，相当于"각아비자식"，也指姓氏不同的人。姓氏不同的人

还称作"타성붙이"。

韩国语还有俗语"동성은 백대지친(百代之親)",意思是同姓的人即使比较远,但绝对是亲戚。汉语也有类似的"同姓的人五百年/八百年前是一家"这种说法。

2.2.5 孝道文化

对血缘的重视也表现在孝道文化上,在集体主义社会里,孝心(服从父母、尊敬父母、敬重祖先、赡养父母)是首屈一指的价值观。这很明显是受儒家文化的影响。但中韩两国人对忠孝的认识也不尽相同。

中国虽有"为父绝君,不为君绝父"[03],也有"夫父之孝子,君之背臣也"[04],但中国人在公私关系上更强调"公",要求"以公灭私";在义利关系上更强调"义",要求"舍生取义";宋明理学更强调"存天理,灭人欲",追求"个人服从群体及集体的权威"(石刚、李丽娜 2009:121-122)。所以当忠孝不能两全时,中国人更多地会倾向于"忠",所以岳母刺字"精忠报国"在中国是家喻户晓的美谈。

但韩国人在忠孝不能两全时,却更倾向于"孝"。例如,韩国壬辰倭乱时期,因父母丧事而辞官为父母守孝的牧使"성영"受王命去江原道担当巡察使,他这选忠不选孝的行为与当时的"홍효사"牧使形成了鲜明对比,后者也因父母丧事而辞官守孝,但发生战乱后却宁可逃难也不去从军与敌作战,因为要为父母守孝所以不能作战。两人的不同选择成为后代韩国儒生的争论焦点,但每当这时,

---

03   《鲁穆公问子思》。

04   《韩非子·五蠹》。

韩国儒生们一般都认为"홍효사"牧使选择"孝"的做法更正确(이규태 1983/2011(1):167-168)。

当然，东方文化之所以尊敬老人还有一个因素是因为老人代表智慧，俗语"사람이 오래면 지혜요 물건이 오래면 귀신이다"反映的就是这一思想。

尽孝最重要的表现形式就是赡养父母。在韩国，长子赡养父母的文化依然非常浓重，这导致很多女性在选择结婚的男性时，多会回避长子。这种思想与现实问题在生活中造成了很多冲突。

例如，电视剧《빛나라 은수, 26회》中，빛나的外婆作为女方家长与作为男方长子的수현就有不同的观点，如(2)，作为长子的수현认为自己与父母同住是天经地义的。

(2) 빛나 할머니: 말이 일년이지. 장남이야. 필시 부모 모시
고 살라고 하는게 뻔해. 빛나야. 너 시부모님 모시
고 살 자신 있어?说是(一起住)一年，他可是长子
啊。他们家肯定会让他和父母住在一起的。光
娜，你有信心和公婆一起住吗？
…
수현: 난 장남이야. 부모님 모시는 게 도리라고 생각해.
我是长子。我认为和父母住是应尽的道理。

正因为儿子是赡养父母的主力军，所以韩国男方父母尤其是母亲经常挂在嘴边上的话有"에여, 우리 아들! 내가 너때문에 산다.《우리집 꿀단지, 1회》"，也就是说，韩国家庭一般会将生活的指望寄托在儿子尤其是长子身上。

从语言上来看，韩国人经常说"부모에게 효도를 하라. 要好好

孝顺父母",但韩国人还会说"자식의 효도를 받다",强调的是父母接受孩子的孝道,而不是强调孩子对父母应该回报,因为"받다"这个词的隐含意义是所接受的东西是天经地义、顺理成章、自然而然的,这也说明在韩国人心里孩子对父母尽孝是不需要去强调的,是非常自然的事情。

赡养父母,除了与父母同住外,中国人常用的尽孝方式还有为父母买房子,例如《中国新歌声(第一季)》中那英战队的苏新生就许诺挣钱后为父母买套大房子,而TFBOYS王源最大的愿望也是给父母买房子,并且已经在重庆给父母买了一套房子。而韩国人则经常模糊地对父母说"호강시켜 줄게",其中,"호강"意为享受豪华、平安的生活,或那样的生活。

韩国重视孝道文化还表现在"효부상(孝婦賞)"之上,韩国的"孝妇奖"主要颁发给那些恭敬、孝顺老人的儿媳妇,不过有"효부상",但没有"효자상"。之所以如此,从俗语"효부 없는 효자 없다"中可看出来,因为韩国人认为媳妇不孝顺,儿子也不会孝顺的,也就是说儿媳妇孝顺了,儿子自是不必说。不过韩国有的地方会建设"효자문(孝子門)"来对孝子进行表彰。

尽管韩国崇尚孝道,但是也不排除不孝现象的出现,俗语"삼년 구병에 불효 난다"义同汉语的"久病床前无孝子"。

因为韩国整个社会都推崇孝子,因此在商业界还出现了"효자상품",指卖得很火、能够给企业带来丰厚收益的商品。

2.2.6 祖先的灵力

孝道思想与祖先崇拜思想密切相关,韩国人的祖先崇拜思想在

儒家文化圈里非常突出。韩国语里祖先为"조상(祖上)"，指去世的父辈以上的各代长辈，也指自己这一代之前的所有世代，如"조상들의 지혜를 본받다 继承祖先的智慧"，用于这两个意义时，还可以用"조선(祖先)"。"조상"还有一个意义，指成为后来事物发生、发展基础的东西。在儒家思想里，祖先是一个人、一个家族等的根本，所以"조상같이 알다"比喻非常珍惜某种东西，汉语一般用"命根子"，但"命根子"与个人有关，与祖先却无明显的关系。韩国语还有惯用语"조상 신주 모시듯"，意思是就像对待祖宗牌位一样，比喻非常尊敬、优待，而汉语很少有这种表达。

有了好事，韩国人喜欢将其归结为祖宗显灵。出了不好的事情，韩国人会觉得对不起祖宗。有时，韩国人也会将发生不好的事情归咎于祖宗不显灵，用"조상 탓"，电视剧《월계수 양복점 신사들，18회》中，효주总是埋怨继母不公平，如：

(3) 민효주(의붓딸): 날 이렇게 만든 것 새엄마와 효상이야.
    我变成这样都是后妈你和孝尚搞的。
    고은숙(새엄마): 잘못되면 다 조상 탓이다. 只要出了乱子
    就怨天尤人啊。

表达这一思想的还有很多俗语，如"못되면 조상 탓(잘되면 제 탓)、안되면 조상[산소] 탓、못살면 터 탓、잘되면 제 탓[복] 못되면 조상[남] 탓"。这种思想不仅存在于韩国人心中，也存在于中国人心中，"失败者将失败的原因归罪于祖先，每一个祖先由于他们后代的失败而蒙受耻辱。受此影响的祖先可能包括整个宗族的祖先，或者只涉及直系的某一些祖先"（许烺光 2001:225）。

不仅如此，韩国人在比喻祖先的重要性时还用其他事物来作比

喻，如俗语"위로 진 물이 발등에 진다"，意思是头顶上滴下来的水肯定掉在脚面上，比喻行为不端的人是因为其祖先也是这种人，也比喻长辈的行为对晚辈起模范带头作用。所以中韩两国人都竭力避免不端的行为以免让祖先受辱。

2.2.7 "家"的意义

李庆善(1996:59)将汉语"家"的语义泛化称作"非家族组织泛家族化"，并提到在中国这种泛家族化的口号和标语几乎充斥一切领域，如"少先队——儿童之家""共青团——青年之家""工会——会员之家""党委组织部门——党员之家""工厂——职工之家""宾馆饭店——宾至如归""四海为家"。

中国人将"组织"看成家，因为组织与人有关；将空间如"宾馆、四海"看作家，只不过是将主体"人"隐藏起来了，也就是说中国人的"家"表现得更多的是与人有关的抽象意义，隐含的是一种"家国主义"思想。

与汉语"家"不同，韩国语的"집"有六个意义，如表2所示：

[表2] "집"的意义

	意义	例子
1	买卖东西或进行经营的店铺	갈빗집 排骨店、꽃집 花店、어린이집 幼儿园、점집 算卦的地方
2	刀鞘、枪盒、砚台盒等	갓집 帽盒、거울집 镜盒
3	与身体部位或行为有关	몸집 身体／体型、살집 体型／身体、귓집 耳罩、똥집 胃、웃음집 爱笑的人
4	病灶	고름집 脓包、병집 病灶、흠집 毛病/缺点

5	打牌、打麻将时某一方的人	이번 판은 저 집에서 이길 것 같다. 이 한 국 그 한 방 좋아보이 능 이길 것 같다.
6	围棋中的地盘或地盘的单位	

　　如上，韩国人将经营场所、物品保管处或身体部位、某一范围都看作"家"，其中第5个意义与人有关；第1个意义与经营场所有关，但隐含了"人"这一主体；第2、3、4个意义都与人无关，其主体绝大部分都是具体的事物，这实际也是一种泛家族化的现象。韩国语是将"집"看作一个可以承载事物的容器，然后将可以承载的东西从人扩展成为具体的非人的事物，如果汉语的"家"是一种从小(家)到大(组织、国家)的宏观泛化，那么韩国语的"집"则是一种从大(家)到小(身体部位、事物)的微观泛化，这也反映了韩国人认识事物着眼于细微之处的认知特点。

　　韩国语还有一种现象，就是用动物的家来比喻其他事物，如"개집"比喻又小又破的家，相当于汉语的"狗窝"，"까치집"比喻乱蓬蓬的头发，"벌집"比喻由一连串的小房子组成的家或布满了窟窿，而"곰집"比喻派出所，"두꺼비집"指保险盒。

　　与家有关，韩国语还有"살림"，其基本义指一个家庭的生计或生活、生活状况、生活器具，最后还扩展到一个国家或集体的财产管理和经营，语义从家庭扩展到了国家层面。换句话说，是将国家或集体财产这个大的范围缩小成了一个"家"的财产。"살림"的语义泛化方向与汉语"家"的语义泛化方向一致。

2.3 地缘、学缘、同事缘、兵缘关系

韩国人重视地缘关系，随着社会的发展，又发展出了"学缘、同事缘、兵缘"等新型集团关系。

2.3.1 地缘

中韩两国人非常重视地缘关系。说到底，地缘是血缘发展到一定程度的产物，因为血缘往往是通过地缘性得以体现的(刘承华2003：145)。但韩国人表现出了比中国人更强的地缘关系，韩国人的这种地缘关系也与韩国的地形和传统的农业文化密切相关，韩国多山，交通不便，人们不得不以固定的一片区域为主要耕作和生活的中心，鲜与他地区有更多的交往，从而形成了鲜明的地域特色，必然会因此而形成以地域为中心的人际关系文化。这与没有固定活动区域的游牧民族形成鲜明对比，游牧民族不受地域限制，游动性强，更多地以部族为中心，而不是以血缘和地缘为中心。

韩国的这种思想和文化在古代主要表现为地方豪族的势力扩张，在现代社会，朴正熙时代由于对自己的出生地——庆尚北道的特殊照顾使"지역차별(地區差別)"成为热词，后来历届总统的选举制更加增强了这种地区差别(김태균 2007：283)，金泳三时期为了改变过去三届独裁政府的弊病实行了地方自治政策，这对韩国的地区主义起了推波助澜的作用。

韩国的这种地缘文化也催生了很多社会问题。例如朴正熙、全斗焕、卢泰愚政府任命的关键人员通常是他们的同乡，这被称作"TK(大邱、庆尚道的英文首字母)黑手党"，而金泳三的幕僚则是釜山的同乡，金大中的幕僚则是全罗道的同乡(图德 2015：74)。

对东方人来说，"攀同乡是因为我们属于一个亲密的团体"（费孝通 2013/2015:3）。

这种从韩国人的传统农耕文化心理发展出来的对原初的生活圈子、家族等的归属心理被称作"归巢心理"（이규태 1983/2011(2):233）。

正因为韩国人对地缘与本土的重视，所以出现了"토박이、본토박이、토착민(土着民)、토민(土民)"等词语，意为"土生土长"。对中国人来说，与"土"有关的语言形式多表示消极意义，如"土老帽、土包子、土得掉渣"，而韩国人对"토박이"却是另外一种态度，"토박이"意味着对当地熟悉，意味着在当地有很多人脉，表达的是一种关系意识。

与韩国人的乡土意识有关，韩国语还有"신토불이(身土不二)"[05]，20世纪80年代金泳三将其当作政治宣传口号提了出来，正像田艳(2014:65)指出的，"身土不二"已经融入了韩国民族精神的骨髓和血缘中，演变成了韩国全体国民的一个信念，对锻造强大的族群认同意识和凝聚力起到了积极的促进作用。

韩国人对地缘的重视还表现在"텃세(-勢)"的存在，指先占到位置的人对后来者所拥有的特权意识，或者看不起后来者的行动，动词"텃세하다(-勢--)"指行使地盘权利，与此相关还有俗语"개도 텃세한다、닭쌈에도 텃세한다"，比喻不管去哪里，先占住地方的人都不会轻易让位，都会欺生。而汉语的"地头蛇、坐地虎"等表达的也是此类思想。

05　"身土不二"也曾出现于中国的典籍中，如"清净法身常住□光身土不二其现大身则无量光"（明朝释德清撰《憨山老人梦游记》40卷）。

2.3.2 学缘

韩国人非常重视学缘关系。这种学缘文化也使有关的语言发生了语义变化，例如，韩国大学里的各个专业称作"과(科)"，同一专业的称作"같은 과"，但是这个表达现在语义已经发生了泛化，经常用于日常生活中，表达"同一类人、一路货色"之意，既可以表达中性意义，也表达消极意义。

"같은 과"语义的泛化反映了韩国人的"学缘"意识，即在一个系里读书就成了一路人，也就是说"系"给这个群体带来了归属感，并且与过去范围比较狭隘的"学缘"相比，"같은 과"更强调一种"质的归属"，范围可以更加扩大。汉语网络用语中多用"同一国的"来比喻类似意义。

2.3.3 同事缘、兵缘

韩国语里还有"근무연(勤務緣)"，指因工作而建立起的关系，韩国人特别看重这种同事关系。韩国公司也非常重视培养员工的集体意识，很多韩国公司都会举行新员工入职训练，韩国就业网站"인크루트"2018年1月份对韩国公司员工调查发现，有60%的人参加过这种入职训练。不过很多公司举行的军队式的入职训练强度过高也引起了大家的不满，其中有12%的人对公司过度强调集体教育的行为表示不满。[06] 但这从反面反映了韩国社会、企业对集体主义的重视程度。

韩国人的同事缘中还包括兵缘。因为对地缘、学缘的重视，

---

06 http://news.donga.com/3/all/20180213/88646538/1

韩国陌生人之间见面时多问出生地是哪里，学校是哪里上的。而男人之间还会问是在什么军队服的兵役，甚至会一直确认到排、班，这与韩国男人普遍都要服兵役的社会文化有关。对中国人来说，地缘、学缘也非常重要，但兵缘可能只适用于特定人群，这与中国不是全民皆兵的兵役制度有关。

韩国人对同事缘的重视也表现在语言上，例如韩国语"식구"指在一家里一起吃饭生活的人，还比喻在一个组织内一起工作的人。类似的还有"가족(家族)"。也就是说，韩国人认为同事就是一家人。对中国人来说，虽然也用"自家人、一家人"等来称呼亲近的人，但好像同事一般并不属于这个范围。

2.3.4 关系赋分

韩国人对各种因缘的重视使得韩国人拥有众多的聚会，即"모임"。各种聚会的相关人员在年末还会举行"망년회 忘年会"，虽然这种送年会源自日本，但是在韩国类型之多却有大超日本之势。

2000年11月11日，《동아일보》报道了一篇新闻，题为"'법조 인맥' 사이트 논란"，大体内容是网上开了一个"법조 인맥 찾기"的网站，这个网站根据各种因缘关系给2000多名检察官、法官进行了打分排序，赋分标准如下：

(4) a. 老乡 1分

　　b. 司法考试和司法研修院同学 1分

　　c. 同事的话，每个工作地 2分

　　d. 大学校友 2分

e. 高中校友 3分

　　f. 高中同班同学 5分

　　如上，根据赋分的标准来看，韩国人更重视学缘，尤其是高中同班同学，其次是同事缘，最后是地缘。

2.4 邻居、社区关系

　　韩国人非常重视与邻居的关系，这其实是乡村文化的传承。在中国，因为城市化的发展，大家的生活节奏加快，早出晚归，与邻里的关系已经比较淡漠。但韩国人的城市文化中仍然保留了比较浓厚的具有乡村特点的"邻居文化、社区文化"。

2.4.1 千金买邻

　　邻居韩国语里称作"이웃、이웃사촌(--四寸)"，意思是就像亲戚一样关系亲密的邻居，韩国语里有很多与邻居有关的俗语，如：

　　(5) a. 이웃이 사촌보다 낫다

　　　　b. 어려울 때는 먼 친척보다 이웃사촌이 낫다

　　　　c. 먼 데 단 냉이보다 가까운 데 쓴 냉이

　　　　d. 먼 데 일가가 가까운 이웃만 못하다

　　　　e. 먼 사촌보다 가까운 이웃이 낫다

　　　　f. 먼 일가와 가까운 이웃

g. 가까운 남이 먼 일가보다 낫다

h. 지척의 원수가 천 리의 벗보다 낫다

这些俗语强调的都是"远亲不如近邻"。正因为如此，所以韩国语有俗语"팔백 금으로 집을 사고 천 금으로 이웃을 산다. 八百买宅，千两买邻""세 닢 주고 집 사고 천 냥 주고 이웃 산다. 三分买宅，千两买邻"，强调的都是邻居的重要性。

2.4.2 社区

"우리동네"也是韩国人的爱用词，如"우리동네 예체능/식빵/맛집"等。这里的"동(洞)"是韩国的一个行政单位，这一个行政单位里住的人称作"동네(洞-)"。但现在多用来泛指居住区，韩国人经常说：

(6) a. 동네 시끄럽게 왜 이러시는 거예요?《우리집 꿀단지, 8회》你们怎么这么闹腾啊，也不怕别人说。

   b. 내가 자식들때문에 동네 창피해서 밖으로 나갈 수 없어.《아버님, 제가 모실게요, 36회》因为这些孩子，我觉得丢人，都不好意思出门了。

   c. 동네사람들, 다들 좀 나와 보세요. 이 딸년이란 게 이 키운 엄마한테 이럴 수 없는 거예요. 동네사람들, 제발 말 좀 해줘요.《유일한 내편, 19회》左邻右舍的大爷大妈们，大家都出来看看吧。我怎么把她养大的啊，我这个闺女对我可不能这样啊。大家出来说句公道话吧。

如上，(6ab)反映的是怕邻居看笑话，源于家丑不可外扬的思想，是一种隐蔽心理。而(6c)中，剧中女主人公김도란因为不是亲生女儿，所以被养母소양자赶出了家门，但养母后来被骗后无家可归，所以又找上门来，被女主拒绝后，养母开始耍赖，并说了上面这番话，目的是借助家丑外扬来寻求支持者。不管是哪一种类型，都反映了韩国人"格外在乎邻居们的看法"这一思想，而这表现的是一种强烈的社区意识。

韩国人搬家到新地方之后，一般都要拿着糕点去拜访自己的新邻居，这背后隐含的也是强烈的社区融入意识。韩国人的社区意识产生原因可以从电视剧《아버님, 제가 모실게요, 8회》中找到答案，剧中이현우搬新家后提着礼物来到邻居家拜访并且被留下吃饭，于是发生了下面的对话：

(7) 이현우: 저때문에 신경을 많이 쓰신 것 같은데요. 죄송해
　　　　　서…因为我，做这么多菜，让您们费心了，真
　　　　　是不好意思啊。
　　황미옥: 신경을 써야지. 안 써? 앞으로 이웃끼리 몇 십년
　　　　　을 보고 살지 모르겠는데. 当然要费心好好招待
　　　　　了，能不好好招待吗？我们邻里间将来说不定
　　　　　要低头不见抬头见地过几十年呢。

如上，剧中奶奶辈的황미옥的这番话说的非常实在，虽然不是一家人，但是邻里之间说不定要一起生活十几年，甚至几十年，所以当然要亲密交往了。

汉语的"远亲不如近邻"表达的也是这种思想。中国人的这种思想也表现在日常生活中，如笔者小时住在农村，每逢家里有喜

事，都要把剩下的饭菜分给邻居一点，而邻居家里生小孩也会把新熬出的小米粥盛一碗给我们吃。但随着城市化的发展，这种良风美俗好像已经淡了很多。但韩国人即使在城市里也依然保留了较为亲密的邻里文化。

在韩国，社区具有非常强大的力量，这种力量形成的重要手段之一是社区管理室的广播。例如，2002年6月韩国举办世界杯足球赛时，很多社区都悬挂出了韩国国旗，而这是社区管理室和居民委员会齐心协力进行规劝的结果，他们劝说社区居民，"태극기를 걸고 주민이 하나 됨을 보여주자. 让我们挂上国旗来展示我们是一条心"，借此来要求那些不悬挂国旗的人家把韩国国旗悬挂起来。(허의도 2008)

韩国的社区力量据说还创造了卢武铉政府，所以卢武铉政府被称作 "아파트가 만든 정부 社区所创造的政府"，这种社区力量被称作 "노무현 정부를 창출하는 풀뿌리힘 创造卢武铉政府的草根力量"(허의도 2008:204)。

韩国社区所具有的这种社区力量反映了韩国社会的特点之一，那就是韩国人做事喜欢看别人眼色、具有从众心理，并且爱面子、爱攀比，高密度聚集的社区文化同时也助长了韩国人的这种关系文化。

2.4.3 熟人、陌生人

邻里之间住得太近，什么情况都熟悉就没有了神秘感，少了尊敬之心，有很多俗语反映了这种心理，如：

(8) a. 동네 무당 영하지 않다

　　 b. 이웃집 무당 영하지 않다

　　 c. 동네 의원 용한 줄 모른다

(9) a. 가까운 집 며느리일수록 흉이 많다

　　 b. 이웃집 며느리 흉도 많다

　　如上，韩国人借用身边或周围的巫婆、医生、儿媳妇来比喻对身边熟悉的人知根知底，并且也会知道对方很多缺点，所以不觉得了不起。汉语里与此相关的是"外来的和尚会念经"，与韩国语俗语表达的是两个不同侧面，韩国语用否定结构来表达对身边人的不信任，而汉语则用肯定结构表达了对外来人员的仰慕。汉语还有"远的亲近的殃"，意思是住得近发现的问题多，自然矛盾多。

　　从上面的俗语中还可以看出，韩国人的生活重心在周围的人身上，即使是对身边的人不满意，但也几乎没有表现出对外地区人的依赖与渴望。相反，中国人有对外来人员和事物感到新奇、羡慕甚至推崇的思想，对陌生人一般比较友好，常用新奇的眼光去对待他们，所以也就有了"外来的和尚会念经、外国的月亮是圆的"等类似的崇洋媚外思想，虽然这种思想具有消极性，但也从反面证明了中国人对新鲜事物的热爱以及勇于探索、接纳新鲜事物与人的冒险、进取、宽容的精神。

2.4.4 搬家与不确定性规避

　　在评价区别文化间差异时，霍夫斯泰德建立了一个四维体系，其中第二个维度是不确定性规避(Uncertainty Avoidance Index;

Uncertainty Avoidance)，指的是一个社会感受到的不确定性和模糊情景的威胁程度，其强弱是通过不确定性规避指数来表示的。在霍夫斯泰德调查的76个国家中，韩国得分85分，位列23-25位，中国得分30，位列70-71位(Hofstede 2014:222-224)。也就是说，中国人对不确定性的规避程度要明显低于韩国，在不确定性避免程度低的社会当中，人们普遍有一种安全感，倾向于放松的生活态度和鼓励冒险的倾向，反之则具有规避冒险的倾向(Hofstede 2014:226)，这两种特点也分别表现在中国人和韩国人身上。

例如，同样是用挪树来作比喻，中国人认为"人挪活树挪死"，也就是说人穷则思变，变则通，适当地换一下工作环境带来的可能是转机。这与"外来的和尚会念经"思想是相通的，即中国人愿意接纳外来的和尚，也喜欢去外地当外来的和尚。同样是看待挪树，韩国语有"나무도 옮겨 심으면 삼 년은 뿌리를 앓는다"，比喻干某事后会带来后续整理工作和建立新秩序等的种种困难，也比喻不管什么东西换地方安顿下来需要很长时间，强调的是不要轻易搬家，因为会带来后续的不确定性和危险性。

也就是说，在面对挪树这种现象时，中国人强调的是"人不能像树那样，要想得到重用，就要挪地方"，反映的是对冒险的支持和向往；相反，韩国人强调的是"人过日子要想过好，就不能老搬家"，反映的是一种对冒险和不确定性的规避。

韩国人的这种思想也反映在"다르다"被"틀리다"所兼并这一现象上，因为"다르다"代表的是不同、差异，而韩国人在面对与我不同、有差异的事物或人时，现在却都用表示错误意义的"틀리다"来表达，这也反映了韩国人对不同于自己的异事物的防范和畏惧(강준만 2012:66)。

与搬家有关，韩国语里还有很多反映类似思想的俗语，如：

(10) a. 곡식은 될수록 준다

　　 b. 새도 앉는 데마다 깃이 든다[떨어진다]

　　 c. 새도 나는 대로 깃이 빠진다

　　 d. 거북이도 제 살던 바윗돌을 떠나면 오래 살지 못한다

　　(10a)意思是粮食数一遍少一点，家是搬一点少一点；(10bc)意思是鸟儿起落时都会掉毛。这些俗语都用来告诫不能经常搬家，因为总是搬家的话，就会丢东西、伤元气。(11d)意思是即使是乌龟如果离开自己居住的石头也活不长，比喻人如果离开自己生长的地方就容易短寿。这也是告诫不要搬家。

　　如上，韩国语里的这些俗语分别从树木、粮食、鸟、乌龟的角度来告诫韩国人不要搬家。这些俗语都反映了韩国人对未来的不确定性和保守性。

　　从另外一个角度来看，与搬家有关的众多表达也说明了搬家文化在韩国的盛行。因为韩国人的个人住房拥有率比较低，大多数韩国人都是以租住的形式过日子，并且韩国的房地产已经成了一种理财手段，频繁的房地产交易[07]等也催生了韩国人经常搬家的文化[08]，在这种文化下也加快了韩国人的搬家技术与服务，例如韩国人搬家时一般不走楼梯或电梯，而是在窗下架起长臂起重机直接将物品从窗口送入窗内。

　　对韩国人的这种搬家文化，有人认为是游牧文化的历史痕迹，

───────────

07　2006年发达国家住宅的交易率为5%，而韩国高达20%；韩国的住宅居住时间也因地区的开发程度高低而发生变化，首尔是5.4年，京畿道6.0年，仁川6.8年，地方为9.9年，小城市为15.7年；韩国住宅的寿命也很短，约为14.8年，是日本的二分之一，德国的四分之一，法国的六分之一，美国的七分之一，英国的十分之一(박철수 2006:70)。

08　随着交通设施和手段的改善，韩国人的搬家率现在已经下降了，因为在20世纪80年代，30%的首尔市民每年就要搬家一次。

这种文化也被称作"高移动性文化"(黑田勝弘 1983/1985:22)。韩国人频繁地搬家反过来给个人带来了心理上的不安和危险以及自我认同的危机(Anthony Giddens 1997),因为搬到一个新地方后,韩国人为了融入新的社区,需要付出很多努力才能获得该社区的同质感。

综上所述,韩国人的现实是住房拥有率低、不得不经常搬家,但韩国人思想里又有不能经常搬家的认识,而且搬家需要面临更多的不确定性,要适应新环境,重建新秩序。现实与理想之间的矛盾与冲突造成了韩国人不确定性规避程度高的现象。

2.5 朋友关系

霍夫斯泰德(2010/2012:85)说,在集体主义社会里,一个人的朋友已经被他的家庭或他所属的群体所决定。也就是说,朋友是从家庭和集体中产生的。虽然中国与韩国都属于集体主义文化,但在朋友的界定上还是有区别的。

笔者在韩国留学时,一起学习的蒙古学生说来了朋友向导师请假,事后,与导师谈起蒙古学生的朋友,记得导师说,那不是朋友,只是认识的人。也就是从那时起,我才切实感觉到对韩国人来说,朋友的范围是非常小的,就像科尔斯(2004:13)提到一个韩国人这样说过:"在韩国,大家都没有太多朋友。我们只有一两个,最多三个朋友。我们承受不了太多的朋友,因为我们要为好朋友付出很多。"

对韩国人来说,朋友是"친구(親舊)",相当于中国人的"知己、知心朋友、知音、闺蜜、好友",而中国人所认为的一般性的

朋友，即熟人，韩国人称作"지인(知人)"。对韩国人来说，"친구"一般多是同龄人，并且是经常见面聊天、吃饭、娱乐的人。相反，一般社交认识的人就可以不必进行亲密地交往。也就是说，中国人"朋友"中的一部分，即"好友、知心朋友"相当于韩国人的"친구"。如果与蒙古人一起比较的话，那么中国人与蒙古人的朋友概念差不多，但韩国人的朋友概念非常小。

韩国人的这种朋友界定是城市现代化的产物，因为城市是高度密集的文化空间，人们接触过多会造成肉体及精神上的紧张和神经衰弱(高长江 1992:94)。但韩国人重情的民族性格又让韩国人不能像西方人那样维持一种表面的人际关系，所以韩国人调解这两种矛盾的方式之一，就是缩减朋友的交往范围，但与朋友却是深交。并且韩国人的这种朋友关系具有世代延续性，用韩国语说就是"대물림"，对待朋友的孩子就像对待自己的孩子一样，而朋友的父母就是自己的父母，这种思想也反映在韩国语亲属称谓语的泛化上，例如，对朋友的父母也称作"아버지 爸爸""어머니 妈妈"，而中国人一般没有直接称呼朋友父母为"爸爸、妈妈"的。

2.6 他人关系

集体主义还有一个表现就是过度看重他人的看法，汉语里称作"他人主义""他人中心"或"他人取向"(李庆善 1996:60)。韩国人也具有这种集体主义倾向。韩国人对他人看法的重视有多种表现形式，其中之一就是有很多与此相关的语言表达。

2.6.1 "他人"与"我们"

韩国语里"남"与"우리"以及"나"相对应。《표준국어대사전》收录的词条中，与"나"有关的惯用语只有2条，俗语只有10条。但与"남"有关的惯用语有7条，俗语有106条。这从侧面说明了韩国人对他人看法的重视。

再看"남"与"우리"，韩国人特别喜欢用"우리"，因为它表现的是一种集团融合意识，会将双方拉入一个战线，而"남"却意味着是陌生人，与"우리"相对。2005年的世界价值调查发现，全球平均有33.9%的人会相信陌生人，而韩国只有13.4%(图德2015:158)。

不过韩国人也经常用反问的形式"우리가 남인가?"来拉近与对方的距离。例如，金泳三总统当年选举时有一句名言叫作"우리가 남이가?"这是庆尚道方言，听到这句话的人一般会回答"아니다"，通过这种方式，金泳三使庆尚道人意识到"경상도는 하나 庆尚道是一家"，从而将庆尚道选民拧成了一股绳来支持自己，并借此赢得了选举的胜利。

韩国语还出现了一个新词"남이사"，虽然没有被词典收录，但是与"남의 사(事)"(别人的事情)有关(박유희等 2003/2005:106)，只不过发生了形态变形。当别人干涉自己时，可以说"남이사"，意思是与你有什么关系，你管别人的事干什么？但"남의 사"发展成词语"남이사"的过程却告诉我们，喜欢干涉他人的韩国人是多么的普遍，所以才会促成一个新的合成词的产生，而新的合成词的出现也反映了人们对他人干涉的反感。

如上所述，韩国人的思维里有将自己融入所属集体中、不愿被集体中的人视自己为"他人"的深层意识。这是集体主义、无我价值观的表现。

2.6.2 "他人"与"眼色"

2.6.2.1 强语境文化与"眼色"文化

集体主义、无我价值观的另外一个表现就是对他人视线的重视，对自己的忽视。所以在韩国形成了一种具有强烈色彩的"眼色"文化。这种文化被称作是强语境文化，"强语境(High context，简称HC)的交际和信息指的是大多数信息已经由交际者或传播者本人体现出来，只有很少一部分信息是经过编码的方式清晰地传递出来的。低语境(Low context，简称LC)的交际传播正好相反，即大部分信息都以清晰的编码方式传递出来"(霍尔 2010/2015:91)。

"在强语境文化中，信息可以通过推理、手势甚至沉默来传递。强语境文化对周围的事物和环境比较敏感，不借助于话语表达也能传递情感信息"(萨默瓦等 2013/2017:144)。作为强语境文化之一的韩国，进行信息交流的途径之一就是依靠察言观色，所以이규태(1983/2011(1):9)说"韩国人更多的是依靠眼睛或耳朵来说话，而不是依靠嘴"，例如，过去韩国的儿媳妇太忙时，如果想让婆婆帮忙，不会明说，而是会故意踢狗让狗叫，或者故意把瓢子弄得很响，以此来表达对婆婆不帮忙的不满。

不仅是日常生活，就是国家大事，韩国人也经常借助察言观色来做判断。例如，壬辰倭乱之前，韩国派往日本侦查情况的大臣半年的时间都用在观察丰臣秀吉的脸色了，回来向朝鲜王报告时，两个大臣的说法完全相反，其中黄允吉认为日本会入侵，如(11a)，理由是丰臣秀吉的眼睛很有神；而金诚一的观点正相反，他认为日本不会入侵，如(11b)，理由是丰臣秀吉长了一对老鼠眼(이어령 2002/2018:47-48)，而这种观点与韩国人的外貌观有关，即认为相貌

不好的人难成大事。

(11) a. 도요토미 히데요시의 눈이 광채가 있는 것으로 보아
아무래도 우리나라로 쳐들어올 것 같다. 丰臣秀吉的
眼睛很有光彩，看起来他很可能会来侵犯我们。
b. 그의 눈이 쥐새끼처럼 생겼으니 결코 쳐들어올 인물
이 못 된다. 他长了一对老鼠眼，这种人绝对不是能
侵犯我们的人物。

不仅是过去，韩国人的"眼色文化"发展到现代社会有了更大
的发展，并且关系到人们的饭碗。例如，韩国有的公司有不成文的
招聘原则就与"眼色"相关，下面是电视剧《가족을 지켜라, 13회》
的片段：

(12) 김부장: 다시 한 번만 맡겨주십시오. 정말 잘할 수 있습
니다. 请您把工作再交给我一次吧。我真的能
做好。
전무: 또 하시겠다 그겁니까? 您是说还要做？
김부장: 할 수 있습니다. 我能做。
전무: 야, 우리 김부장님은 끈기 하나는……하하！呀，
我们金部长真是韧性……哈哈！
전무: 회장님은 그러셨어요. 会长曾说过。
김부장: 회장님께서요? 会长？
전무: 응. 嗯。
김부장: 뭐라고 그러셨는데요? 他说什么？
전무: 끈기 없는 직원을 뽑아도 눈치없는 직원은 뽑지

말라구요. 他说：“就是招个没有韧性的员工，也
不能招一个不会看眼色的员工。”

上面的对话告诉我们，韩国的公司在选员工时，宁可要一个没
长性的人，也绝不选没有眼力的人。不仅是招聘员工的时候，韩国
人就是评价员工工作时，也有一项与眼色有关，如电视剧《미워도
사랑해, 16회》中，홍석표被吴主任解雇的理由就是：

(13) 근성 없고 하려는 의지도 없고 특별한 기술도 없고 눈치
     도 없고. 没有韧性、没有想做事的想法、也没有特殊
     的技术、也不会察言观色。

综上，可见对韩国人来说“눈치”是多么的重要。所以“强语
境社会”和“低语境社会”在韩国语里虽然可以译成“고맥락　사
회、저맥락　사회”，但也可用“눈치”将其分别译成“고눈치　사
회、저눈치　사회”[09]。
上面这些关于眼色的表现在中国人看来实在是太夸张了，
但对韩国人来说却是日常生活中再平常不过的现象了，由此可以
说虽然中韩两国都属于强语境文化，但韩国人比中国人表现出了
更突出的强语境特点。对出现这种差异的原因，我们从김숙현等
(2001/2007:77)的分析里可以得到更多的启示，他说“由比较单一的
民族所构成的同质性的文化圈更重视语境”，这句话可用来解释中韩
强语境出现差异的原因，因为韩国自古以来就以单一民族而自称，
所以更重视语境，具有更强的语境性；相反中国自古就是多民族大

---

09   这种翻译方式见김숙현等(2001/2007:329)。

融合的国家，所以语境性要弱于韩国。김숙현等(2001/2007:78)还说
"封建主义或权威主义政治制度持续时间越长的文化越具有强语境
性"，虽然中韩两国过去都具有这种文化特点，但发展到现代社会，
与中国相比，韩国依然保留了更多的权威主义，拥有很强的血缘和
家庭文化，韩国人迟到或旷工时经常以家里有祭祀、有重要的家庭
节庆活动为借口进行辩解，虽然中国人也会出现这种情况，但与韩
国人相比要显得弱一些。조현용(2017:53)还提出商业发达的文化会
形成低语境文化。中国自古以来具有发达的商业文化，所以与韩国
相比，相对来说更加具有低语境的特点。

　　韩国人的强语境文化也影响了韩国人的语言生活，使韩国语具
有了比汉语更加隐晦、模糊的特点。下面我们主要分析一下与韩国
人察言观色的思维、习惯有关的语言形式。

2.6.2.2 눈치

　　韩国人对"눈치"的重视可以从使用频率、多义性、灵活的构
词特点等三个方面进行分析。

1) "눈치"的使用频率

　　对人来说，智商之外，情商也很重要，而揣摩别人的心思也属
于情商之一，韩国语将这种识人、阅人能力称作"눈치"，这个词频
繁地出现于韩国人的日常生活中，如1992年10月1日到1995年9月13
日期间的韩国五大报纸中所出现的"눈치"的频率分别为：《중앙
일보》554条，《한국일보》472条，《조선일보》410条，《한겨레신문》287
条，《동아일보》247条(최상진 2003:752)。由此可见，在韩国社会里
"눈치"的重要性。正因为如此，所以韩国语里有了很多与"눈치"
有关的表达。

2)"눈치"的多义性

韩国的"眼色"文化包括两方面的内容：第一，"눈치"能表达内心的想法。汉语有"眼能传神、眼能传情"等表达，意思是眼睛可以暴露自己的内心，韩国语"눈치"也有这样的意义，即内心所想表露在外面的某种态度，如：

(14) a. 눈치를 주다 给眼色看

　　b. 무슨 꿍꿍이속이 있는 눈치이다. 他好像有什么鬼主意。

　　c. 그는 오늘 좋은 약속이 있는 눈치이다. 他今天好像有
　　　什么令人高兴的约会。

　　d. 이렇게 급한 상황에서 이 눈치 저 눈치 봐 가며 할 겨
　　　를이 없다. 在这种紧急情况下，没时间去顾及这个
　　　人或那个人的感受。

第二，韩国人一般要通过察言观色来洞察他人的内心想法，所以有很多表达是对这种能力的强调，如：

(15) a. 눈치가 99단/백단이다. 善于察言观色。

　　b. 너 눈치하나는 장군감이다.《미워도 사랑해, 17회》
　　　你挺会看眼色啊，能当将军了啊。

　　c. 내가 눈치 하나로 살아온 반평생이야. 감히 누구 앞에
　　　서 사기를 치려고 들어?《월계수 양복점 신사들, 12
　　　회》我这大半辈子都是靠察言观色过来的，你也不
　　　看看这是在谁面前，竟敢骗我？

　　d. 눈치들이 이 모양이니까 니들이 돈 못 벌어오는 거
　　　야.《내 남자의 비밀, 9회》正因为一点眼力都没

有，所以你们才挣不着钱。

上面这些表达都说明了韩国人对察言观色这种能力的重视，并且有很多强调表达，有的用99、100这样的数字强调善于察言观色，如(15a)；有的强调眼力好可以当将军，如(15b)；有的强调察言观色可利于生活，如(15c)；有的强调如果没有眼色挣不着钱，如(15d)。

3)"눈치"的扩展形

"눈치"也可用于"눈치껏"结构。与眼色有关，韩国语还有了"눈짓발"。这两个词强调的都是要善于察言观色。为了对"눈치"表示强调还可以在后面添加上"-코치"，形成"눈치코치"，但多用于否定句，是强调没有眼色。如果没有眼力，韩国语里称作"눈치가 백치다"，有时也用"형광등"来比喻，如(16)。

(16) **눈치도** 완전 **형광등**이시네.《데릴남편 오작두, 3회》你真是一点眼力都没有啊。

但看别人的脸色也要适度，否则无法生活。在生活中过度在意别人颜色的人称作"눈치꾸러기"，有时还有强调形式，如"십 리 눈치꾸러기"，用距离"십 리 十里"来表达强调意义。而有的人善于察言观色拍马屁，这些人的行动被称作"눈치놀음"。

如上，通过"눈치"的使用频率、多义性以及多种语言扩展形式可以发现韩国人是多么重视眼色。

2.6.2.3 척하면

韩国语还有副词"척하면"，意思是只要说一句话，或者只要给

一点暗示。惯用语"척하면 삼 천리"比喻能够快速读懂对方的意图和目前的状况。而"척하면 착이다"比喻只要有一点暗示就马上能理解。俗语"척 그러면 울 너머 호박 떨어지는 줄 알아라",强调的也是要有眼力,判断能力要强。总之,"척하면"是对有眼力的强调,也是韩国人重视"眼色"的一种语言表现形式。

2.6.2.4 与"眼色文化"有关的俗语

韩国语里还有很多俗语反映了韩国人对眼色的重视,这些俗语主要有几种类型:

第一,对有眼色的强调,如(17a)意思是眼力好得就像麻雀找磨坊一样,比喻非常有眼色;(17b)比喻非常伶俐、非常有眼力。这两个俗语都是用动物来比喻人。(17c)意思是眼力就像刑警,比喻非常有眼色,别人不说也能揣测出别人的情况。

(17) a. 눈치가 참새 방앗간 찾기
　　　 b. 빨리 알기는 칠월 귀뚜라미라
　　　 c. 눈치는 형사다

第二,强调眼色的作用、嘲笑没有眼色的人,如(18a)意思是有眼色的话那你就去讨年糕吃啊,用来嘲笑愚钝的人。(18b)意思是有眼色的话,就是到寺庙里也能讨到虾酱这种荤物吃,这也是对没有眼色的嘲笑。

(18) a. 눈치가 있으면 떡이나 얻어먹지
　　　 b. 눈치가 빠르면 절간에서도 새우젓을 얻어 먹을 수 있다

第三，韩国人判断一个人要干什么时也都是看别人的眼色，如"눈치가 안는 암탉 잡아먹겠다"意思是看他那样，就是孵小鸡的老母鸡他也想杀了吃了，并且借此来比喻看起来像是会干什么蠢事的人，或者比喻做事不顾后果、只图眼前利益的人。

第四，还有一些俗语虽然不出现"눈치"这个词，但表达的也是对察言观色的重视。

(19) a. 얼굴만 쳐다보다

　　　b. 짐작(이) 팔십 리

　　　c. 앉을 자리 봐 가면서 앉으라

　　　d. 앉을 자리 설 자리를 가리다[안다]

　　　e. 누울 자리나 보고 다리를 뻗으라고

其中，(19a)指为得到他人的帮助而察言观色或阿谀奉承，用的是"얼굴"与动词"쳐다보다"的结合。(19b)指靠察言观色来猜测，用的是距离词"팔십 리"与"짐작"的结合。

再看另外三个例子，其中(19c)意思是坐下的时候要看好了再坐，比喻所有行动都要看眼色行事，用的是"앉을 자리"与动词"보다"的结合。(19d)意思是要分清该坐的地方和该站的地方，比喻要看眼色、分清自己应该干的事情，用的是"앉을 자리、설 자리"与"가리다、알다"的结合。(19e)意思是要分清该躺的地方再伸腿，也比喻看眼色。

(19cde)这三个例子中出现了"앉을 자리、설 자리、누울 자리"，这也反映了韩国席地而坐的坐式文化对精神文化的影响，因为韩国的坐式文化，所以有很多与坐卧有关的具象化语言来表达抽象的内容。上面(19d)中之所以出现与站有关的"설 자리"，这是为了

与"앉을 자리"进行对比。

2.6.2.5 "看"与人际关系

韩国人的"眼色"文化还表现在其他方面，例如"안색"所结合的动词有19%是表示"看"意义的"보다、바라보다、엿보다、살피다"等。

其中，"보다"是表示看的基本动词，其意义囊括了"看、相、瞧、瞅"等众多意义。惯用语"보기 좋게"用来指看到别人出丑而看笑话，而"보는 눈이 있다"指具有对事物或人的评价能力，"보란 듯이"字面意义是就像让别人看一样，实际意义是过得好让别人羡慕嫉妒。韩国语还有一个词语"보잘것없다"，是"보-+-자+하+-ㄹ+것+없-"的缩略语，字面意思是没有值得让别人看的，指非常不中用、不起眼，如"보잘것없는 물건/신분/사람 不起眼的东西/身份/人"。这些词语里反映的都是重视他人眼光的心理和思想。

不仅如此，韩国语里还有很多与此相关的副词，如"버젓이、당당히、떡하니"，如表3所示，这三个副词的意义都强调别人的视线，隐含的都是对他人看法的在意。

[表3] 与 "看" 有关的副词

副词	意义	例句
버젓이	不会因别人的眼光而小心或萎缩。	큰 죄를 짓고도 그는 백주(白晝)에 버젓이 대중 앞에 나섰다. 虽然犯了重罪，但他大白天还堂而皇之地在大众面前露面。
	非常体面，不比他人差。	버젓이 개업한 의사가 월급쟁이 앞에서 엄살을 떨다니. 一个开诊所、让人羡慕不已的大夫，竟然在拿死工资的人面前装穷啊。
당당히	堂堂正正，可以在他人面前抬起头来。	당당히 말하다 堂堂正正地说话
떡하니	就像让别人看一样，光明磊落，很自在。	일을 떡하니 저지르다 他果然犯了事.

2.6.2.6 与眼睛有关的丰富表达

韩国人过于重视他人的看法、喜欢察言观色的认知和思维特点表现在语言上还有一个突出现象，就是韩国语里有与眼睛有关的丰富表达。

韩国人对眼睛的观察非常丰富且细致，从分类角度来看，可分为眼睛的动作(睁眼、合眼、眨眼、揉眼)、眼珠的动作、视线的方向、眼睛的空间关系、感觉、颜色、长出的东西、眼角等，并且与眼睛有关的表达很多都是具有细微程度差异的近义词(组)。例如，表达睁眼的动作和状态词有 "뜨다、부릅뜨다、동그래지다、등잔만하다、화등잔같다、치켜들다、치켜뜨다、힘을 주다、밝히다、뜨이다、열리다" 等，表达眼珠动作的有 "돌다、돌아가다、뒤집히다、곤두서다、발등걸이하다、뒤집어지다、돌리다、나오다、빠지다、

주다"等[10]，这些动作的程度之细微甚至让人怀疑即使是一个面部表情发达的演员是否能将其一一表演出来，但韩国人却利用这些不同方式和程度的近义词(组)来表达人们微妙的心理感情，韩国语里这些眼睛动作的存在说明了韩国人对眼睛的重视。

此外，韩国语还有"눈빛"，多用"눈빛을 읽다"来表示察言观色。也就是说，对一个人的观察主要是看眼神。眼睛还与能力直接相关，所以有了"눈썰미"，强调干某事的能力。

对韩国人来说，因为要时刻看别人的眼色、脸色，所以产生了合成词"남의눈"。合成词是从词组"남의 눈"发展而来的，一个词组只有在语用频率非常高的情况下才会发展成合成词，通过"남의 눈"到"남의눈"的发展过程也足以看出韩国人对他人视线和看法的重视。

如上，通过分析与眼睛有关的语言形式，可以发现韩国人对人的面部表情的观察之重视，以及擅长程度之高。

2.6.3 "他人"与慎言

韩国人特别重视人际关系的和谐，特别看重别人的眼光，形成了察言观色的特点，而这随之而伴的另外一个行为就是对自己言行的约束，首先就是强调要慎言；第二就是对一些不慎言、乱说话行为的否定，从而使得这些被否定的行为在语言上成了标记项；第三是对话多的否定。本章主要分析前两种类型，第三种类型详见下面第八章"8.6.2"。

---

10   详见作者的《韩国自然文化语言学》。

2.6.3.1 慎言

汉语有"众口铄金",韩国语有"입이 여럿이면 금도 녹인다、천 인이 찢으면 천금이 녹고 만 인이 찢으면 만금이 녹는다",强调的是话语的力量。韩国语还有"입이 무섭다",指人言可畏。

因为话语的力量非常大,所以自古以来,中韩两国就强调谨言慎行,因为言多必失,所以俗语"입이 원수"意为嘴是冤家啊,即多说话会惹祸,并有汉字词"설화(舌祸)",指因演讲或诽谤别人而惹祸上身。但现实生活中总有人话多,所以俗语"말 다 듣자면 고래 등 같은 기와집도 하루아침에 넘어간다"就告诫人们:要依着嘴来的话,哪怕是像鲸鱼背那样大的瓦房早晚也得被吃光。此外,韩国人还借棉籽机的声音来告诫不要传话、说大话、到处夸耀,如"아니 먹는 씨아가 소리만 난다、못 먹는 씨아가 소리만 난다、먹지 않는 씨아에서 소리만 난다、듣지 않는 솜틀은 소리만 요란하다"。韩国语还有"나이가 들면 지갑을 열고 입을 닫으라",意思是年龄大了把嘴关上,把钱包打开,指年龄大了少说话、多给予,所以这也就可以理解在韩国聚餐请客掏腰包的经常是长辈、上级这种现象了。

除了告诫不要多说话之外,韩国语里还有很多与不说话有关的表达。表示开口说话的惯用语只有"입을 열다",但表示不说话的表达却非常丰富,主要分为三类:

第一种类型是字面意义表达说话,但多用于否定句表达不说话之意。例如,"입 밖에 내다、입에 담다、입에 올리다、입에서 꺼내다、입 벙긋하다"等惯用语,字面意义都是"说出来",但这些惯用语都用于否定句,所以表达的也都是"不能随便说话"之意,如(20)。

(20) a. 이 사실은 절대 입 밖에 내선 안 돼. 这件事实绝对不
能说出来。

b. 입에 담고 싶지 않았을 것 같네요.《천상의 약속, 79
회》好像是提都不想提吧。

c. 무슨 일이 있어도 윤원형 대감의 이름을 입에 올리면
안 된다.《옥중화, 7회》不管遇到什么事情，都不能
提尹元衡大监的名字。

d. 입밖에 꺼내지도 못한다. 连说都没能说/连提也不要
提/没能说出口。

e. 니 아빠한테는 입도 벙긋하지마.《최고의 연인, 61
회》对你爸爸，你提也不要提。

第二种类型是直接表达不说话之意的惯用语，这种类型的惯
用语足有七个：首先是一般性的"입(을) 다물다/잠그다、입을 붙
이다"，如(21ab)；此外还有表达强调意义的"입에 자물쇠를 채우
다"，如(21c)。随着社会的发展，还出现了与新锁具——拉链有关
的"입에 지퍼를 채우다"。除了给嘴上锁、上拉链之外，还有给嘴
涂橡皮膏的"입에 반창고를 붙이다"。此外，还有"입이 천 근 같
다"指嘴很严实，如(21d)。

(21) a. 증인이 굳게 입을 다물다 证人紧紧地闭上了嘴。

b. 너 왜 할머니한테 입 다 붙이고 있었어?《아이가 다
섯, 14회》你为什么不和(姥姥)我说啊？

c. 대원들은 모두 사건의 정황에 대해 입에 자물쇠를 채
웠다. 队员们对事件情况都三缄其口。

d. 그 사람은 입이 천 근 같아 비밀을 절대 다른 사람에

게 말하지 않으니 안심하게. 他的嘴重如千斤/很牢,
绝对不会向别人泄密的, 放心吧。

第三种类型是不让说话。其中有汉字词"함구(缄口)", 如
(22)。还有很多固有词惯用语, 如"입(을) 막다、입을 틀어막다"
指不让他人发出杂乱的声音或说出对己不利的话, 如(23);"입(을)
씻기다"指以金钱或物品使对方不说对自己不利的话, 如(24)。

(22) a. 이 기사에 대해 함구하라는 이유는 뭐죠?《최고의 연
인, 94회》你让我对这个新闻报道缄口不言的理由是
什么啊？

　　 b. 당신에 대한 모든 게 함구명령을 내렸다고.《최고의
연인, 103회》说是下达了命令, 对有关你的一切都
闭口不言。

(23) a. 나보배가 그래?가서 나한테 돈으로 입을 막으라구?
《최고의 연인, 41회》罗宝贝教你的吗？让你用钱
来堵/封住我的嘴。

　　 b. 제가 입막음 잘했어요.《딴따라, 4회》我已经把她的
嘴堵好了。

　　 c. 너 빨리 찾아가서 입 단단히 틀어막아.《최고의 연인,
62회》你赶快去把她的嘴封住。

(24) '그러지 말고 그 애들 푼돈 줘서 입을 씻기세요.'하고 일
러 준다.《염상섭, 취우》告诉他"不要这样, 给他们点
小钱, 把他们的嘴封住"。

有人不说话是性格原因, 如"입에 곰팡이가 슬다/피다", 意思

是嘴上长毛了，比喻过于沉闷，不爱吱声。因此，韩国语有"입은 가죽이 모자라서 냈나?"意思是嘴是因为缺皮子才长的吗？用于批评那些该说反而不说的人。

综上，对韩国人来说，虽然要求慎言、不要乱说话，但也强调该说时也要说。

2.6.3.2 否定意义的说话方式成为标记项

因为韩国文化要求人们慎言，话要少说，如果说话不好听或者乱说话，或者背后说人闲话或者背后被人议论，那么就成为批判的对象或者逃避的行为，所以韩国语里就产生了与此相关的语言表达，但起的都是告诫作用。

1）说话不好听

说话太呛韩国语用"입이 도끼날 같다"，字面意义为嘴像斧头刃，指说话太直，太炝，如(25)。韩国语还有俗语"문 바른 집은 써도 입바른 집은 못쓴다"，意为门太直了不碍事，但人说话太直了，就容易招来记恨。

(25) 그 사람 하는 일이 자로 잰 듯 꼼꼼한 건 좋은데 입이 도
끼날 같은 건 무척 거슬리더군. 那个人干工作非常仔
细，像用尺子量身定做一样，这一点不错，但说话太
呛/不养人，有点让人受不了。

说话不好听韩国语用"입이 걸다/거칠다/험하다"。如果话多且说话还很粗鲁用"입이 개차반이다"，意思是嘴像狗食一样贱。有时也用反问形式的"뚫리는 게 입이라고"，如(26)。有时也用汉字词

"독설(毒舌)"指伤害、诽谤他人的毒辣的话，如(27)。有时也用嘴里长刺 "입에 가시가 굳다" 来比喻说话不好听，如(28)，这与汉语的 "刀子嘴" 相似。

(26) 뚫리는 게 입이라고 말하는 것 좀 봐.《우리집 꿀단지, 92회》你以为撕开个缝就是嘴吗？看看她都在胡扯些什么啊？

(27) a. 경제 문제에서만큼은 박 대통령은 입이 열 개라도 전두환의 독설에 할 말 없게 됐다.《동아일보, 2017.01.04》在经济问题上，朴总统就是有十张嘴也无法回击全斗焕辛辣的指责。

b. 진심으로 용서를 구하는 사람에게 독설을 내뱉고 두 아이의 아버지로서의 자격까지 박탈해 버린 그런 사람.《아버님, 제가 모실게요, 34회》他对真心祈求原谅的人说的话太恶毒，并且还把(我父亲)作为两个孩子父亲的资格都剥夺掉了。

(28) 입에 가시가 굳었는지 어찌나 서라한테 독하게 쏴붙이는지…《내 남자의 비밀, 21회》她嘴里是长了刺，还是怎么了，对西罗说话那么难听……

2) 乱说话

首先，乱说话的人一般是嘴贱，韩国语用 "입이 가볍다/싸다" 表达，如(29a)。其反义词为 "입이 무겁다"，如(29b)。

(29) a. 입이 가벼워서 탈이야.《최고의 연인, 63회》他嘴太贱，这是大毛病。

b. 우리 소희 입이 무겁잖아.《그래 그런 거야, 4회》我
家苏姬嘴不是很严实吗？

　　表示乱说话时有很多表达，其中"입을　놀리다"指乱说话，如
(30)；也指不礼貌地顶嘴。"입방정　떨다"意为掺和、多嘴多舌，
如(31a)；有时也可分开用，如(31b)；有时也可单用"입방정"，如
(31cd)。有时也用"입"的俚俗词"주둥이、아가리"等，其中"주
둥이를　놀리다"指随便乱说话，如(32a)；还指不礼貌地顶嘴，如
(32b)。"주둥이(를)　까다"俗指将知道的事实或事情说与他人听，
如(33)。"아가리(를)　벌리다"俗指哭，也俗指随便乱说话。

(30) 무슨 좋은 일이라고 제가 입을 놀리겠어요?《별난 가
　　　족, 52회》又不是什么好事，我怎么能乱说话啊？
(31) a. 괜히 입방정을 떨지 말고 조심해라.《천상의 약속,
　　　　17회》不要耍嘴皮子，给我小心点。
　　　b. 입이 방정이다 坏就坏在嘴上。
　　　c. 저, 저, 그 입방정!《왕가네 식구들, 17회》看你这臭
　　　　嘴浪面。
　　　d. 경박한 내 입방정이 사고를 불렀나?《그래 그런 거
　　　　야, 47회》是因为我乱说话才引发了(女儿的)交通事
　　　　故吗？
(32) a. 주둥이를 한 번 놀려봐. 그때 바로 황천길 직행이야.
　　　　알았지.《최고의 연인, 39회》你要是多嘴多舌/乱说
　　　　话，就直接送你奔赴黄泉！知道了吧。
　　　b. 어른이 말하면 가만히 듣고만 있어야지, 어디서 버릇
　　　　없게 주둥이를 놀리니. 大人说话要好好地听，这么

不礼貌地顶嘴能行吗？

(33) 선희가 주둥이를 깐 게 분명했다. 分明是善姬扯的老婆
舌头。

与乱说话有关的还有动词“나불거리다”以及相关表达。表示乱说话也可用与喇叭有关的“개나발”和惯用语“개나발을 불다”。此外还有惯用语“실이 노가 되도록”比喻纠缠不休或反复地说。“철 그른 동남풍”比喻需要的时候不来，不需要的时候反而又来了；也比喻说一些不着边的胡话。俗语“다 된 농사에 낫 들고 덤빈다”意思是收获结束后却又拿着镰刀冲了上来，比喻事情都完成后却无谓地插嘴、多管闲事。“아가리가 광주리만 해도 막말은 못한다”意思是不论嘴有多么大也不能乱说话，用来嘲笑对方说话非常荒谬。朝鲜语里用“아가리 마구 난 창구멍인가”比喻话特别多或乱说话的人。

3）乱说话且不好听

随便乱说话并且说话不文雅用“입이 질다”，如(34a)；也指说话太啰嗦、唠叨，如(34b)。“입이 질다”之所以产生这两种意义，与“질다”可以指饭等做得比较软或者指土地非常泥泞等有关，汉语也有类似意义的“说话黏黏糊糊的”，但汉语没有乱说话、说话不文雅之意。

(34) a. 예전부터 사람을 판단하는 기준으로 신언서판이란
말이 있는데 그 사람은 입이 진 걸 보니 교양 있는 사
람은 아니구먼. 自古以来判断人的标准就是“身言书
判”，看他说话那么随便、粗鲁，肯定不是个有教养的人啊。

  b. 사람이 저렇게 입이 질어서야 어디 신임을 얻을 수
   있겠나. 说话这样啰里啰嗦/黏黏糊糊的，怎么能得
   到他人的信任啊。

4）被人说、背后说

  因为韩国人特别重视别人的看法，所以被人背后说闲话或者背
后说闲话都是被批判的对象，因此这样的语言表达也成了标记项。

  其中被人背后说用"사람 입에 오르내리다 被人嚼舌头"，如
(35)。表达此类意义时还有"말밥"，多用于惯用语"말밥에 얹다、
말밥에 오르다"，分别指嚼某人的舌头、被嚼舌头，如(36)，这种
表达的出现是因为吃饭和说话都与嘴这个身体器官有关，汉语的
"嚼"也有吃饭和说话两种意义，但是与汉语用"嚼"相比，韩国
语的"말밥"的用法更加形象生动。当然，韩国语表达嚼意义的动
词"씹다"也有乱说话之意。

  (35) a. 며느리님은 내 집안 사람과 입에 오르내렸다는 자체
    가 불쾌해요.《가하만사성, 13회》我讨厌的是你儿
    媳妇和我们家的人一起被嚼舌头。

   b. 조금만 행동을 잘못해서 사람 입에 오르내리기 십상
    이야. 조심해.《별난 가족, 16회》行动上稍有不注意
    就容易被人说，所以小心点。

  (36) a. 그 사람이 무슨 잘못이 있다고 말밥에 얹어 헐뜯느
    냐? 他有什么错啊，叫你这么嚼舌头？

   b. 점잖은 사람을 남의 말밥에 오르게 하지 마시오. 那
    么斯文的人你不要让他成为别人茶余饭后的笑料。

如果是爱说别人闲话的人的嘴，则用"입줄"，这是一种俗称，如(37)。比喻嚼别人的舌头时还有"입길"，如(38)。此外还用与捣米有关的"입방아"以及惯用语"입방아(를) 찧다"来比喻乱说话，因为捣米是不停歇的动作，如果嘴巴像捣米一样，则意为耍嘴皮子、乱说话，产生这种意义的背后隐藏了韩国人认为"多说话就是乱说话"这一推理过程，如(39)。

(37) a. 태호씨와 내가 좋은 성과를 얻어서 아버님 공으로 돌려야 회사에서 아버님도 입줄 닫히고 자리 굳히실 거라구요.《우리집 꿀단지, 104회》泰浩你和我得取个好成绩，把这个功劳安在公公头上，那公公才能在公司里把那些闲言碎语堵住，巩固在公司里的位置。

b. 그보다 그의 자존심은 차라리 자기의 한 몸을 희생할망정 남의 입줄에 오르내리는 조소는 당하고 싶지 않았다.《이기영, 신개지》相比来说，他的自尊心不允许自己成为他人嘲笑的对象，哪怕是牺牲自己的身体。

(38) 빨래터에 모인 아낙네들은 누가 먼저랄 것도 없이 입길을 시작했다. 聚集在河埠头的女人们，也没人提议，就东家长西家短起来。

(39) a. 아니? 수상이라니? 어떤 시아코들이 입방아를?《그래 그런 거야, 1회》什么？奇怪？是什么混蛋这样嚼舌头？

b. 살얼음 밟듯 조심스럽게 진행되어 가던 수사가 기자들이 나불거리는 입방아로 풍비박산이 나 버릴 때가

적지 않았다. 《유재용, 성역》小心翼翼、如履薄冰似地所进行的搜查，有时会因记者们的轻言肆口而前功尽弃，这种情况不在少数。

c. 가는 데마다 참새들이 입방아를 찧는데 형님과 애들이 얼마나 힘들까? 《사랑이노네요, 110회》到哪儿都有说闲话的人，姐姐和孩子们该多么难受啊？

除了上面所分析的大量固有词表达外，韩国语还有汉字词 "구설(口舌)"，指挑动是非、挑拨离间的话，如(40)，近义词是 "구설수(口舌数)"，如(41)。汉语也有 "口舌之争、担口舌、费(尽)口舌，搬弄口舌，卖弄口舌，口舌(大)战" 等表达，此外，汉语里 "舌头" 还指特务，如 "抓特务=抓舌头"。但汉语没有 "口舌数"。

(40) a. 남의 구설에 오르다 被人议论

b. '시중에 도는 구설 등에 대한 도의적 책임'이라고만 했을 뿐… 《동아일보, 2017.06.06》他只是说自己(辞任)这是对坊间的流言蜚语所负的道义上的责任。

(41) a. 난 니가 남의 구설수에 휩쓸릴 까봐 걱정돼서 하는 말인데. 《우리집 꿀단지, 70회》我这样说是担心你被别人嚼舌头。

b. 그런 구설수에 오르내리다니? 《우리집 꿀단지, 104회》竟然被别人嚼舌头？

c. 죽을 힘을 다 해 참고 다듬어주었더니 결국은 넌 더러운 구설수로 보답하더구나. 《가화만사성, 13회》我拼命忍着(这种痛苦)，还来包容你，结果你报答我的竟是和我理论这些肮脏的谁是谁非啊？

此外，韩国还有与农业工具有关的俗语"쇠스랑 발은 세 개라도 입은 한 치다"，比喻就像三齿耙有三个齿一样，喜欢嚼别人的舌头。

2.7 小结

受中国儒家思想的影响，韩国人关系网内最核心的是血缘关系，其次是地缘、学缘、同事缘、兵缘等关系，第三是邻居、社区关系，第四是朋友关系，第五是与他人的关系。韩国人对血缘、家族的重视使韩国社会产生了具有韩国特色的族谱、户籍、姓氏、孝道、祖先文化等。

在与他人交往的过程中韩国人特别讲究要善于察言观色，要慎言、不得乱说话、多说话。表现在语言上，"눈치"这个词产生了丰富的意义以及相关的其他合成词，"척하면"是对有眼色的肯定，此外还产生了很多与眼色相关的俗语、与"看"有关的词语、与眼睛动作、状态有关的惯用语等。

与慎言有关，韩国语不仅出现了很多与慎言有关的表达，很多具有否定意义的说话方式，如说话不好听、乱说话、乱说话且不好听、被人说、背后说人等也都成了语言标记项。另外，在韩国文化里话多也不被看好。

第三章

交际与语言

3.1 引论

　　礼仪是社会生活的重要组成部分，与老百姓最密切的是人生礼仪，包括出生礼仪、命名礼仪、成年礼仪、婚姻礼仪和丧葬礼仪等。在这些礼仪中必然有人体的参与。人体之间的距离与人的感情距离是成正比的，根据人的这种身体语言，我们可以判断交际双方感情距离的远近。

　　礼仪还表现在语言形式上，韩国人的礼仪文化最突出的表现就是形成了韩国语中严格的敬语语言系统。这种敬语语言系统反过来也会约束人们的生活和思想，从而使得韩国这种重视礼仪的文化传统不断得以延续下去[01]。言语能传达完全独立于词的意义之外的信息，如说话者的身份、性别和年龄线索等(Carlson 2017:412)，韩国语严格的敬语系统则是表达这些语词外意义的代表性的语言形式。

01　中国古代受儒家文化的影响，也曾有过严苛的礼貌礼节以及敬语系统，但随着社会的发展、社会制度的巨变已经发生了变化。

本章主要分析身体语言与感情距离、敬语与距离感、敬语系统的影响因素、年龄与交际，最后分析权威与使用敬语所造成的交流障碍。

3.2 身体语言与感情距离

3.2.1 社交距离

人体与感情距离的问题也被称作人际距离学(proxemics)。哲学家福柯认为人的身体是一个"驯良、温顺的场所，它铭刻着社会权力的印记"；复杂的权力等级"简单地通过种种身体习惯(包括那些有着身体根源的感受习惯)就可以得到强化"，并且"转化成像身体习惯这样的各种身体社会规范，整个主流意识形态被隐秘地物质化并保存下来。这些身体规范典型被认为是理所当然、应该存在的，它们逃避了批判意识"(舒斯特曼 2014:37)。身体的社会规范中代表性的就是社交礼仪。

社交礼仪中经常用到"社交距离"，这种社交距离就是身体距离，共分为四种：亲密距离、社交距离、礼仪距离和公共距离。其中"亲密距离"为0-0.5米，"社交距离"为0.5-1.5米，"礼仪距离"为3米之外，"公共距离"为1.5-3米。因此在实际社交关系中观察人与人之间的关系时，可以不通过语言、表情，只依靠人与人身体之间的空间距离就可以猜个八九不离十。

但是，社交距离具有文化性，不同社会的社交距离也有差异。

科塔克(2012/2016:295-296)提到巴西人与北美人的社交距离不同，巴西人的身体距离很少，认为距离太远是冷淡的标志，巴西男人欢迎他人的典型方式是热情的握手和传统的男性拥抱，关系越亲密，拥抱越紧，拥抱时间越长。也就是说，身体语言表达的是感情距离。类似的还有很多，如阿拉伯人的社交身体距离比美国人近(Hall 1966:155-156；转引自赵志裕、康萤仪 2011/2015:107-108)，印度的拉起普特人(Rajput)比美国妇女交谈时的身体距离近(恩贝尔、恩贝尔 2016:36)；拉美人比美国人的身体距离近(霍尔 2010/2015:140)；中国人比英语国家的人身体距离近(布罗斯纳安 1991:37-38)。

3.2.2 韩国人的礼节

对韩国人来说，除了以上普通意义上的社交距离外，也有很多身体语言表达出了抽象的距离感，这些表现最明显的就是韩国人的身体礼节。韩国常见的与身体有关的礼节主要有以下几种：

[表1] 韩国人的礼节

分类	场所	行礼者	接受者	动作
입례(立禮)	户外/路上	晚辈、下属	熟悉的长辈	双手放在腹部、略微弯腰。
읍(揖)	户外/室内	晚辈	长辈	双手相握放于胸腹部、低头。
반절/중절半跪礼	室内	女人	长辈	弯腰、两手着地、坐地、低头。
	室内	长辈	晚辈	长辈接受晚辈大礼如感到有负担，可以以坐姿微微弯一下上身。

큰절 大礼	室内	晚辈		长辈	双手指尖对碰、到眉高、弯腰、双手着地、跪左腿膝盖、跪右腿膝盖、胳膊肘着地、额头碰手背、（按与跪坐时的相反顺序）起身。
			男		
			女		双手指尖对碰、到眉高、先左腿后右腿坐地、额头碰手背、上身弯45度、（按与跪坐时的相反顺序）起身。

[네이버 지식백과] 큰절(조선향토대백과, 2008,(사)평화문제연구소)
(한국민족문화대백과, 한국학중앙연구원)

　　如表1所示，韩国代表性的有四种身体礼节，其中，"입례"中弯腰的度数有30度、45度、90度(배꼽인사、꾸벅인사)等，随着度数的增加，尊敬程度也就直线上升。所以"허리를 굽히다"比喻郑重行礼。但现代中国的鞠躬不用作问候礼，多用来表达感谢或道歉，中国人结婚时也多行鞠躬礼，称作"一拜天地、二拜父母、三拜来宾"，此外还有"夫妻对拜"，但很少行跪拜礼。相反，韩国人结婚时要行叩拜礼，因为韩国人的鞠躬是问候礼，程度轻。

　　如果弯腰的度数超过了90度，那么行礼之人的头就到了腿部以下，因此韩国语就产生了"다리아랫소리"，指把头低到大腿下面所发出的声音，比喻对别人低三下四或者哀求时说的话。有俗语"빌어는 먹어도 다리아랫소리 하기는 싫다"，比喻不管再怎么穷也不阿谀奉承承别人，类似的还有"빌어먹어도 절하고 싶지 않다"。比"다리아랫소리"更夸张的还有"각하성(脚下聲)"，意思是把头低到脚面所发出的声音。类似的身体动作在中国有陶渊明的"不为五斗米折腰"。可见折腰在中韩两种文化里都意味着趋炎附势。

　　韩国的大礼是最严格的方式，用于非常庄重的场合。韩国大礼中有一个非常重要的动作：额头要碰到手背，即要触地，所以就有

了惯用语 "이마가 땅에 닿다"，指极度屈身，如(1)。

> (1) 만득이는 징징 울며 이마가 땅에 닿게 고개를 처박으며
>   애원을 했다.《송기숙, 녹두 장군》万得哭哭啼啼地以头
>   触地苦苦哀求。

    在日常生活中对长辈行大礼时，可以降低双手的高度到肩，额头可以不碰到手背。从行礼速度上来看，行礼的动作越慢越表示尊敬。

    长辈在接受晚辈的大礼时，如果感到有负担也要稍稍欠身或者低一下头。但一般是在坐正的状态下接受他人的大礼，如果在别人给自己行大礼前自己就先趴下，是不合礼节的，因此韩国语里用 "엎드려 절 받기" "옆찔러 절 받기" 比喻别人本没心思礼遇自己，但自己却提出让他人给自己礼遇。类似的还有 "억지로 절 받기"。与此相反的有 "등 시린 절 받기 싫다"，意思是让自己汗颜的大礼不好意思接受，指自己不曾好好招待过的人反过来盛情款待自己，让人很不舒服，心情不好，这都是用 "절" 来转指礼遇。

    韩国人有时也用 "절이라도 하고 싶다" 等相关的结构来表达感谢之意，如(2)，这些日常交际中所提到的行礼并不是真正意义上的身体动作，只是借此来强调感谢之意。

> (2) a. 누나한테 고맙다고 절이라도 올려야겠네요.《월계수
>   양복점 신사들, 47회》看来我为了表示感谢得给姐姐
>   磕头了。
>   b. 달님 어머니한테 달님을 잘 키워줘서 고맙다고 엎드려
>   절이라도 하고 싶은데.《달콤한 원수, 79회》我想向

月儿妈磕头、行大礼，感谢您把月儿养这么大。

上面所提到的各种礼节一般在做相应动作的同时，还要说相应的问候的话，如果只有动作而没有言语，韩国人则将其称作"벙어리인사(——人事)"，意思是哑巴式的无言问候。

3.2.3 礼节与感情距离

如上所述，礼节是一种无声的语言，诉说着双方的关系与感情的远近、亲疏。因为尊敬意味着与对方的距离是不平等的，这无形中会拉大双方的心理距离，所以在亲人之间即使鞠躬问候，也都比较随意。否则则意味着心理距离的加大。

如电视剧《다시，첫사랑》中，因为父亲在自己小时候就有外遇离开了家，所以男主人公차도윤对父亲一直以来非常不满，为了与父亲保持距离，他采用的方式就是：每次见到父亲都是先把西服的扣子系好，然后使用最标准的方式来鞠躬行礼，所以第18集中，父子之间就有了下面的对话：

(3) 아버지: 대충해. 이마. 정 떨어지게 매번 인사야? 随便点
　　　　儿。你这小子，每次见了我都行礼，(毕恭毕敬
　　　　地让人感到这么生分)。
　　차도윤: 무슨 일로 부르셨습니까? 您因何事唤我？

如上，对儿子的克尽礼仪，父亲的感觉是生疏，距离远，但儿子最终用的还是最标准的敬语形式，一副公事公办、敬而远之的态

度。

再如电视剧《빛나라 은수, 12회》中，当弟弟수호没敲门就进了哥哥房间后，哥哥수현与其有了下面的对话：

(4) 수현: 노크나 해. 你得敲门再进来啊。
　　수호: 형제끼리 예의 따져? 남처럼? 그래, 결혼을 하면은
　　　　　그때 해 줄게. 我们兄弟之间还讲究礼仪啊？那不
　　　　　就见外了吗？好吧，等你结婚后，我再敲门进。

如上，在韩国人眼里，讲究礼仪意味着见外和感情距离的拉长。

在一般社会关系中，身体语言也反映出很多的心理感情变化。例如，一般情况下，医生在接待患者时是不需要起身迎接的，直接坐着打招呼就可以。

电视剧《빛나라 은수, 68회》中，医生김재우在与开洗衣店的寡妇박연미刚认识时，虽然知道来自己医院看病的김여사是박연미的婆婆，但김재우一般也是坐着打招呼，但当与박연미正式确立了恋爱关系后，受这种关系的影响，当看到박연미的婆婆김여사来看病时，김재우马上站了起来，并热情地打招呼说："오셨어요?"，也就是说，关系的远近影响了身体语言。反过来，对寡居的儿媳妇与医生的交往关系还一无所知的김여사的反映则是很吃惊，赶紧说：

(5) 어머! 앉으세요. 선생님! 왜 일어나세요? 哎吆，快坐下。
　　大夫，您怎么站起来了啊？

如上，김여사所表现出的吃惊和尴尬是源于一般的社交礼仪，

即：对韩国人来说，不论年龄大小，医生是令人极其尊敬的人，而坐诊的医生是不需要站起来迎接患者的。而金女士所表现出的尴尬也是一种体谅的信号，尴尬这种反应只在身份相等或地位更高的人面前才会产生(维萨 2015:290)。

正像福柯所说，上面所讲的各个国家尤其是韩国人的各种表现为礼节的身体习惯已经成为一种社会规范，反映的是不同身份和权力等级的不同身体习惯，而这种身体习惯已经被视为一种理所当然的礼仪，而不被排斥。当然随着社会的发展，一些礼仪和身体习惯逐渐受到了新时代年轻人的挑战，尤其是那些表现出强烈的性别差异的身体习惯。

正因为身体之间的距离意味着双方关系的远近，所以韩国语表示某地到某地或某物与某物之间的距离的"사이"最终产生了关系意义，如"친구 사이 朋友关系"，而关系的好坏与双方之间距离的合理控制有关，所以表达"距离好"意义的惯用语"사이가 좋다"最终发展出了"关系好"这一意义。

3.3 敬语与距离感

对韩国人来说，除了通常意义上的社交距离、身体语言所表现出的距离，还可通过是否使用敬语、话语句子的长短来判断对话双方的关系是亲还是疏。一般情况下，敬语意味着情感距离拉大，而半语则相反。也就是说，敬语、句子长短与情感距离成正比。上面提到的电视剧《다시, 첫사랑》中，男主차도윤用身体语言和敬语两种方式表达出了与父亲的距离感。汉语也有这种情况，例如，北京

的女性在与年龄差不多的男性讲话时，常常称对方为"您"来保持双方的感情距离，从而显示对方不同于"亲爱者"的关系区别（萧国政 2015:429）。但因为现代汉语的敬语非常少，所以利用敬语来表达距离感很受限。

3.3.1 一般社交关系

敬语表示尊敬，但也意味着距离的拉大。对韩国人来说，在普通社交关系中一般需要使用敬语，而这种需要使用敬语的关系被称作"불편한 관계"；反过来，可以不使用敬语的关系则被称作是"편한 관계"。

例如，电视剧《천상의 약속, 66회》中，강태준与세광是同母异父的兄弟，但之前从未有过交集，后来认识之后，当강태준称呼自己是"세광씨"时，세광说道：

(6) 씨는 또 무슨? 딱 봐도 내가 훨씬 어려보이구만. 점잖을 떨지 말구 그냥 말 놓고 한 잔 해요. 说什么先生啊？一看就知道我比你小很多嘛。别客气了，说半语就行，我们喝一杯吧。

如上，因为"씨"是敬语，代表距离，所以弟弟세광提出让哥哥강태준对自己说半语。

反过来，为了表示亲近，韩国人会故意使用半语来起到拉近距离的目的。半语相对应的人称代词有"너"，例如，电视剧《흥부외과:심장을 훔친 의사들, 17회》中，진명훈通过对유혜정使用第二人称"너"和半语语尾来表达亲近，但유혜정却表示反对，如(7)，意

思是不要用说 "너" 和半语来与我套近乎。

(7) 너란 호칭 말고 존칭 써 주세요. 제가 원장님한테 너란 호칭을 들을 이유 없습니다. 반말하지 말아주세요. 거리가 좁혀지는 것 같아서 싫습니다.《흥부외과:심장을 훔친 의사들, 17회》请您不要对我说"너 你"，我没理由听院长您对我说"너 你"，请不要说半语。因为这样我们之间的距离好像被缩短了，我讨厌这种感觉。

正因为半语意味着亲近，所以韩国人可以通过对话双方的敬语使用情况来辨别和推断两人的关系远近，如(8)，通过剧中相关人物用半语说话这一点，可以猜测他们属于普通朋友关系还是亲密关系。

(8) a. 두 사람이 뭐야? 왜 반말을 하지?(그때) 분명 존댓말을 썼는데 (지금) 둘이 친구 같잖아?《두번째 스무살, 11회》这两个人是怎么回事啊？为什么说半语啊？(刚才)分明说的是敬语，(现在)怎么像朋友啊？

b. 오빠가 말을 놓은 게 웬지 가까워지는 것 같고 기분도 좋으네요.《수상한 삼형제, 33회》你对我说话比较随便，让我觉得好像和你亲近了不少，心里也挺高兴的。

c. 야, 강단이, 너 설본부장이랑 무슨 사이야? ... 설본부장은 너한테는 반말하면서 엄청 친하게 굴잖아?직원 아무한테나 안 그러는데 너 혹시 설본부장한테 말 놓으

라고 그랬어?《별난 가족, 69회》哎，姜丹怡，你和
薛本部长什么关系啊？……薛本部长怎么和你那么
亲，并且说半语啊？他对其他员工从不这样的，你是
不是让薛本部长说半语了？

有时韩国人为了拉开与对方的心理距离或感情也会特意去用敬
语来表达，尤其是在不熟悉的人之间，例如电视剧《여우각시별, 2
회》中有下面的对话：

(9) 이수연: 이인일조로 움직입니다. 상대는 조울증으로 의심
　　　　　되는 환자고 무슨 상황이 벌어질지 몰라요. 혼자
　　　　　떨어지지 마세요. 我们两人一组行动。对方可能
　　　　　是个狂躁症病人，不知会发生什么情况，所以
　　　　　不要单独行动。
　한여름: 어머, 지금 제 걱정을 해주시는 겁니까? 갓 신입
　　　　　께서? 哎呦，您这是替我担心啊？您这位新入职
　　　　　的先生？

如上，虽然两个人是第一天见面的同事，但因为是平级，所以
没有必要用最高级别的敬语"하십시오체"，但由于两人之间发生了
误会，所以故意使用"하십시오체"以保持距离，并且한여름在最后
还咬着牙用了表示尊敬的主格助词"께서"，表达的是对对方的不满。

熟悉的人之间一般不使用敬语，如果对方突然使用敬语则是在
表达某种消极意义或距离感，如(10)中，突然对熟识的人使用敬语
表达的是拒绝意义。

(10) 여태까지 팀장님이 나한테 존댓말을 안 썼거든요. 근
　　데 (어제) 존댓말로 따박따박 거절하는데…《아이가 다
　　섯, 21회》一直到现在为止，系长对我从来都没用过
　　敬语，但是(昨天)拒绝我的时候，每句话用的都是敬
　　语……

　　此外，性别也影响敬语的使用，同性之间(例如男性与男性之间
或女性与女性之间)的语言更随意一些，而异性之间则使用更高级别
的敬语，表达更注重相应的形式(박영순 2001/2007:237)。

3.3.2 亲人之间

　　家庭成员之间对长辈一般用敬语。但如果关系非常亲密，即使
有辈分、年龄之差，也多用非敬语系统，如小孩子与父母、祖父母
之间，以及夫妻之间。

　　具体到孩子与父母之间，不同的身份与亲疏都可以影响到敬语
的使用。例如，女儿、儿子与儿媳对父母和公婆的称呼会有较大不
同，如电视剧《아버님, 제가 모실게요, 50회》中，当每个人都有了
圆满的结局，孩子们重新离家时，最后与父母有一段对话，根据身
份的不同，各自的说法都不同，如下所示：

　　(11) 大儿子성훈: 우리 부모님, 그리고 할머니 세 분 오래오
　　　　　래 사셨으면 참 좋겠습니다.
　　　　二儿子성식: 엄마, 그동안 속 많이 썩여드려서 죄송해요.
　　　　大儿媳혜주: 아버님, 어머님, 정말 죄송합니다.

小儿媳희숙: 어머님, 죄송합니다.
小女儿정화: 엄마, 미안.

如上，大儿子的话敬语级别最高，分别用了敬语后缀"-님"、语法标志"-시-"、尊敬阶词尾"좋겠습니다"，句子最长。与之相比，二儿子与妈妈的关系比较亲近，称呼语用的是儿称"엄마"，并且句尾用的是口语化的"죄송해요"；两个儿媳妇用的都是"아버님、어머님"，句尾用的都是最正式的"죄송합니다"；到了小女儿这儿用的也是儿称"엄마"，并且用了更短、更不规范的"미안"。从这些表达中，关系远近亲疏一目了然。

将上面儿子与女儿进行对比的话，会发现儿子一般较少利用半语，但女儿却多用半语。将父母进行对比的话，一般女儿在对待父母时也有所不同，对母亲可以多用半语，但是对父亲却较少地利用半语。例如：

(12) 왕수박(딸): 아버지 여기까지 오신데 가. 이미 백기 드신
　　　　　　거야. 爸爸已经来了，你就回去吧。他这已经
　　　　　　是举白旗投降了。
　　　아빠: 백기는 아니고. 不是举白旗投降。
　　　엄마: 아니라잖아. 他这不是说不是嘛。
　　　왕수박: 얼른, 나만 욕먹어. 얼른 가.《왕가네 식구들, 9
　　　　　　회》快点吧。要不我光挨骂，快走吧。

上面是母亲离家出走后，왕수박和父亲一起去接母亲回家时所发生的对话，女儿在提到父亲时，都用了敬语标志"-시-"，但对母亲说话时都用了半语，由此可以看出왕수박与父亲的关系比较远，而

与母亲比较亲近。

这种现象也发生在小说语言里，例如王文勇(2008:241-242)提到，在小说语言里，虽然女儿可以对父亲用半语，但儿子一般不对父亲使用半语，经常使用"하십시오체"。

再看夫妻关系。夫妻之间一般可以不用敬语，但如果一方生气了则会换用敬语来表达不满与距离感，如电视剧《수상한 삼형제, 37회》中，当看到妹妹住在丈夫的下属家里时，어영误以为丈夫이상也默认了此事，不禁生气地给丈夫打电话，说道：

(13) 난데요. 나 지금 백마탄 경위 집에 와 있거든요… 부영
　　이를 따라 여기까지 왔어요. 알고 계셨습니까? 대답하세
　　요. 是我。我现在在白马弹(音译)警卫家里。……我跟
　　了富荣一路结果就跟到他家来了。您老是不是早知道
　　(他们同居)这件事啊？请您回答我。

剧中어영的年龄比丈夫大，所以平时都用半语，现在突然用敬语，让丈夫也很吃惊，不禁问道：

(14) 갑자기 왜 존댓말을 쓰고 그래? 일단 만나서 얘기해. 你
　　怎么突然说敬语啊？我们见面坐下来再谈。

敬语的使用不仅要区分双方关系，还要看语境。有时虽然是亲人，但在公司内为了不显示出两者的亲属关系，所以也会故意用敬语，如电视剧《빛나라 은수, 24회》中，수호去公司上班前，父亲这样叮嘱他，说道：

(15) 회사에서는 넌 내 아들이 아니야. 넌 수현이 동생도 아
니야. 그러니까 깍듯이 대해. 在公司里你不是我儿子，
也不是秀贤的弟弟，所以你要严格按礼节行事。

当수호进入公司后，遇到了作为公司常务的哥哥，同行的系长
让수호打招呼，而수호勉强行了个礼，等哥哥走后，系长对着수호说
道：

(16) 윤수호씨! 왜 이래? 예의를 갖춰! 예의! 尹秀镐！你怎么
这样啊？注意礼节！礼节！

因为从不明真相的系长角度来看，作为一般员工的수호对上司
行的礼非常随便，不像样。

由此可见，韩国语里敬语形式的使用是随着双方身份、场所、
情境的变化而变化的。

3.3.3 复杂关系

韩国语敬语需要根据双方的身份、语境等各种因素来适时调
整。例如，电视剧《애인 있어요, 14회》中，男主人公与妻子离婚后
去了美国，而前妻却因交通事故失去了记忆。当男主回到韩国又重
新与前妻偶遇，所以对前妻说话时都是用非敬语——"반말"，这是
基于亲密关系的讲话方式，而对前妻来说，由于失去记忆，前夫在
自己眼中已经完全是陌生人，所以两者之间的对话就非常有意思：

(17) 도해강(전처): 상처는 잘 아물었어요?.....伤口愈合了
　　　　吗?

　　최진언(전남편): 신분증 꺼내봐. 把你的身份证拿出来。

　　도해강: 신분증이에요? 왜요? 身份证？为什么？

　　최진언: 꺼내, 어서. 掏出来！快！

　　도해강: 싫어요. 왜요? 내 신분증 갖고 뭘 하려고요? 不
　　　　行。为什么？你拿我的身份证干什么啊？

　　최진언: 뒤지기 전에 꺼내. 잔말말고 꺼내. 얼른! 在我
　　　　搜身之前，拿出来。少废话！拿出来！快点！

　　도해강: 잔말? 그런 댁은 반말 말고! 废话？那你就不要
　　　　说半语。

　　최진언: 뒤진다. 我搜身了。

　　도해강: 이거봐요! 최진언씨!你干什么！崔真言君！

　　如上，失忆的前妻对前夫使用的都是"해요체"的敬语，即使
在最后，被前夫强行翻包时，前妻感到非常惊讶、生气时最后也没
有使用半语，对其称呼也是"名字+씨"，只不过是加重了说话的语
气而已。而前夫一直使用的都是半语，并且都是命令式的语气。但
是译成汉语后，韩国语里的这些文化意义就消失了。

　　当后来前夫得知前妻是失忆后，两人再次在咖啡厅里见面，双
方的对话则发生了变化，具体如下：

(18) 도해강: 할 말이 있다더니 할 말이 없네요, 뭐. 그만 일어
　　　　날게요.(일어남)你不是有话要说吗？怎么不说
　　　　啊。那我走了啊。

　　최진언: 그냥 좀 있자. 앉아. 부탁이야. 再坐一会儿。坐

下。求你了。

도해강(도로 앉고): 저기요. 그 반말 좀 안 하면 안 돼요?
　　　　되게 거슬려요. 기분 나쁘고. 我说，你能不能不
　　　　要说半语啊？我听着难受。心情不好。

최진언: 알았어. 知道了。

도해강: 또, 또. 又，又是半语。

최진언(웃음): 미안——对不起……

도해강(눈으로 노려봄)

최진언: --합니다. 《애인있어요, 15회》对不起您了。

　　如上，当前夫还是受习惯所致依然说半语时，前妻正式提出
"그 반말 좀 안 하면 안 돼요? 되게 거슬려요. 기분 나쁘고"，对
这种要求，前夫也接受了，因为对失忆的妻子来说，自己已经成了
陌生人，陌生人或非紧密关系的人之间使用敬语是理所当然的。从
前夫前后敬语使用的变化，可以清晰地看出社交关系对敬语使用的
制约。

3.3.4 打架与距离

　　使用敬语表达的是双方的距离感。但使用敬语所产生的距离感
一般属于理智型的情感距离，不是激烈的矛盾冲突。如果双方出现
很大矛盾，需要打架时，一般都会首先放弃敬语而使用半语，从语
言上消除敬意，然后再用肢体语言来表现冲突，那就是肢体接触性
的打架。如：

(19) 최신형: 지금부터 말을 놓는다. 덤벼. 남자 대 남자로 한
판 붙자. 从现在开始我们说半语。上吧。我们
男人之间比试一下。
조은걸: 전 신형씨랑 한 판 붙을 생각 없습니다. 我不想
和你比试。
최신형: 너도 말을 놔. 你也说半语。
조은걸: 원하신다면…《폼나게 살 거야, 17회》如果您
真希望这样的话……

上文中최신형的年龄比조은걸小，但因为怀疑是조은걸拆散了自己和女朋友，所以对조은걸充满了敌意，因此要求双方都用半语，并且来干一仗比试比试。也就是说，半语意味着距离近，而双方空间距离的拉近使肢体接触性的打架成为可能。

综上所述，空间距离、礼仪与语言的关系是成正比的，如下图所示：空间距离大，意味着有礼，表现在语言上就是使用敬语；空间距离小，意味着亲近，不需要注重礼节，表现在语言上就是可以忽视年龄、身份等的束缚，可以使用半语；如果出现肢体相接的负距离，则有两种意义，积极意义是亲密无间，消极意义是打架，但表现在语言上都是无语状态，即不需要语言。

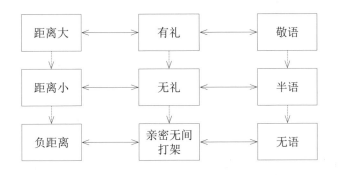

[图1] 空间距离、礼仪、语言的关系

3.4 敬语系统的影响因素

韩国语敬语的具体运用非常复杂。因为韩国社会的每个角落都存在着以年龄、辈分、级别、地位和性别等为判断标准的等级关系，即"위계질서"。在韩国，经常会听到下面这样的表达，如(20)，这都是直接或间接地强调社会秩序的重要性。只有明确了双方的上下关系，然后才能决定具体的语言交际中是否以及如何使用敬语。

(20) a. 서열을 정리해야겠다.

    b. 찬물도 위아래가 있는 법이다.

    c. 찬물도 위아래가 있다.

    d. 수수깡도 아래위 마디가 있다.

    e. 수숫대도 아래위 마디가 있다.

    f. 초라니탈에도 차례가 있다.

韩国人的思维与语言行为基本上与他人的意愿和集体内部意见一致，所以更多的要受外界因素的影响，这些因素包括是否认识、辈分、职位、年龄以及交情等，韩国敬语系统的影响力也基本呈现以下顺序：

(21) 陌生人——亲族序列(辈分)——职场序列(职位)——年龄序列(岁数)——交情

如上，对陌生人来说，一般要使用敬语。对非陌生人之间，则要遵循几个原则，首先在亲族系列里，以辈分为准；在职场序列里，以职位为准；在年龄序列里以岁数为准。并且从影响力来看，亲族序列要高于后三个序列。也就是说，即使听者年龄大，但如果辈分低，或者职位低，都适用非敬语系统。

与女性相关，女性在称呼婆家人时一般不遵守上述原则，也就是说，对婆家人即使是年龄小的小叔子、小姑子，不论年龄，都要用敬语。

3.4.1 陌生人与一般社交

陌生人见面时原则上都要用敬语，除非是对小孩子。因为韩国人认为初次见面的陌生人如果不说敬语，是很无礼的表现，让人心情不好，如(22ab)，这些都是在韩国人社交中经常出现的场景，表现的都是因陌生人之间不使用敬语所产生的交际摩擦。如果不注意陌生人之间的交际礼节的话，一般会造成不好的影响或者招致很坏的后果，如(22c)。

(22) a. 저 아세요? 초면에 왜 기분 나쁘게 반말이세요?《내
    딸 금사월, 9회》您认识我吗？为什么第一次见面就
    不说敬语，让人生气？

b. 그런데 이 아줌마가 언제 봤다고 반말이래?《천상의
    약속, 9회》话说回来了，你这大嫂什么时候和我见
    过面啊？怎么不说敬语？

c. 그리고 나 언제 봤다고 아까부터 '너'하고 반말이세
    요? 싸가지 너무 없어서 혹시 뒈지고 싶어요?《내딸
    금사월, 9회》再说了，您什么时候见过我，从刚才
    就说"너"，还用半语。也太没礼貌了！想找死吗？

此外，在对待陌生人这种一般社交中，年龄显得非常重要，对
年龄的计较经常出现在韩国人的日常生活中，如(23)，因为韩国人
需要根据年龄来决定双方的上下关系，通过双方年龄的对比再决定
是否使用敬语。

(23) 왜 아까부터 자꾸 말이 짧아? 아저씨 몇 살이에요?《내
    조의 여왕, 4회》你为什么从刚才开始一直说半语？大
    叔你多大啊？

再看(24)，这是一段电视剧台词，剧中허세달是宾馆职员，对
宾馆投宿的客人当然要使用敬语，而은미란是客人，年龄比허세달
小，但一直用非敬语，所以허세달心里不舒服，反问她为什么从刚
见面认识就一直用半语。从这里也可以看出，对处于不是一个单位
内上下级关系的人来说，即使客人是王，但一般也不可违背年龄原
则，即要对年龄大的人使用敬语。

(24) 허세달(직원): 나이도 어리신 것 같은데 왜 처음부터 반
　　　　말을 먹고 퍼붓시는지? 看您年龄很小，怎么从
　　　　开始就说半语啊？

은미란(호텔 손님): 떫어? 떫으면 너도 까. 그런 배짱이
　　　　있는지 모르겠지만.《왕가네 식구들, 8회》不舒
　　　　服？不舒服的话你也说半语。但不知道你有没
　　　　有这个胆量。

　　再如，当恋爱双方去见对方父母时，因为是第一次见面，虽然
对方父母是长辈也都会对年轻人用敬语。即使见过几次，但不熟悉
的话，一般也都用敬语，如电视剧《빛나라 은수, 14회》中，当이선
영第二次见到儿子的朋友김빛나时也对其说敬语。由此可见，即使是
长辈，在面对已是成人的年轻人时，一般也不随意地用半语。因为
有这样的社交规则，所以作为晚辈或年小者，一般要先主动对长辈
或年长者说"이젠 말씀을 놓으세요"或者"말씀을 편하게 놓으세
요"，主动让长辈或年长者对自己说半语，如(25)。

(25) a. 그리고 말도 낮추세요. 전 아정이 친구잖아요?《최고
　　　의 연인, 108회》还有，您不要对我说敬语吧。我是
　　　雅静的朋友啊。

　　b. 곧 현태씨랑 결혼도 할 테니 어머니 말씀 편하게 하
　　　세요.《내 사위의 여자, 52회》我马上就要和贤泰结
　　　婚了，您就不要对我说敬语了。

　　c. 그리고 이젠 말 놓으세요. 제가 동생이니까.《사랑이
　　　오네요, 25회》还有您不要对我说敬语了，我可是妹
　　　妹啊。

d. 말 놓으세요. 삼도오빠 와이프면 저한테 친언니 마찬
    가지인데.《월계수 양복점 신사들, 40회》您不要对
    我说敬语了。您是三道哥的妻子，对我来说，就是
    亲姐姐啊。

　　如果晚辈没有主动提出让自己说半语，而长辈或者年龄大的人
想说半语，一定要征求对方的同意，如(26)。

(26) 말하자면 내가 니 시어머님이 될 수도 있는 것 아니야?
    그러니까 내가 말을 놔도 돼지?《최고의 연인, 94회》
    如果说起来的话，我也有可能会成为你婆婆，是吧？
    所以我不说敬语，也可以吧？

　　如果是年龄差不多的陌生人，当进一步认识、熟悉之后，问
一下年龄，可以像(27)这样寻求谅解并取得共识之后，再互相说半
语。如果不提前取得谅解，则会引起交际摩擦，影响交际效果，如
(28)。

(27) a. 나이도 동갑이니 우리 말을 트고 지내자. 年龄也一
      样，我们都说半语吧。
    b. 그럼 우리 편하게 말 놓을까?《우리집 꿀단지, 9회》
      我们都说半语吧，这样不生分。
    c. 내가 형이니까 말 놓을게.《딴따라, 3회》我比你年
      龄大，是哥，我说半语了。
(28) a. 말이 왜 이렇게 짧아요? 합의없이.《천상의 약속, 19
      회》你的话怎么这么短啊？我们又没说好一起说半语。

b. 반말 좀 하지 맙시다. 나도 나이 먹을 만큼 먹었수
다. 《사랑이 오네요, 113회》请不要说半语好不好。
我的年龄也不小了。

3.4.2 亲族序列

在亲族关系中，晚辈对长辈要使用敬语。在平辈之间，一般也
要对年龄大者用敬语，表示尊敬，如果违反了这种秩序，那么就会
出现矛盾，所以日常生活中经常会出现类似的交际现象。

3.4.2.1 姐妹、兄弟之间

(29) 왕호박(여동생): 언니. 姐。
　　왕수박(언니): 나 이렇게 됐다고 우습게 하는 모양인데
　　　　나 아직 안 죽었다. 엄연히 우리 집의 장녀야. 나
　　　　한테 한 번 걸리기만 해봐. 그건 너든 니 서방이
　　　　든 가만 안 돼.《왕가네 식구들, 9회》你这是看我
　　　　不行了看不起我，是吧？我还没趴下呢。我可
　　　　是咱家的长女。你小心着点，别让我抓住。否
　　　　则，不管是你，还是你老公，我都饶不了你们。

上文中，왕수박与왕호박是姐妹关系，虽然两者是同一辈分，
但왕수박是姐姐，对妹妹왕호박用的是高压式的语气。所以韩国经常
有"집안의 기강을 잡다"类的表达，强调的是家族内的秩序问题。

(30) 나아라(여동생): 진짜 대화가 안 된다. 언니 입 다물고 조용히 해. 한 번만 그 입 열면 언니고 뭐고 가만 안 있어. 和你真是无法沟通啊。姐，你闭上嘴，别再说了。你要是再说一句，我就不管你是姐姐不姐姐了。

나노라(언니): 잘한다. 계집애. 위아래도 몰라보는 게. 너 대학 나온 것 맞아?《폼나게 살 거야, 8회》你真能啊。臭丫头。连上下都不知道。你真的上过大学吗？

上面对话的背景是姐姐做错了很多事情，所以妹妹忍无可忍，说了上面的话，而姐姐却不考虑自己的错误，只是从上下秩序来责备妹妹。

再如电视剧《빛나라 은수, 31회》中，수현与빛나结婚后，父亲对全家人下命令说：

(31) 새애기 오면은 다들 잘 대해 줘. 특히 수민이와 수호. 나이 어려도 손윗사람이니까 깎듯이 대해. 新媳妇进门后，你们要好好待她。特别是秀敏和秀镐。她年龄虽然比你们小，但是你们的嫂子，要注意礼貌。

如(31)，在年龄与辈分出现矛盾时，要以辈分为上。如果双方年龄差距较小，一般不会引起太大问题。但如果辈分高的人反而比辈分低的人小很多的话，则会出现问题。

例如，电视剧《그래 그런 거야, 34회》中，大哥유민호和非常年轻的강수미结婚后，从辈分上来讲，강수미成了大家的嫂子，所以

年龄大的二哥、三弟都要尊称강수미为"형수님"。二嫂하명란却坚持认为年龄差距太大(差十几岁),不愿用敬语,不叫"형님 嫂子",因为双方称呼的问题,三个儿媳妇以及姨母之间发生了下面的对话:

(32) 한혜경(막내 동서): 어머니하고 얘기 끝나셨어요? 您和妈聊完了？

하명란(둘째 동서): 동서 정말 유능하다. 어떻게 금방 '이러셨어요? 저러셨어요' 돼?三弟妹啊，你真是了不起，怎么马上就"이러셨어요? 저러셨어요"的，能把敬语说出来啊？

한혜경: 뭘? 什么啊？

하명란: 내 생각에는 '이러셨어요, 저러셨어요'는 오바하는 것 같아. '이랬어요, 저랬어요.' 충분해. 我觉得说"이러셨어요, 저러셨어요"太过了，说"이랬어요, 저랬어요."就足够了。

강수미(새 형님): (하명란을 쳐다보면서)동서님! 너무 그렇게 불편하게 하지 마세요. 호칭은 정하기 나름이에요. 나이 순으로는 제가 백번 아랫사람이지만 그런데 옛날부터 남자 따라가는 풍습이라서 어쩔 수 없고 저는 두 분 동서님으로 부를 테니까 두 분은 그냥 제 이름에 '님'자를 붙여주세요.(看着하명란)弟妹大人！您不要搞得大家这么不舒服。这个称呼问题就看我们怎么定了。从年龄上来说，我肯定是在您下面，但是自古以来，都是随男方的，也没办法，我叫你们两

位为"동서님 弟妹大人"，你们也直接在我的名
字后面加上敬语"님"，就可以了。

김숙경(이모): 수미님? 秀美님？

강수미: 네, 높임말이면서 형님만큼 거북하지 않잖아요?
이모님. 对，这样既是敬语，又不像"형님"那
样让人太难为情。怎么样？姨母。

김숙경: 언니한테 통할까? 姐姐能同意吗？

…

김숙경: 그 깟 형님 소리는 뭐가 어려워. 시치미 딱 떼
고 '형님!' 왜 못해? 就是一声"형님 嫂子"，有什
么难的？什么也不想，直接叫一声"형님"就行
了！怎么就叫不出来啊？

하명란: 전 변죽이 없어요. 我没那么厚脸皮。

김숙경: 나이가 어려도 형님 형님이야. 수미님 뭐야? 수
미님? 언니한테 고자질해야지. 虽然年龄小，但
嫂子就是嫂子，"수미님"算什么啊？"수미님"？
我找姐姐告状去了。

如(32)，因为韩国语敬语的使用受到辈分和年龄的双重影响，
但因为长辈的年龄反而小，所以产生了这些称呼上的矛盾。因称
呼问题所产生的这样的对话在韩国人的语言生活中占据了很大的分
量。并且从上面的对话中我们也可以看出，韩国人对称谓语是多么
地重视。

3.4.2.2 夫妻之间

在韩国，一般的传统思想是"丈夫是天，女人是地"，女人要以男人为中心，要尊敬男人，但有时韩国也有妻子比丈夫年龄大的情况，这就会出现男女地位与年龄的矛盾，一般在对外场合中，要以男女地位高低来决定一切，但在私底下，年龄因素也不可忽视，例如：

(33) 허세달(남편): 자, 서방님한테 한 잔 따라봐라. 来，给你老公倒一杯。

왕호박(아내): 까불고 있어. 누나한테. 누나먼저. 你可真会玩。先给你姐我倒一杯，姐姐先来。

…

왕호박: 따라봐. 倒啊。

허세달: 네, 누나.《왕가네 식구들, 6회》是，姐。

如上，허세달与왕호박是夫妇，但丈夫比妻子小，所以倒酒时，也要先给妻子倒。由此可见，年龄的影响力超越了地位高低的影响力。但这种情况如果用在对外场合中，却一般得不到认可，容易受到批评，剧中妻子对小自己一岁的丈夫说话时经常用半语，有时还因丈夫做错了事情打丈夫时，就多次受到婆婆的指责。

再如电视剧《우리 갑순이, 14회》中，当嫂子对哥哥说话用第二人称代词"너"时，小姑子很不高兴，所以与嫂子有了下面的对话：

(34) 시누이: 하늘 같은 서방님한테 너가 뭐야? 너가? 都说丈夫是天，你怎么对你丈夫用'너'啊？

올케: 동갑이라서 그래. 왜? 因为我们同岁，所以这样
　　　说。怎么了？

　　如上，小姑子对嫂子对待哥哥的态度不满，但嫂子却理直气壮
地说因为两个人是同岁。两人之所以出现这样的摩擦，源于两个人
所适用的交际影响因素不同，小姑子利用的是地位因素，而嫂子利
用的是年龄因素。这种因敬语表达问题而产生的交际现象在韩国语
里极其常见而且重要。

3.4.3 职场序列

　　职场里敬语的使用会受到多种因素的影响，例如交际双方的
职位、职级、入职时间、交际场合、个人身份的前后变化、心情变
化、年龄等都会对敬语的使用与否发生作用。

3.4.3.1 职位高低

在职场内，一般情况都要遵循职位序列，即官大一级压死人。

(35) 호텔 메니저: 내가 우스워? 你觉得我很可笑是吧？
　　　허세달(일반 직원): 하나도 안 우스운데요. 一点也不可
　　　　　笑。
　　　호텔메니저: 어디 가다 오는데? 你这是去哪儿才回来？
　　　허세달: 점심⋯吃午饭⋯⋯
　　　호텔메니저: 점심은 몇 시간씩이나 먹나? 직장은 놀러다
　　　　　녀? 이 따위로 해도 되겠어?《왕가네 식구들, 8

회》一个午饭吃几个小时吗？你这是拿职场当游乐场啊。你这样做能行吗？

上面是宾馆经理与허세달的对话，因为허세달午饭时间出去办事回来晚了，所以受到了经理的批评。在具体的语言表达上，因为宾馆经理的职级高，虽然年龄小，却用了半语，而허세달用的是敬语。两个人分别使用的半语和敬语适用的是职场序列内遵守职级这一敬语原则。

3.4.3.2 职级与年龄出现冲突

职场原则与年龄原则有时会出现冲突。虽然在公司里以职级的高低、入职时间为原则，但是有时也不能忽略年龄原则的影响。

(36) 직원A: 아, 짜증나. 레시피 일등을 한 여자 말이에요. 나이 31이라면서요. 哎，真烦人。菜单竞选获一等奖的女人，说是31岁了。

직원B: 그렇대. 왜? 听说是。怎么了？

직원A: 인턴으로 들어오잖아요? 나이 많은 건 싫은데. 她不是要作为合同工进来嘛。我不喜欢年龄大的。

직원B: 무슨 상관이야? 인턴이야. 어차피 3개월 지나면 끝이니까 신경쓰지 말고 일 시켜.《빛나라 은수, 23회》有什么关系啊？不就是个合同工吗？反正就干3个月。不要管这个，该干的活让她干就行。

上面是两个员工因为即将入公司的은수而发生的对话，因为은수年纪大，所以员工A表示很不喜欢，之所以出现这种情况，是因为虽然根据入职时间可以对은수说半语，安排活，但又碍于은수比自己年龄大，所以在은수入社前，员工A就开始不舒服了。但员工B的意思却是让其按照职场原则行事。

　　也就是说，在职场上，虽然人们不喜欢下属是年龄大的人，但作为下属，即使年龄大，也要遵循职场原则，即按照职级来行事。否则的话就会出现问题。

　　(37) 허세달: 다 아는데. 我都知道。
　　　　호텔메니저: 알아? 知道？
　　　　허세달: 아는데 너무 하네. 나이도 어린데 꼬박꼬박 반
　　　　　　　　말을 찍찍해대면서, 누가 여기 아니면 밥먹을
　　　　　　　　데도 없나? 我知道，但是你也太过分了。你年
　　　　　　　　龄比我还小，但却每句话都是半语。你以为离
　　　　　　　　了这儿我就吃不上饭了啊？
　　　　호텔메니저: 안되겠구만. 정신 차리려면 멀었어. 《왕가
　　　　　　　　네 식구들, 8회》你真是不可救药啊。离懂事还
　　　　　　　　早着呢。

　　上面对话中，因为年纪轻轻的宾馆经理一直用半语，所以허세달最终忍不住了，质问宾馆经理为什么年龄小的人却一直说半语。也就是说허세달违背了职场序列的敬语原则，所以经理最后对허세달说：你离懂事还早着呢。这在中国也是一样的，职级高于一切，虽然汉语里没有复杂的敬语系统，但也要从其他方面对职级高的人表示尊敬或者服从。而허세달违反职场规则的结局是被解雇回家。

허세달被解雇回家后，对妻子王호박说了下面的话：

(38) 너도 생각해봐라. 나이도 어린 놈이 반말 찍찍대는데 속
이 안 뒤집겠냐? 나가나 들어오나 사람 대접 못 받고 사
는지 오래다……《왕가네 식구들, 8회》你也想一想。
一个比我小的家伙对我一直说半语，我能不难受吗？
不管是出去还是回到家里，我早已不被当人对待了
啊。

　　如上，허세달的话充分反映了敬语对韩国人的重要性，即如果
年龄小的人对自己说半语，自己则会感到受到了非人的待遇，会非
常生气。但不管怎样，在职场中，职级是最大的影响因子，年龄因
子要服从职级因子。허세달之所以不适应职场生活，就是因为没有调
整好两者之间的关系。
　　其实在处理职场规则与年龄规则的冲突时需要双方共同做出努
力。这种情况下，最好的处理方式就是허세달按照职级原则，对经理
使用敬语，而经理则因为허세달比自己年龄大，根据年龄原则，对허
세달也使用敬语，那么就相安无事了。与韩国语相比，现代汉语里
已经没有了那么多的敬语表达，所以在语言表达上不会出现那么明
显的冲突，但中国年轻的上司在对待年老的下属时，虽然对方会从
措辞、语音语调、身体语言上对自己表示尊敬，但年轻的上司也会
从这些方面来表达自己对年长者的礼貌。

3.4.3.3 入职时间长短

　　如果没有职级差异而是同级别的同事，一般要看入职时间。进

入公司时间早的人是"先辈、上司",后来的人要对其说敬语,如电视剧《사랑이 오네요, 85회》中有下面这样的对话:

(39) 신다희: 좀 빡빡하게 굴지 말지. 나이로 보나 모로 보나
　　　　　　 나한테 한창 후밴데 말이야. 你不要这么生硬,
　　　　　　 好吧。不管是看年龄还是看其他, 你都是我的
　　　　　　 小晚辈嘛。
　　김정훈: 회사 입사 연차를 봤을 때는 제가 엄연히 상사
　　　　　　 인데요. 이전 직장에서 어떻게 하셨는지 모르
　　　　　　 겠지만 여긴 엄연한 조직이라서요. 용어나 존칭
　　　　　　 신경 써주세요. 从进入公司的时间来看, 我是
　　　　　　 正儿八经的上司。虽然不知道您以前是怎么混
　　　　　　 社会的, 但是这里是正儿八经的组织。请您注
　　　　　　 意自己的用词和敬语表达。

　　上文中, 신다희年龄大很多, 但进入公司时间晚, 是김정훈的下属。当신다희仗着自己年龄大对김정훈用半语时, 김정훈毫不示弱地说自己进公司早, 是上司, 让신다희对自己说话时要注意用语和敬语的使用。当然, 김정훈使用的也是敬语, 这一方面是因为自己年龄小, 但另一方面也说明两者关系不亲密, 因为敬语代表着距离感。这样的处理方式就比较好地解决了与신다희因年龄而产生的矛盾, 从而避免了关系的恶化。

　　即使是同级别的同事, 如果关系不是非常亲近的关系, 一般情况也应该说敬语。例如, 韩国议员之间属于同等级别的同事, 交际中一般要选择使用敬语, 否则会遭到指责。东亚日报2016年10月13日报道说, 韩国新国家党韩善教10月13日在国政检察中, 对在野党的

议员同事用半语说了"我就那么好？"之后对此特地表示了歉意[02]。

3.4.3.4 公私场合不同

即使关系非常亲密，虽然私下可以用半语，但如果在公司里，按照职场序列的话，也需要互相说敬语。

例如：

(40) 나아라(여자): 이것 제대로 검토한 것 맞아요? 这个你好
好研究过吗？

최신형(남자): 해⋯했는데 研究过。

나아라: 다시 하세요⋯ 요새 정신은 어디다 두고 그래
요? 重新做。最近您这是怎么了，心放在哪儿
了？

최신형: (이마를 가리키면서)어디다 두긴? 여기, 여기
서!(指着自己的额头)能放哪儿啊？放这儿
了！这儿！

나아라: 반말을 하지 마세요. 공적으로 말하는 거예요.
您不要说半语。我现在在和您说公事。

⋯

최신형: 알았어⋯요.《폼나게 살 거야, 12회》知道了。

如上，对话中的两人是恋人关系，但나아라因母亲病重而提出了分手，而최신형则受母亲催促不得不相亲，나아라对此很生气，所

---

02 한선교 새누리당 의원이 13일 국정감사 도중 야당의 동료 의원을 향해 반말로 '내가 그렇게 좋아?'라고 말했다가 사과했다. 《동아일보, 2016. 10. 13》

以公事公办地对최신형说话，用的全是敬语，并要求최신형也用敬语，因为这是在职场上，所以最后최신형也不得不在句后加上了敬语"해요체"的标志"요"。

3.4.3.5 个人身份变化

有时职场和年龄原则也要让步于身份。与汉语相比，韩国语敬语的使用会反映说话人的微妙的感情变化，尤其是当双方身份发生变化时。

例如，电视剧《빛나라 은수, 67회》中，当刚转正成为正式员工的은수找系长请假时，发生了下面的对话：

(41) 은수: 저 결혼합니다. 我要结婚了。

팀장: 엉? 축하해요…신랑 될 사람은? 啊，祝贺你，新郎是谁啊？

은수: 윤수호씨예요. 是尹秀浩。

직원: 둘이 그렇게 티격대격했더니 언제 그렇게 됐어요? 你们两个天天吵吵闹闹的，什么时候变成恋人关系了？

팀장(매우 놀라는 표정, 이어 마음 속으로): 뭐?...이게 무슨 운명의 장난 말입니까? 회사에 사모님이 둘 씩이나?(非常吃惊的表情，随后心里说)什么？……这是什么命运的安排吗？公司里竟有两个儿媳妇老板娘？

은수: 어쩌다 보니까요. 不知怎么就成这样了。

팀장: 그래도 어떻게 그렇게 해? 저, 제가 아니 내가 뭘

143

도와드릴…아니 내가 도와줄 일이 없을까? 你们
怎么能成为恋人啊？我，我，不对，我有什么帮
您的，不，我有什么帮你的吗？

如上，对系长来说，恩秀是下属，年龄小，根据一般职场和年
龄原则，可以用"해요"体的终结词尾，也可用半语，但听说恩秀
要结婚的人是公司老板的儿子尹秀浩，所以非常吃惊，因为恩秀成
了老板的儿媳妇，这关系到自己将来在公司的发展，因此在最后一
句话中，系长的话就开始语无伦次了，主要表现在敬语的使用上，
首先系长在指称自己时不自觉地用了表示自谦的"저、제가"，但因
为尹秀浩是公司老板儿子这一事情在公司里是秘密，所以他又马上
改成了"내가"，用的是上司对下属的口吻，但到后面又不自觉地出
现了词汇敬语词"도와드릴…"，随即又不好意思地改成了"도와줄
일이 없을까"。系长这看似语无伦次的一句话，却深刻反映了韩国语
里敬语是随着说话双方身份的变化而发生变化的。

系长这一态度的转变还表现在《빛나라 은수, 68회》中：

(42) 팀장: 예식장은 정했어요? 结婚礼堂定好了吗？
　　지은: 팀장님, 언제부터 은수씨한테 존댓말을 하셨어요?
　　　　　系长，您什么时候开始对恩秀说敬语的啊？
　　팀장: 그거야, 언제? 오은수씨 유부녀 되니까 미리부터
　　　　　거리를 둬야지. 안 그래요? 오은수씨. 这个嘛，什
　　　　　么时候？这是因为吴恩秀已经是有夫之妇了，得
　　　　　提前保持距离啊，对不对？吴恩秀？

如上，当系长询问恩秀定好结婚礼堂没有时，用了敬语。而同

一办公室不明真相的员工智恩感到很奇怪，不禁对此提出质疑。对此，不能挑明真相的系长只好找借口解释是为了保持距离。虽然系长的解释是为了掩盖自己因对方身份变化而用了敬语表达这一不正常现象，但是系长的解释也说明了敬语代表了距离感，而非敬语表达的是亲近感。

3.4.3.6 心情变化

对被雇佣到他人家里工作的人来说，雇主的家也算作一种职场。在这样的雇佣关系中，敬语的使用也比较敏感，如果雇主年龄大的话，根据年龄原则也需要使用敬语，所以不会出现问题。但对雇主家里年龄小很多的晚辈，适用什么样的敬语原则就比较头疼。即使一般可以平安无事地适用年龄原则，但如果交际者出现感情变化，那么也会出现交际矛盾。

例如，电视剧《빛나라 은수, 18회》中，母亲辈的保姆对빛나一般都使用半语，双方都相安无事。但빛나有一天不高兴，所以就对着保姆撒气，因此两人之间出现了下面的对话：

(43) 가정부: 있다 배고플 텐데 좀 먹지. 一会就会饿了，还是吃点吧。

빛나: 아줌마, 왜 자꾸 반말이세요? 大妈，您怎么总是和我说半语啊？

가정부: 왜 그래? 처음 본 사이도 아니구. 怎么了？我们又不是头一次见面。

빛나: 하지 말라구요. 하지 말라잖아요? 내가 어리다고 함부로 대해도 된다고 생각하세요? 여기 아줌

145

마 직장이고 난 고용주 딸이에요. 아줌마와 나는 사회적 신분이 다르다고요. 다신 나한테 반말 따위는 하지 마세요. 알았어요? 我和你说不要说半语。不要说半语。您这是因为我小所以觉得随便对待我也行，是吧？这里是大妈您的职场，我是您雇主的女儿。大妈您和我的社会身份是不一样的。以后不要再和我说半语。知道了吧？

가정부: 네, 알겠어요. 是，知道了。

如上，保姆之所以对빛나说半语，明确说出的理由是"又不是第一次见面"，隐含理由还有年龄原则。而빛나因为心情不高兴，所以撒气，要求保姆对自己说敬语，提出的理由是：自己是雇主的女儿，是上司，所以要求保姆遵守职场原则。正像在一般职场中那样，当两种原则出现冲突时，年龄原则就要让步给职场原则。所以尽管保姆不情愿，但也不得不答应要对女儿辈的빛나说敬语，而最后一句话也主动加上了敬语语尾标志"요"。

3.4.3.7 脱离职场的年龄大小

如果交际双方脱离了职级的上下关系，就要遵循年龄原则。例如，电视剧《당신은 선물, 91회》中，作为下属的金室长虽然年龄很大，但由于职位低所以一直对上司마성진说敬语，但当自己辞职后，面对依然斥责自己的마성진，说道：

(44) 실장 아니에요. 이젠! 나 방금 사표 내고 왔다고요. 반말

해도 되지. 너 그런 것 아니야. 뭐. 나이도 어린 것 형한
테… 我现在已经不是室长了！我刚才已经把辞职信交
出去了。那我现在说半语，也可以了吧。你这样可不
行啊。什么事啊！小小年纪竟然对哥哥我(大呼小叫
的)……

如上，金室长在交了辞职信后，面对原来的上司说话时，前两
句用的还是敬语，但之后用的全是半语，此时适用的是年龄原则。
从这里可以看出，在韩国社会里，因年龄而产生的优越意识依然非
常严重，虽然一时因为工作的原因而不得不忍气吞声地根据职场原
则来行事，但是这种被压抑的感情一旦脱离职场关系后就会爆发出
来。

3.4.4 学校序列

在学校里，有两种关系，一类是师生关系，一类是同学关系，
两种关系所适用的敬语原则不同。

3.4.4.1 师生关系

如前所述，教师是长辈，需要对其使用敬语。即使脱离了学
校，是社会上存在的师生关系，如补习老师与学生之间，一般也要
遵循敬语的使用原则。

如电视剧《사랑이 오네요, 54회》中，장한솔与김아영有年龄差
距，并且前者是后者的补习老师，所以当后者说半语时，이한솔故意
板着脸说：

(45) 이게 선생님한테 꼬박꼬박 반말질이야? 你竟然对老师
     说半语？

再如电视剧《빛나라 은수, 17회》中，은수是수호的补习老师，
但后者总是说半语，所以은수气得自言自语道：

(46) 단무지 저 어린 게 반말이나 찍찍하고 ! 내가 정말 선금
     안 받았어도 너 같은 인간 상종도 안해!《빛나라 은수,
     17회》无知的家伙，小小年纪一嘴的半语。我要不是
     提前收到补习费了，我绝对不理你！

所以在第二次正式上课时，은수就对수호郑重地提出要求，两
人发生了下面的对话：

(47) 은수: 그 전에 확실하게 짚고 넘어가죠. 나는 가르치는
         선생이고 그쪽은 배우는 학생인데 어미가 너무 짧
         지 않아요?.....반말하지 말라구. 上课前我们得先
         把话说清楚了。我是教你的老师，你是学习的
         学生，你的词尾是不是太短了 ！……你不要说半
         语。
     수호: 그래, 알았어. 알았어～～요. 됐어～～요? 《빛
         나라 은수, 17회》好吧。知道了。我对你表示尊
         敬。行了吧？

如上，面对은수的要求，수호虽然非常不情愿，但在最后的词
尾问题上，虽然墨迹了老半天，最终还是把敬语的终结词尾"요"

加上了。

3.4.4.2 同学关系

对具有学缘关系的人，年级的高低是人际交往的重要尺度，对"선배"需要使用敬语，而年龄的影响力则次之。也就是说，即使年龄大，但如果年级低，也需要对高年级的人用敬语。此时，年龄小而年级高的人被年龄大但低年级的人称作"선배(님)"。这里也就出现了年级高低与年龄大小这一因素的冲突。

例如，韩国电视剧《두 번째 스무살》中，主人公하노라38岁重新开始上大学，在参加社团活动时遭到了社团里其他大学生的反对，而反对的理由就是하노라的年龄太大，无法当作后辈，当하노라执意要参加时，对她的要求是必须对现在的社团成员称作"선배님"。之所以出现这样的情节，就是因为社团的大学生们怕하노라以年龄压人。하노라遵守诺言，对与自己儿子同龄的大学生都尊称"선배님"，而这些大学生被年龄大这么多的人称作"선배님"也感到很不自在，所以在称呼하노라时都叫她"후배님"，实际上，这种称呼是不合韩国语习惯的，因为"후배"不能加敬语标志"-님"。但在这种特殊的文化背景与语境下，但却又显得那么合情合理。

为了解现实生活中大学生之间的称呼，정길남(2006/2007:86-93)曾对韩国大学生之间的称呼做过调查，研究发现韩国大学生的称呼有如下特点：

[表2] 大学生的称呼语

被称呼者\称呼者	高年级的				同年级的年长者		低年级的年长者	
	年长者		年小者					
	男	女	男	女	男	女	男	女
女大学生	오빠	언니	선배	선배/언니	오빠/씨/선배/야	언니/씨	오빠	언니
男大学生	형/선배	선배/누나	선배/형	선배/누나	형	누나	형/씨	누나/저기요/후배님

(根据정길남(2006/2007:86-93)的研究内容整理而成)

如表2所示，韩国女大学生对高年级、同年级或低年级的年长的男女生都多称呼为"오빠、언니"，这是遵循了年龄原则。但对比自己年龄小的高年级男女生多称呼为"선배"，对比自己年龄小的高年级女生有时称呼为"언니"，这是遵循了职场、社会原则。

韩国男大学生对同年级或低年级的年长的男女生都多称呼为"형、누나"，对高年级的年长的男生多称呼"형"，对高年级年长的女生和年小的男女生都多称呼为"선배"。

根据上面的分析，我们可以知道，虽然在职场、学校，职位或年级的影响力更强，但受年龄影响力的作用，必然会出现社交上的种种不便，所以一定要妥善处理，才不会出现交际上的冲突。

3.4.5 就高不就低

在敬语使用中，如果对方是群体，一般要用敬语。如果对方是两人以上，其中一人需要用敬语，则遵循"就高不就低"的原则，使用敬语。

> (48) a. 두 분 너무 달게 주무시길래.《내딸 금사월, 73회》
>   因为看你们两位睡得那么香。
>   b. 알아들었지요? 나도 그만 가서 누워야겠어요.《빛나
>   라 은수, 97회》都听明白了吧。我得去躺一会了。

(48a)是男主김현태对丈母娘和妻子说的话，用的是敬语，虽然和妻子说话不需要用敬语，但因为同时面对的还有丈母娘，所以得用敬语。(48b)是妈妈이선영对小姑子和女儿说的话，因为考虑到小姑子在场，所以用的也是敬语。

3.5 年龄与交际

前面已经分析了年龄因素在韩国人是否选择使用敬语时所起的作用是非常大的。下面主要分析一下年龄对日常交际所产生的影响。

3.5.1 年龄与称谓语

根据年龄或场合，韩国语里对父母、配偶、姐姐、哥哥、孩子的称呼都是不一样的，如表3所示：

[表3] 年龄与称谓语		
对孩子的称呼	孩子婚前	孩子婚后、有孩子后
	자식 이름	애비、아범/애미、어멈
对哥哥的称呼	婚前	婚后
	오빠/형	오라버니/형님
男性对姐姐的称呼	小孩、年轻人	中年以后
	누나	누님
对配偶的称呼	年轻人、中年人	老年层
	여보	영감/마누라
对父母的称呼	小孩	年龄增大、正式场合
	아빠/엄마	아버지/어머니

如上，对孩子的称呼，孩子小时可直呼其名，但孩子结婚生子后一般要改称"애비、아범"或"애미、어멈"。关于哥哥的称呼根据婚姻状态不同而不同，女性与男性在称呼未结婚的哥哥时分别是"오빠、형"，结婚的哥哥分别称呼为"오라버니、형님"。男性称呼自己的姐姐时，年龄小可以称作"누나"，但在中年以后一般称作"누님"。

随着年龄的增大，称谓语的变化更大的可能是对配偶的称呼，韩国语里对自己的配偶有很多的称呼，但很多韩国人刚结婚时一般不会使用"여보"这种称呼，而"마누라、영감"一般多适用于老年层。具体到男性，二十多岁时一般称自己的配偶为"아내"，三十多岁时称呼"마누라"，四十多岁时称呼"여편네"，五十岁以上开始称呼"할망구"。

对父母的称呼会随着年龄的变化出现不同，孩子年龄很小的时候可以称呼父母为"아빠、엄마"，随着年龄的增大或在正式场合则需要称呼父母为"아버지、어머니"。但随着社会的发展，现在即使是成人，也多称呼父母为"아빠、엄마"，尤其是女孩子。并且成年

男人也逐渐开始用"엄마"来称呼妈妈，但称呼父亲时一般仍然叫"아버지"，如电视剧《별난 며느리, 1회》中有这样的对话：

(49) 윤소희(엄마): 피곤하지? 累了吧？

박민호(아들): 괜찮아요. 엄마. 还行，妈。

박상구(아빠): 본부장 된 놈이 엄마가 뭐야? 都成了本部长了，还叫"엄마"啊。

박민호: 다녀왔습니다. 아버지. 我回来了，爸爸。

윤소희: 아이구! 괜히 시비서. 장시간 비행기 타느라 피곤한 애한테 왜 그래요? 哎哟，又找茬子。他坐了这么长时间的飞机，已经很累了，你这是干嘛呀？

上文是儿子出差回来对父母的问候，其中对妈妈的称呼是"엄마"，于是爸爸说都是公司本部长了，怎么还叫"엄마"。妈妈却反驳爸爸说，找什么茬啊？此外，儿子和爸爸打招呼时用的是"아버지"，由此可以看出儿子和父母关系的远近。另外，也可看出，长大成人的儿女用儿语来称呼母亲是可以接受的，并且逐渐成为趋势，但用儿语来称呼父亲好像难以接受。

同辈称谓语也受到年龄因素的影响。例如电视剧《불어라 미풍아, 31회》中，희라因为嫂子미풍让自己道歉，所以生气地说道：

(50) 지가 뭔데 나한테 사과하라 마라야? 나이도 나보다 어린 게 어디다 대고 형님 행세하는 거야? 她算什么啊？让我给她道歉，年龄比我还小，竟然摆出一副嫂子的架势来？

如上，称呼年龄小的人为嫂子让说话者感到很生气。

3.5.2 年龄与语言使用特点

在语言的使用上，即使用同一种语言的同时代的人，因年龄层次的不同，语言特点也会表现出差异。这种年龄层次可以分为老年、中年、青少年等。一般老年人和青少年之间的口语特点差异比较大。中年人的语言特征介乎两者之间（游汝杰、邹嘉彦 2011:31）[03]。不同年龄的人有不同的语言使用特点，这也可以看作是语言使用上的代沟现象。

例如，老年人使用语言比较规范，而青少年爱用非标准型语言。青少年还多爱制造、使用一时流行的词汇等，如韩国青少年多使用"범생(모범생)、왕따(왕따돌림)、고딩(고등학생)、담탱이(담임 선생님)、까리하다(괜찮게 생겼다)、야리다(째려보다)、모닝、식후、끝빵"等缩略语和流行语，老年人一般不理解也不会使用这些表达，并且还会很反感青少年的这些用法。

青少年中产生的语音、词汇或句法成分也有可能被年龄大的人吸收，其中尤以词汇最为常见（游汝杰、邹嘉彦 2011:31-32）。例如，韩国青少年经常使用的"쌤(선생님)""당근(당연하지)"等词语，现在也被一般人所接受。

엄경옥(2008:42)曾从社会语言学的角度研究了回答父母的呼唤时的敬语使用情况，结果发现，对父亲使用敬语的比例为74.1%，对母亲使用敬语的比例为58.8%，从年龄层次来看，对父亲使用敬语

---

03 游汝杰、邹嘉彦(2011:31)是从社会方言角度展开的讨论，因年龄层次所产生的不同语言也可以看作是因年龄层次而产生的方言。

最多的年龄层次是50岁左右的人，敬语使用最少的是十几岁的青少年。对母亲使用敬语最多的是30岁左右的人(63.3%)，敬语使用最少的是十几岁的青少年(50.2%)。由此可见，韩国青少年是敬语使用最不规范的年龄层。

3.5.3 年龄与委婉语

有时，年龄也会促成委婉语的产生。例如英语"Golden Miss"指事业有成、学历很高的年龄过了婚期的未婚女人，这与"Golden years"指老年是相同的，即为避免"old"而用"golden"来表达(刘煜 1993:81)。在韩国语里"Golden Miss"采用了直译的方式为"골든미스"，没有将年老意义翻译出来，并且因为有"Golden"的存在，词语具有中性甚至是积极意义。相反，汉语多译作"黄金剩女"，一个"剩"字将感情色彩表达得明明白白。所以在韩国，很多未婚的大龄女青年自称是"골든미스"，而中国则很少有女性自称为"黄金剩女"。

汉语之所以译成"黄金剩女"，还受到了汉语韵律的影响，因为从韵律角度来看，汉语更喜欢用四字格，所以与译成"黄金女"相比，"黄金剩女"更符合汉语的韵律，但一字之差使感情色彩也为之大变。

3.5.4 年龄与尊老爱幼

中韩两国都有尊老爱幼的思想传统和价值观，实际上这种价值观之所以出现还源于一种思想，即老人意味着见识多、智慧多，所

以韩国语有了"늙은 쥐가 독 뚫는다",比喻人老了更有智慧,更好猾,这与汉语"老不看三国"的意义是一脉相承的。正因为如此,所以在中韩两个社会都有尊老的思想传统,如果不尊老就成了反常,表现在语言上,就有了标记项,如韩国语有"이소능장하다(以少凌長一)",意思是年轻人看不起年纪大的人。

韩国尊老的思想表现在很多方面,例如在韩国会听到下面这样的表达:

(51) a. 경로사상도 없는 어린 놈의 자식 같으니.《내조의 여왕, 4회》一点尊老意识都没有的小子。

b. 이 놈의 자식, 오빠한테 함부로 말하고. 야, 아무리 못 배운다 하지만 어떻게 위아래도 모르고 내가 니 동생이냐?《폼나게 살 거야, 46회》你这家伙!对(哥哥)我说话这么随便。呀!虽说你没上过什么学,但怎么连上下都不知道啊?我是你弟弟吗?

c. 아직 18살밖에 안 되는 어린 놈이 36살 먹은 어른한테 반말 찍찍해대고 멱살 잡고 그래도 돼? 내 나이 반토막만 되는 새끼가 어디 어른한테. 니네 누나 그렇게 가르쳤어?《질투의 화신, 24회》只有18岁的小孩子对着36岁的大人说半语,还抓脖领子,这样行吗?你这小子年龄只有我的一半,竟然这样对待大人?你姐姐就是这样教育你的吗?

d. 조그만한 게 누굴 닮아서 따박따박 말 대꾸야?《우리집 꿀단지, 1회》你这个小不点,这是跟谁学的?这样和大人顶嘴?

e. 조금만 것 말하는 것 좀 봐.《우리집 꿀단지, 98회》

小小年纪，看你说的话(像样吗)？

f. 어디 어른이 말씀하시는데 가재눈을 지릅뜨고 있어?
《우리집 꿀단지, 19회》长辈说话，(你)竟然眼瞪得
比龙虾眼还要鼓。

g. 저, 저, 저 계집애. 어디 어른들 앞에서 밥숟가락을 던
져!《우리집 꿀단지, 20회》这，这，这丫头片子，
竟然在大人面前摔筷子！

　　通过上面的各种日常口语表达可以发现，在韩国人家庭关系
中，对比自己年龄大的人不能随便说话，不能顶嘴，不能瞪眼，不
能摔筷子不吃饭，这都反映了敬老思想在韩国的重要性与普遍性。

　　即使在社会上，韩国人对年龄大的人一般也都有普遍的敬老
思想。例如홍민표(2010:77)通过调查发现，韩国人不论在什么场合
都是根据对方的年龄来决定自己的言行，对年龄大的人采取容忍策
略，这表现出的实际是对老人的尊敬心理。

　　韩国语还有俗语"망치가 가벼우면 못이 솟는다、마치가 가
벼우면 못이 솟는다"，比喻长辈没有威严的话，晚辈就不会顺从并
且会反抗。也就是说，在韩国社会里，长辈要有威严，而晚辈要顺
从，不能反抗。

　　在韩国，年龄大、职务高的人在受到别人尊敬的同时，也要有
所表示，那就要为晚辈着想，否则的话就不合道理，要受到叱责。
例如电视剧《빛나라 은수, 35회》中，当看到妹妹向侄媳妇索要祝贺
自己开业的礼物，윤범규生气地对妹妹윤수정说道：

(52) 너 고모야. 걔는 질부며느리고. 윗사람이 아랫사람한테
챙겨줄 생각 안 하고 뭘 더 챙길까 그러고 있으니 내가

157

며느리 보기에 창피해 죽겠다. 내가 널 그렇게 가르쳤
냐?你是当姑姑的，她是侄媳妇。你作为长辈不想着照
顾她，光想着还有什么可以从她那儿捞的？你这是在
儿媳妇面前丢我的人啊。我是这样教你的吗？

如上，可以发现，韩国社会要求长辈要时刻为晚辈着想。为晚
辈、下属着想，有时就意味着掏腰包，例如电视剧《빛나라 은수, 33
회》中，当은수拿到第一个月的工资说要请大家吃午饭时，作为上司
的系长就说道：

(53) 아이구! 벼룩의 간을 내어먹지. 얼마 번다고? 고생들 많
았으니까 오늘 점심은 내가 쏠게. 哎呦！这是把跳蚤的
肝都拿出来吃了啊。(你)就挣那么点钱，(怎么能让你
请客啊)。大家(昨天)都辛苦了，今天午饭我来请。

如上，系长不让下属请客的原因是下属挣钱少。而这也是韩国
长辈、上司经常请客的原因，因为挣钱多。从另外一个角度来看，
如果一个长辈或上司总是慷慨地掏腰包，那晚辈或下属也没有不尊
敬的理由吧？

3.5.5 年龄与朋友

对中国人来说，"朋友"的概念是差不多年龄的人，并且也可能
出现年龄差距很大的"忘年交"。但对韩国人来说，"친구"的基础
是年龄相同，如果不同年，就要使用前面已经分析过的其他称呼方

式。因此，当中韩这两种不同的朋友文化碰在一起时，就会出现交流的障碍。

例如，田艳(2014:163)就曾记述到一位韩国中年人提到"在中国，跟自己差三四岁的人交往都不会产生距离感。有时候，比我年龄小很多的人也拍着我的肩膀叫我'朋友'，我很不习惯"，这里韩国人提到的"不习惯小自己好几岁的人称呼自己为朋友"，就是因为中国人与韩国人对"朋友"概念的定义不同导致的。

3.5.6 年龄与就业

在韩国，年龄甚至影响到就业，一般来说，如果老板年龄比较小，则不会招年纪比自己大的员工，如电视剧《서른이지만 열일곱입니다》第5集中，当우서리去找工作时，负责人说：

(54) 저희 20대만 뽑는대요. 사장님 29이어서 그 밑으로 뽑아
    야 돼서요. 我们只招20岁左右的。因为老板29岁，所
    以只招29岁以下的。

如上，韩国人招工时之所以有年龄限制，是因为年龄与日常生活密切相关，如果下属年龄大，那么在交际中就会出现很多的摩擦或障碍。所以为了减少这些因年龄产生的负面因素则会出现年龄上的招工限制条件。

3.6 权威、敬语与交流障碍

社会的权威意识影响人们的语言习惯。韩国是典型的重视权威的社会，表现在语言上代表性的就是敬语系统的发达、年龄与职级对敬语使用的影响等。这样的语言习惯在正常情况下有助于维持社会的秩序与和谐的人际交流。但在一些特殊行业、部门或特殊环境下，这种语言使用习惯会造成障碍，甚至会造成事故。

权威对交流形成的交流障碍分布在各行各业，例如萨伊德(2017:6，23)记录了在航空领域和医疗领域的两件事：

(55) 1978年美国联合航空公司从纽约肯尼迪国际机场飞往俄勒冈州波特兰市的173号航班在降落过程中，因为本应该全部亮起的起落架指示灯一盏没有亮起，而导致机长在等待航道上盘旋着苦苦思索起落架是否就位，在这个过程中，燃油却一点一点地降低，虽然驾驶室内的副驾驶和工程师早已发现这个问题，并多次提醒机长注意燃油的下降，但是因为机长是权威人物，他是老板，经验丰富，资历雄厚，是他们的"长官"，所以无法继续说得更明白一些，最终导致飞机坠毁，造成8名乘客和两名机组人员死亡，其中就包括驾驶室的工程师(21-27页)。

(56) 2005年的英国一家手术室，当患者因为缺氧处于极度危险的时刻急需气管切割手术为其供氧时，虽然旁边的护士提醒医生气管切割工具已经准备好，但是医生们因为被高度压力所产生的心理反应所控制而没有注意到时间的流逝，而这位护士因为自己资历最浅这层顾虑，而没能再次及时提醒手术室内的三位权威专家，结果造成了患者最终因缺氧造成的损伤而死亡（3-6页）。

上面两个惨痛的事故虽然是各种因素造成的，但是也与这两个行业存在的权威意识有关。萨伊德（2017）评论道：在危急时刻，下属们"都发出了强烈的暗示"，但他们被上级的权威所震慑，纠结于是否要再说得明白一些，所以是社会等级与权威的压力破坏了团队合作（25页）。而飞机黑匣子显示工程师"对机长进行了多次提示"，语气也有所改变，当危险迫近时，他拼命提醒机长，"但是他就是无法让自己直接对领导发起质疑。"这反映了心理学上的社会等级对个体自信的压抑。导致与权威人士说话时，会采取委婉的措词，虽然这种尊敬的态度在很多场合下是适应的，但是在危急时刻却成为障碍（28-29页）。

与英语文化圈的人相比，韩国社会具有更强的尊重权威的意识，表现在语言上，韩国语有发达的敬语系统，格外强调敬语的使用，尤其是在面对年龄、职级都比自己高的人时。借用霍夫斯泰德提出的文化维度中的"权力距离指数（Power Distance Index，即PDI）"来说明就是，权力距离指人们对待比自己更高等级阶层的态度，特别指对权威的重视和尊重程度。也就是说，对权威的重视和尊重程度越高，敬语用得越规范；反之，就不会用敬语。

在对不同国家的飞行员实行的权力距离指数测试中，韩国得分第二（格拉德威尔 2014/2016:182）。也就是说，飞行员虽然是一种特殊的职业，但他们仍然深受韩国固有文化和语言习惯的影响，导致他们在遇到紧急情况时也无法摆脱这种文化的束缚。例如，1997年8月6日，从金浦机场出发的韩国大韩航空801航班坠落于美国关岛，造成重大事故。事故原因主要有三个。但事后调查中，韩国人的文化和语言习惯也多次被拿出来说事。即机长与副机长、随机工程师是上司与下级的关系，在机长无法做出正确判断的时候，副机长以及随机工程师无法直接明确地提出建议，只能采取"以聆听者为导向"的沟通方式。而这种沟通方式是比较隐晦的，需要互相揣摩，因为这是礼貌。

就像格拉德威尔(2014/2016：190)所说，"高权力距离文化的这种对话方式，只有在聆听者有条件的情况下才是适宜的。也就是说双方得有足够的时间相互揣摩。这种方式绝不应该在暴风雨的夜晚，精疲力竭的机长准备把飞机降落在一个下滑角指示灯有故障的机场之时使用。"但作为一个深受固有文化影响的人，是不可能在正常时候对上司和权威使用规范的、繁杂的敬语，而在危急时刻马上转而使用半语和命令语气的。因为"从小的训练已使我们不必思索地遵守着这规则(费孝通 2013/2015：104)"，即使我们明白在危机情况下应该怎么做，但是到时还是很难改过来。

为了解决飞行安全记录问题，2000年韩国大韩航空邀请美国达美航空的大卫·格林伯格来协助公司业务运营。格林伯格采取了种种措施，从语言手段上来看，他采取了提高全员英语水平的措施，目的是为了帮助飞行员完成角色转换。因为"韩国飞行员受困于本土文化的角色定位，他们在驾驶飞机时需要通过某种途径突破原先的角色，此时语言就成了有效的转换器。说英语可以帮助飞行员打破森严的韩国等级文化：正式称呼、非正式称呼、直接称呼、熟人称呼、亲密称呼和普通称呼；还可以同时利用另一种语言的文化优势"(格拉德威尔 2014/2016：191)。这是对一般下级飞行员而讲的，而对于上级、权威飞行员来说，如果下级用非敬语来对待自己，会感到感情非常受伤。但如果对方用英语，因为知道英语是不区分等级的，所以就能够理解并接受这种平等的对话，因为外语和外来语能够降低语义强度。

权威意识以及不同的语言习惯在跨文化交流时也会出现交流困难，例如田艳(2014:164)就曾引述一位在韩资企业工作的中国员工的经历，说道："我和我的韩国老板在沟通上有障碍。他习惯于用命令的口吻说话。有时他的工作安排不十分清楚，我也不好意思让他再说一遍，可不问又不行，结果大家总有一点不愉快。"所以在某种情况下，权威主义有时表现为无秩序主义。

在韩国国内，随着社会的发展，韩国年轻人出现了一种倾向，那就是交流以沟通为目的，说话尽量不那么长，如电视剧《우리 갑순이, 41회》中，当金秀祖第一天到物流仓库工作时，因为一起作业的潘智娥第一次见面就对自己说半语，所以引发了下面的对话：

(57) 금수조: 왜 총각, 총각해요? 보자마자 말 놓고. 你为什么
    总是叫我小伙子，小伙子啊？并且第一次见面
    就说半语。

  반지아: 딱 보면 총각이구만. 一看就是小伙子嘛。

  금수조: 몇 살입니까? 您多大岁数了？

  빈지아: 총각은 몇 살인데? 小伙子你几岁了？

  금수조: 올해 서른 셋 됐습니다. 今年33岁。

  빈지아: 나 서른다섯, 말 놔도 되지. 안 그래도 바쁜 세상
    인데 말을 그렇게 길게 할 것 뭐 있어? 짤막하게
    하고 말만 통하면 되지. 我35岁，我说半语也可
    以吧。现在这个世道都过得很繁忙有必要把话
    说那么长吗？只要能沟通，话短点也可以啊。

如上，반지아对自己说半语的解释是：这个世界非常的繁忙，有必要把话说的那么长吗？说得短一点更经济，只要能沟通就可以了。这也在一定程度上反映了年轻人更喜欢用一些缩略语、更无视语言规则的话语特点以及这样说话的心理原因，这与青少年语言使用最不规范的现象也是一致的。

因为韩国语言所具有的权威和秩序特点与现代企业制度不适合，2006年《매일경제》报道，现在有的韩国企业也开始抛弃过去的权威主义式的称谓语，而采取平等方式的称谓语，这被称作"호칭 혁명 称谓语革命"[04]。

3.7 小结

集体主义社会重视礼貌礼节，礼貌表现在语言上就是敬语的使用。

身体距离的远近与感情疏亲密切相关，这是权力等级在身体习惯上的印记与强化；表现在语言上，敬语的级别高低与感情远近一致，句子长短也与感情远近一致。

空间距离、礼仪、敬语三者之间的关系是成正比的，即空间距离远，意味着礼仪感强，敬语使用最规范。

集体主义社会重视权威，在语言上表现为严格的敬语使用，敬语的使用在日常交际中可以维持一种默认的社会秩序，但在特殊语境和工作环境中，重视权威的语言表达会给交际带来障碍。

---

04 호칭 때문에 골머리 앓는 한국인：호칭의 경제학, 매일경제, 2006. 02. 20.

韩国语的敬语使用会受到各种因素的影响，并且在不同序列中各种因素所起的作用会出现不同，但年龄是代表性的影响因素，并且年龄对韩国人的众多交际活动都会产生影响。

第四章

人名与语言

4.1 引论

"姓名不只是一种单纯的语言符号，同时也是一种文化符号和社会符号"（胡骑兵 2009:97）。关于名字，有很多名人、专家对此作过论述：

"形而上者，得意斯得名，得名斯得象；不得名，非得象者也。故语道至于不能象，则名言亡矣。"《正蒙·天道》

"无名，天地之始。有名，万物之母。"《老子·道德经》

"名者所以教之终身，而字则其训也。嘉名固不能善其人，人若顾名思训而能践其义，则善之道由是焉。"[01]（韩国著名汉诗诗人金尚宪（1570-1652））

"人的名字就像阳光、风、浪，能传递给人以能量，并且名字的这种能量可以通过声音以声波的形式来传达给人，也可以通过文

01　出自《柳安世字序》，《清陰先生剠》卷三十八，《叢刊》，第77册，578页。（转引自刘畅 2015：103）

字的形式传播"。(안동연、김재수 2012)

　　"所有文化中，个人的名字都是自我定义的重要工具……名字总是表达并代表了某群体认同的多元性——种族、性别、宗教、整体，甚至等级、阶级和种姓"(哈维兰等 2014:129)

　　个人的名字是"自我身份最重要的锚泊地。"(Allport 1961:117；转引自普罗瑟 2013:169)

　　如上，从古至今，从东到西，这些观点都强调了名字的作用和重要性。2018年网上曾有一篇题为"女儿名字太奇葩，上户口遭拒，不用猜，父母绝对是90后"的新闻，这则新闻里讲的是一对年轻夫妇给孩子起名为"凌幻梦雪倩"，在上户口时却被工作人员拒绝，并且告诫这对父母说："孩子的名字是要跟随孩子一辈子的。很早以前，中国人有'不怕生坏命，最怕改错名'的说法，作为父母，给孩子取名要慎重，不能太随意。"这则新闻反映的就是人名的命名问题，虽然给孩子取名是父母的自由，但上户口被拒说明取名要受到一定的文化限制。而这背后反映的是人们将名字与人一体化的思想。

　　正因为人名对一个人来说是非常重要的一部分，所以中国由《易经》发展出了"姓名学"，这种学问还传到了韩国，称作"성명학(姓名學)"。韩国人的姓名受中国文化的影响非常大，与中国人的姓名具有很大的相似性。[02] 中国的大量历史人物名还随之传入韩国，成为韩国歌词、俗语里喜闻乐见的文化现象。

02　马未都(2015/2017:118)谈到日本电影演员高仓健时，曾说道："高仓健的名字既有日本味道又有中国味道，这也是他在中国获得认可的一个潜在的原因……"，那么随着韩流的兴盛而在中国拥有了广大市场和粉丝的韩国明星之所以成功，是不是也与韩国人的名字与中国人非常相似有关呢？这一点可能也是他们获得中国人认可的一个原因吧。

与中国人相比，韩国人更加执着于自己的名字，这种思想在韩国人的生活中随处可见，例如韩国人庭院式的住居都会在大门边挂一块门牌，上写主人的大名；公司里有一定职务的人都会在办公桌上放一块漂亮的名牌，上面写着自己的职务和姓名。这种对名字的执着也表现在韩国人对自己的家族、毕业学校、职场等各种身份的过分关注之上(이규태 1983/2011(1):279)，这些表现为韩国人特殊的血缘、地缘、血缘、同事缘等关系文化(详见第二章)。

本章主要分析韩国人名取名的影响因素以及人名的语义泛化。

4.2 中国文化的影响

对中国汉族来说，由于重视行辈之别和长幼之分，小孩取名一般而言不能与父母、祖父母，舅舅等同字，以视对长辈的尊敬。不仅是一般百姓取名要避开长辈名字，在古代封建社会，不仅人名，就是地名，如果与皇帝的名字重了，也要改掉。这也称作"避讳"。

取名时，同辈的名字中也要用同一个辈分用字，这是一条十分普遍的命名原则(游汝杰、邹嘉彦 2011:183)。例如，《红楼梦》男性首先是代字辈——贾代善、贾代化；之后是文字辈——贾敷、贾敬、贾赦、贾政；再往后是玉字辈——贾珍、贾珠、贾宝玉、贾琏等。

但也有特殊情况，可巧妙化解此类问题，使小孩起名带有纪念意义，如父亲名叫"王大海"，小孩则可取"王敬海"，象征晚辈对父辈的敬仰推崇。

如果在取名时能兼顾以上因素，再在此基础上或以成语为提纲，或以古诗词为内容，或以古圣贤为楷模，或以某种吉祥之意为追求目标，就一定能取一个较完美的好名字。

汉文化的这种取名方式最终也传入了韩国。一直到高丽初期，韩国人的名字中固有词人名一直处于绝对优势地位，但新罗景德王时期(约757年)开始将人名、地名、官名等汉字化(강신항 2007/2008：380)，尤其是高丽王朝开始，上流社会开始流行汉字人名，其中最具代表性的就是官方与文人们，"汉诗文作家在学习中国典籍文化的同时，不断摸索中国古人命名取字的规律，模仿取名字的方法，韩国古人名字的高度汉化是他们深受中国古代文化影响的表现"(刘畅 2015：103)。这种风气渐渐蔓延到整个韩国社会，导致韩国人的人名经历了从固有词到汉字词的变革过程。

到朝鲜时期，汉字人名更加普及。但下层民众仍沿用了固有词人名，并且很多人没有姓氏(고종석 1999/2004：229)。因为老百姓的名字主要被用来做呼称。这种现象与汉文化的引进方向是一致的，因为汉字词与汉文化的引进渠道主要是文化典籍，而能够接触到这些东西的肯定是上流社会，而下层民众却没有或者极少有机会接触到，自然受的影响就非常小。

这种现状一直延续到韩国1910年制作"民籍簿"，随着"民籍簿"的制作完成，所有韩国人都拥有了自己的汉字姓与名，而固有词人名也逐渐销声匿迹，人名几乎都被统一成了汉字，也就是说政府力量的介入最后使韩国的人名都被统一成了汉字人名，到现在几乎所有的人名都是汉字构成的，只有极少数是固有词人名(남풍현 1991：58，72)。这种现象的出现是因为当时汉民族在政治、经济、文化等方面具有突出的国际地位，所以导致高丽王朝以及之后的王朝都产生了以拥有汉文姓名为荣的事大思想。

即使在1960年代韩国推行韩文专用的语言政策以后，韩国人名

也一直沿用了汉字人名(정동준 2006:135-136)。韩国从2005年开始对过去的户籍资料进行电算化作业，笔者在韩国留学时曾经参与了江原道原州市部分地区的作业，发现韩国人过去的户籍资料全是繁体汉字，政府推行的电算化工程就是将这些内容全部用韩文输入到电脑中并储存起来。

刘畅(2015:94-101)对韩国古代文人的名字研究发现，古代文人取名的方式共有十四种类型，其中最多的来自儒学经典(占44.89%)，其他还有追慕中国前贤(6.8%)、老子典籍、中国著名语篇、中国历史故事、崇慕华夏、拆分汉字等类型。

用汉字来取名的传统一直延续至今。문금현(2003)、양명희(2012)的研究发现，韩国汉字词人名依然占绝对优势。不过随着社会的发展，人名也出现了一些变化，尤其是在年龄层次和性别层次上。강희숙(2013)对电视剧人物姓名分析研究发现六十岁左右的老人多使用汉字词名字，但十几岁的青少年中却多使用固有词或外来语名字；与男孩子相比，女孩子用固有词或外来语名字的情况更多。양명희(2012)通过对韩国首尔、光州、木浦三个城市的544名高中生名字进行研究发现，从男女比例来看，男生用汉字词名字的比例为94.5%，女生为88.9%。因男生多考虑家里的辈分(양명희2012:245)，也就是说要续族谱，要按照族谱所规定的辈分序列来取名。因为用汉字词来取名是韩国传统的方式，而用固有词取名是违背传统的。虽然韩国人的人名又出现了固有词化的现象，但韩国90后高中生中只有不到10%的人拥有固有词人名(양명희 2012:245)。

关于固有词人名，韩国解放后，开始了"找寻固有词名字"的运动，1967年首尔大学的国语运动学生会发起了"고운 이름 자랑하기"活动，一直持续到1986年，共举办了17次(서정수 1993；문금현 2003:122-123)。但因固有词名字具有一些缺点，如：不自然，

可选择范围窄，小时候用可以但大了之后再用会出现一些问题等，所以"找寻固有词名字"的活动到1990年代就陷入了低潮（문금현 2003：124）。

韩国文化日报2001年10月8日报道，专业婚介机构株式会社"주어리"调查显示，女性更喜欢固有词名字，理由是好听、容易记忆。但也有人表示反对，因为固有词名字太扎眼、没法与汉字并用、显得太土⁰³。但固有词的这些特点却受到了年轻人尤其是演艺界的喜欢。演艺圈的人在取艺名时除了选择英语式的名字外，还多选择固有词名词，如"하늘、비、별、두나、양파、바다、자두、나라、하얀、소리、보아"等，但不过多是女性艺人的名字（문금현 2003：14）。

韩国人名中固有词人名的发展实际是一种文化多样化的表现，取名不再只拘泥于传统，而是要追求个性，追求自己的特点。例如给孩子取胎名时，韩国人会用"찰떡、땅콩"等食物，前者的寓意是"찰떡처럼 잘 자라고.《돈꽃》像年糕一样健健康康的"，汉语有时也用"糯米团子"来比喻孩子可爱。"땅콩"主要着眼于小、可爱，如：

(1) 우리 땅콩 곧 태어나고 입 더 느는데 우린 이젠 어떡하냐?《우리집 꿀단지, 58회》我们小花生马上要出生，又多张吃饭的嘴，我们可怎么办呢？

---

03   http://www.munhwa.com/news/view.html?no=20011008YN17432348695

4.3 性别因素的影响

在古代，由于男尊女卑思想的影响，很多女人没有自己的名字。1910年韩国民籍部最初进行户籍整理时，约有80%的女性没有名字，有10%的女性连自己的姓都没有(천소영 2000:249)。

婚前女性至少有自己的乳名，但婚后女性的称呼不能再称呼乳名，这与中国是一样的，婚后女人的乳名一般只能被丈夫称呼。对婚后的韩国女人来说，有三种不同称呼，第一种就是"娘家地名+댁[04]"，如"춘천댁、부산댁"，第二种是"丈夫名+댁"，如"돌쇠댁、삼동이댁"，第三种是"孩子名+엄마"，如"개똥이엄마、똘똘이엄마"(천소영 2000:250)。

随着社会的发展，男女都有了自己的姓名，但男尊女卑思想依然影响着韩国男性和女性的取名，主要有四种表现。

首先，表现在名字本身之上。例如，강희숙(2013:13-14)对电视剧人物名字进行研究发现，60岁左右的女性名字多为"금녀、둘남、막녀、막례、말남、말년"等，这些名字反映了强烈的不要女孩、渴望生男孩的思想。这种不愿生女孩的感情也催生了"섭섭이、고만이"等名字的出现(문금현 2003:143)。这与汉语人名"招娣、招弟"等是同一思想观念的产物。不过现在这种名字已经不见了。

第二，男尊女卑思想还反映在名字中是否有排行，男性的名字一般都要根据辈分和排行来起汉字名，而女性的名字根据辈分和排行来命名的情况非常罕见(문금현 2003:141)。

第三，男尊女卑的思想还反映在起名者的不同之上，양명희

---

04 后缀"-댁"还有一种用法，例如"서울댁"，即出身是首尔的媳妇。即使娘家出身不是首尔，但在首尔住过，后来又搬到农村去，农村人管这样的城里媳妇也都叫"서울댁"。

(2012:248)对高中生的姓名进行调查研究发现，从取名者来看，男生中祖父母取名的比例为44.9%，而女生只有26%；相反，女生主要是由父母取名的，比例为44%，男生中父母取名的只有29.2%。这种情况也与韩国男尊女卑、喜欢男孩的思想观念有关，因为在传统观念里，男孩子是为家里传宗接代的，所以祖父母对孙子的取名更加重视，参与态度也更积极，导致祖父母的取名率很高；相反，祖父母对孙女的取名则相对消极一些，所以导致孙女的祖父母取名比例低。平克(2015:366)也曾提到，在许多社会，许多家长会用世系味道很浓的名字为他们的儿子取名，相反，女儿名字中的宗亲味道略微淡一些。这与韩国男女人名特点是一致的，也就是说，男女取名的这种特点具有一定的社会共性。

不过나은미(2009:161)还提到一种现象，虽然孙子的起名主体是祖父这一点没有太大的变化，但到20世纪八九十年代，父亲起名的情况逐渐降低，取而代之的是起名公司，她认为这种现象出现的原因是父辈的汉字知识贫乏导致的。父辈汉字知识贫乏这种现象则是韩国政府所实行的"去汉字化"政策影响所致。另外，나은미(2009:162)提到：尽管如此，20世纪90年代孙女取名主体中母亲的比例上升了，与孙子取名主体的变化呈现不同的态势，这也反映了韩国社会对男女不同性别的认识并没有出现太大变化，依然存在男尊女卑思想，但是母亲取名比例的上升反映了家庭中母亲地位的提高。

第四，韩国男女取名时所用的字眼也会出现性别不同。男性的名字主要从男人的社会作用出发，多考虑名字的意义、好的语感、姓与名的和谐；而女性多从"叫起来好听"这个角度去考虑(양명희 2012:257)，尤其是固有词人名，更多考虑的就是语感(김정태 2012:94)。固有词人名中，男性更多喜欢力气大、强壮等意义的名

字，如"대찬、새길、원힘、한철、힘찬"等；而女性的固有词名字多喜欢漂亮、温顺、温柔等意义的字眼，如"고운실、꽃단、나리、봄순"；有一些名字是男女通用的，如表达智慧、善良意义的抽象名字，如"보람、슬기、어진"(문금현 2003:141)。也就是说韩国语的固有词名字性别区分不是太明显(김슬옹等 2002:76)。所以通过取固有词名字可以消除男女性别差异，也可以说固有词名字反映了男女平等的思想(문금현 2003:142)。这与汉语人名的取名比较类似，汉语人名一般不分男女性别，首先都非常重视语音上的乐感和节奏感，并且也非常重视字形以及寓意(王建华 1990:45-49)。

韩国男女的名字也具有音节上的差异，例如，강희숙(2013)的研究发现，不同年龄、不同性别的人在名字的第一个音节和最后一个音节上也表现出不同的特点：

[表1] 不同年龄与性别的名字特点

名字的音节区分	年龄	男性	女性
第一个音节	10岁	승、은、현/기、두、병/시、찬/태、형	세、하/나、예、유、재、지、혜
	20岁	동/정、재、준/민、태	미/은/유
	30岁	태/진/강、도、재	은/지/정
	40岁	동/영/태	정/윤/영
	50岁	인/영/경、상	순/영、인、정/미
	60岁	태/대、동、상、영、정/만	순/금、정/말

	10岁	준/우/조、진、현	정/나/라
	20岁	수/우、준、진、호/훈	주、희/미/영
	30岁	호/준/우	영/희/경
第二个音节	40岁	수、구、준/도、식、우/석、호	희/숙/미、영、주
	50岁	호、수、식/철/준	자/숙/순
	60岁	호、진/수/용	자、녀、순/남、선

*根据강희숙(2013:17-20)整理而成，"/"表示出现频率相同。

如表1，韩国人中不同年龄、不同性别都有各自喜爱的名字。从年龄上来看，虽然不同年龄有集中出现的音节，但也有重复出现的音节，第一个音节中，男性名字"태"除了50岁这个年龄段没有之外，在其他年龄段都是高频音节，女性名字中"정"在30-60岁各个年龄段都是高频音节。与固有词人名相反，汉字词名字中的性别差异非常明显，一般男人与女人的名字都有比较喜好的字，一般社交中可以借助名字来推断对方的性别。名字在某种程度上具有一定的社会时代性特点，反过来，根据名字，我们也可以推测对方大致的年龄或出生年代。

中韩两国男女不同的取名特点既表现出一致性，也有不同。如方香玉、李相雨(2011:170)曾对中韩两国人名的高频词进行了分析，其中位于前五十位的名字有：

[表2]中韩两国的人名

频率	中国		韩国	
	男，汉字 （频率）	女，汉字 （频率）	男，汉字 （频率）	女，汉字 （频率）
1	明(19)	琳(17)	勋(30)	美(44)
2	伟(18)	慧(17)	成(27)	英(41)
3	杰(18)	玲(15)	东(26)	恩(36)
4	志(17)	嘉(14)	承(19)	贞(28)
5	文(15)	雅(14)	正(19)	智(24)
6	峰(14)	思(13)	永(19)	贤(21)
7	嘉(14)	美(12)	泰(19)	慧(20)
8	俊(14)	丽(12)	宇(18)	珍(19)
9	健(14)	小(11)	在(16)	秀(19)
10	一(14)	子(10)	元(16)	姬(18)
11	威(13)	玉(10)	浩(16)	善(17)
12	辉(12)	君(10)	哲(15)	熙(17)
13	建(12)	雪(10)	贤(14)	真(16)
14	晓(12)	欣(10)	钟(14)	妍(15)
15	强(11)	婷(10)	民(14)	淑(15)
16	华(10)	珊(9)	俊(13)	惠(15)
17	小(10)	洁(9)	赫(13)	珠(14)
18	宇(10)	文(9)	镇(13)	娜(12)
19	鹏(10)	雯(9)	相(13)	雅(12)
20	家(10)	英(9)	锡(13)	兰(11)
21	东(9)	静(9)	佑(12)	正(11)
22	龙(9)	晓(9)	智(11)	敏(10)
23	宏(9)	茜(8)	京(11)	喜(9)
24	国(8)	妮(8)	敏(11)	玉(9)
25	祥(8)	怡(8)	龙(11)	孝(8)
26	中(8)	佳(8)	荣(11)	利(8)
27	永(8)	华(8)	熙(11)	彬(7)
28	子(8)	淑(8)	铉(11)	晶(7)

29	良(7)	诗(8)	旭(11)	允(7)
30	智(7)	茹(7)	恩(10)	成(7)
31	维(7)	红(7)	焕(10)	敬(7)
32	乐(7)	倩(7)	秀(10)	志(6)
33	贤(7)	可(7)	基(10)	丽(6)
34	伦(7)	芳(7)	明(9)	伊(6)
35	飞(7)	菲(7)	奎(9)	珉(6)
36	启(6)	明(6)	根(9)	银(5)
37	天(6)	蓉(6)	石(8)	媛(5)
38	耀(6)	一(6)	志(8)	儿(5)
39	旭(6)	蕾(6)	胜(8)	世(5)
40	凯(6)	雨(6)	英(8)	静(5)
41	立(6)	恩(6)	仁(7)	花(5)
42	生(6)	娟(6)	珍(7)	河(4)
43	浩(6)	敏(6)	植(7)	实(4)
44	海(6)	佩(6)	国(7)	南(4)
45	平(6)	霞(6)	一(7)	明(4)
46	亮(6)	丹(6)	孝(7)	彩(4)
47	正(6)	真(6)	亨(7)	政(4)
48	吉(5)	仪(6)	勇(6)	娥(4)
49	克(5)	悦(5)	信(6)	海(4)
50	毅(5)	兰(5)	德(6)	永(4)

由表2可以看出，中韩两国男女名字一般都能大体区分出来。与男性名字相比，女性名字主要集中在强调女性美或者体现女性情操的汉字之上。不过随着社会的发展，有些女性的名字也不再拘泥于"像女人的名字"这一束缚，也出现了一些男性化的名字。

男性名字被用于女性名字这种情况也存在于其他一些文化中，一个男性的名字可以被过多地用于女性，但这种倾向是单方面的，很少有女性名字被用于男性，这大概是因为父母们能够接受

将男性的特征赋予女性，而难以接受将女性的特征赋予男性(平克
2015:373)。不过中国历史上也曾有一些男性用女名者，如鲁隐公名
"息姑"，《春秋传》有"石曼姑"，《孟子》中有"冯妇"，《汉书》中有
"丁夫人"，《宋书》中有鲁爽小名"女生"，《梁书》中有马仙琕本名
"仙婢"，《唐书》中有李君羡小名"五娘"，《宋太宗纪》中有西族首领
"罗妹"。现代作家的笔名中也有男名女性化的用法，如瞿秋白用过
"双太后"，方志敏用过"云母文"，巴人用过"碧珊、碧珊女士"，
郭沫若用过"安娜"，茅盾用过"四珍、冬芬、冯虚女士"，刘半农
用过"范奴冬女士"，周作人用过"萍云女士、碧罗女士"，赵景琛
用过"霜朋女士、爱丝女士"，柳亚子用过"松陵女子"，端木蕻良
用过"红良女史"；此外，还有贾桂芳、梅兰芳、萧楚女等都是男用
女名(罗剑平 2017:96)。

4.4 寓意的影响

中国人的名字受历史上不同政治、文化、意识形态和思想潮流
的影响而出现了各个时代不同的取名特点，刘宝俊(2016:46-52)曾对
中国人名做了比较详细的分析，他说：

"西汉人名明显地反映了汉人建功立业、授勋封侯、致君尧舜
的志向与理想；魏晋时期老庄玄学取代儒家学说，所以老庄哲学中
的'道、玄、冲、元、真'经常出现在人名中；南北朝士族讲究血
统和门第，所以人名中多'孝'字；唐代儒学复兴，表示儒学观念
的词多见于名字中；宋代喜欢以'老、叟、翁'命名，除了有祈求
长寿的愿望外，也有'以老为美'的风气；元朝时汉族人出现了以

取蒙古名为荣的时尚；明朝喜欢用表示美德的字眼；而清朝受思想禁锢政策的影响，人名多用富有山林田园气息的字眼，并且还受怀古思怀的影响，多用古代玉器、青铜器名字来做人名。新中国成立后，则出现了很多与'解放、建国、跃进'有关的人名，以及很多与文化大革命有关的人名。"

韩国语人名也受到众多因素的影响，如前面所讲，受中国文化影响导致韩国人连姓都改为汉姓，这实际也是一种政治因素影响的产物。另外，韩国人从日本侵略中解放出来之后，也出现了与汉语类似的表达，如"해방둥이(解放--)"指1945年韩国解放那一年出生的孩子，是统称，并不是具体人名。

韩国语固有词名字还受其他因素的影响。如俗语"꼴 보고 이름 짓는다""꼴 보고 이름 짓고 체수 맞춰 옷 마른다"虽然比喻做事要符合自己的身份，但从俗语字面意义来看，意思是以外貌来起名字。汉语里利用外貌来取的名一般都是外号，如"黑蛋、王二麻子"等，再如《水浒传》中英雄好汉的外号都是根据外貌或才干产生的，如"黑李逵、浪里白条张顺"等。而韩国过去固有词人名的对象主要是贱民或女人，对他们来说，利用外貌或身体特征来取名是最普遍的方式，有的也根据性格、动植物名来给人起名，如与容貌有关，有"곱분이、이쁜이、오목이、점백이、복술、육손이、왕눈이"；与性格有关，有"얌전이、억척이、어진이"；与动物有关，有"두꺼비、거북이"；与植物有关，有"계수、모란、버들、앵두"等，随着社会的发展，现在起名的素材主要是自然物和花名，如"나리、녹두、달래、바다、바람、별、비、솔、양파、이슬、자두、하늘"等(문금현 2003:135)，此外，有的名字还与场所有关，如"개천、다락、다리、둔덕、마당、마루、부엌、사랑、서당、행길"；有的与器具有关，如"가위、고두、광오리、구유、

도치、도마、방울、보배、연적"；有的与石头有关，如"돌맹、돌벽、바위、반석"(장소원等 2002/2003:141-142)；有的与时间有关，如"일출、황혼、월출、정월、삼월、춘분、단오、칠석、환갑、진갑、광무"，这些虽然都是汉字词，但一般也是贱民的名字(장소원等 2002/2003:141)。

过去还会借名字来祈愿健康、长寿，例如，汉语有"拴柱"，韩国语有"붙들이、억만쇠"；有时还会用起贱名的方法来祈愿，汉语有"狗剩"，韩国语有"개똥、말똥、쇠똥、돼지(최범훈 1977:24)"以及"부랄(문금현 2003:144)"等。因为韩国人认为"이름이 너무 거창하면 못 산다"，即名字起得太高大上反而不长寿。这背后也反映了人们认为名字会不知不觉地对人的生活发生作用这种思想(허재영 2015:99)。

随着基督教在韩国的发展和影响力的扩大，有的韩国人在取名时会起一些与基督教有关的名字，如"믿음、밀알、빛、사랑、소금"等(문금현 2003:143)。

4.5 语音的影响

4.5.1 名字的语音与寓意

先看固有词人名与语音之间的关系。

(2) a. 하나、나래、누리、겨레、우리、예미、예나

b. 가람、기쁨、고운、다운、사랑、하늘、새별

c. 다솔、미나、새림、서래、세리、유나、은아

d. 두리(둘+이)、보미～봄이(봄+이)、솔이(솔+이)、소라～
   솔아(솔+아)(김정태 2012:94)

　　上面是常见的韩国语固有词人名，一般的特点是容易发音，语感柔和，叫起来好听。其中(2a)的末尾都是元音，是开音节；(2b)都是共鸣音；(2c)的末尾音节有的是"ㄹ"，有的是元音，有的是共鸣音；(2d)是带收音的闭音节日常用语与人名后缀"-이"(안병희1977:70)结合，形成的开音节人名(김정태 2012:94)。从寓意来看，(2abd)寓意清晰，但(2c)只考虑了发音和语感，而没有特殊寓意。

　　因为韩国人用固有词取名时可以更多地利用音韵的同音来取得较好的听觉效果，因此就会违背汉语的一些取名原则，因为汉语取名时，第一个字往往是辈分，所以同辈人的名字中的第一个字一般是相同的，如巴金《家》中的"觉新、觉民、觉慧"。而韩国语的固有词名字却常常根据最后一个音节的同音来取名，如电视剧《폼나게 살 거야》中罗家四个孩子的名字分别是"대라、노라、아라、주라"，崔家三个孩子的名字分别是"구형、신형、소형"，这三个名字虽然是汉字词，但也是最后一个音节同音。《왕가네 식구들》中四个孩子的名字分别是"수박、호박、광박、대박"，也是最后一个音节同音，互相押韵。再如电视剧《별을 따다 줘》中的几个孩子的名字分别是"빨강、노랑、파랑、주황"[05]，其中"주황"虽然是汉字词，但与前三个的最后一个音节有共同的"앙"音，从而形成押韵。

　　有一些人名利用同音可以给人带来美的享受、难忘的记忆，如

05　另外，还有两个孩子分别叫"초록""남이"，都是汉字词，没有押韵现象。

刘宝俊(2016:60)就提到一对谢姓双胞胎叫"谢天、谢地",让人感受到父母感谢上天赐双子的深情。2019年一则新闻中提到一个印姓男孩叫印度,妹妹叫印妮,而男孩说将来要给自己的孩子取名叫印乾(钱)[06],这也是利用了同音而表达出的特殊寓意。韩国人取名也有这种类型,可以将姓与固有词名字结合形成美好的意义,如(3),括号里的姓与后面的名字结合后形成的姓名大多具有美好的寓意。追求姓与名字的这种和谐是韩国父母给孩子取名时经常使用的原则之一(이광숙 1981:87)。

(3) (반)가운、(정)다운、(민)들레、(유)별라、(한)송이、
   (이)슬비、(고/조)아라、(한)아름、(하)아얀、(고)운나、
   (고)은별、(조)은애、(임)이랑、(엄)지、(권)하리(문금현
   2003:135)

有时名字也会因为同音而出现一些问题。例如,《信息时报》2005年3月26日报道,广州市某派出所迁入一对年仅一岁的双胞胎户籍,孩子们分别叫"钟共、钟央",孩子爸被戏称为"钟共钟央他爸",这样取名就有些问题。不仅如此,中国还有一些人名因为同音词的影响而成为笑话,如"杜子腾、庞光炎、史珍香"等。

韩国语里的固有词人名有时也会出现这种问题,如"국어진"与"구겨진 皱了的","김새내"与"김 새네 漏气了","안하나"与"안 하나 不做吗?","안보람"与"안 바람 不希望","유세차"与"유세차(遊說車)","성나라"与"성 나라 发火吧"(문금현

06 https://sh.qihoo.com/928efa5a9d08a1814?djsource=ZF9OWY&refer_scene=0&scene=1
   &sign=360dh&uid=03b6845ffdac5cbf0dc76e4952c52d57

2003:127），这些固有词名字与后面带有消极意义的表达谐音，那么就会给日常生活带来不好的影响。

韩国语固有词人名还有一个问题，那就是韩国语有连读现象，如果姓带收音、名字以母音开头，就容易出现改姓的问题，如"김이랑"与"기미랑"，"옥이랑"与"오기랑"，"윤알찬"与"유날찬"，"박아진"与"바가진"，"황아리"与"항아리"，"임아람"与"이마람"，"진아롱"与"지나롱"等（문금현 2003:127）。

因为汉字名字与固有词名字具有以上问题，又因为固有词或汉字词名字具有发音、记忆困难的问题，所以韩国年轻人现在有的开始取英文名字（채서영 2004）。而강희숙(2013:15)通过对电视剧人物的名字进行研究发现，在20岁左右的年轻人中这种倾向越来越明显。

如果有的人名字已经出现问题，则可以考虑改名。电视剧《사랑이 오네요》中的김상호本名叫"금방석"，신다희的本名叫"이칠칠"，他们之所以改名就是源于名字的语音问题，如：

(4) 김상호: 그래봤자 헛물이지. 나선영한테는 남자는 이 세
　　　　　상에 나 금방석 하나밖에 없어. 他那样都是白
　　　　　搭，因为对罗善英来说，这个世界上只有我金
　　　　　方硕一个男人。
　　신다희: 오빠! 그 이름 쓰지 말랬지. 哥！我不是说了不让
　　　　　你用那个名字嘛。
　　김상호: 너랑 둘이 있는데 어때? 只有我们两个人在一
　　　　　起，有什么关系啊？
　　신다희: 천스럽게 금방석 뭐야? 우아하게 김상호 본부장
　　　　　님. 黄金坐垫？土死了！金尚浩本部长，多优雅

啊！

김상호: 너도 입양되면서 그 이름 참 잘 바꿨어. 너 옛날

이름 이칠칠이었잖아.《사랑이 오네요, 15회》

你也是啊，你被领养后名字也改得很好。你过

去不是叫李草草来吗？

如上，김상호的本名"금방석"与意为黄金坐垫的"금방석"
同音，而"금방석"是发财的象征，所以被认为很土，就像中国人如
果起名叫"黄金"或"万贯"，也会被人戏弄的。

신다희改名是因为本名"이칠칠"中的"칠칠"本义指树木、
头发等非常茁壮，此外还指衣着或办事干净利索、性格沉稳，但用
于这些意义时却多用于否定句，因此这个词本身也具有了否定意
义，如同一电视剧104集中，当이칠칠让김상호早上用牛奶解酒时，
김상호生气地说：

(5) 누가 이칠칠이 아니랄까봐 어떻게 이런 걸로 해장을 해?
《사랑이 오네요, 104회》这是唯恐别人不知道她叫"李
草草"啊，这东西怎么能解酒啊？

如上，正因为原名中的이칠칠的谐音词"칠칠하다"的否定意
义，所以她后来把名字改成了신다희。

4.5.2 姓名与语音规则

2007年8月1日，韩国新颁布了与姓名的发音有关的规则——"성씨의 두음법칙 적용 기준"，对原先的发音规则做了更改，即"두음법칙"不再适用于姓，之前"柳"只能写作"유"，现在也可写作"류"，类似的还有"李、林、梁、罗"可分别写作"리、림、량、라"。

不仅是姓，名字现在也不再适用语法规则。例如，韩国有名为"宣东烈"的运动员，根据语法规则，他的韩文名字应该是"선동렬"，但本人却一直写作"선동열"，所以他要求各新闻报刊也写作"선동열"。但有的报刊虽然按他的要求做了修改，但有的报刊却仍然坚持写"선동렬"，所以就导致报刊上出现了很奇怪的现象，画面上他的运动服上写的是"선동열"，但是在报刊照片下面却写着"선동렬 선수"《동아일보, 2014. 10. 30》[07]。

4.6 后缀 "-이" 与固有词人名

韩国语固有词人名的形成过程中大量使用了"-이"。关于"-이"主要有三种看法，第一种认为"-이"没有任何语法和词汇意义，作用只是为了调整声音，虽然与词缀类似，但是不是实质性的词缀，所以可视为类词缀(허웅 1975:39)；第二种认为"-이"是调整语调的后缀(표준국어대사전 1999)；第三种认为"-이"虽然没有意义，但用于人名等有生命的名称名词后，是用来区分有生命

07　[손진호 어문기자의 말글 나들이] '억수르'와 '아웅산 수지'.

和无生命指称词的后缀(안병희 1977)，持类似观点的还有송철의(1992)、이광호(1986)等。

以上观点都是从语法的角度来看待"-이"，但是从情感的角度来看的话，例如前面所分析的表示性质或性格的固有词人名"이쁜이、얌전이、억척이、어진이"等都是形容词的名词派生词，这些名词指的都是对象的某一个突出特点，从情感程度来看，"그녀는 이쁜이다"比"그녀는 예쁘다"程度要强，"그녀는 얌전이다"比"그녀는 얌전하다"的程度要强。之所以如此，是因为"名词比形容词更为特定，因此更为有力"，这种情况也出现在德语、法语、英语中(叶斯柏森 2011:93)。韩国语里类似的名词派生词还有"답답이、덜렁이、감돌이、시시덕이、킁킁이"，分别是从形容词"답답하다"和动词"덜렁거리다、감돌다、시시덕거리다、킁킁하다"发展而来的，在指人时，名词要比形容词和动词更特定。

韩国语里还有两个特殊的固有词人名，即"돌이、순이"。男人一般称作"돌이"，女人一般叫"순이"。虽然韩国现代社会里已经很少有人再用这样的名字，但这两个词并没有退出历史舞台，而是借助语义变化焕发出了新的生机。韩国语里与"돌이、순이"有关的名字如表3所示：

[表3] "돌이" 和 "순이"

性别	派生词	意义
男女	삐돌이、삐순이	爱生气的男人或女人。
	짠돌이、짠순이	比喻非常吝啬的男人或女人。
	깨돌이、깨순이	嘲笑脸上雀斑很多的男孩子或女孩子。
	빠돌이、빠순이	脑残粉丝。
	공돌이(工—)、공순이(工—)	贬称工厂男女工人；贬称工业高中或工业大学的男女学生。
	뺀돌이、콩순이	动画片主人公。
	뽕돌이、뽕순이	动画片主人公。
	멍돌이、멍순이	动画片主人公。
男性	숯돌이	给客人添加木炭火的男人。
	판돌이	刷烤盘的男人。
	갑돌이	以自己是甲方而作威作福的人。
	악돌이	拼命三郎。
	산돌이(山—)	从他山来的老虎；对山非常熟悉的人。
	꾀돌이	心眼多、可爱的年轻人。
女性	또순이	聪明干练女人的爱称。
	점순이	一般人名。
	깡순이	俗指倔强的女人。
	밥순이	天天做饭的女人。
	떡순이	以做年糕为职业的女人。
	씹순이	女娼的隐语。

　　如上，"돌이、순이"有的不分性别差异都存在相应的形式，这类名字主要与性格、长相有关或者是动画片人物名，因为性格、长相没有明显的男女区分，所以"삐돌이/삐순이""짠돌이/짠순이""깨돌이/깨순이"成对出现，而"공돌이(工--)、공순이(工--)"是统称词，所以也可以成对出现。但有一些工作具有较强的男性特征，如"숯돌이、판돌이"，有的工作具有较强的女性特征，如"밥순이、떡순이、씹순이(妓女)"。有一些可能与社会偏见有关，

如"갑돌이、악돌이"的出现与一般人认为"这样的行为者可能是男性更突出"的认识有关，而"산돌이"的基本义是老虎，老虎的形象应该与男性特征更接近。但有一些表达如"꾀돌이、또순이"都与性格有关，但为什么没有成对的表达不太清楚。

从结构上来看，"숯돌이、판돌이、밥순이、떡순이"都是相关动作行为所支配的宾语"숯、판、밥、떡"与动作行为主体"돌이、순이"结合所形成的合成词；"빠돌이、빠순이"是"오빠"与"돌이、순이"的缩略合成词，虽然以前男性歌迷不是很多，但随着"원더걸스""소녀시대"等的登场，男性歌迷也逐渐增多，因此就有了"빠돌이"。所以从产生顺序来看，先有"빠순이"，之后由此进行推理构词，从而形成了"빠돌이"。不过，因为"빠돌이"这种构词的原因以及贬义性很强的问题，所以"삼촌팬"用的更多。

"돌이、순이"所形成的合成词具有明显的性格或形象特征，在译成汉语时一般需要意译，如：

(6) a. 너 그 삐돌이 버릇 언제 고칠 거야?《그래 그런 거야, 24회》你什么时候改掉自己动不动就生气的毛病啊？

　　b. 삐돌이인 걸 알면서 왜 건드려?《그래 그런 거야, 24회》你知道他爱生气，为什么还惹他？

　　c. 민호의 빠순들아, 나 실체 알거든.《혼술남녀, 5회》敏浩的脑残粉丝啊，我知道她们的底细。

　　d. 점순이는 뭐 그리 썩 예쁜 계집애는 못된다. 그렇다고 또 개떡이냐 하면 그런 것도 아니고 꼭 내 아내가 돼야 할 만큼 그저 툽툽하게 생긴 얼굴이다.《김유정, 봄봄》点顺不是很漂亮的女孩子。但是也不能说长得很丑，她的脸长得很普通，正适合做我的老婆。

不仅是人名，韩国语中有时动物名也经常会用"돌이、순이"，如(7)中的"멍순이"的结构是"拟声词+순이"，所以可以采取"音译+添译"的方法，将拟声词的意义译出来，形成"小狗萌顺"。

(7) 우리 멍순이 일방적으로 당했어요?《그래 그런 거야, 24
회》我们小狗萌顺被他整了啊？

有时韩国吉祥物的命名也经常用"돌이、순이"，例如1988年首尔奥运会的吉祥物是"호돌이"，一般音译成"虎多力"。1993年大田世博会的吉祥物是"꿈돌이、꿈순이"，但在译成汉语时，只译成了"梦精灵"，这种翻译方法将韩国语吉祥物有男女之分的文化特点给抹杀掉了，所以"꿈돌이、꿈순이"可采取意译的方式分别译成"梦石儿、梦顺儿"。

此外，吉祥物还有一些其他命名方式，但也都有性别之分，如2011年庆州文化博览会的吉祥物是"화랑 花郎""선화 善花"；2012年丽水世博会的吉祥物是"여니 丽尼""수니 水妮"。

4.7 名字与语义泛化

在西方，很多品牌都是建立在个人名字基础上的，如"路易威登、古驰、爱马仕、范思哲、皮尔卡丹、伊夫圣罗朗、福特、奔驰、百达翡翠、卡地亚、波音"等，都是人名。很多发明创造也可直接用发明者的名字来命名，如"安培、瓦特、焦耳、库仑、内燃机、雨衣、榴散弹"(郝雁南 2001:53)等。但中国人的人名很少用来做品牌名称。很多品牌都顶多用姓，如"泥人张、烤肉宛"等，现在出现人名的有"李宁"（马未都 2016:43-49）。韩国好像也没有以人名来命名商品的文化。

这种现象与中韩两国人对人名的忌讳有关。不论是中国，还是韩国，过去在人际交往中，名一般用作谦称、卑称，或上对下、长对少的称呼。平辈之间，除非很熟悉，否则不能直呼其名，因为直呼其名会被认为非常不礼貌。平辈之间，一般相互称字。下对上，卑对尊写信或呼唤时，可以称字，但绝对不能称名，尤其是君主或自己父母长辈的名，否则就是"大不敬"或叫"大逆不道"[08]。发展到现代社会，中国人对人名的很多禁忌都消失了，但韩国人依然延续了以前对人名的禁忌，在某种程度上比中国严格得多。

根据这种避讳礼仪，可以毫无顾忌地随便呼来唤去的可能就只有孩子的名字和小狗的名字了，所以韩国人有用孩子的名字来给饭店、商店命名的习惯，如电视剧《용왕님 보우하사》中정무심的汤饭店的店名是"열매국밥"，而"열매"是自己女儿的名字。

此外，韩国语的"애 이름"与"개 이름"还多被用来比喻可以轻视的东西，如(8)，用来批评那些把很大一笔钱轻松地就挂在嘴边的人。

(8) a. 1억은 어느 동네 아이 이름인 줄 아나？你以为一个亿
　　　(韩币)是某个小区小孩的名字啊？说得这么轻巧。
　　b. 3000만원은 무슨 개이름인 줄 알아？이 놈아！당장 가
　　　져와！3000만원！《빛나라 은수, 21회》三千万(韩币)
　　　你以为是小狗的名字啊？你小子！赶快把它找回

08　http://www.jxxfzx.com/Article/jsyd/jxsj/chinese/2011-03-28/5460.html

来！把那三千万！

实际上，孩子的名字也具有一定的禁忌，例如在中国叫一个孩子的乳名意味着疼爱，而叫大名意味着正式。"母亲被激怒时，她会叫孩子的大名，要孩子守规矩。孩子马上意识到，自己已经越轨，妈妈要动真格了"（霍尔 2010/2015:61）。所以，能随便叫的可能只有狗的名字了。

如前所述，正因为对韩国人来说名字无比重要，所以韩国语里意为名字的"이름"除了指事物、团体、现象等的名称，以及人名、姓名外，还因为人名是一个人区别于他人的重要部分，所以其意义发生泛化，产生了很多抽象意义。

[表4]"이름" 的抽象意义

	이름	例句
抽象意义	명의(名義)	제 이름으로 낸 책 以我的名义出版的书
	명성(名聲)	이름을 날리다、이름깨나 얻다 出名
	명예(名譽)	이름을 더럽히다 败坏名声
	명분(名分)	평화라는 이름으로 독재를 정당화하다니. 竟以和平的名义来使独裁正当化。
	借……的权威, 代表	예수 그리스도의 이름으로 기도합니다. 代表耶稣基督徒进行祈祷。

如表4，"이름"本身被韩国人赋予了众多的意义，可以分别对应汉字词"명의、명성、명예、명분"，并且还产生了"借……的权威、代表"之意。自古以来，人们都追求扬名，讲究"人过留名雁过留声"，这种思想实际追求的是一种精神上的永生，所以人类特别关注名声的有无，相关的惯用语有"이름(이) 있다、이름(이) 없다"，分别意为名声远播、默默无闻。

正因为名字是一个人或团体的形象，所以"이름을 걸다"就产生了三个意义，第一个指作为某种成员占据位置，如(9a)；第二个、第三个意义都用于"이름을 걸고"形式，前者表示以某种势力，以某种凭借或作用，如(9b)，后者指负责，如(9c)。

(9) a. 그는 자선 단체에 이름을 걸어 두었다. 他是慈善机构的成员。
   b. 그들은 정의의 이름을 걸고 나선 것처럼 행동했으나 사실 자신들의 이익을 위한 것이었다. 他们打着正义的旗号来行动，但实际却是为了自己的利益。
   c. 각 학과의 이름을 걸고 하는 경기이니만큼 선수들 모두 정정당당히 최선을 다해 주시기 바랍니다. 这次比赛关系到每个系的名誉，希望选手们都能尽最大努力进行公平竞争。

韩国语还有俗语"이름이 고와야 듣기도 좋다"，意思是既然取名就取个好听的名字。但名字毕竟只是名字，如果事物的本质不好，有个好名也是枉然，所以就有了俗语"이름이 좋아 불로초라"，比喻徒有其名。

4.8 一般人名的语义泛化

4.8.1 人名语义泛化的过程及条件

一般人名是一种专有名词，如果其人名产生转义用法而向普通名词转化，不再只用于命名或称呼作用，而是产生了修辞作用，具有了修辞价值，在言语中使用会产生修辞效果，具有了特殊意义，那么就发生了人名的语义泛化。汉语里有很多耳熟能详的人名，如"诸葛亮、张飞、阿斗、海瑞、雷锋、铁人王进喜、孔繁森"等，这些人名已不再只是指历史上的某个特定的人，而是发生了语义泛化，用来指这样的一类人，变成了一种文化符号。

从专有名词发生语义泛化的人名需具有四个条件：人物知名度要高，人物特征要典型，对人物要广泛宣传，人名修辞转义的使用频率高(王德春 1990:90-91)，只有具有这四个条件，才能使人名作为普通名词的意义得以固化。人名所隐含的特殊意义要想被识别与熟悉度(familiarity)有密切关系，同时语义泛化里的人名其作为普通名词的意义与其作为专有名词时的命名含义密切相关，如果对人物本身一无所知，就难以确切理解人名的转义用法(王德春1990:88)，而上面所列的这些中国人名都是为人熟知的，并且其突出的人物特点和事迹也为人们所公认，从而成为相关人物的一个或几个突出特征，可以区别于他人，从而成为普通名词的一个或几个语义特征，即修辞义可以是一个，也可以是多个。

因为一个人物的相关特征有多个，在不同文化里被凸显的人物特征具有文化特性，在一个文化里不被关注的特征，反而有可能在另一个文化里被关注到，从而使人名的语义泛化具有了文化和民族特性。代表性的就是中国历史人物或文学作品人物名的语义在中韩两国的语义泛化意义出现差异。

发生语义泛化的人名类型和用法也不同，例如，在中国人的日常生活中，很少出现外国人的名字，主要有"白求恩、奥斯特洛夫斯基、拿破仑、《安娜·卡列尼娜》中的女主人公安娜、《哈姆雷特》的主人公哈姆雷特"等，这说明中国人对很多外国人名熟悉度不高[09]，而固化为一种修辞义并且出现在歌词、俗语中的外国人名更是少之又少。

但韩国的古代歌词、俗语里却出现了大量的中国人名，这些人名主要是历史人物，这些具有浓厚的中国文化意义的人名也是韩国人耳熟能详的，所以韩国人经常利用中国历史人物名字来做比喻，这证明了中国文化对韩国的影响之大，也反映了韩国人对中华文化的认可与崇拜，这也是中国人名的文化符号意义的对外输出。这也是韩国事大主义的一种表现形式(박을수 1970:28)。韩国的部分历史人物名字也经常被韩国人用于日常生活中，但相对于中国的历史人物来说，数量较少。

本小节主要分析韩国歌词、俗语、日常对话里出现的历史人物和现代人物。

4.8.2 中国人名的语义泛化

中国人名大量出现于韩国古代歌词以及俗语里，并且还出现在现代韩国人的一般日常会话中。

---

09 不过随着文化的交流，韩国人的一些名字也逐渐出现在中国人的生活里，如"鸟叔、大长今"等。

4.8.2.1 类型

韩国受中国文化的影响，其表现之一是中国的历史人物频繁地出现于韩国的歌词里，정재호(1967)对韩国历史上的191篇歌词进行研究，发现如下事实：

[表5] 韩国歌词里的中国人名

分类		区别
出现频率		191篇中139篇出现了中国人名，占75%；出现韩国人名的作品只有40篇，占21%。
出现次数		韩国人名共出现160次，作品中出现的160个人名中很多是一般的人名，历史人物只有檀君、李太祖等，不足20个。而中国人名共出现1892次。
歌词内容		大量出现中国人名的歌词只有十几篇是与中国内容有关的，其他都与韩国内容有关。
人名类型		君主、后妃、贤臣、忠臣、奸臣贼子、名将、文人、儒家、诸子百家、隐逸者、神仙、行实、其他、不详等十四种类型。
具体人名(次)	君主	舜(52)、尧(48)、秦始皇(28)、周武王(20)、周文王(19)、唐太宗(17)、楚霸王(15)、伏羲(14)、汉武帝(10)、汉高祖(8)
	女人	杨贵妃(11)、王昭君(8)、西施(8)、太妊(8)、太姒(7)、虞美人(7)、娥皇女英(7)
	忠臣	伯夷(8)、叔齐(5)、比干(5)、陆秀夫(5)、文天祥(5)
	名将	诸葛亮(21)、苏武(10)、韩信(9)、项羽(8)、关云长(5)、赵子龙(4)
	文人	苏东坡(29)、李太白(27)、陶潜(18)、屈原(13)、白乐天(11)、韩退之(9)、杜牧(8)、王勃(6)、杜甫(6)、柳宗元(5)、宋之门(5)
	儒家	孔子(55)、孟子(34)、颜子(21)、朱子(21)、周敦颐(9)、明道(9)

诸子百家	诸子	庄子(4)、老子(3)、杨墨(3)
	能辩	苏秦(15)、张仪(8)
	名笔	王羲之(6)、赵孟頫(4)
	名医	扁鹊(9)
	豪杰	孟尝君(10)
	巨富	石崇(7)
隐逸		许由(14)、巢父(12)、严子陵(11)、商山四皓(7)、竹林七贤(6)
神仙		西王母(15)、巫山神女(7)、赤松子(6)、麻姑(5)
孝、友谊		老莱子(9)、王祥(7)、孟宗(4)

(根据정재호(1967)整理而成)

如表5所示，韩国人对中国文化的仰慕和尊崇，使得韩国人熟知中国的古代历史以及历史人物，并将这些历史人物的特点和事件借来在歌词里叙述韩国的事情或者说明某个道理。与韩国本国人名相比，韩国人在歌词里更多地使用了中国的历史人物名，比例占到人物名的75%，由此可见中国文化对韩国的影响之大。

歌词还包括时调，박을수(1970)对2908首时调进行研究发现，时调里出现了302个人名，其中中国人名为253个，占84%；韩国人名只有49个，占16%；此外还有26个人名不是实际存在的人名，与神仙、道佛有关，也都出自中国，也就是说中国人名实际占了92%。这与上面歌词里出现的大量中国人物名基本一致。这些人物名反映了韩国人尚古、事大、崇儒、崇武、隐遁、悲剧的、哀叹现实的倾向（박을수 1970:28）。

韩国俗语中也出现了很多中国历史人物名，홍동식(2001:93-98)对韩国三大主要的俗语词典进行分析后发现各历史人物出现的频率不同，具体如表6所示：

出现次数	人名	人数
十次	张飞	1
六次	苏秦、孔子	2
四次	东方朔、项羽、曹操	3
三次	诸葛亮、张仪	2
两次	舜帝、姜太公、孟子、石崇、刘备、赵子龙、李太白、郭子仪、苏若兰、杨贵妃	10
一次	秦始皇、周文王、屈原、邵康节、孟尝君、张良、赵括、扁鹊、范疆、张达、吕布、张都监、武松、盗跖	14
		33

[表6] 韩国俗语里的中国人名

　　如上，共有33个中国历史人物出现在韩国语俗语里，出现频次不一，出现最多的是张飞。这些中国历史人物在韩国是路人皆知，这些历史人物所出现的类型主要与人物的形象特点、历史事件有关，但同一历史人物中韩两国人对他们的认识并不完全一致，韩国人使借用来的中国历史人物及其典故又产生了很多新的文化意义。这里主要就部分历史人物进行分析。

　　因为中国人名对韩国人来说非常熟悉，所以日常生活中也经常拿来表达丰富的语用效果。例如电视剧《월계수 양복점 신사들，14회》中，当裴三道在医生面前说："听说如果孕妇是大龄孕妇的话，容易出现分娩事故，对肚子里的孩子也不好"时，妻子福善女说道：

　　(10) 공자 앞에서 문자를 써? 의사 선생님 앞에서 아는 척은?
　　　　你在孔子面前舞文弄墨啊？在医生面前充能的。

　　这里利用了俗语"공자 앞에서 문자를 쓰다"，俗语里出现了

"孔子"，借助这种表达可以使话语更加生动活泼。

另外，还有一些中国人名虽然没有出现在俗语里，但日常生活中却经常使用，如电视剧《마녀의 사랑, 1회》中，秘书김동수对마성태谏言时说道：

> (11) 외람되지만 궁형을 당해도 할 말 다 했던 사마천의 충정
> 으로 한 말씀 올려도 되겠습니까? 비록 很冒昧，但就像
> 即使受宫刑也要直言不讳的司马迁那样，我以一片忠
> 诚之心向您说句话可以吗？

如上，对话中提到了司马迁和受宫刑之事。

4.8.2.2 特点

中国人名是中国文化的产物，但这些中国人名传入韩国后在发生语义泛化获得文化意义的过程中却表现出了不同特点，具体可以分为五类。

第一，与中国人名具有相似的转义，但表达更丰富。

杨贵妃是中国尽人皆知的人物，是中国美女"闭月羞花"中的"羞花"（张自中 2002:53）。韩国《표준국어대사전》收录了"양귀비(楊貴妃)"这个词条，并且在韩国杨贵妃是公认的美女的代称。正因为如此，所以韩国传统小说《兴夫传》中，葫芦给兴夫带来的幸运之一就是杨贵妃的到来，并因此发生了与兴夫妻子之间的三角关系。惯用语"양귀비 외딴치다"比喻女人非常漂亮。与杨贵妃有关，韩国语还有很多俗语，如"인물 좋으면 천하일색(天下一色) 양귀비(楊貴妃)"，意思是脸长得再漂亮能比得上天下绝色的杨贵妃吗？

"쳐다보이는 집의 애꾸눈이는 보여도, 내려다보이는 집의 양귀비 (楊貴妃)는 못 본다" 意思是在那些对上阿谀奉承对下连喊带叫的人眼里，不管是多么优秀的人，但如果比自己地位低，也比不上比自己地位高的人家里的残疾人，用来贬低讽刺那些趋炎附势之人的短见。此外，韩国语还有 "팔방미인 양귀비"。汉语里没有类似的与杨贵妃有关的俗语或表达。

第二，虽都有同一个(或两个以上)转义，但韩国语在此基础上又出现了相反意义。

例如，尧舜是唐尧和虞舜的并称，是中国远古部落联盟的首领，是圣明君主。韩国语里称作 "요순(尧舜)"，因为尧舜代表的是远古文化，所以引经据典时经常会用到，因此韩国语里就有了惯用语 "언필칭 요순"，有两个意义，第一个指只要说话就必提尧舜，比喻用同样的方式重复同样的话，汉语也有此类意义；韩国语的第二个意义指总是引用圣贤的话来假装自己很孤傲，但是汉语的 "言必尧舜" 并没有此意义。

战国时期著名的纵横家苏秦、张仪以善辩而有名，所以韩国语里有俗语 "말 잘하기는 소진(蘇秦) 장의(張儀)로군" 以及 "소장(蘇張)의 혀"，有时也用 "소진(蘇秦)의 혀"，都比喻善辩之人，汉语里 "苏秦张仪" 也有此类象征意义。但韩国语还有 "소진이도 말 잘 못할 때가 있다"，意思是像苏秦这样善辩的人也有说错话的时候，用来安慰别人说错话没关系，汉语里没有这种转义。

石崇是西晋时期的文学家、富豪、官员，在中国文化里具有 "富豪、炫富、夸富" 等转义，韩国语里也有此类转义，如 "상하사(上下寺) 불급(不及)이요, 이름만 석숭(石崇)이가 되었다" 意思是东一榔头西一棒子的弄很大的摊子不见得有收获，只落了 "石崇" 的虚名。此外韩国语还有相反意义的转义，意思是石崇纵然财

产再多，但人一旦死亡，再多的财产和荣华也是于事无补，反映这一思想的俗语是"죽은 석숭(石崇)보다 산 돼지가 낫다"，也反映了"好死不如赖活着"这种思想。而俗语"석숭(石崇)의 재물도 하루아침"意思是财产是容易消失之物。这两种相反的转义在汉语里并不常用。

扁鹊是神医的象征，韩国文化里也具有此转义，但韩国语还有相反的转义，如俗语"죽음에는 편작(扁鹊)도 할 수 없다"，意思是在死亡面前扁鹊也无能为力，强调的是人面对死亡的无奈。

第三，虽有同一个(或两个以上)转义，但韩国语在此基础上又出现了其他意义。

姜太公是商末周初军事家，后来辅佐了西周王，称"太公望"，俗称太公。与姜太公有关的故事很多，最有名的就是"姜太公钓鱼——愿者上钩"，正因为如此，所以韩国语里也有很多俗语，如"강태공 위수 변에 주 문왕 기다리듯"，意思是就像姜太公在渭水边等周文王一样，比喻胸怀大志等待时机来临的样子。而"강태공의 곧은 낚시질"意为姜太公那直直的鱼钩，比喻胸怀大志等待时机来临而悠闲度日。"강태공"还用来比喻"낚시꾼 钓鱼者"。这三种转义在汉语里一般也使用。此外，韩国语还有了另外两个意义，姜太公遇到周文王时已经72岁，可以说是大器晚成，所以韩国语里有了俗语"강태공이 세월 낚듯 한다"，比喻做什么事情都慢吞吞地。此外，韩国还有一个与姜太公有关的风俗，就是木匠在晾晒木材时，都会用汉字写上"姜太公下马处"来防止木头生蠹虫，因为姜太公所到之处连鬼都不敢靠近(박태순 2009/2010:335)。不仅是韩国，就是中国好像仍有此风俗，如网络小说《海兰江(29)》(松南的博客)中就有这样的片段：

(12) 上房梁时，朴应旭在大梁上写下"乙亥年辛丑月壬子日庚辰时姜太公下马处"十八个拳头大的汉字后，村民们抬起大梁安放在房柱上。而后，正哲端来盛着粘糕的三个白色瓷碟，李云鹤接过后再次祭拜土地神和山神。祭拜结束后，李云鹤用粘糕和米酒款待前来帮忙的村民。

从博主的名字"延边松南"来看，应该是朝鲜族人，并且从文中的人名和食物来看，讲的也应该是朝鲜族的事情。韩国人在制作"디딜방아 脚踏碓"时也会写上"庚申年庚申月庚申日申时姜太公造作"，这种习俗与民间认为姜太公具有驱除杂鬼的法力有关(김광언 2000:429-431)。

张良是汉朝开国皇帝高祖刘邦的谋臣，与其相关有"洞箫散楚"的故事，在汉语里意为瓦解敌军，但韩国语却着眼于箫声如何，有俗语"장자방이 옥퉁소 부는 소리 같다"，意思是就像张子房的箫声，比喻就像神仙吹的箫声一样。

第四，在中国没有发生转义的人物特征在韩国语里出现文化转义。

舜是中国古代圣主明君，相传他干过很多体力劳动，其中烧制过陶器，但对舜来说这不是典型的文化特征，不过到了韩国文化里，烧制过陶器这一点成了舜的典型特征之一，所以有了俗语"순임금이 독 장사를 했을까"，意思是舜还卖过大缸呢？当有人说工作太低贱不想做时，韩国人拿这句话来鼓励他要学会忍耐。

东方朔是中国西汉武帝时的大臣，在中国是"滑稽机智的能人、无所不能的超人、得道成仙的仙人及早已位列仙班的神仙"等形象特征(林春香、韩莉 2018:216)。在民间传说中东方朔被塑造成了一个长寿仙人，这种形象传入韩国后，就有了"삼천갑자 동방삭

三千甲子 东方朔"比喻长寿之人，这与东方朔在中国的"仙人"形象一致。但韩国语里还产生了很多与东方朔有关的俗语表达，并且都被嫁接了韩国文化要素，例如"동방삭이 인절미 먹듯"意思是就像东方朔吃年糕一样，即吃东西要细嚼慢咽，而"동방삭이는 백지장도 높다고 하였단다"意思是连长寿仙人东方朔都非常小心地说一张白纸也很高啊，所以万事要多加小心，不要出差错。不过也有一些相反意义的俗语，如"동방삭이 밤 깎아 먹듯"意思是东方朔着急不耐烦的时候，栗子也会剥一半皮就吃，指因着急导致事情半途而废的情况。而"삼천갑자 동방삭이도 저 죽을 날은 몰랐다"意思是长寿的东方朔也不知自己具体哪一天死，比喻不管是多么贤明的人，也无法得知自己未来的命运。韩国首尔往十里方言中还用"동방삭이"来比喻老牛(서정범 2005:69)。

杜甫、曾巩都是有名的文人，韩国语里有"시어는 뼈가 많고자미(子美)는 문(文)에 능하지 못하고 자고(子固)는 시(詩)가 변변하지 못하였다"，意思是鲥鱼刺多，子美不善文，子固不善诗，比喻事物没有十全十美的。在汉语里与杜甫和曾巩有关没有产生这类意义。

李白在中国的形象特征是"诗仙"，在韩国产生了不同的形象转义，李白在韩国语里多被称作"이태백(李太白)"，因为李白喜欢喝酒，所以韩国语有"이태백도 술병 날 때 있다"，意思是李白也有喝酒得病的时候，借此告诫人们少喝酒，不管怎么爱喝酒，不管酒量再大，如果过量的话，长久下去就会因饮酒而得病。现在韩国人还用"이태백"来比喻因为就业困难，二十多岁的韩国年轻人约有一半的人无法就业的情况。即使就业了的二十多岁的年轻人不知道什么时候就要被解雇成为"백수"，即无业游民，此时多用"이태백"的变形"이퇴백"来表达(《대중문화사전》)。这些都是具有韩国文化

特色的转义。

孔子和孟子在中国是"圣人、儒家思想"等的象征，这与韩国文化是相通的。但韩国文化里孔子和孟子还产生了其他形象特征，如"공자 왈 맹자 왈(하는 식)"，有三个意义，可以比喻只说些空洞的理论却不去实践的态度；也可比喻没有理解文章内容，只是机械地背诵句子的教条主义似的学习态度；除了这两个比喻意义外，还有一个意义是指谈孔子论孟子，好像很了解儒学的教义一样。汉语类似的是"之乎者也"。与孟子有关，韩国语还有俗语"맹자 집 개가 맹자 왈 한다"，意思是孟子家的狗也会之乎者也，比喻无知的人经常看和听也长见识。孔子死后唐玄宗给他赐谥号为"文宣王"，与此相关有俗语"문선왕 끼고 송사한다"，意思是打官司时加上"文宣王"，比喻打权威人士的名号、利用其势力。这些转义都具有韩国文化特色。

孟尝君是战国四公子之一，与其相关有成语"鸡鸣狗盗"，而"狗盗"盗取的是白色狐皮裘，但白色狐皮裘在中国文化里并没有特殊意义，相反韩国语里却有"맹상군의 호백구 믿듯"，意思是就像孟尝君的狐白裘一样可信赖，比喻确信无疑。

与秦始皇有关最突出的事件之一就是修长城，韩国语有"진시황이 만리장성 쌓는 줄 아느냐"，意思是你以为是秦始皇修万里长城啊？传说修长城时，秦始皇把下山的太阳拦在空中，所以在天黑之前修完了长城，当被督促要天黑之前完成某事时，可以用这个俗语来告诉对方这是不可能的。

过去在中国有仓氏和库氏祖祖辈辈管理仓库，所以韩国语里用"창씨고씨"来比喻事物长期不变。

第五，中韩两国出现了不同的文化转义。例如，汉高祖刘邦有个同乡叫雍齿，两人关系不好，刘邦非常讨厌雍齿，所以韩国语里

就用"옹치(雍齿)"来比喻讨厌的人或那样的关系。汉语里一般用
"雍齿封侯"来比喻不计宿怨,与韩国语的意义不同。

4.8.3 韩国人名的语义泛化

韩国的人物名可分为三种类型,第一类是历史人物,第二类是
一般人名,第三类是现代人物。与中国的人名多用于歌词和俗语里
相比,韩国人名除了用于俗语中,还经常用于日常对话中。借助这
种人名的语义泛化,可以增强话语的修辞效果,有时借助人名的某
一特点,巧妙地喻指某种含义,从而产生委婉、含蓄,形象生动,
诙谐戏谑,新颖别致等修辞效果(王德春 1990:86)。

4.8.3.1 历史人物

温达(?-590)是高句丽平原王时期的将军,小时候被人称作傻
瓜,后来与平江公主结婚,开始学习武艺并成了将军,与此相关有
俗语"반달 같은 딸 있으면 온달 같은 사위 삼겠다",意思是自己
如果有漂亮的女儿也想找个出色的女婿,比喻只有自己的东西好,
才能相应地得到好东西,也可比喻只有自己没毛病才能要求对方也
没毛病。由于温达能够成功的前提是与平江公主的联姻,所以平江
公主被用来比喻对人有帮助的女性。

例如,电视剧《아임 쏘리 강남구, 51회》中当男主人公강남구听
到女主人公정모아让自己去继续学习、考大学时,说了下面的话,句
中提到了"平江公主"。

(13) 딱 보니까 엄마랑 짜나 본데 착각하지마. 너 우렁이아가

207

씨도 평강공주도 아니니까. 넌 세차공주! 알았냐? 看样子你是和我妈商量好了来劝我，是吧？不过你不要搞错了。你不是什么田螺姑娘，也不是什么平江公主，你只是个洗车公主！知道吗？

洪吉童[10]是1500年(燕山君6年)前后活跃在韩国首尔附近的农民武装的领导人，由于他领导的农民军善于打游击，以神出鬼没而闻名，根据这个特点，洪吉童经常被用于日常对话中，如(14)是用洪吉童来比喻频繁出现在不同地方，而"재주는 홍길동이다"比喻才艺变化多端。

(14) 니가 홍길동이야? 지난 달까지 일본에 있더니 중국은 언제 갔어?《연인, 1회》你是洪吉童吗？上个月还在日本呢，什么时候又去中国了？

李舜臣(1545-1598)是朝鲜中期的名将，1592年发生壬辰倭乱之后，他带领朝鲜军兵研制了龟船，抵抗了日本的入侵，成为民族英雄的象征，在韩国人心目中是家喻户晓的人物，因此，日常生活中会拿来作比喻，如电视剧《내 남자의 비밀, 23회》中，有下面的对话：

(15) 구미홍(婆婆): 갑자기야! 너 노크할 줄도 몰라? 哎呀，吓死我了！你不知道敲门吗？

10　关于洪吉童，《표준국어대사전》中视其为小说《홍길도전》的主人公，没有把他看做实际存在的历史人物。

기서라(儿媳): 왜 그렇게 놀라하시는데요. 您为什么这么害怕啊？

구미홍: 불쑥 쳐들어오는데 이순신 장군도 아닌데 그럼 안 놀래? 你突然闯进来，我又不是李舜臣将军，能不害怕吗？

上面是婆婆与儿媳之间的对话，第三句中的"쳐들어오다"本来指敌人武装侵入，句中影射的是日本单方面引起的壬辰倭乱，这里指的是儿媳妇不敲门就闯进屋来；句中提到了"李舜臣将军"，利用的是李舜臣临危不乱这种形象特征。

韩石峰(1543-1605)是朝鲜中期有名的书法家，在朝鲜境内的"금천"有以他的名字命名的山——"석봉산"。因为要想精通书法就必须不断地练习，所以这些都与韩石峰产生了关联性。如电视剧《부탁해요 엄마, 53회》中，当看到大儿媳妇为了提高厨艺反复练习的情况后，公公이동출对儿媳说了下面的话，话中提到了韩石峰，激活的是"反复练习"这一形象特征。

(16) 그렇지, 자주 하면 늘게 돼 있지. 자기도 옛날 엄청 연습했잖아? 아, 세상에, 한석봉도 아니고. 이렇게 연습을 많이 했으니 우리 새아기가 실력 확 늘었겠네요. 是啊，反复练习的话肯定会有进步的。老婆，你以前不也是练了很长时间嘛。啊，天啊，她又不是什么韩石峰(怎么这么刻苦啊)。这样刻苦练习的话，我们儿媳妇肯定会有长进啊。

可能是因为韩石峰书法精湛，所以老百姓认为他黑灯瞎火也能

写字，所以电视剧《사랑은 방울방울，1회》中就有了这样的话，当임순복拿出笔想写检讨书时，因为丈夫让自己关灯，所以她不满地说了下面的话，如(17)，激活的是"没灯也能写字"这一形象特征。

(17) 내가 한석봉이냐? 불 끄고 반성문을 어떻게 써? 你以为我是韩石峰啊？黑灯瞎火的，让我怎么写这检讨书啊？

另外，韩国人还认为韩石峰善书与母亲的教育有关，而孟母三迁的故事在韩国也广为人知，所以两者也可以放在一起比喻母亲的严格教育，如(18)。

(18) 아이구, 힘들어. 정말. 맹자 엄마, 한석봉 엄마도 우리 엄마 앞에서 명함도 못 내밀 거야.《내 사랑 치유기，17회》哎呀，累死了。真是的。我妈太狠了，就是孟子他妈和韩石峰他妈也赶不上我妈厉害。

惟政(1544-1610)是朝鲜中期的僧侣，号"사명당(四溟堂)"，他在壬辰倭乱的时候去了日本，日本人为了杀死他，把他关在了铁皮屋里用火烧，结果他却被冻着了。根据这个传说，就有了俗语"사명당(의) 사첫방 (같다)"，比喻非常冷的房子，최창렬(1999:35)认为这里的"사첫"与江原道"삼척"有关，因为两者发音非常相似，而"삼척"因冬天寒冷而有名。此外还有俗语"사명당이 월참하겠다"，这里的"참"指驿站，俗语意思是连耐寒的四溟堂都不敢在冰冷的驿站里停留，比喻房子非常冷。以壬辰倭乱为背景的小说《壬辰录》对此有记载(박갑수 2015:375)。

姜弘立(1560-1627)是朝鲜光海君时代的武臣，后来出征被后金俘虏，1624年听说自己的父母九族被灭，为了报仇雪恨而上书请求努尔哈赤出兵攻打朝鲜，上书达几十次，所以有了"강홍립의 상소문"。

朴泰辅(1654-1689)是朝鲜第19代王肃宗(1661-1720)时期的谏官，当肃宗废掉仁显王后的时候，朴泰辅上书反对而遭到了炮烙之刑，因而有了俗语"뜨겁기는 박태보(朴泰辅)가 살았을라고"，意思虽然很烫，但也得忍着。

4.8.3.2 一般人物

韩国语里与一般人物有关的表达大多与人的性格、品行、学识、能力、外貌等有关，并且多表达消极意义。

先看与性格有关的"황고집(黃固執)"，这个词与平壤人黄顺合有关，他非常固执，总认为自己的意见是对的，所以大家在"고집"前面添加"황"就成了"황고집"，现在这个词已发展成了抽象名词，指非常固执或那样的人。这样固执的人也可称作"황고집쟁이(黃固執—)"，如(19)。

(19) 그는 한번 마음먹으면 끝까지 하고야 마는 황고집쟁이
　　다. 他是个只要下了决心就必须要见结果的老倔头。

过去有个叫作严千得的商人，因为他商店的物品放得乱七八糟，所以"엄천득이 가게 벌이듯"比喻东西放的到处都是、没有任何秩序的样子，也比喻东扯葫芦西扯瓢地说一些摸不着边的话。此外还有"악독한 고승록(高承祿)이라"，比喻非常狠毒的人。"명득

어미냐 욕도 잘한다" 比喻非常爱骂人的人。"심술궂은 만을보(萬乙甫)" 比喻心思狡诈、吝啬的人。

与品行、学识有关主要涉及三个人，一个是叫白命善的人，因为喜欢制造假文书骗人，所以 "백명선의 헛문서" 比喻用于骗人的假文书。第二个是住在怀德这个地方的一个叫宋时烈的人很贪婪，有俗语 "컴컴하고 욕심 많기는 회덕(懷德) 선생이라"，指表面斯文但内心凶狠、贪婪的人。第三个是叫崔东学的人，他虽然身份地位很高但不学无术，官家送来的文书都看不懂，总是问送信的人："今天官府里发生了什么事啊？" 所以 "최동학의 기별 보듯" 被用来嘲笑那些不懂却做出正在读书样子的人。

与能力有关涉及两个人。例如，韩国过去有一个叫徐顺同的人很会估价，所以 "금 잘 치는 서순동(徐順同)이라" 指很会估价的人。韩国过去还有个叫廉忠强的笨人，分不清苦味和咸味，吃了一些咸稀酱之后却说不知道什么味道，所以 "염충강(廉忠强)이 무장(醬) 먹듯 한다" 比喻凡事没有一点头绪总是咋咋呼呼胡乱行动。

与容貌有关，韩国过去传说有一个叫车福成的人，容貌非常出众，所以有了俗语 "문채가 좋은 차복성이라"，指服饰和容貌非常出众的人。

4.8.3.4 现代人物

力道山(1924~1963)原名金信洛，日本籍朝鲜裔著名摔跤手、日本摔跤的一代宗师。在韩国语里力道山被用来比喻身材魁伟的人，如电视剧《당신은 너무합니다, 21회》中，当听说自己的儿子和路边摊女主人出轨了时，白美淑为儿子辩护，如(20)，提到了 "역도산"，汉语一般用 "大力士"。

(20) 남의 아들을 뭘로 본 거예요? 대체!....지금 봉수가 저 여
편네랑 바람났다 이거예요?...아무리 궁색해도 저런 역
도산같이 생긴 여편네랑 봉수가 바람이 나겠어?...자존
심 상해! 不知道到底把别人的儿子看成什么了？……
凤洙他就是再不行，也不会和那种大力士似的女人出
轨吧？真是伤自尊啊！

赵南哲是韩国现代围棋之父，所以韩国人经常用他的名字来比
喻水平高超，如"조남철이 와도 안 되는 바둑"。

李英爱是韩国代表性的电影演员，由于《대장금(大长今)》
而获得韩国以及包括中国在内的很多国家粉丝的追捧，并且被称为
韩国广告女王。正因为如此，所以李英爱就成了明星的代名词，如
(21)。

(21) 니가 영화감독이면 내가 이영애, 이영애!《아이가 다섯,
1회》你如果是电影导演的话，我就是李英爱，李英
爱！

元彬是韩国代表性的男演员，是帅哥的代名词，如电视剧《당
신은 선물, 35회》中，当公司的同事们一起到山上野营时，晚餐前，
专务理事강풍호的致辞是：

(22) 오늘 먹고 죽자. 내 얼굴이 원빈의 얼굴이 되는 그날까
지 우린 끝없이 먹는 거야. OK? 今天就让我们一醉方休
吧。不喝到我的脸变成元彬的脸，我们就不能停！知
道吗？

4.8.4 外国人名的语义泛化

韩国语里与其他国家有关的人名非常少，其中有与古希腊神话有关的"미다스의 손 米达斯的手/点金术"，如(23)。

> (23) 주 전 회장은 한국 테니스계에서 '미다스의 손'으로 불린다. 박성희 윤용일 이형택 전미라 조윤정…. 그리고 정현까지. 모두 주 전 회장이 발굴해 키웠다.《동아일보, 2018.01.26》(韩国网球协会)前会长朱会长被称作韩国网球界的"点金之手"。朴胜姬、尹暎日、李亨泽、全美罗、赵尹静……现在又有郑泫，他们都是朱会长发现并培养出来的。

韩国人日常话语生活中还经常出现"신데렐라 灰姑娘"以及"로미오와 줄리엣 罗密欧与朱丽叶"等(详见第十章"10. 3")。

4.8.5 人名语义泛化与交际效果

韩国人利用人名主要是为了表达特殊的交际效果，而这种交际效果能否被实现还受交际对方因素的影响，如果交际对方不了解相关的人名，那么就会导致交际效果难以实现，如(24)。

> (24) [바둑을 두고 있는, 실제로는 조남철이 아닌 사람을 보고]
>   A. 저 사람은 완전 조남철이야.
>   B. 조남철이 누구인데?(최재웅 2009:124)

如上，对话中由于B不知道"조남철"是谁，所以导致交际效果为零。

4.9 小结

韩国人名的演变受到了中国历史与文化的极大影响。因中国历史文化的影响，韩国人的姓名从固有词演变成了汉字姓名，而儒家文化中重男轻女的思想也导致韩国人的名字出现了男女之别，这种影响一直延续到现在。

韩国人的人名还受寓意和语音的影响，韩国人的固有词名字表现出了很多语音上的特点与语音限制。韩国语里还有专门的与名字有关的语音规则。与韩国语固有词名字相关有代表性的后缀"-이"，并形成了男女名字"돌이、순이"，这两个词还形成了很多合成词，但这两个词的合成词并不都是成对出现的。

因为名字的重要性，所以韩国语名字的上义词"이름"和很多一般人名都产生了语义泛化。一般人名的语义泛化主要表现为中国历史人物的语义泛化，中国历史人物大多出现于韩国古代歌词、时调、俗语或日常对话中。出现语义泛化的韩国人名主要是历史人物、一般人物以及现代有名人物的名字。

人名语义泛化的基础是人物的典型特征，但韩国人对中国历史人物特点的把握和关注点有很多异于中国人之处。

第五章

地名与语言

5.1 引论

20世纪80年代开始兴起了"新文化地理学(new cultural geography)"(Cosgrove & Jackson 1987:95-101),是借用景观、场所、空间来研究文化。其中,地名研究是非常重要的研究内容之一。김순배(2009:1)认为地名赋予空间存在和形象以具体的境界、领域和意义,并且还作用于人类的日常生活;地名不但具有地理方面的特性还具有语言与文化的要素。L.R. Palmer在"Modern Linguistics"中曾说过"地名的研究实在是语言学家最引人入胜的事业之一,因为它们时常供给人们重要的证据,可以补充和证实历史学家和考古学家的话"(罗常培 2015:139),因为地名更具文化特性。正像郭熙(2013:257)所说:地名也是一种文化标记,是社会历史和语言的记录。

例如,根据中国2017年国家统计局最新城乡区划代码的67万多个村名进行分析，发现中国的村名具有如下特点[01]：

(1) a. 高度重复：818个"和平村"或"和平社区"、743个"团结村"或"团结社区"、682个"胜利村"或"胜利社区"等。

b. 有很多用姓氏命名的村庄，如"王家村""王庄""北王庄""南王庄"等。

c. 有很多红色村名，如"和平""团结""胜利""红旗"等。

d. 村名受当地的地理环境影响，如很多村名有"山""河""沟""湾""坪""坝""塘""岗""湖""岭""堡""坡""峪"等字眼。

e. 村名具有地域特色，如北方村名透露着豪爽、憨厚，南方村名则雅致、婉约。

f. 村名与当地特产有关，如"盐城""酒泉""茶陵""蚌埠""谷城""鱼台""枣庄""米脂""乳山"等。

g. 有的村名与当地土壤颜色、岩石质地与颜色、当地的气候和植被有关，并且偏向橘色的暖色系。

h. 有的地名与动物有关，出现最多的依次是"龙""马""凤""虎""鱼""鹤""鹿""鸡""鸭""猫""鹰""兔""猪""鸟""虾""狗""鼠""螃蟹""驴"等。

i. 有的与当地矿产有关，根据数量依次有"石""金""玉""铁""银""铜""煤""炭""锡""晶""铅""铂"等。

01　资料来源：网易数读——"我们分析了67万个地名，找到了中国地名的秘密"。

j. 有的与职业有关，如北京东城有"罗纸马[02]胡同""何
　　　纸马胡同""汪纸马胡同"等。
　　k. 有的与身体器官有关，如济南的"双乳村"、葫芦岛
　　　的"大屁股村"、本溪的"擦屁股岭"、鞍山的"光屁股
　　　岭"等。

　　如上，中国的地名可以说是一幅缩微了的中国文化图，反映了
极其丰富的文化信息。韩国的地名也不例外。虽然韩国人的名字和
地名与中国有相通之处，但是也有自己的民族特色。
　　本章主要探讨韩国地名的演变、乡村与城市的语义泛化、韩国
一般地名、中国地名以及其他外国与地区地名的语义泛化，借此来
分析地名所承载的文化意义。

5.2 韩国地名的命名方式和演变

　　一般来说，地名是一个国家或地区词汇中最具保守性和传承性
的，一般轻易不会改变。但随着语言与文化的接触，仍然会发生改
变，不过互相之间的影响是不平衡的。一般是强势语言与文化的影
响力更强。
　　在韩国，韩国地名的原始形态都是以固有词为基础形成的。但
现在韩国行政地名中除"서울(首尔)"之外的行政区划名，一直到
郡、邑、面、洞、里等的名称都是汉字词，海洋地名也不例外。在

自然地名中，虽然有固有词存在，但一般也是与汉字词对立存在，如"감골：柿洞、밤나무골：栗村/栗谷"(박병철 2009:484)。有的还会出现两种汉译名，如江原道堤川有个地方，其名字为"닷돈/닷돈이：답돈(畓屯)/오전(五錢)"，其中"답돈"是音译汉字词名，而"오전"是意译汉字词名(박병철 2007:452)。韩国语中的固有词地名被汉字词所取代，与汉字词的构词能力和形态有直接关系，也与历史上中国文化、政治的影响密切相关(박병철 2009:505)。

有时地名的演变也与忌讳有关。例如，关于中国的地名，周有光(2012:112)提到苏州城中心有一条大街，定名"护龙街(纪念乾隆皇帝下江南)"，但老百姓把它说成"马桶街"，直到50年代才改成"人民路"。对这种现象，周有光分析认为地名是约定俗成的，不讲究文雅与否；此外可能与老百姓讨厌皇帝有关。

韩国的地名从固有词演变为汉字词，有的也与文化禁忌有关。천소영(2000:221-223)对此进行了研究，例如，韩国首尔有山名叫"도봉산"，山下有个小村庄曾叫作"무수리"，因曾是韩国朝鲜时代宫里的婢女们——"무수리"的聚居地而得名，但现在改成了"무수동(无愁洞)"；"화자골"因是太监们的聚居地而成名，现在改成了"효자동(孝子洞)"；"제동(灰洞)"因为历史上这里曾经杀过"김종서、황보인"，为了掩埋当时流的血所以撒了很多灰，因此而得名，现在则改成了"제동(齐洞)"，汉字标记做了修改；韩国还有"계동(桂洞)"，本来叫"제생동(濟生洞)"，后来改成了"계생동(桂生洞)"，又因为"계생"发音与"기생(妓生)"相似，所以最后缩略成了"계동"。

除上面的例子之外，再看一个例子。例如，韩国著名的"梨泰院"是外国人游览韩国的常选之地，这里本来是日本人的专用居住地，日本人强奸当地尼姑庵的尼姑所生的孩子是混血儿，被韩国人

称作"이태(异胎)",所以这里就被叫作"이태원(异胎院)",但后来被改成了汉字词"이태원(梨泰院)"(한국민속문화사전:설화편)[03]。地名改字其实反映的是人们认为"文字为有灵之物,关乎人事的祸福吉凶"这种思想。

5.3 乡村与城市的语义泛化

韩国语里"촌(村)、시골"都意为农村,"산골"意为山沟沟。过去韩国也是典型的农业国家,因此农村占整个国家的大部分,所以首都"서울"就成了城市的象征。

不管是哪个国家,自古以来都会存在城乡矛盾,美国人类学家瑞德菲尔德(2013/2015:89)关于城里人与农村人曾说过:

"不论在世界上的什么地方,城里人对待乡下人的态度总蕴涵着蔑视,自认为高人一等,或者'羡慕'乡下人的纯朴、吃苦耐劳乃至无邪天真,等等——但这种'羡慕'不啻于是蔑视的另一种表示。至于农民,他们则承认自己低于城里人一等,因为自己缺文化少教养,但又本能地觉得城里人总结出的所谓'乡下人的纯朴、吃苦耐劳乃至无邪天真'确是至理名言,从而鄙视城里人的懒惰、虚伪和骄奢淫逸。农民会承认自己在文化水准上比城里人低,但在道德层面上则要比城里人高得多。"

这段话分析了城里人与乡下人互相之间的感情敌对以及产生原因。这种城乡感情矛盾也存在于韩国,并且都表现在语言之上。例

03　https://terms.naver.com/entry.naver?docId=2120827&cid=50223&categoryId=51051

如，韩国农村人喜欢嘲笑城市人挑剔、吝啬，称他们为"서울깍쟁이"，嘲笑他们为"서울뜨기"。

但相对于农村文化来说，城市文化是强势文化，并且一个国家的通用语是有文化的城里人规定和管理的，很多语言中与乡下、农村、树林有关的表达都具有贬义(戈德伯格 2003:16-17)。并且，韩国语里贬低农村人的表达远远多于贬低城市人的表达，这些表达都集中于"乡村、山沟是落后、缺少文明的象征"这一点上，韩国语里与此相关的词语都产生了否定意义，还产生了很多否定意义的俗语，有的词语还发展成了表达否定意义的前缀。

首先，韩国语里有很多贬低农村人的词语。山沟里的人被称作"산골뜨기(山---)""산골내기(山---)"，此外还有一些词语被用来嘲笑乡下人，如"산골고라리(山----)"嘲笑那些又蠢又固执的山沟沟里出来的人，"멧부엉이"嘲笑那些住在深山、长得像猫头鹰的又蠢又土的人，"촌보리동지(村--同志)"贬称长了一副蠢相的乡下人，"시골고라리"嘲笑又蠢又固执的乡下人。

其次，还有很多俗语也被用来贬低农村、山沟出身的人。深山老林对一般人来说是神秘莫测、难以捉摸的，所以在这种地方生活的人也被赋予了这种色彩，如"산골 중놈 같다"意为像山沟里的和尚一样，比喻鬼祟、诡秘的人。

山沟里的人很难吃到鲜鱼，而海边的狗却可以经常吃到鱼，所以有了俗语"산골 부자는 해변가 개보다 못하다"，意思是山沟沟里的富豪还不如海边的狗呢，比喻山沟沟里的人生活非常不好。因为乡村受条件所限难以出现大人物，所以"촌놈에 관장(官長) 들었다. 山沟里出了个县官"比喻山沟沟里飞出了金凤凰。

有的俗语则说农村人总想欺骗首尔人，如"서울 사람을 못 속이면 보름을 똥을 못 눈다、시골 놈이 서울 놈 못 속이면 보름씩

배를 앓는다" 等。

第三，与乡村有关的词语发展成否定前缀。韩国语里与乡村有关的两个名词"촌、시골"分别发展成了前缀"촌(村)-、골-"，前者意为不干练的，后者意为迂腐的。

(2) a. 촌양반、촌생원、촌티、촌사람、촌닭、촌놈、촌
     년、촌구석、촌뜨기、촌색시、촌샌님、촌학구、촌
     부자、촌멋쟁이、촌무지렁이、촌바우、촌무당
   b. 골생원、골샌님、골양반、골예수、골선비(王芳
     2013:85)

如上，韩国语里用小的地方来比喻很土的，如"촌놈、촌년"分别用来贬称乡下男人、女人，也用来贬称外貌或行动非常土的人。与此相关的俗语都被用来嘲笑人，如"촌놈은 밥그릇 높은 것만 친다、촌놈은 똥배 부른 것만 친다"用来嘲笑那些只注重数量不注重质量的人。"촌년이 아전 서방을 하더니 초장에 길청 문밖에 와서 갖신 사 달라 한다、촌년이 아전 서방을 하면 날 샌 줄을 모른다、촌년이 아전 서방을 하면 중의 고리에 단추를 붙인다"等三个俗语都比喻不行的人只要抓到一点权力就会忘乎所以、无法无天。

此外，村里的鸡也被用来骂人，如"촌닭(村-)"比喻又土又呆的人。有俗语"촌닭 관청에 간 것 같다、촌닭 관청에 잡아다 놓은 것 같다"，比喻到了繁华地方或遇到没有经验的事情而惊慌失措、不知东西南北的样子，类似的还有"촌놈 관청에 끌려온 것 같다"。

第四，与城市有关的词发展出中性派生词。韩国语里城市称作"도시(都市)"，有派生词"도시적(都市的)"，意思是与城市相配

的，或那样的东西，如"도시적인 세련된 아가씨 具有城市风的干练姑娘"。城市类的繁华区域称作"도회지(都會地)"或"도회(都會)"，后者有派生词"도회적(都會的)"，意思是带着城市气息的，如"도회적 옷차림 带着城市味的打扮"。由此可以看出，城市给人的印象是干练、时尚的。这与前面"촌、시골"发展出"落后、土、呆"等意义正好是相对的。

这种现象不仅出现在韩国语里，汉语里与乡村有关的"村姑"，以及与土地有关的"土老帽、土包子、土里吧唧的"等消极表达的产生与韩国语是一脉相通的，汉语的"城里姑娘"也给人干练的印象，是积极意义。

5.4 韩国一般地名的语义泛化

韩国的一般地名主要涉及各个地区的地名。虽然朝鲜半岛因为历史和政治的原因已分为两个国家，各个地方都已分属两个不同的国家，但文化作为一个民族悠久历史的产物，不会因为政治的原因而分裂为两种，尤其是有关地名的文化，例如，很多俗语、惯用语就与地名有关，虽然有的地名所指称的行政区已属于朝鲜，但韩国人并没有因此而摈弃这些俗语、惯用语。本研究为行文的方便，不再区分国家与地区差异，而是按照朝鲜半岛从北到南的顺序来分析。

5.4.1 朝鲜八道

朝鲜太宗在位的1413-1416年正式建立了朝鲜的八个道行政区，

并延续了近五百年的时间。这八个道分别是"경기도、충청도、전라도、경상도、강원도、황해도、평안도、함경도"。因此，在指称整个国家时，多用"조선 팔도"，如(3)。

(3) 대형마트 수산물 바이어들은 조선팔도를 넘어 전 세계를 돌아다니며 값싼 수산물의 안정적 공급처를 찾습니다.《KBS 뉴스, 2018.3.28》大型超市的水产品商为寻找稳定、物美价廉的供货渠道，他们的足迹不再局限于朝鲜八道，而是走向了全世界。

与八道有关，有俗语"팔도에 솥 걸어 놓았다"，意思是在朝鲜八道都放了饭锅了，比喻不管到哪儿都有吃饭的地儿，能弄到吃的。

5.4.2 咸镜道

咸镜南道中南部有咸兴市，是朝鲜王朝的发祥地，现在是咸镜南道的道厅所在地，与此相关有名词"함흥차사(咸興差使)"，这个词的产生源于一个典故，朝鲜太祖李成桂把王位传给了定宗后住到了咸兴，之后太宗继承王位，派人去请太祖，但都被太祖杀了或抓了起来而杳无音信，因此现在多用来比喻派去的人不回来或回来得很晚，如(4)。

(4) a. 너 뭐야? 저녁 같이 먹자고 하더니 왜 함흥차사야?《아버님, 제가 모실게요(31회)》你怎么回事啊？你说要一

起吃饭，怎么连面都不露啊？

b. 왜 나가기만 하면 함흥차사야? 사무실에도 없고.《미
워도 사랑해(5회)》怎么一出去就杳无音信啊？办公室
里也没人。

韩国语有"삼수갑산(三水甲山)"，其中三水位于咸镜南道西北
部临近鸭绿江支流附近，以酷寒而有名。甲山位于咸镜南道东北部
盖马高原中部，重峦叠嶂，气候寒冷，非常不宜人居。这两个地区
都因偏僻险要、气候寒冷这样的共同点而全国闻名，并且成了朝鲜
时代的流放地(조항범 2005；네이버 지식백과)，因此成了人们心目
中的畏难之地，产生了很多让步结构的俗语，有"삼수갑산에 가는
한이 있어도、삼수갑산을 가서 산전을 일궈 먹더라도、나중에야
삼수갑산을 갈지라도"，比喻不管有什么危险也要做某事。

咸镜南道元山市有一著名的海滨浴场，称作명사십리(明沙十
里)，那儿的沙子以柔软细腻而出名，所以"명사십리"用来比喻柔
软细腻的沙场、一望无垠的海边。

5.4.3 平安道

朝鲜八道中以平壤为中心的是平安道，与平安道有关有"평
안감사도 저 싫으면 그만이다"，意思是即使是平安道监察这样的
官职，我不喜欢的话也无用，相当于汉语"老牛不喝水，不能强按
头"。

位于平壤境内的绫罗岛是大同江中下游的小岛，因为在雨季江
水经常会淹没小岛，所以这里出产的西瓜味道不好，因此"능라도

水瓜"多用来比喻没有实质内容。与绫罗岛形成鲜明对比的就是产于光州无等山的"무등산 수박",以香甜、无花纹为特征,曾是进献国王的贡品。

　　平安北道有义州郡,过去从首尔到义州如果步行则是长距离旅行,所以要准备备用的鞋子,与此相关有俗语"의주를 가려면서 신 날도 안 꼬았다",意思是要去义州了草鞋还没编好呢,比喻想干大事但却没有做好一丁点的准备,类似的还有缩略形式的"아직 신날 도 안 꼬았다"。过去朝鲜半岛的国王遇到战乱等非常状况时一般会选择逃往义州,根据这种历史典故产生了俗语"의주 파천(播遷)에 도 곱똥은 누고 간다",意思是在避难这种十万危急时刻,如果患上痢疾也不得不先解决一下生理问题,比喻即使事情再紧急也要把更紧急的事情做好;也比喻不管事情再紧急总是能有周旋的余地。类似的还有"의주 파발도 똥 눌 때[새]가 있다"。

　　大同江位于平安南道,流入黄海。因为大同江非常宽大,所以俗语"실도랑 모여 대동강이 된다"意为积少成多,与"티끌 모아 태산"同义。而"대동강 팔아먹는 놈"则与朝鲜半岛的历史有关,是用大同江来转喻整个国家,俗语意为卖国求荣的人。

5.4.4 平壤市

　　平壤是朝鲜时期的首都,"평양 돌팔매 들어가듯"[04]意思是就像平壤城扔石头(驱敌)一样,比喻蜂拥而至的样子,也指所指向、所希望的事情都成功了。因为平壤是首都,所以过去到处是把守的兵丁,与此相关有俗语"평양 병정의 발싸개 같다",意思是就像平壤

04　https://blog.naver.com/pih66/60051136312

兵丁的裹脚布一样，比喻东西非常脏或行为低贱。

与平壤相关，还有俗语"평양 황(黄) 고집이다"，源自一个典故，说过去平壤有个姓黄的人一次去首尔，正好碰上朋友家办丧事，但他却说这次不是来参加吊唁的，所以又返回平壤，重新上路到首尔来参加吊唁，比喻非常顽固的人。

5.4.5 黄海道

黄海道现在位于朝鲜境内，黄海北道有正房山，山脉相连，连成了正四方形，因此而得名。有俗语"앞으로 보나 뒤로 보나 정방산"意思是不管往前看还是往后看，都是正房山，没有什么不同，比喻不管怎么变化结果都是同一对象。

黄海南道有九月山，海拔945米，因为山比较高，影子很长，难以区分昼夜，所以俗语"황해도 처녀(밤낮을 모른다)"用来指不分昼夜地辛勤劳作。九月山贯穿好几个郡，其中就有安岳郡，俗语"안악 사는 과부"比喻生活不分昼夜的人。

黄海道还有个城市叫金川，有俗语"금천 원이 서울 올라 다니듯"，意思是就像金川县令为了想飞黄腾达而不断去拜访首尔权贵一样，用来嘲笑那些被升官发财的欲望蒙蔽了双眼而不断去权贵家里或上级机关那里钻营的人；也可比喻本来想加快事情的进度结果却适得其反。

黄海道过去还有一个邑叫凤山，这里出产的玉米长得非常高，所以"봉산 수숫대 같다"用来比喻长得又高又瘦的人，而汉语多用"长得像麻杆"。此外，还有"봉산 참배는 물이나 있지"意思是只是梨的颜色变了，比喻没有太大的毛病。

5.4.6 江原道

江原道地方偏远，多山，在江原道做官的人一般都是被左迁的，所以"강원도 참사"用来比喻公职上的人被左迁。江原道山势险恶，去山里打猎，很多人回不来或者要很长时间才回来，所以"강원도 포수(냐)"比喻走了之后不再回来或者很晚才回来的人。类似的还有"지리산 포수"。

江原道的特产有白菜、土豆、柿子和一种名叫"고산강아지(高山——)"的狗。因为江原道出产的白菜是腌泡菜的最佳之选，所以有时"고랭지 배추"成了泡菜白菜的代称，如(5)。

(5) 무슨 김장은 이렇게 오래해? 강원도 고랭지 배추 다 털어왔나?《내딸 금사월, 15회》你腌多少泡菜啊？这么长时间还没干完？江原道高冷地的白菜都叫你给搜刮来了啊？

关于土豆，因为江原道盛产土豆，所以经常用"감자바위"来贬称江原道地区或那里的人。与柿子和高山狗有关，有俗语"고산강아지 감 꼬챙이 물고 나서듯 한다"，意思是高山狗看到柿饼串也会误认为是骨头而叼走，比喻过惯穷日子的人看到与平时吃的差不多的东西也会很高兴。

江原道位于韩国北部，冬天很冷，而三陟市又位于江原道的北端，所以"강원도 삼척""강원도 안 가도 삼척"意思是还没到江原道呢就冻得受不了了，比喻非常寒冷。因为"삼척"的发音与过去的"금군 삼청(禁軍三廳)"的"삼청"发音相似，而过去三厅的房内一般是不生火取暖的，因此就有了"춥기는 삼청 냉돌이라"，比喻房间冰冷难耐。

江原道还有发源于江原道太白市咸白山的洛东江，与洛东江有关最著名的俗语就是"낙동강 오리 신세"，比喻脱离或落后于某个群体而处境凄凉。其意义的产生有很多说法，代表性的有两种，第一种是：朝鲜战争中，美军与韩国联军在洛东江与朝鲜的军队展开激战，空中战机扔下的炸弹落在江里，就像鸭蛋一样，所以产生了这样的意义。不过这种说法经不起考究。比较讲的过去的还有一种说法：洛东江是很多候鸟、野鸭的栖息地，野鸭下蛋后，遇到洪水泛滥或江水大涨时，鸭蛋就会随水飘走，成为孤零零的孤家寡人，所以"낙동강 오리 신세"就产生了上面的比喻意义。因为这个俗语用的非常多，日常生活中还会有其他用法，有时用"낙동강 오리알 신세"，如(6a)；有时也用"낙동강 오리알 되다"，如(6b)；或用"오리알 되다"，如(6c)。

(6) a. 강실장만 낙동강 오리알 신세 됐어.《그래 그런 거야, 32회》只有姜室长成了姥姥不疼舅舅不爱了。

b. 그러다가 고서방이 덜컥 결혼이라도 해봐. 너만 낙동강 오리알이 되지.《왕가네 식구들, 44회》这样三弄两弄的，(你的前夫)高姑爷要是一下子结了婚，就剩下你成没人要的了。

c. 해솔 애미가 이 집 가족으로 인정 못 받으면 나도 오리알 되는 건데 무조건 찬성이지.《내 남자의 비밀, 50회》海松妈在这个家里如果得不到认可，我也就成了无水之木，所以我也是无条件赞成。

江原道还有金刚山，以景色秀丽著称，很多俗语都与金刚山的景色有关，如"금강산 구경도 먹은 후에야 한다、금강산도 식후

경、금강산 구경도 식후경이라"等，类似的还有"꽃구경도 식후사
(食後事)"，意思是再有意思的事情也要吃饱肚子才会有兴致去做，
饿着肚子的话，就什么也做不成，日常对话中经常用到。

　　韩国语里树荫可用来比喻大人物的影响力，而山所形成的阴凉
也有此比喻意义，如"금강산 그늘이 관동 팔십 리(간다)"意思是
金刚山的美丽影响到关东八十里即江原道全境，比喻与优秀人物交
往的话，会受他的恩泽，得到帮助。俗语"금강산 상상봉에 물 밀
어 배 띄워 평지 되거든"与"기암절벽 천층석(千層石)이 눈비 맞
아 썩어지거든"都比喻绝不可能的事情。

5.4.7 首尔市

5.4.7.1 서울

　　韩国的首都是首尔，与其相关有很多俗语，这些俗语里的"서
울"的意义并不相同。

　　第一，比喻大地方。如"서울(가서) 김 서방 찾는다[찾기]"
意为首尔非常大，在首尔不知住址找人好比大海捞针。但功夫不负
有心人，所以"서울 김 서방 집도 찾아간다"意为即使首尔再大也
能找到金姑爷家，比喻只要有心去做，就肯定能做到。而"입만 가
지면[있으면] 서울 이 서방 집도 찾아간다"则强调要用嘴去问路，
即"路在嘴上"。到大地方更能体会世态炎凉，所以"서울이 낭이
라"意思是首尔就像悬崖峭壁，人心不古。而"서울이 낭이라니까
과천[삼십 리]부터 긴다"意为因为听说首尔人心不古，所以从果川
就开始害怕，类似的还有"서울이 무섭다니까 남태령[서재]부터 긴

다"。

以上俗语中的"서울"都是用来比喻大地方，不见得就是实指首尔，其语义已虚化。

第二，比喻城市。用首尔比喻城市时一般多与其他比喻地方的词连用。有时直接与"시골"相对使用，如"서울 소식은 시골 가서 들어라"意思是在首尔发生的某些事情反而先传到农村去，比喻自己周围的事情反而是远处的人知道得更清楚。有时也可用具体的地方名来比喻农村、穷乡僻壤，如"서울서 매[뺨] 맞고 송도서[시골에서] 주먹질한다"意为在首尔挨了打，却到松岛或农村去发泄，松岛是现在的仁川，在过去相当于农村。

韩国语还用首尔人比喻城市里的人，如"서울 놈의 글 꼭질 모른다고 말꼭지야 모르랴"，意为不识字，难道连"말꼭지"还能不知道吗？此外，还用首尔人比喻愚笨的人，如"서울 사람[놈]은 비만 오면 풍년이란다"嘲笑城里人一点不懂农业。

第三，比喻一般地方、目的地。过去首尔是韩国的首都，科举考试都在首尔举行，所以"서울에 가야 과거도 본다、서울을 가야 과거에 급제하지"比喻先到目的地之后再考虑是不是能成功。类似的有"하늘을 보아야 별을 따지"。也就是说，这三个俗语中的"서울、하늘"所起的作用都是一样的，都比喻目的地。

"서울 가 본 놈하고 안 가 본 놈하고 싸우면 서울 가 본 놈이 못 이긴다"意为没有经历过的人更容易靠自己的想象去夸张，说的反而更像那么回事，而经历过的人一般都实话实说，所以比不过没经历过的人。

与目的地有关，还有一些其他表达，如"뭘 타든 서울 가면 된다、모로 가든 서울 가면 된다"，这些俗语频繁用于日常生活中，如(7)，这些表达都反映了韩国人重结果不重过程的思维方式，表现

在性格上，就是韩国人突出的急性子。"서울"都可以意译成"目的地"或"目的"。

(7) a. 뭘 타든 서울 가면 된다구. 너 풍길당 사위만 되면 되는 거야. 《우리집 꿀단지, 55회》不管坐什么车只要能到目的地就行，你只要能当上冯吉堂的女婿就行。

b. 모로 가든 서울 가면 되잖아? 응, 세라야, 너 도진이 말고 성진이 어때? 《당신은 선물, 9회》不管怎么去只要能达到目的不就行了。嗯，世罗啊，咱们不要道镇，要成镇怎么样？

c. 모로 가든 서울 가면 된다니까 아무튼 깨끗히 해결된 것 맞지? 不管怎样只要能达到目的就行。反正现在事情是解决利索了，是吧？

第四，比喻重要的东西。如"입이 서울(이라)"比喻吃饭是最重要的，即人是铁饭是钢。

5.4.7.2 四大城门与宫殿

韩国首尔过去有四大城门，分别是南大门、肃靖门、东大门和西大门，现在被保留下来的只有南大门与东大门。

其中，与南大门有关有俗语"남대문입납"，相当于现在的"收信人/地址：南大门"，比喻办事方法非常笨。这个俗语之所以出现南大门而不是其他城门，是因为过去南大门是都城汉阳的正门，这是用正门来转喻都城。南大门的门洞很大，所以"남대문 구멍 같다"比喻洞非常大，"남대문(이) 열리다"比喻男人裤子上的拉链或

扣子没弄好，敞着。

与北大门有关，有俗语"사내 못난 것은 북문에 가 호강받는다"，意思是在朝鲜后期即使是再不中用的男人，如果一到肃靖门，就会有很多女人来暗送秋波表示欢迎。

东大门与"수구문(水口門)"之间有水口，用来把城里的水送到城外，这样的水称作"오간수(五間水)"，据说水非常脏。与此相关有俗语"못된 바람은 수구문[동대문 구멍]으로 들어온다"，意思是不好的事情或事情失败的责任都被转嫁到了自己身上。此外，还有俗语"지저분하기는 오간수 다리 밑"比喻非常脏乱。

西大门有延禧宫，朝鲜定宗和世宗退位之后居于此处，有俗语"연희궁 까마귀 골수박 파먹듯"，比喻只埋头于一件事情，类似的还有"해변 까마귀 골수박 파듯"。

韩国古代宫殿中昌德宫是国王处理政事的地方，是一国中心，因此被用来比喻好地方，所以俗语"이왕이면 창덕궁"比喻既然选择就选好的。

5.4.7.3 钟路

韩国首尔有钟路区，与钟路有关有俗语"종로 깍쟁이 각 집집 앞으로 다니면서 밥술이나 빌어먹듯"，意思是钟路吝啬鬼挨家挨户乞讨，比喻乞讨。

与钟路有关还有俗语"종로에서 뺨 맞고 한강에서[빙고에서/한강에 가서/행랑 뒤에서] 눈 흘긴다"，意为在钟路挨了打不敢怎样，却到汉江或冰库、行廊等地方去发泄，类似的还有"서울서 매[뺨] 맞고 송도서[시골에서] 주먹질한다、영에서 뺨 맞고 집에 와서 계집 찬다、읍에서 매 맞고 장거리에서 눈 흘긴다"，都是用代

表性的地点如"종로、서울、영、읍"来比喻挨打的地方，而用具有对比意义的"한강/빙고/행랑、송도/시골、집、장거리"来比喻泄愤的地方。

5.4.7.4 三角山、白云台

三角山是北汉山的另外一个名称，因为有白云台、仁寿峰、万景台三个山峰而得名。其中白云台是最高峰，山上布满坚硬的花岗岩，根据这个特点产生了俗语"달걀로 백운대 치기"意为以卵击石。因三角山的形象所致，有时还会用"삼각산 봉우리"来做比喻，如"젖이 삼각산 봉우리처럼 소담하네. 乳房像三角山的山峰一样让人艳羡"，当然这样的比喻带有色情意义。

首尔城市内没有好的井水，水质都带咸味，所以产生了俗语"삼각산 밑에서 짠물 먹는 놈"(강명관 2010/2011:172)，这个俗语现在比喻非常吝啬、没有人情味的人，之所以产生这种比喻意义，主要是因为韩国语里"짜다"具有吝啬之意[05]。此外还有俗语"삼각산 바람이 오르락내리락"，意思是风肆意地吹来吹去，比喻得意洋洋地到处游荡、闲逛，无事可做。

5.4.7.5 南山

韩国语有俗语"배가 남산만 하다"，可以比喻傲慢，也比喻怀孕后肚子大，这里的"남산"指的是位于首尔的名山——南山。韩国语里"남산"还比喻多、大，如(8)。

05　详见作者的《韩国生活文化语言学》。

(8) a. 식량을 남산처럼 보냈다. 送去了一大堆粮食。

　　b. 아이배가 가스 차서 남산처럼. 孩子的肚子充满了
　　　气，鼓得像皮球。

　　韩国语还用"남산"来比喻长寿，如"남산처럼 장수하자. 寿
比南山"，汉语也有"寿比南山"类的表达，但取自终南山。韩国南
山顶上有一处许愿的地方，在两把锁上写上双方的名字然后锁在铁
柱子上把钥匙扔掉，可以祈求爱情天长地久，如(9)。

(9) 남산처럼 사랑의 자물쇠 달고. 让爱情像南山锁一样天长
地久。

　　与南山有关，韩国语还有남산골，指现在韩国首尔梨泰院附
近，过去主要是穷书生的集聚地，所以就有了"남산골샌님(南山
---)"，意思是南山沟的书生们，用来嘲笑那些穷困潦倒但自尊心却
很强的书生。对读书人来说，衣冠整齐是非常重要的，其中也包括
鞋子，但因为太穷了，所以即使是晴天也不得不穿木屐。而木屐走
起来路有嘎达嘎达的声音，韩国语称作"딸깍딸깍"，所以就用"딸
깍발이"来转喻南山沟的穷书生，后来语义泛化指穷书生(조항범
2014:128-129)。与南山沟的穷书生有关还有俗语"남산골샌님은 뒤
지하고 담뱃대만 들면 나막신을 신고도 동대문까지 간다"，比喻
衣冠不整就外出。而"남산골샌님이 망해도 걸음 걷는 보수는 남
는다"意思是即使败落得一无所有，但书生们所独有的步伐却丢不
了，比喻人的习惯是不会改变的。类似的有"놀던 계집이 결딴나도
엉덩이 짓은 남는다"，意思是行为不端的女人即使不再操持旧业，
但搔首弄姿的习惯却丢不了。因为不同地位的人从小养成的习惯，

例如说话腔调、行动举止、礼貌等一旦养成就很难改掉，所以从这些地方可以判断一个人的出身和地位(费孝通 2013/2015:9)。

人穷了就会产生一些奇怪的想法，俗语"남산골샌님이 역적 바라듯"表达的就是这个意思，意思是穷书生想像天下大乱，因为过去如果天下出现了逆贼，逆贼被抓会招供很多朝廷官员导致产生很多空缺，那么穷书生们就可能有出头之日(김동진、조항범 2001:78)。此外这个俗语还有一个意思，那就是人生不得意的人最容易产生反叛心理，类似的还有"남촌 양반이 반역할 뜻을 품는다"。

5.4.7.6 仁王山

仁王山位于首尔西部钟路区与西大门区之间，山体由花岗岩覆盖，景色秀丽，有俗语"인왕산 그늘이 강동 팔십 리 간다"，意思是美丽的风景闻名于整个江东八十里，比喻如果地方上出一个大人物，其亲戚朋友都会跟着沾光。类似的还有"수양산 그늘이 강동 팔십 리를 간다"。相当于汉语的"一人得道鸡犬升天"。

由于仁王山的山腰非常突出，所以"인왕산 중허리 같다"比喻大肚子的人或吃饱了肚子鼓起来的样子。仁王山上因为密布着花岗岩，与这一突出特点有关有了与石头有关的俗语"인왕산 차돌을 먹고 살기로 사돈의 밥을 먹으랴"，比喻不管再怎么艰难困苦，也不会接受娘家的帮助而度日的。

仁王山上的松树枝非常粗硬，有俗语"괄기는 인왕산 솔가지라"，比喻性格非常急、坚强，也比喻性格不宽容、很挑剔。

过去有个传说，说只要是韩国的老虎肯定都会来仁王山一趟，因此仁王山就与老虎有了密不可分的关系，俗语"인왕산 모르는 호

랑이가 있나"意思是有不知道仁王山的老虎吗？比喻不可能有人不认识我；或者指只要属于那个领域的人都会知道的事实。而老虎自古以来就是一种令人恐惧的动物，所以"인왕산 호랑이"比喻令人非常害怕的对象。

5.4.7.6 汉江

汉江是韩国非常重要的一条江，与此相关产生了很多俗语，如表1所示：

[表1] 与汉江有关的俗语

俗语	意义
한강 가서 목욕한다	比喻某事即使故意去远地方做也不见得有好办法。
한강 물 다 먹어야 짜냐	比喻某事只要尝试一点就可以推测出全部。
한강 물이 제 곳으로 흐른다[간다]	所有的事情都有自己的规律，比喻犯罪就要受罚。
한강에 그물 놓기	比喻已做好准备，只要等待，事情最终会成功；也可用来反问没有把握的事情要等到什么时候为止？
한강에 돌 던지기	比喻某物太微小，一点也不会造成影响或产生效果；也比喻不管怎么投资、费尽心思，也没有任何意义。
한강에 배 지나간 자리 있나	比喻没有留下某种行动的痕迹。
한강이 녹두죽이라도 쪽박이 없어 못 먹겠다	嘲笑非常懒惰的人。

与汉江有关还有"한강투석(漢江投石)"，比喻效果微乎其微。还有"한강 밑"比喻底部，如(10)。

(10) 너때문에 오늘 주가 한강 밑까지 쳤어.《다시, 첫사랑, 5
회》因为你，我们的股价跌到底了。

汉江还有一个负面印象，那就是因为很多韩国人自杀就是去汉
江大桥跳水，导致汉江大桥上一些事故多发处经常贴有告诫不要自
杀的标语，而日常生活中"한강 다리에 가다 去汉江大桥"也就有
了寻短见之意，如电视剧《오늘부터 사랑해, 100회》中当发生姐姐逃
婚事件之后，妹妹胜儿问未来的姐夫说：

(11) 오빠, 정말 괜찮은 거예요?...나 같으면 약올라서 벌써
한강다리에 갔을 텐데. 哥，你真的没事吗？……要是
我的话，肯定给气得去汉江大桥(跳水)了。

有时还用"한강 다리에서 뛰어내리다"比喻寻短见，如(12)。

(12) 한 번만 또 쫓아오고 소리 지르고 머리채 잡으면 나 진
짜 한강다리에서 뛰어내린다.《미워도 사랑해, 1회》你
要再跟着我、吼我、抓我的头发，我就真从汉江大桥
上跳下去！

首尔以汉江为界分为江北与江南，现在江南已成为韩国的富人
区，与此相关，有"강남 장사"，比喻利润很高的生意，也比喻只
顾谋取自己的利益、态度傲慢的人。而"친구 따라 강남 간다"意
思是跟着朋友去了自己不愿去的地方。"강남"也多用来修饰其他名
词，如风靡世界的"강남 style"、电视剧"강남엄마 따라가기"
等。

5.4.7.8 其他

五江指过去首尔近郊重要码头附近的五个江边村落，因为是江边村落，所以这里的艄公技艺高超，因此就有了俗语 "오강 사공의 닻줄 감듯"，比喻熟练地把某种东西卷起来的样子。

松坡位于现在首尔蚕食的乐天游乐场，过去这儿有牛市场叫作 "송파장(松坡场)"，有俗语 "송파장 웃머리"，意思是最有名的牛市场上来的最老的那头牛，嘲笑年龄小却装老的人。

악박골是首尔西大门区岘底洞一带的旧名，有俗语 "악박골 호랑이 선불 맞은 소리"，意思是악박골这个地方的老虎被打中后发出的声音，比喻让人难以相处的凶残地惨叫。从这个俗语可以推测当时此地曾有老虎。

다방골位于首尔茶洞，曾经富翁云集。而富翁不用像普通百姓那样起早贪黑地工作，所以他们喜欢睡懒觉，俗语 "이것은 다방골 잠이냐" 用来嘲笑睡懒觉这种行为。

5.4.8 京畿道

与京畿道有关的城市或地方共有十一处具有特殊的文化意义。首先看开城，开城是京畿道最有名的城市，位于韩国京畿道西北部，盛产人参，自古以来是有名的经商之地。开城在高丽时代也称作 "송도(松都)"，有俗语 "송도 부담짝"，意思是松都商人的驮担，比喻里面藏着值钱东西的行李。此外，还有 "송도 외장수、송도 오이 장수"，意思是松都贩卖黄瓜的商人往返于首尔与义州之间，最终却没有赚得一分钱，用来比喻想赚大钱，结果费尽心思却一事无成。传说高丽末年松都曾经有叫作 "불가사리" 的食铁怪兽

出没做尽了坏事，所以产生了俗语"송도 말년의 불가사리라"，比喻非常无知但又坏事做尽的人，而"송도가 망하려니까 불가사리가 나왔다"比喻在出现坏事之前总会有不吉利的征兆出现。与松都有关还有一个典故，说朝鲜时期的重臣韩明浍在成名前曾在松都做官，当时同僚们建立了"친목계"这样一个组织，但没有吸收韩明浍加入，理由是他出身卑贱，但后来没想到后者却成了朝廷重臣，因此大家后悔不已，所以"송도 계원(契員)"比喻依靠一点小地位或势力而看不起别人。

再看位于京畿道东北部的抱川，有俗语"포천 소(疏) 까닭이란다"，这一俗语的产生也与典故有关：朝鲜高宗时期有抱川出身的崔益铉总是上书导致政事发生变更，所以当人们询问为什么又发生变化时，大家都会说因为抱川的上书导致的，因此这个俗语比喻想搪塞别人的问话。

京畿道议政府的原名是杨州，有俗语"양주 밥 먹고 고양 구실"，意思是饭在杨州吃，但事情却去高阳做，比喻在这儿拿到报酬后却去没有任何关系的人那儿工作。而"양주 사는 홀아비"比喻形色破烂、困难的人。

京畿道金浦市有"김포평야(金浦平野)"，是位于汉江下游的淤积平原，韩国语里多用来形容人的后背宽广，如(13)。

(13) 저 김포평야 같이 떡 벌어진 어깨가 쭉 쳐지니까 안 되네.《해피시스터즈, 47회》她那宽阔如金浦平原的肩膀全耷拉下来了，真可怜。

京畿道杨平郡有山叫龙门山，有俗语"용문산 안개 두르듯"，比喻褴褛的衣衫一条一条地缠在身上的样子。此外，还有"용문산에

안개 모이듯"比喻云彩聚在一起的样子，类似的还有"청천에 구름 모이듯、만수산에 구름 모이듯、장마철에 비구름 모여들듯"。

光州是京畿道的一个市，有俗语"광주 생원 첫 서울"，意思是光州人第一次到首尔来，所有的一切都觉得非常新奇兼惊奇，晕头转向的，比喻因为第一次遇到的事情而晕头转向，不知怎么做。

现在京畿道自治政府所在地为水源，有三个俗语"알고 보니 수원 나그네、다시 보니 수원 나그네、인제 보니 수원 나그네"，意思是还以为是谁呢？原来是之前就认识的水源的旅客，比喻开始不知是谁，后来才知道是自己认识的人。

京畿道华城市有一个地区叫作南阳，位于西海岸南阳湾的盐田地带，与此相关有"남양 원님 굴회 마시듯"，意思是一下子就把食物吃下去了，比喻一口气把事情处理完。此外，还有俗语"수원 남양 사람은 발가벗겨도 삼십 리 간다"比喻这里的人非常吝啬(박갑수 2013:199)，这个俗语意义的产生可能与当地人确实吝啬有关，也可能与当地有盐田有关，因为韩国人经常用与盐、盐田、咸等有关的表达来比喻吝啬[06]。

安城是韩国重要的商业要地，盛产瓷器，其中有一般瓷器和定制瓷器，定制的瓷器称作"안성 맞춤 유기"，因为质量上乘，所以一提起定制瓷器，就会想起安城，久而久之，"안성 맞춤"就用来比喻那些如要求、所想的那样质地优良的东西(조항범 2005)，如(14a)。之后又发生变化，比喻条件或状况符合某种环境或体系，如(14bc)。

(14) a. 그 양복이 너한테는 딱 안성맞춤이로구나. 那西服就

06　详见作者的《韩国生活文化语言学》。

像是给你定做的一样。

b. 혼자 살기에 안성맞춤인 오피스텔 正好适合一个人
居住的公寓

c. 신정미씨는 우리 매장하고 딱 안성맞춤이네요.《불어
라, 미풍아, 35회》申正美真是我们店的最佳人选啊。

平泽与牙山是京畿道西北部的城市，与两者有关有俗语"평택
이 무너지나 아산이 깨어지나"，比喻两者势均力敌，双方打仗时如
果说这话则表示要坚持到底。这个俗语的产生与历史上1894年清朝
与日本的甲午战争有关，因为当时的朝鲜战场就发生在平泽和牙山
这两个城市。

京畿道还有天安，有俗语"떠들기는 천안 삼거리(라)"，比喻
人来人往非常热闹的地方。

5.4.9 忠清道

忠清道的城市中有忠州，有典故说忠州的某个富豪吝惜父母
祭祀时需要用到的"지방(紙榜)"，所以用油浸湿之后保管好年年使
用，因此有了俗语"충주 겯은 고비"或"충주 자린고비"，比喻非
常吝啬、自私自利的人。与吝啬有关的还有"충주 달래 꼽재기 같
다"，意思是就像忠州山蒜头一样，比喻吝啬得令人生厌的人。

报恩是忠清北道的一个邑，因盛产大枣而出名，据说这个地方
的女孩子都是用卖大枣的钱来准备婚需用品，但如果三伏天下了雨
就不会结枣子，因此有了俗语"삼복에 비가 오면 보은 처자(가)
울겠다、보은 아가씨 추석비에 운다"。

忠清南道牙山市自古以来因温泉而闻名，这里还有著名的"온양행궁 温阳行宫"，据说韩国朝鲜时期世宗曾来此疗养过[07]，因此"온양온천(溫陽溫泉)"就成了一个合成词。因慕名而来的人特别多，所以有了俗语"온양 온천에 헌[전] 다리 모이듯"，意思是就像很多腿脚不好的人来到温阳温泉一样，比喻人们蜂拥而至。

过去忠清南道论山市有恩津、江景两个地方，都是农产品集散地，并且江景是韩国湖南线铁路的重要车站，曾与大邱、平壤并称朝鲜半岛三大市场。与这两个地方有关，有俗语"은진은 강경으로 꾸려 간다"，意思是恩津因江景而存在，比喻借助别人的力量而艰难地维持着。

忠清道、全罗道和庆尚道并称韩国"삼남"，有俗语"삼남이 풍년이면 천하는 굶주리지 않는다"，意思是只要这三个道丰收，韩国人就不会挨饿，也比喻这三个道粮食产量大。与忠清道和庆尚道有关，有俗语"금일 충청도 명일 경상도"，比喻居无定所，到处漂泊。

5.4.10 庆尚道

韩国语里与庆尚道有关的表达很多，主要有两种类型，一种与距离、地形有关，一种具有消极意义。

庆尚道在朝鲜半岛的最南端，所以从首尔到庆尚道非常远，现在虽然坐KTX火车几个小时就能到达，但过去骑马的话一天是无法到达的，所以有了俗语"닫는 말에 채질한다고 경상도까지 하루에 갈

---

07   [세종실록] 98권, 24년 11월 24일(경진)
     http://terms.naver.com/entry.nhn?docId=1803098&cid=49250&categoryId=49250

것인가”, 意思是已在尽最大努力做了，不管再怎么催促也不可能成功。与此相关还有俗语“딸자식 두면 경상도 도토리도 굴러온다”,意思是找媒人给女儿做媒，结果连遥远之处的庆尚道的人都来了。

庆尚道又称作岭南，平原多，山地少，视野开阔，有俗语“고개를 영남으로 두어라”,意思是把头抬起来朝着岭南方向，指对那些嘴很臭的骂人精说的话。

与庆尚道有关的其他表达都具有消极意义，庆尚道出身的人被贬称为“문둥이”,这个词本义为变成癞子，指患过麻风病的人。因为过去庆尚道曾经有过很多麻风病人，所以“문둥이”被用来指称庆尚道人(천소영 2005:188)。因为这个词具有贬义，所以说明韩国人对庆尚道人具有否定心理，与此相关的俗语也都是贬义的。

第一类是贬低庆尚道人。例如，“신작로 닦아 놓으니까 문둥이가 먼저 지나간다”比喻辛苦做的事情因某些人而被搞砸。俗语“문둥이나 문둥 어미나 한 값이다”意思是一回事。“문둥이 죽이고 살인당한다”意思是把庆尚道人杀了自己也被杀了，比喻因为做了一点坏事而遭到大的祸患。这些俗语里出现的都是庆尚道人，由此可以看出韩国人对庆尚道人的极度贬低心理。

第二类是说庆尚道人耍赖、说话不清、笨、懒、穷。“문둥이 떼쓰듯 한다”比喻耍赖，“문둥이 시악 쓰듯 한다”比喻耍赖、固执己见；而“문둥이 버들강아지 따먹고 배 앓는 소리 한다”比喻嘟嘟囔囔地说话或唱歌而别人却听不清；“경상도 입납(入納)”意思是拿着信封上写着“庆尚道敬启”字样的信在庆尚道土地上寻找信的主人，用来嘲笑那些地址写不清的情况。“경상도서 죽 쑤는 놈 전라도 가도 죽 쑨다”意为又懒又没钱的人不管在庆尚道还是在全罗道都无法摆脱困境。

第三类是说庆尚道人贪吃、不报恩。俗语“문둥이 자지 떼어

먹듯"比喻拿别人的东西就像吃萝卜那样只知道吃，但不知道偿还。
"문둥이 콧구멍에 박힌 마늘씨도 파먹겠다"用来骂那些贪心、眼
馋别人的东西而不知廉耻地索取的人。

　　为什么与庆尚道有关的表达都是否定意义呢？这可以从前面的
"촌、시골、산골"等的语义来发现相似之处，因为与远在北边的
首都相比，处于边缘地带的乡村、山沟都成了落后、不文明的代名
词，而同样处于朝鲜半岛最南端的庆尚道自然也就成了蛮荒之地，
所以这里的人也被赋予了懒、笨、馋、贪、穷、赖、癫、话语不清
等否定意义。

　　庆尚道釜山是韩国第二大城市，因为位于韩国南部，所以釜山
用来比喻与首尔相距很远的地方，如(15)。

> (15) a. 아무리 멀어도 오지. 부산에 있어도 당장 달려갔을
> 　　　걸.《수상한 삼형제, 6회》不管多远我都会来的。即
> 　　　使我在釜山也会马上赶过来。
> 　　 b. 둘째 딸 팔자 늘어진다 늘어진다 부산까지 늘어졌잖
> 　　　아요.《왕가네 식구들, 7회》说二女儿要走运、走运
> 　　　的，结果那运气好的都直达釜山了。

　　釜山有个著名景点叫海云台，那儿的海滨浴场全国有名，所以
就出现了(16)这样的表达。

> (16) 문제는 무슨 수로 그 가족을 찾냐 말이야? 해운대 백사
> 　　 장에 바늘 찾기 아니냐?《최고의 연인, 96회》问题是用
> 　　 什么方法来寻找自己的家人？这完全是在海云台沙滩
> 　　 上找针/海底捞针啊！

庆尚道庆州曾是新罗时代的古都，名胜古迹非常多，有俗语"경주 돌이면 다 옥석인가"，意思是庆州的石头难道都是玉石吗？比喻好的事情中也会有不好的事情，也可比喻在评价事物时不能只根据它的出产地或名声来进行判断，用于此意时还有类似的俗语"처녀면 다 확실인가"。另外，与庆州有关还有如下对话，如(17)中的"땅 파면 유적 나와"是用遗迹多来比喻极其常见。

(17) 주기자: 저 카페가 아이돌들이 자주 간 데라매. 听说那个咖啡厅经常有小鲜肉偶像们去。
남기자: 그냥 뭐, 경주야, 땅 파면 유적 나와.《설렘주의보, 13회》就像庆州一样，一挖地就出遗迹。

闻庆郡是韩国的一个地区，因为处于忠清道和庆尚道交界之处，历史上曾分别被划分为这两个道，所以有了俗语"문경이 충청도 되었다가 경상도가 되었다"，比喻事情一会儿这样一会儿那样。现在闻庆郡属于庆尚北道，它与忠清北道槐山郡之间有一座小山，称作"문경새재(聞慶--)"，山上生产檀木，多用来做棒槌，有俗语"문경 새재 박달나무는 홍두깨 방망이로 다 나간다"，比喻某物因需要而被用完。

庆尚南道东北部有密阳，俗语"밀양 싸움、밀양놈 싸움 하듯"比喻做事或打斗迟迟不结束、不见分晓。

庆尚南道南端的泗川市过去曾有地名为三千浦，过去到这里只有一条路即3号国道，所以朝着这个方向来的话，肯定要进入三千浦，因此就有了俗语"잘 나가다[가다가] 삼천포(三千浦)로 빠지다"，比喻要去晋州，结果路走错，朝着三千浦方向去了，比喻事情或谈话朝着奇怪的方向发展下去。

庆尚南道南端的统营因做帽子而有名，这里做的"갓"质地好，突出特点是帽圈很宽，因此出现了名词"통영갓(統營-)"，并且还出现在俗语中，如"쥐구멍으로 통영갓을 굴려 낼 놈"与"개구멍으로 통량갓을 굴려 낼 놈"，意思是能把统营帽子滚进老鼠洞或狗洞的人，因为老鼠洞、狗洞非常小，统营帽子是进不去的，所以这两个俗语用来嘲笑那些拥有高超骗术的人。

5.4.11 全罗道

韩国有智异山，跨越庆尚南道、全罗南道、全罗北道三个道，俗语有"지리산 포수"，与"강원도 포수"同义；还有"주인 기다리는 개가 지리산만 바라본다"，用来嘲笑那些傻傻地观望什么东西的人，类似的还有"턱 떨어진 개 지리산 쳐다보듯"。

全罗北道有内藏山，以丹枫著称，位于南方的釜山有白杨山，以榿树林著称，因此有了俗语"봄 백양 가을 내장"，即春天有白杨山的榿树林，秋天有内藏山的枫叶。全罗北道茂朱郡有九千洞，风景秀丽，但过去交通不便，所以"무주 구천동이야"意为穷乡僻壤之地。

全罗南道珍岛郡有一个岛叫作大马岛，有俗语"청명하면 대마도를 건너다보겠네"，意思是视力好的人在晴天时能看到大马岛，用来嘲笑那些实际上眼睛不好、看不清东西的人。光州市有无等山，那儿产的西瓜好吃，曾是给国王进贡的贡品，所以有了俗语"무등산 수박"。

全罗南道还有潭阳郡，有俗语"담양 갈 놈"，意思是要被发配到潭阳的家伙，主要用来骂人，或者看不起别人的时候说。由此可

见，潭阳在过去是危险的地方，也暗示了潭阳过去可能是有名的发配之地(김동진、조항범 2001:89)。

5.4.12 济州岛

济州岛上最有名的就是济州马，称作"제주말(濟州-)、제주마(濟州馬)"，与济州马有关的主要是与马鬃有关的俗语，其中"제주말 갈기 외로 질지 바로 질지"意思是马小的时候是不知道长大后马鬃往哪一个方向偏的，比喻在初期阶段无法预测事情的发展方向。"제주말 제 갈기 뜯어먹기"比喻不依靠别人而完全依靠自己的力量活下去，"제주말 갈기 서로 뜯어먹기"比喻即使动别人的东西，但无法非常明显地区分开到底是谁的东西，因此一般不会出问题。

5.5 韩国地名的语义泛化与特点

张清常(2004:98)在《北京街巷名称所反映的北京旧貌》中提出，根据北京街巷所使用的词语，可以分析十一个问题：汉语的街巷名称用字和"胡同"的出现；从北京街巷名称看居民的来源；看北京地理的一些情况；看北京街巷交错的局面；看封建社会畜牧业的一些情况；看残存的手工业的遗迹；看旧时物资交流、贸易市场的遗迹；看封建社会平民百姓及其职业的一些情况；看封建社会官府衙门等的遗迹；看皇亲国戚贵人府第和驻军营卫的遗迹；看过去宗教建筑情况。

而通过分析韩国语里地名的相关表达，我们也可借此分析以下十一个问题：

第一，看朝鲜半岛地理的一些情况，如各地代表性的山川湖泊、自然景观、气候等；也可了解朝鲜半岛上动植物的生存情况，如老虎、马、野鸭子等。

第二，看朝鲜半岛的生活条件和状况，如冬天房间太冷，过去经常闹灾荒而饿肚子，经常出现外出乞讨，逃难一般穿草鞋。

第三，看朝鲜半岛各地的生产文化，尤其是农业生产、手工业生产、渔业、狩猎等的情况。

第四，看朝鲜半岛过去的市场和贸易情况。

第五，看朝鲜半岛过去和现在的交通情况。

第六，看朝鲜半岛上残存的历史古迹。

第七，看朝鲜半岛古代行政区划和变革、政治管理、历史人物和典故、城池管理。

第八，看朝鲜半岛过去的战争、历史，如避难的情况。

第九，看朝鲜半岛自古以来的文化传统，如教育、婚丧、现代流行文化等。

第十，看朝鲜半岛某些地区(如庆尚道)人的区域性格、地域歧视。

第十一，了解韩国人的传统思想和认知，如对"土、蠢、懒惰、吝啬、顽固、傲慢、追求权势、骗人、叛国"等性格与行为的嘲笑和讽刺，对"勤劳、独立"的赞扬，对"穷则思变"思想的批评。

具体分析出现语义泛化的韩国地名，可以发现韩国的这些地名并不只局限于大地方或有名的地方，出现语义泛化的地名很多是小城市、小的地方，有的就是某个地区的一座小山、一条街，或者是山上的岩石、树木、山影等，有的是某个小地方的人或特产，有的是某个官职或者士卒……

这些着眼点非常小的地方或事物之所以能成为整个朝鲜半岛人们耳熟能详的俗语、惯用表达、比喻性词语，虽然有很多历史原因在起作用，但也与韩国的自然地理环境有关。

首先，因为韩国地域非常小，中国文化里所认为的"名山大川"等在韩国非常少，所以对中国人来说，韩国语里与地名有关的表达不免有琐碎之嫌。

其次，也许正是因为韩国地域小的原因，所以踏遍朝鲜八道对一般人来说并不是难事，人们对各地的地理文化、风土人情都非常熟悉，并且南头到北头之间的消息传递也非常快，所以就有了"家里有女儿连庆尚道的人都来提亲"，这在古代中国简直是不敢想象的事情。这种极其迅速的流通也便于各种语言表达的全国流通，并最终形成现在的语言使用现状。

5.6 中国地名的语义泛化与特点

外国地名因为拥有某些特点，也会被拿来作比喻，变成一种新的语言形式，如汉语里根据地中海的特点来形容中间秃顶的发型，再如汉语里用古代东南亚古国"爪哇国"比喻遥远的地方，而韩国语多用笼统的表达"먼 나라"或"먼 곳"来比喻遥远的地方，如"우리 봄이 아직 어린데 결혼은 먼 나라 얘기지.《우리집 꿀단지, 85회》我们春儿还小呢，结婚还是老远的事情呢。"

中国地名在韩国语里主要表现在时调、俗语以及日常会话中。

5.6.1 时调里的中国地名

박을수(1970)对韩国2908首时调进行研究发现，时调里出现了526个地名，一般地名为131个，山名为69个，江名41个，国名30个，台名21个，其他城、门、陵、亭各16个。其中中国地名为242个，占48.4%；韩国地名229个，占45.6%；所属不详的地名有31个，日本的首都东京出现一次。

按照国别进行分类的话，各类型的地名具体如表2所示：

[表2] 韩国时调里的中国、韩国、日本等的地名

分类	中国	韩国	日本	不详
山名	蓬莱山、昆仑山、鸡鸣山、终南山、花果山、湖山等	金刚山、三角山等		4
江名	潇湘江、乌江、渭水、赤壁江、颍川、汨罗水、菜石江、湘水等	汉江、大同江、鸭绿江等		
湖名	洞庭湖、西湖、明朗湖	东湖、永郎湖		
国名	汉、楚、宋、秦、晋、齐、吴、蜀等	三国、三韩、新罗等		
台名	凤凰台等	镜浦台		
陵	合陵、茂陵等	二陵、怀陵		
寺庙	无	文殊寺等		2
一般地名	长安、五柳村、荆襄、荆州、华阳道、洛阳、江南、骊上、金古村、华封、胡地、鸿门、秦淮、邯郸、孤竹村等	江原道、平壤、汉阳、全罗道、龙山等	1	7
假想地名	瑶池、北邙山、巫山、武陵、广寒宫、弱水、十洲等	无		

(根据박을수(1970)整理而成)

其中山名中与中国有关的46个，韩国为19个，并且中国的山名都与典故相关，韩国山名中只有金刚山、三角山、北岳等与故事

有关。江名中与中国有关的有28个，与韩国有关的有12个。与湖有关，与中国有关的主要有3个，与韩国有关的2个。与国名有关，出现的几乎都是中国古代各个朝代名，共25个，韩国朝代名5个。台名主要有中国的凤凰台、韩国的镜浦台。陵几乎都与中国有关，共14个，与韩国有关的只有废妃尹氏和世宗、孝宗的陵。寺庙几乎都与韩国有关，共13个。一般地名中，与中国有关的是56个，与韩国有关的是74个，所属不详的7个，与日本有关的1个。假想地名26个，大部分与中国的典故或道教、佛教思想有关。

如上，对中国众多地名的青睐，反映了韩国人对中国文化的喜爱和崇拜，而对不同类型地名的青睐，反映了韩国人对自然的向往以及遁世思想的倾向性(박을수 1970:45)。

5.6.2 俗语、词语和日常会话中的中国地名

俗语、词语或日常会话中出现的中国地名多是中国古代诸侯国的国名、城市名、山名、池(湖、水)名、建筑名等。

5.6.2.1 古代诸侯国名与城市名

韩国语有合成词"오초(吴楚)"，这个词语与中国春秋时期的吴国和楚国有关，有俗语"오초의 흥망이 내 알 바 아니다"，有两个意义，意思是不管周围发生什么事情都不去理睬，也指世上不管发生什么事也要干好自己负责的工作。

战国时期赵国的首都为邯郸，与邯郸有关汉语有"黄粱一梦、黄粱梦、邯郸梦"等，出自唐代沈既济的《枕中记》，卢生在邯郸旅店住宿，入睡后做了一场享尽一生荣华富贵的好梦，醒来的时候小

米饭还没有熟，因而大彻大悟。与此相关，韩国语有"한단지몽(邯郸之夢)、황량몽(黃粱夢)、황량일취몽(黃粱一炊夢)"，此外还有的词语是从"枕头"这个角度形成的，如"한단지침(邯郸之枕)、여옹침(呂翁枕)、여공침(呂公枕)"，寓意与前面"梦"类词语相同。类似的还有"백일몽(白日夢)"。此外还有"한단지보(邯郸之步)"与汉语"邯郸学步"同义。

南京在中国历史上曾是很多朝代的都城，韩国语里与南京相关有合成词"남경황(南京黃)、남경정(南京錠)、남경전(南京錢)、남경목면(南京木綿)、남경두(南京豆)"等，分别指彩釉、锁具、货币、棉布、花生等，这些名词反映出过去南京的对外贸易往来非常繁盛，随着中国文物对朝鲜半岛的输出，这些文物发生转义并被保留在了语言里。[08]

韩国语还有合成词"운남바둑"，其中"운남(雲南)"指中国的云南省，象棋讲究棋术，不懂之人则难以看懂象棋，并且中韩两国的象棋棋术有很大差异，所以这个词语比喻似是而非、难以参透的困难之事(최창렬 1999:197)。

5.6.2.2 山名

中国名山很多，如泰山、嵩山、长白山、庐山等，但在韩国俗语里出现最多的是泰山。泰山韩国语为"태산(泰山)"，《표준국어대사전》中将"태산"定义为又高又大的山，山高则意味着艰难险阻，所以与此相关有很多俗语，如"가자니 태산이요, 돌아서자니 숭산이라"是用泰山和嵩山来比喻前后都是高山，也比喻左右为难的难

08　在日语里有更多的用南京来命名的事物(伍铁平 2011/2015:69)，但韩国《표준국어대사전》中仅有5个合成词。

堪处境。此外，"보릿고개가 태산보다 높다"比喻一年生产的粮食难以挨到下年大麦成熟的时候，"걱정이 태산이다"比喻忧心忡忡，而"갈수록 태산[수미산/심산] (이라)"比喻处境越来越困难。

"태산"还经常与"동산"放在一起进行比较，如(18)：

(18) 지금까지 동산만 넘어왔다면 이제부터는 태산 2개를 넘어야 한다.《동아일보, 2018.02.23》如果说迄今已经征服了东山，那么从现在开始，还剩下两座泰山。

如上，越过泰山意味着征服困难，所以俗语"태산을 넘으면 평지를 본다"与"고생 끝에 낙이 온다[있다]"都比喻苦尽甘来。"앉아서 먹으면 태산도 못 당한다"比喻坐吃山空，再多的财产也撑不了多长时间。"태산이 평지 된다"比喻自然或社会的变化非常大，也可比喻世上万物变化万千，有时还有"태산처럼 믿다"比喻坚信不移。

"태산"还产生了一个比喻意义，比喻又多又大，可用来指工作、话、担心等抽象意义，如(19a-c)；也可比喻人非常坚强、强壮，如(19d)。

(19) a. 어떻게 그래? 일거리가 태산인데.《우리집 꿀단지, 98회》这怎么行啊？要干的活一大堆呢。

b. 할 말은 태산이니까 좀 만나요.《훈장 오순남, 30회》我有一大堆话要和你说，见个面吧。

c. 너나 단이나 모질지 못해서 내 걱정이 태산이야.《별난 가족, 24회》不论是你，还是丹伊，你们都不是那么狠心的人，所以我非常担心啊。

d. 태산 같던 김사장은 쓰러졌다. 《미워도 사랑해, 34
회》强壮如泰山的金老板病倒了。

与泰山有关还有 "태산북두(泰山北斗)",是泰山与北斗七星的
合称,比喻受世人尊敬的人;简称为 "태두(泰斗)",比喻某个领域
极具权威的人士。

白头山是长白山脉的主峰,长白山位于中国吉林省东南部,东
南与朝鲜毗邻。朝鲜与韩国称长白山为 "백두산(白头山)"。韩国人
非常重视白头山,经常利用白头山 "高、有火山" 这样的特点来进
行比喻,如(20)。

(20) a. 걔가 지 아들이 엄청 천지없이 잘한 놈인 줄 아나 본
데 착각이 백두산이에요.《그래 그런 거야, 4회》看
来她以为他儿子天底下最厉害呢,她这种错觉高过
长白山了。

b. 내가 재혼 안 하면 백두산의 화산이 터진대?《그래
그런 거야, 30회》如果我不再婚的话,难道长白山
的火山会爆发吗?

与长白山有关,有俗语 "백두산이 무너지나 동해수가 메어지
나",意思是长白山会倒塌吗?东海会被填平吗?此外,还有俗语
"백두산 까마귀도 심지 맛에 산다",比喻生活得好坏全是由自己
的心志决定的。

庐山韩国语称作 "여산(廬山)",俗语 "여산 중놈 쓸 것" 意
思是毫无关系之人用的东西。庐山以雄、奇、险、秀闻名于世,特
点之一就是山深,根据这一特点有了俗语 "여산 칠십 리나 들어갔

다"用来嘲笑眼睛深陷的人。庐山是名胜古迹，在这种地方如果出现破瓢子自是大煞风景，所以"여산 풍경에 헌 쪽박이라"比喻非常不相配。

5.6.2.3 池(湖、水)名

昆仑山是中国西部山系的主干，而瑶池是神话中昆仑山上的池名，西王母所住的地方，多指神仙住的的地方。与瑶池有关，韩国语有"요지경(瑤池鏡)"，指一种玩具或装置，里面装了放大镜，可以用来观察里面各种有意思的图画，也可比喻花花绿绿的奇妙的人间事，如(21)，根据不同的语境，汉语多译成"花花世界、什么事都有、奇妙"等。

(21) a. 1960년대 시골소년 눈에 비친 서문시장은 눈이 핑 돌만큼 왁자했다. 없는 게 없는 요지경이었다. 《조선닷컴, 2016.12.01》对20世纪60年代的农村少年来说，他们眼里所看到的西门市场热闹异常，让人眼花缭乱。那里就是无所不有的花花世界。

b. 요즘 세상은 아주 요지경이야. 옛날에는 대학만 들어가면 취직 걱정할 필요도 없었는데 살기 좋아졌는데 사는 게 왜 더 힘든가 몰라. 《빛나라 은수, 27회》最近这世道是什么事都有啊。以前只要考上大学就不用担心找工作。现在生活方便了，但为什么活着更难了啊？

c. 세상만사 요지경 속 아닌가? 손을 잡자고 해도 뿌리친 친구 아들 있는가 하면 다른 친구의 딸내미는 지

259

스스로 내 수족 되겠다니. 대체 그 아이 속셈이 뭘까? 《불야성, 4회》世上万事真的很奇妙啊。一个朋友的儿子我想和他合作但却被拒绝，而另一个朋友的女儿却自己主动说要给我当手下。那孩子她到底动的什么脑筋啊？

洞庭湖韩国语为"동정호(洞庭湖)"，有俗语"동정호 칠백리"，比喻非常浩瀚；而"동정호 칠백 리를 내 당나귀 타고 간다"比喻在自己的势力范围之内随心所欲地行动；"동정호 칠백 리를 훤화 사설한다"比喻对与己无关的事情说三道四、大声喧哗。

中国的"泾、渭二水，一清一浊，虽合流汇聚，却清浊分明"，所以就有了"泾渭分明"比喻是非明了，境界清楚。韩国语也有汉字词"경위(涇渭)"，与汉语意义基本一致。

5.6.2.4 建筑名

阿旁宫是秦始皇于公元前212年建造的宫殿，韩国语称作"아방궁(阿房宫)"，比喻极其华丽的房子，如(22)。

(22) 완전히 아방궁으로 만들어놨구만. 우리 엄마 없다고 완전히 지 세상인 것 같은데. 나 너무 만만히 보지마.《언니는 살아있다, 26회》(我妈的房间)让她简直弄成自己的阿旁宫了啊。她这是看我妈不在了以为这是她的天下了啊。你可不要小瞧我。

"만리장성(萬里長城)"是中国代表性的古代建筑，在韩国语

里有三个比喻意义，第一个比喻横贯中间使无法通过的又高又长的壁垒，如(23a)；第二个比喻无限光明的未来，如(23b)；第三个比喻男女交合，如(23cd)；第四个比喻非常多，如(23e)。相反，"万里长城"在汉语里并没有产生这么丰富的比喻意义，虽然有时可用来比喻无法逾越的壁垒，但一般情况下，韩国语"만리장성"的这些意义译成汉语时需要意译。

(23) a. 우리집에 우리 장모님이 만리장성이잖아?사실 장모님만 꺾고 나면은 적군에 침투하는 것 일도 아니야.《내일도 맑음, 99회》我们家丈母娘是最大的障碍，只要把丈母娘拿下，进入敌营就是小菜一碟了。

b. 새파랗게 젊은 사람이 만리장성 같은 앞날을 두고 그렇게 되다니. 青春年少的年轻人本来前途一片光明，怎么会变成这样啊？

c. 하룻밤에 만리장성을 쌓다. 一夜定终身。

d. 구치소에 갇힌 몸으로 입으로 만리장성이야 못 쌓겠어요?《달콤한 원수, 97회》你以为身体被关在拘留所，就不能用嘴谈情说爱了啊？

e. 내가 재주가 있었으면 참 구구절절 만리장성으로 너한테 글을 써주겠는데 말보다 글이 백배 낫겠는데.《그래 그런 거야, 45회》如果我有这个能力的话啊，就会从前到后详详细细地给你写信说明白了，因为文章比口头说强一百倍。

5.7 其他国家、地区地名的语义泛化与特点

与其他国家地区有关的地名主要有太平洋、新大陆、西伯利亚、南极、麦加等。

太平洋为"태평양(太平洋)"，比喻心胸宽广，如(24a-c)。但有时也会用于其他一些表达，如(24d)，韩国语是用"태평양"来比喻周到、心细，汉语正相反，用的是微小事物"头发"。

(24) a. 역시 마음이 태평양이십니다.《내딸 금사월, 33회》
她真是心大啊。

b. 태평양 따로 없다. 宽宏大量

c. 구경철씨 오지랖이 태평양이시네요.《별난 가족, 41
회》具庆哲真爱管闲事啊。

d. 어머니 감기 드실까봐 내복 사오는 센스를 보세요. 마
음이 섬세한 것 태평양 같다고요.《내딸 금사월, 24
회》看她多礼貌啊。怕您感冒还买来了保暖内衣。
她方方面面想得这么周到，细心，真是心细如发啊。

新大陆为"신대륙(新大陆)"，除了指地理意义上的南北美洲与澳大利亚大陆，也可用来作比喻，如(25a)。西伯利亚韩国语为"시베리아 (Siberia)"，西伯利亚因气候寒冷而有名，所以可以用来比喻气氛非常冷，如(25b)。南极韩国语为"남극(南極)"，因为处于地球的顶端，所以可以比喻遥远，如(25c)。"메카(Mecca)"位于沙特阿拉伯西南部、红海沿岸，是伊斯兰教的创始人穆罕默德的出生地，是伊斯兰教最高圣地，可以比喻成为某个领域的中心，成为人们憧憬、崇拜的地方，如(25d)。

(25) a. 오늘 이 할애비가 신대륙을 발견하고 왔다.《가족을
　　　 지켜라, 46회》今天你爷爷我发现了一个新大陆。

　　 b. 서지수가 탈출해서 집안 분위기가 시베리아였거
　　　 든.《황금빛 내 인생, 31회》因为徐智淑离家出走,
　　　 家里气氛都降到零点了。

　　 c. 왜 이렇게 늦게 와? 바람 쇠러 남극까지 갔다 왔어?
　　　 《천상의 약속, 22회》怎么来这么晚啊？你是去南
　　　 极兜了一趟风才回来的吗？

　　 d. 세계금융의 메카로 성장하고 있는 런던(网络)成为世
　　　 界金融之麦加的伦敦。

　　 与韩国地名语义泛化不同, 其他国家与地区地名的语义泛化主
要集中于大的区域, 或者是一些举世闻名或者某种文化的代表性地
区名。

5.8 小结

　　 韩国地名经历了从固有词到汉字词的演变过程, 这也是受了中
国文化的影响。另外, 与地域有关的乡村、城市、山川等名词也发
生了语义泛化, 城市一般意味着先进的、时尚的、受欢迎的, 而乡
村、小山沟等小地方意味着很土, 这是韩国人"恋大恶小"思想的
表现之一。

　　 韩国与地方有关的行政区划名、地方景观名等也都发生了语义
泛化, 语义泛化的理据是相关地方的代表性物产、地理环境、气候

特点、生产方式以及人的特点等，地名具有十一个方面的文化意义。

　　中国地名主要出现在一些韩国时调、俗语和日常对话中，一些有代表性的外国地名也被用来表达一定文化意义，这些语义的泛化都与这些地名的主要特点有关。

第六章

外貌与语言

6.1 引论

有一种观点认为：具体的外貌美与丑的观念是随历史时期或文化之不同而变化的。古希腊哲学家色诺芬尼（前560-前478）说过："假使牛或马或狮子有手，能如人一般作画，假使禽兽画神，则马画之神将似马，牛画之神将如牛，神之形貌各如它们自己"(Clement of Alexandria, Stromata, V, 110，转引自艾柯 2012/2015:10)。伏尔泰在《哲学词典》里曾说过："问蛤蟆什么是美，什么是真正的美，他一定会说，他的雌蛤蟆就是美，她有两只秀美的圆眼睛，从小小的头上凸出，她有宽宽平平的喉咙、黄黄的肚皮、褐色的背。问几内亚的黑人，他会认为美是黑油油的皮肤、深陷的眼睛和扁平的鼻子。询之于魔鬼，他会告诉你，美是一对角、四只爪子和一条尾巴"(艾柯 2012/2015:10)。这些论点告诉我们，美与丑有着很强的文化性。

关于美和丑，人类也曾想设计一些特定的模型来定义美和丑。对此，尼采在《偶像的黄昏》、柏拉图在《理想国》中都曾对此做过尝试，托马斯·阿奎那在《神学大全》(Ⅰ，39，8)中曾说：美不但来自适当的比例、亮度和明度，也来自品德正直。因此，"一个物件（人体、树、花瓶）必须具备该物件的形式要求其材料应具备的所有特征。"(转引自艾柯 2012/2015:15)

巴斯(2011/2016:53)曾从进化论的角度谈论过美和丑，他说："我们的祖先拥有关于女性健康和青春的两类可观察的证据：身体外貌特征，比如丰满的嘴唇、明亮的肤色、光滑的皮肤、明亮的眼睛、富有光泽的头发和良好的肌肉状况；以及行为特征，比如活泼、年轻的步态、活跃的面部表情和高度的活力水平。这些关于年轻和健康、也是关于繁殖能力的身体信号，构成了男性眼中的女性美标准。"

关于美和丑，最近的科学研究发现，利用新的计算机图形技术可生成人类面孔的拼凑图，发现平均的或对称的面孔比真实的面孔更具吸引力(Langlois & Roggman 1990；巴斯 2011/2016:55)。至于为什么会出现这样的感觉，是因为"不对称的程度暗示了个体的健康水平""对称性也提供了年轻的另一个信号"(巴斯 2011/2016:55)。

综上所述，外貌美具有文化性，这些文化性主要表现在具体部位的细节不同之上；但外貌美也具有很大的共性，这些共性主要表现在较大范围上的比较笼统的外貌美的标准，如美应该是年轻和健康的，而年轻和健康的特征是具有文化共性的，主要表现在外貌和身体之上，如嘴唇要丰满、肤色要明亮、皮肤要光滑、眼睛要精神、头发要有光泽，而身体要充满活力等。

一个人的外貌除了以上内容之外，还包括个子高矮、胖瘦、强弱等，这些也属于人的魅力范围。不同社会对魅力尤其是女性魅力的认识是有差异的，如非裔和西班牙裔普遍认为有曲线的女性更有吸引力，而白人和亚裔则会被身材苗条的女性吸引(Fox 1997；转引自

J. 达夫 2013:24)。

外貌作为身体的一部分，也受到了权力的影响，并且被作为维护权力的工具而被雇佣，关于健康、技巧与美的身体规范也都被建构出来去反映和维系种种社会力量(舒斯特曼 2014:39)。

韩国与中国同属黄色人种，属于东方文化圈，对美的标准有很多共性，但因各自文化的不同，所以在外貌观和外貌的语言描写上也会出现很大不同。韩国李光洙的小说《흙》中关于外貌的描写是：

> (1) 순례는 그리 뛰어난 미인은 아니라 하더라도 그 아버지
>   와 같이 얼굴이 둥그스름하고 눈이 조선식으로 인자하고
>   유순함을 보이고 피부가 희고 윤택하고 사지가 어울리고
>   특히 손과 코가 아름다웠다. 顺礼虽然不是绝色美女，但
>   是她长得像她父亲，脸圆圆的，带有朝鲜人特色的眼睛
>   看起来很仁慈、柔顺，皮肤白而且有光泽，四肢匀称，
>   尤其是手和鼻子很美。

如上，上面的外貌描写包括脸的形状、眼睛的形状、眼睛所表现出的性格、肤色、四肢、手、鼻子等部位。这说明韩国人在评价一个人的外貌时，经常会涉及这些身体部位。

本章将从人的局部外貌(头、头发、脸、额头、眼睛、耳朵、鼻子、嘴巴、牙齿与舌头、下巴、胡须、脖子、胸腹、手脚)、面部整体形象、身高、胖瘦、强弱等角度来分析韩国人的外貌观。

6.2 局部外貌

韩国语里有"넉점박이(-點--)"，意思是有两个眼睛、一个鼻子、一张嘴等四个窟窿，俗指人。也就是说，在韩国人眼里人应该有鼻子有眼有嘴，而译成汉语时，一般只提鼻子和眼睛，如"长得有鼻子有眼的"，也就是说，对中国人来说，有鼻子有眼就可以指称人了，并且还有"说得有鼻子有眼的"类表达。

下面主要从各个不同身体部位来分析韩国人的局部外貌。

6.2.1 头、头发

上面已经提到，对称或比例合适才会给人以美感。而头部也不例外，如果头过大或过小，就是不合比例，就没有美感。因此韩国语里有许多与头的大小有关的词语，如"대갈장군(--將軍)"嘲笑头大的人；"가분수(假分數)"嘲笑与身体相比头过大的人；"뾰주리"嘲笑头特别尖的人；"납죽이"嘲笑头或鼻子又扁又宽的人。

头发也是头部的一部分，一般情况下，头发浓密有光泽是健康的象征，也会给人带来美感，这种头发称作"감태같다"。如果头上没有头发则是异常的，所以有"대머리"称呼光头，并且还有很多嘲笑之词，如"요강대가리"是用尿罐子来比喻人的光头，而"공산명월(空山明月)"本来指空山孤月，也用来嘲笑光头。如果头发不整齐也是没有美感的，韩国语用"갓털"来表达，这个词本来指鸟头顶上突出的一撮毛，用于人时嘲笑一部分头发不整齐、竖着的样子。

从头发的长短来看，韩国人一般不喜欢太短的头发，即使是男人。正因为如此所以这种短发就成了特殊的、不一般的，因此在语言上就产生了很多表达，如"까까머리、빡빡머리"，其嘲笑用语是

"까까중머리、까까중이머리"，也就是说这种短发就像和尚头，而和尚头 "중머리" 反过来也可指板寸头，或留着板寸头的人。"몽구리、뭉구리" 也指板寸头，也用来嘲笑和尚。此外还有 "경텃절몽구리아들" 指和尚，也比喻留着板寸头的人。也就是说，在韩国人眼里太短的头发类似于和尚头，所以两者可以互指。

6.2.2 脸

与脸有关，韩国人主要关注脸的大小、光洁度、脸色以及肤色等方面。

6.2.2.1 大小

韩国人一般视脸小为美，如电视剧《그녀는 거짓말을 너무 사랑해, 13회》中，소림称赞윤찬영说：

(2) 연예인이라 그런지 얼굴도 주먹만한 게 한결 그 놈보다
   백배 멋있다. 因为是演员的原因吗？脸只有拳头这么
   大，比汉珏那小子要强一百倍。

因为韩国人以脸小为美，所以又大又宽的脸自然就成了别人眼中的笑料，韩国人经常用 "납작이、넓적이、넓죽이" 来嘲笑大脸盘子的人，这三个词是同源词，因母音的不同，脸盘大小的程度是逐渐加深的。如果脸长得又大又圆，韩国人一般用 "채반상(-盤相)" 来称呼，也是一种嘲笑用语，意思是脸大得像大托盘。韩国语还有 "좁쌀과녁"，意思是即使扔米粒大小的东西也会命中的靶子，比喻

脸非常大的人。韩国人还用"떡판 年糕板"来俗指又大又扁又难看的脸，用"식빵"来形容四方脸。

这与中国人的审美观有所不同，因为中国人一贯认为脸要大，所以说有力量时，一般会用"脸面大"，有时也用"还是你脸大"来比喻对方有能力。

6.2.2.2 光洁度

皮肤光滑与否也是韩国人的审美标准之一，一般认为光滑为美，不光滑为丑。

1）光滑

韩国人形容皮肤白净光滑有多种比喻方式，可以用一般物品来比喻，如"도자기"比喻皮肤好。其次，也可用食物来比喻皮肤，如"우유 빛깔"形容皮肤或物品的颜色非常漂亮、柔软；有时"찹쌀떡"也被拿来比喻皮肤白净光滑，电视剧《빛나라 은수, 117회》中，当朴亨植的姐姐第一次看到尹秀敏时，就发生了下面的对话：

(3) 박형식 누나: 그런데 여기 찹쌀떡같이 생긴 분은 누구야?
不过，这长得像糯米团子一样的是谁啊？
박형식: 찹쌀떡이라니! 나랑 결혼할 사람이야. 糯米团子是什么话啊？这是要和我结婚的人。
…
박형식 누나: 너 그 동안 애들만 보고 살았더니 겨우 이거야? 이렇게 아무것도 할 줄 모르게 생긴 방앗간 찹쌀떡 같은 애로 괜찮은 거야? 你之前为了两个孩子自己过了很多年，(没感觉了，是吧)，就找

> 　　这样的女人啊？你就要这种女人啊？看起来就
> 像什么都不会做的磨坊里出来的糯米团子。
>
> 박형식: 잠깐, 누나. 얼마나 똑똑한 사람인데. 等一下,
> 姐。你不知道她多聪明。
>
> 박형식 누나: 미안하지만 그렇게 똑똑해 보이지도 않는
> 다. 不好意思, 我怎么看不出她多聪明来啊。

　　从上面的对话中可以发现,"찹쌀떡"可用来比喻人的长相,不过这种比喻好像不太礼貌,所以박형식赶紧打圆场。而"찹쌀떡 같이 생겼다"之所以不礼貌,是因为蕴含着贬义,这从박형식姐姐的话中可以得知,意思是这种长相的人什么都不会,而박형식赶紧说윤수민很聪明的,而姐姐却说看着一点也不聪明。"찹쌀떡"之所以产生这种意义,可以从两方面来解释,第一,因为糯米团子白白净净非常漂亮,所以比喻人就像花瓶或瓷娃娃一样,不吃苦;第二种解释是因为韩国人在形容人无用时多用"물러터지다"来表达,即软弱的人就是无用的人,而糯米团子的特点就是非常软,所以与"没有能力"产生了相似性。汉语网络语言里有时用"糯米团子"来形容又白又软的小孩子,是爱称。

　　但是,任何事物都是过犹不及。不仅是女人,即使是男人,如果过于光鲜了,也会成为讨厌的对象,如"기생 오라비 같다"就用来嘲笑那些光鲜、貌美的男人。汉语也有同样的思想,如"油头粉面、油面小生"一般都具有贬义。

　　如果脸上过于油腻,这种脸上的油韩国语俗称"개기름"。

2) 不光滑

　　皮肤光滑干净是比较正常的,如果有雀斑、麻子或者有皱纹等

就会成为被嘲笑的对象。

首先，雀斑韩国语用"파리똥 苍蝇屎"来比喻，此外，雀斑还称作"주근깨"，所以"깨돌이、깨순이"分别嘲笑脸上有雀斑的男人和女人。如果雀斑特别多，则称作"주근깨박이"。韩国语里还有俗语"벌레 먹은 배추[삼] 잎 같다"，意思是就像虫子啃食的白菜/麻的叶子一样，比喻脸上有老年斑或者褐斑的样子。

其次，麻子脸也容易成为被嘲笑的对象。与麻子脸有关，韩国语有很多词语，如"곰보、곰보딱지、고석박이(蠱石--)、살짝곰보、깨곰보"等都被用来嘲笑脸上有麻子的人。而"문불사(蚊不死)"也用来嘲笑麻子脸，意思是麻子坑太大，蚊子趴在脸上打不死。有时也用食物来比喻，如"가다빵"是一种扁圆的又小又硬的饼干，饼干上有很多小孔，俗指麻子脸。此外，前面已经分析了韩国人喜欢肤色白，如果肤色黑又有麻子，那就是雪上加霜，不过现实生活中却存在这样不幸的人，韩国语称作"먹곰보"。表达麻子脸时还有很多俗语，如"우박 맞은 잿더미 같고 활량의 사포 같다、우박 맞은 잿더미[소똥] 같다、콩마당에 넘어졌나[자빠졌나]"，都是用脸上到处是坑来嘲笑那些脸上有麻子的人。

第三，如果脸上皱纹很多，韩国语用"오이찌 腌黄瓜"作比喻，如(4a)利用的是腌黄瓜的形态特征。相反，中国人却多关注腌黄瓜的颜色，如(4b)，是用腌黄瓜的颜色来比喻人的脸色难看。

(4) a. 어르신, 이 오이찌 같은 얼굴을 알아보신다고.《내 남자의 비밀, 51회》大爷，您是说您认识这个一脸皱纹像腌黄瓜似的女人吗？

b. 她的脸色蜡黄泛青像一条腌过的酸黄瓜。(北村《构思》)

韩国人喜欢做泡菜、各种酱类，这些东西最上面的一层称作
"우거지"，因为腌蔬菜最外面的一层一般都皱巴巴、烂糟糟的，品
相不好，根据这些特点，"우거지"可以比喻人的面部表情不好看、
老是皱着，即"우거지상(——相)"。

韩国语有时也用"쭈그렁바가지 같다"来比喻皱皱巴巴的(박갑
수 2013:98)。

6.2.2.3 脸色

正常、健康的脸色是红润有血色的。健康的脸色韩国语用"신
수(身手)"，"신수"也指容貌与风采。不正常、不健康的脸色是非正
常现象，在语言上就成了标记项。在表达脸色意义时，韩国语多用
汉字词"안색(顔色)"，在《꼬꼬마》语料库中共检索到102条语料，
"안색"的搭配关系具体如下：

(5) a. 中性结构：与医学、健康、体育等有关：7条(7%)

　　 b. 积极性词语：빛나다、좋다、맑고 밝다、좋고 곱
　　　　다、부드러워지다：5条(4.4%)

　　 c. 与看有关的中性动词：보다、엿보다、바라보다、살
　　　　피다：19条(19%)

　　 d. 用于否定结构的一般动词：고치다、바꾸다、흔들리
　　　　다、돌아오다、돌다、달라지다：7条(7%)

　　 e. 消极意义的词语(组)：좋지 않다、시원찮다、안 되
　　　　다、황당하다、창백하다、새하얗게 변색했다、누
　　　　렇게 변했다、푸른색 돌다、파래지다、파랗게 변했
　　　　다、새파랗게 변하다、흙빛으로 변하다、붉어지다、

붉히다、검어지다、병색 가시지 않다、죽어가다、
근심스럽다、혼탁하다、초췌하다、나쁘다、나빠지
다、못마땅하다、굳어지다、바래다、불호령을 피하
지 못하다 : 69条(62.6%)

如上，从前后的搭配关系来看，"안색"用于中性结构或者与积极
词语结合的类型共31条，合计30.4%，而用于否定结构或与消极词汇
结合的共76条，合计69.6%。也就是说，"안색"具有消极的语义韵。

不健康的脸色主要是没有血色，韩国语用"백지장(白纸张)、
초지장(草纸张)"来表达，两者都是用纸来比喻苍白没有血色的脸。
此外，韩国语还用"납덩이같다"来比喻没有血色、脸色暗淡。

6.2.2.4 肤色

肤色的形成受各种条件的影响，"至少有六个基因决定着肤色
外层合成色素，色素就像天然的防晒霜，能够阻断有害的紫外线辐
射，但也阻碍了维生素D的合成(维生素D由皮肤受到日晒后产生)。
因此，在常年紫外线辐射强烈的赤道附近，自然选择倾向于深色
色素，但迁移到温带地区的人群体内的色素就会少一些，以确保足
够的维生素D水平"(利伯曼 2017:155)。这是肤色"适应地理区域
的一个重大表现"(亚奈、莱凯尔 2017:91)。不过弗思(2017:27)认
为"这种说法只在欧亚州和非洲是正确的，还有许多例外的情况存
在。……目前我们只能说有相关性，还不能说有因果性。"

中韩两国人主要生活在温带，所以人体内的色素较少，都属于
黄种人，在肤色、脸色上具有极为相似的认识。两国人都有一种观
点，即"一白遮百丑"。所以韩国语里有许多与此相关的俗语。例

如，(6a)意思是一白遮百丑；而(6b)意思是既然酸就不要涩，既然有麻子就不要再黑乎乎的了；(6c)意思是有麻子就不要再黑了。这与中国人审美观是一致的，因为汉语流行语"白富美"首先强调的就是女性要白。

(6) a. 살결이 희면 열 허물 가린다

b. 시거든 떫지나 말고 얽거든 검지나 말지

c. 얽거든 검지나 말지

与肤色白有关，韩国语还有很多比喻，如：

(7) a. 씻어 놓은 흰 죽사발 같다

b. 씻은 배추 줄기 같다

c. 센 말 볼기짝 같다

d. 얼굴은 대리석같이 희고 아름다웠다. 《이연희, 이야기 한국사》

e. 소금남

如上，(7a-d)分别是用粥碗、白菜帮、白马脸、大理石来比喻肤色白净、个子高俊。(7e)是用食盐形容肤色白、单眼皮、高瘦的男人。不过因为韩国人是黄色人种，所以皮肤特别白也属于少见的现象，所以这样的人就成了标记项，有了专门的词语"센둥이"，这个词可以作为白色小狗的爱称，也用来嘲笑白种人或肤色特别白的人。

在韩国，肤色白被称赞，而肤色黑就会被嫌弃、被嘲笑，如电视剧《당신은 너무합니다, 21회》中，当听说정해당的男朋友要来家

里，백미숙对儿媳妇정해성说道：

(8) 너 올라가서 아범 얼굴에 뭐라도 발라줘 … 한마디로 꽃미남인데. 그 옆에서 더 나이 들어보이는 것 아니냐? 얼굴에 BB크림인지 뭔지 하얗게 보이는 거라도 좀 발라줘. 아니, 얘가 누굴 닮아서 그렇게 거무죽죽하니? 你上去给孩子他爸脸上抹点东西⋯⋯(海棠的男朋友)一句话：就是个美男子，如果两人站在一起，(孩子他爸)不更显老吗？你给他脸上抹点BB霜什么的，或者其他增白的东西。唉，这孩子也不知道是遗传了谁，怎么那么黑啊？

正因为对黑皮肤的嫌恶，所以黑皮肤就成了标记项，如表1所示：

	比喻词	意义1	意义2
	[表1] 韩国语里比喻黑的词语		
1	자주꼴뚜기(紫朱——)	嘲笑肤色黑的人。	
2	연탄장수(煉炭—)		
3	흑귀자(黑鬼子)		贬称黑人。
4	굴때、굴때장군(—將軍)	嘲笑又高又胖又黑的人。	嘲笑衣服弄得黑乎乎的人。

如上，在嘲笑人脸黑时韩国语里分别用紫黑色小章鱼、卖炭的、黑鬼子、烟囱灰作比喻。汉语里在形容脸黑时有时用"面如黑炭"，但与卖炭的没关系，另外还有"黑不溜秋、面目黎黑"等都是直抒性的描写。

此外，如果一个人特别黑，韩国人还用俗语来表达，如(9a)，

其中"진장(陳醬)"指用黑豆做出的黑乎乎的酱，意思是就像用黑豆酱烤黑章鱼吃了一样。(9b)中的"오동 숟가락"指乌铜做的勺子，而"가물칫국"是用黑鱼做的汤，意思是你用乌铜勺子喝黑鱼汤了吗？要不为什么这么黑啊？(9c)则用间接方法表达了对黑色的厌恶，意思是黑炭笑话黑色的东西，相当于汉语的"老鸹飞到猪腚上——只看见别人黑了"。

(9) a. 자주꼴뚜기를 진장 발라 구운 듯하다.

b. 오동 숟가락에 가물칫국을 먹었나?

c. 숯이 검정더러 나무란다.

如果肤色发青，韩国语用"도둑놈 볼기짝 같다"，意思是就像盗贼被抓到官府挨打后变得淤青的脸。

从本质上来讲，黑色是无法变成白色的，此类意义在韩国语里一般用俗语表达，其中(10a)意思是给黑狗洗澡不可能洗白，比喻本质差坏的人是无法改变的，这里是用黑比喻差坏，而用白比喻好。不过韩国语也有相反意义的俗语，如(10b)，意思是乌鸦外表黑，难道连心/肉都是黑的吗？比喻外表虽然不好但并不代表内心邪恶，也可比喻评价人时不能只看外表，用于第二个意义时，还有类似的俗语，如(10cd)。但是这几个与乌鸦有关的俗语的产生也从反面印证了韩国以貌取人现象的严重性，所以才会出现这些俗语来告诫人们不要以貌取人。

(10) a. 검둥개 멱 감긴 격이다

b. 까마귀가 검기로 마음[살/속]도 검겠나

c. 까마귀가 검어도 살은 희다[아니 검다]

d. 까마귀 겉 검다고 속조차 검은 줄 아느냐

为了增白，自古至今产生了很多增白的化妆品。为了让自己看起来更白一些，一般的方式就是往脸上抹粉，韩国语为 "분 바르다"，抹粉的语义还发生了扩大化，不仅指妆容，还比喻为自己好，所以俗语 "제 얼굴엔 분 바르고 남의 얼굴엔 똥 바른다" 比喻只为自己好；也比喻好事就说是自己做的，不好的事情就说是别人做的。

与抹粉有关还有汉字词 "분칠(粉漆)"，本义指往纸或板子上抹粉，还用来贬称往脸上抹粉，如(11a)；也比喻掩盖事实，把事情粉饰得就像那么回事一样，如(11bc)，汉语多用 "粉饰"，如 "粉饰太平"。韩国语里与抹粉有关的两个词语都发生了语义的变化，但固有词组 "분 바르다" 的意义是积极的，而汉字词 "분칠" 却发展出了消极意义。

(11) a. 어린것이 웬 분칠이냐? 小小年纪抹什么粉啊？
　　 b. 온갖 논리로 분칠한 궤변 用各种逻辑武装起来的狡辩
　　 c. 허울 좋은 구실로 사건을 분칠하려는 시도가 곳곳에서 보인다. 到处都是他们想用冠冕堂皇的借口来粉饰事件的痕迹。

从世界范围来看，这种想让自己肤色变白的思想不仅存在于韩国人的意识里，还存在于包括中国人在内的黄色人种和黑色人种的意识里。而白色人种则相反，他们认为古铜色的皮肤更好，所以在美国，休假时的一个重要目的就是去晒肤色，而休假结束后，肤色没有发生任何变化的人则被认为是没钱出去旅游的穷人。

6.2.3 额头

关于额头的长相，有的人额头比较前突，韩国语用“난간이마(欄干--)、뒷박이마、짱구”来表达。其中“짱구”也指后脑勺突出，为了进行区分，额头突出可称作“앞짱구”，后脑勺突出可称作“뒤짱구”，如果前后都非常突出则称作“앞뒤짱구”，这些词语既指额头的模样，也指这样的人。表示前后都突出的骨头时也用“계란골(鷄卵骨)”，指像鸡蛋那样额头和后脑勺都非常突出的骨头。额头突出汉语多用“寿星头、门楼头”，后脑勺突出汉语多用“梆子头”。

有的人额头又大又圆又突，在朝鲜称作“언덕이마”；有的额头非常凹，在朝鲜称作“오목머리”。如果是全部露出来的额头，在韩国称作“알이마”；如果额头很窄，在韩国称作“묘액(猫額)”。

与额头有关，还有“이마받이”，指用额头撞上，也指两个物体贴得很近或时间非常接近。

6.2.4 眼睛

眼睛一直被认为是心灵的窗户，是外貌中至关重要的一部分。所以汉语“眉清目秀”比喻长得好、聪明。韩国语一般用汉字词“이목(耳目)”转喻长相，如“이목이 수려하다/뚜렷하다 耳目清秀”。也就是说，韩国人认为长相好坏要看耳朵和眼睛，中国人却常看“眉、目”，两国人的共同之处是必须看眼睛。

韩国语里有很多与眼睛有关的表达，主要分为以下几类：

6.2.4.1 眼睛的形状

眼睛的形状主要与眼睛的大小扁圆有关，韩国语有丰富的表达，如表2所示：

[表2] 与眼睛的"大小扁圆"有关的表达

表达	相关事物	意义
말눈깔	马	大眼
왕눈이	王	
고리눈	环	环眼
		因受惊、发怒而圆瞪的眼睛。
가재눈	小龙虾	瞪得溜圆的眼睛。
쥐눈	老鼠	与长相不符的小眼睛。
단추구멍 같다	纽扣	纽扣眼那么大，比喻眼睛小。
좁쌀눈	小米	非常小的眼睛，或那样的人。
뱁새눈	雅雀	又细又小的眼睛。
실눈	线	
가는 눈		临时眯起来的眼睛。
암고양이눈	母猫	嫉妒的眼睛。
달팽이눈	蜗牛	受到责骂或者害怕时缩成一团。

如上，在比喻眼睛格外大时，韩国语用"말눈깔、왕눈이、고리눈"，其中眼睛特别大的人也称作"고리눈이"。"고리눈"还指因受惊、愤怒等感情而瞪圆的眼睛。此外还有"가재눈"也比喻瞪得溜圆的眼睛。

在比喻眼睛小时，韩国语有"쥐눈、단추구멍같다、좁쌀눈、뱁새눈、실눈"等，分别与老鼠、纽扣、小米、雅雀、线有关，其中"단추구멍같다"是惯用结构，如(12)。表示临时眯起来的眼睛时，还用"形容词+中心词"结构的"가는 눈"。蜗牛的眼睛很小，所以俗语"달팽이 눈이 되다"比喻受到责骂或者害怕时缩成一团，如(13)。

(12) 우리 아들이 한 마디 하더라. 눈이 단추구멍만 하다
고.《밥상 차리는 남자, 6회》我儿子说了一句，说什么
眼睛像纽扣眼那么小。

(13) 지각을 한 학생들이 선생님 앞에서 달팽이 눈이 되어서
혼나고 있었다. 迟到的学生们在老师面前缩着身子挨训。

韩国人形容嫉妒的眼睛时用"母猫眼"，如(14)，汉语一般需要
意译。

(14) 아까 그 표정을 봤어야 되는데. 그 눈이 아주 암고양이
처럼 샐쭉해가지고 질투에 불타더구만! 불타!《밥상 차
리는 남자, 40회》你刚才就该看看她那表情。那眼睛就
像母猫一样耷拉着，完全是妒火中烧啊！妒火中烧啊！

6.2.4.2 眼睛的凹凸

眼睛的凹凸也事关外貌的美观与否，其中，表达眼睛突出时韩
国语多用动物的眼睛来比喻，如"두꺼비눈"比喻眼珠鼓出来的眼
睛，"퉁방울눈、개구리눈"都意为又大又鼓的眼睛，"창애에 치인
쥐 눈"意思是被鼠夹子夹住的老鼠的眼睛，比喻长得非常突出、看
起来很凶的眼睛。这些表达都与动物的长相和生活常识有关。汉语
里形容眼珠突出时一般用"金鱼眼(睛)"。

韩国语里与眼睛深陷有关的表达有"오목눈、옴팍눈、움펑
눈"等，都是用副词来修饰眼睛。此外，韩国语里还用动物来比喻
眼窝深陷，如眼睛洼陷或者像有伤疤似的眼睛称作"게뚜더기"，
之所以产生这种意义，是因为螃蟹的眼睛就是深陷进去的。汉

语也有"蟹眼",但指的是水马上要开、刚刚冒泡的时候(马未都 2017(6):128),是用蟹眼来比喻水开。

韩国语里有时也用"우물눈"来比喻深陷的眼睛,是用井来比喻人的眼睛;有时还用文化色彩非常浓厚的"다 퍼먹은 김칫독",比喻生病或吃不饱饭而眼窝深陷的人,用"아픈 아이 눈 들어가듯 한다"比喻粮食减少时的痛苦心情,这是用生病的孩子眼窝深陷比喻粮食减少,与用空泡菜缸来比喻人眼窝深陷正好是两种相反的比喻方式。

比喻眼睛深陷的人时,韩国语还用俗语"여산 칠십 리나 들어 갔다",意思是进入庐山七十里地了,是一种夸张的手法,用的是中国地名"庐山"。

6.2.4.3 眼睛是否端正

眼睛端正与否也关乎外貌美观。韩国语里有很多表达与眼睛不端正有关,首先与翻眼睛有关,韩国语多用工具作比喻,如眼梢往上翻的眼睛称作"갈고리눈 钩眼",眼角向上弯的眼睛称作"낚시눈 鱼钩眼",生气时眼睛瞪得像耙子似的眼睛称作"갈퀴눈 耙子眼"。

韩国语还多用鱼眼来比喻翻白眼、斜眼等,例如,如果有的人总喜欢把眼珠子斗在一起翻白眼,这样的眼睛称作"넙치눈이 牙鲆眼"或"광어눈이 扁口鱼眼",也指喜欢斜视、翻白眼的人。发火斜视他人的眼睛是"가자미눈 比目鱼眼",如(15a);有时也比喻斜眼,如(15b)。

(15) a. 가자미눈으로 노려보다 撇着眼瞪人

　　 b. 너도 내 나이 돼 봐라. 윗사람 눈치 보느라 눈이 가

자미 됐지.《빛나라 은수, 72회》你到我这个年龄试
试。天天看上司的眼色行事，眼都成斜眼了。

虽然"광어눈이、가자미눈"都表示斜眼，但前者指眼睛往左斜，后者指眼睛往右斜。这类比喻意义的生成与鱼的长相有关，因为扁口鱼的眼睛长在左侧，而比目鱼的眼睛长在朝上的一侧。

有时韩国语还用食物来比喻翻眼，如韩国人煮年糕汤时，要把年糕斜着切成片，这样切出的片称作"떡국점(--點)"，可用来比喻眼睛，如俗语"떡국점이 된 눈깔"指为了找东西而瞪得圆圆的、白眼珠外翻的眼睛。

6.2.4.4 眼睛的光彩

1）有神

眼睛有光彩才显得精神。形容眼睛有光彩、漂亮时，汉语一般用"秋波、水汪汪的大眼睛"等，韩国语多用"호수(湖水)"作比喻，如(16)，其中(16b)中的"빠지다"实际具有双关语的用法，因为"빠지다"可比喻沉迷于某种感情或东西而无法自拔。所以这里的"빠지다"是一种隐晦地示爱。韩国语有时还用"검은 호수"来比喻忧愁的眼睛，如(17)。

> (16) a. 윤은 단정한 박인의 얼굴 한가운데 빛나고 있는 호
> 수같이 맑은 두 눈을 보았다.《선우휘, 깃발 없는 기
> 수》尹看着朴仁那端端正正的脸上像湖水一样熠熠
> 生辉的明亮的双眼。
> b. 와! 눈이 호수 같네. 거기에 퐁당 빠져서 수영하고 싶

다. 《도둑놈, 도둑님, 14회》哇！你的眼睛真是美如湖水啊！我真想跳进去游个泳。

(17) 슬픔에 가득차서 마치 눈에 검은 호수를 담은 사람처럼 그렇게 변해가더라구《비켜라, 운명아, 22회》你的眼睛充满了忧愁，就像装着一潭黑水，你都变成这样子了啊。

有时韩国语还有"닦은 방울 같다"，意思是像擦得闪闪发亮的铃铛一样，比喻眼睛漂亮、闪闪发光。对黄色人种来说，眼睛黑显得精神，韩国语里用"머루 山葡萄"比喻眼珠黑、漂亮。韩国语有时还用动物眼睛来比喻人眼，其中"사슴눈"比喻长得漂亮，如(18)；有时也用"송아지 눈"来比喻眼睛可爱、精神，如(19)。但汉语里"牛眼"一般比喻眼睛大或发怒而瞪圆的眼睛，如(20)。

(18) a. 아린 '초롱초롱 사슴 눈망울' 《엑스포스뉴스, 2018.01.15》雅琳那闪闪发光的小鹿般的眼睛

b. 김수현 '사슴눈 미남' 拥有一双小鹿眼的美男子——金秀贤

(19) '눈이 송아지처럼 귀엽고 초롱초롱하다'는 감탄이 이어진다.《한국경제, 2016.06.07》大家都感叹说"眼睛像小牛犊一样可爱、精神"。

(20) 花屋准备好似的，恶狠狠地瞪起牛眼，大声喊道……《北大中文语料库》

2) 无神

韩国语里还有很多与眼睛无神有关的表达，并且多与动物、食物相关。

先看与一般动物有关的表达，与蟑螂有关，如"뜨물에 빠진 바퀴 눈 같다"，意为就像是掉进淘米水里的蟑螂眼一样，比喻精神不清醒、眼睛无神的样子。与牛有关，如"얼음에 자빠진 쇠 눈깔、얼음판에 넘어진 황소 눈깔 같다"，意思是像摔倒在冰地上的牛眼一样，比喻浑浊的眼珠瞪得大大的、四处观察的样子。与猪有关，如"업혀 가는 돼지 눈"，意思是被背走的猪眼，用来嘲笑因困意或酒劲而睡眼惺忪的眼睛。与黄鼠狼有关，如"돌담 구멍에 족제비 눈깔"，意思是石头墙窟窿里的黄鼠狼眼，比喻就像石头墙上有很多黄鼠狼那样有很多东西，也比喻眼神犀利。

韩国人还喜欢用鱼来表达眼睛无神，如将来时结构的"썩을 동태 눈"意思是马上就要腐烂的明太鱼眼，比喻眼睛无神、视力不好；过去时结构的"썩은 동태 눈깔"，意思是已经腐烂的明太鱼眼，比喻没有精神，如(21)。汉语一般用上义词"鱼眼"来形容，如(22)。

(21) 박기자, 니 할 일 잘해. 니 눈이 졸려. 썩은 동태 눈깔
    이 뭐야. 뉴스 보다 자겠어.《질투의 화신, 22회》朴记
    者，先把你自己的事干好吧。看你睡眼惺忪的样儿。
    像烂了的明太鱼眼一样。看你的新闻该睡着了。
(22) 女孩儿未出嫁，是颗无价之宝珠，出了嫁，不知怎么
    就变出许多的不好的毛病来，虽是颗珠子，却没有光
    彩宝色，是颗死珠了；再老了，更变的不是珠子，竟
    是鱼眼睛了。(《红楼梦》五十九回)

韩国语里还用食物来比喻眼睛无神，如与海苔有关的"해태눈깔"，相当于汉语的"有眼无珠"，不识人，如电视剧《월계수 양복

점 신사들, 9회》，当被男主이동진误会成低贱小人后，女主나연실按捺不住，骂이동진说道：

(23) 사람 보는 눈도 없으면서 잘한 척까지 하니까 해태눈깔
이지요. 连识人的眼光都没有，还自以为是，当然是海
苔眼了！

6.2.4.5 眼皮

韩国语多用草帘子来比喻眼皮耷拉，即"거적눈"，指上眼皮往下耷拉，或者指那样的人，也称作"거적눈이"。之所以产生这种意义，是因为"거적"意为草帘子，盖东西时总是下垂的，有俗语"거적 쓴 놈 내려온다"意思是非常困乏，眼皮总是往下合。

6.2.5 耳朵

《三国志·先主传》记载刘备的长相是："身长七尺五寸，垂手下膝，顾自见其耳。"这里是用大耳朵来说刘备具有帝王之相。也就是说，在中国文化里，大耳朵是大富大贵的象征。韩国也具有这种文化思想，但表现方式不同。

韩国语可以用耳垂的大小来表达有无福气，耳朵垂为"귓밥、귓불"，如(24)，对韩国人来说，耳朵垂大是富贵相。这与中国人的思想是一致的。

(24) 복스럽고 귀티 나게 큰 귓밥 밑으로는 잔머리칼 몇 오라
기가 흘러내려 있었다. 《한승원, 해일》几缕碎发散落

在看起来极有富贵相的大耳垂下面。

　　韩国语还有俗语"귀가 작으면 명이 짧다"，意思是耳朵小的人不长寿。不过与耳朵小有关，还有俗语"귀 작으면 앙큼하고 담대하다"，意思是耳朵小的人有心计、大胆，即耳小鬼大，主要用来嘲笑那些耳朵小的人，反映的依然是对耳朵大的肯定、对耳朵小的否定。

　　但耳朵过大也不好，韩国语有俗语"귀가 항아리만 하다"，意思耳朵大了容易偏听偏信，这里的"귀"指的是耳廓，而不是耳垂。

　　关于耳朵的模样，韩国人经常用"조가비 贝壳"来比喻耳朵可爱漂亮，如(25)。

(25) 그 머리스타일에 하얀 조가비같이 귀엽고 잘 생긴 귀에
　　…《뉴스프리존, 2018.03.13》那样的发型，还有像白
　　色的贝壳一样可爱、漂亮的耳朵……

　　韩国语还有俗语"귀 좋은 거지 있어도 코 좋은 거지 없다"，意思是见过耳朵好看的乞丐，但没见过鼻子长得好的乞丐，也就是说只有鼻子长好了，面相才会好，但耳朵却不一定。由此可见，韩国人更看重鼻子的长相。

6.2.6 鼻子

　　韩国语有俗语"코가 어디 붙은지 모른다"，字面意义是不知道鼻子长哪里了，实际意思是那个人长得什么样一点也不知道，意即完全不认识的人。从这里可以看出，鼻子在一个人的长相中占据了多么重要的地位。

韩国语有“코 값을 하다”指像大丈夫一样庄重，之所以出现这种惯用语与鼻子的观相说有关，即认为鼻子高挺才是男人。所以办事应该像高挺的鼻梁那样才是男人。韩国语里高挺的鼻子为“오똑코”。

在韩国人眼里鼻子还与男性生殖器相关联，认为鼻子与生殖器的大小成比例，并且还有一种习俗就是挑女婿时要挑鼻子大的，韩国古典小说《沈清传》中有这样一个情节：出轨的“뺑덕”老太给大鼻子的光棍买麦芽糖吃，这里也暗示了生殖器大这一隐晦意义(이규태 1983/2011(2):299)。

过去韩国女人如果想要生儿子也会把韩国乡村守护神——天下大将军的鼻子割下来熬水喝，因此而真的生了儿子的女人称作“장승첩(一妾)”(이규태 1999/2000:325)，这种习俗所反映的也是鼻子象征男性这一思想。

正因为如此，所以韩国人去各地旅游的时候喜欢摸石佛的鼻子，目的是祈求生男孩。记得1999年笔者去济州岛游玩的时候，同行的韩国人就让笔者去摸石佛的鼻子，说能生男孩。其实，当时并不明白韩国人为什么有这样的习俗。但是韩国人这种习俗带来的直接结果就是韩国各地的石佛都是塌鼻梁(이규태 1983/2011(2):300)。

尽管韩国有这样的观相说以及习俗，但韩国语里也经常用“양코(洋-)、코배기、코쟁이、코주부”来嘲笑西方人的大鼻子，或者嘲笑又大又高的鼻子或那样的人，小偷的隐语中称美国人为“뺑코”。韩国语还有其他表达，如(26)：

(26) 관상에서 코가 너무 높아 고봉을 이루면 고독하고 궁하다. 从观相说来看，鼻子太高、太突出的话，会非常孤

独、穷困。

这里是用"고봉(孤峯)"来比喻孤零零地高耸的东西。由此看来，在韩国人眼里鼻子过于高耸也不太好。

不仅是高度，鼻子如果有其他突出特点也不好，韩国语里有很多与此相关的表达。

<table>
<tr><th colspan="6">[表3] 与鼻子形状有关的表达</th></tr>
<tr><th colspan="2">鼻子的长相</th><th>韩国语表达</th><th>相关事物</th></tr>
<tr><td rowspan="7">整体
形状</td><td>又圆又大的鼻子</td><td>방석코(方席-)</td><td>坐垫</td></tr>
<tr><td>又宽又大的鼻子</td><td>벌렁코</td><td></td></tr>
<tr><td>又粗又难看的鼻子</td><td>주머니코</td><td>口袋</td></tr>
<tr><td>像泥巴捏成的瓶子那样又粗又难看的鼻子</td><td>질병코(-瓶-)</td><td>泥质瓶子</td></tr>
<tr><td>像带鱼那样又扁又长的鼻子</td><td>칼치코</td><td>带鱼</td></tr>
<tr><td>只有一点鼻子模样的小鼻子</td><td>민코</td><td></td></tr>
<tr><td>又短又小的鼻子</td><td>뭉툭코</td><td></td></tr>
<tr><td rowspan="8">鼻尖</td><td rowspan="4">蒜头鼻子</td><td>마늘코</td><td>蒜</td></tr>
<tr><td>주먹코</td><td>拳头</td></tr>
<tr><td>개발코、사자코、빈대코</td><td>狗爪、狮子、床虱</td></tr>
<tr><td>납작코、넓적코</td><td></td></tr>
<tr><td>像铃铛一样头部非常圆的鼻子</td><td>방울코</td><td>铃铛</td></tr>
<tr><td>长得像柚子一样圆圆的、发黄的鼻子</td><td>유자코</td><td>柚子</td></tr>
<tr><td>鼻头很尖的鼻子</td><td>뾰족코</td><td></td></tr>
<tr><td>鹰钩鼻</td><td>매부리코</td><td>鹰嘴</td></tr>
</table>

鼻梁	塌鼻梁	벽장코(壁欌-)、전병코(煎餅-)、안장코(鞍裝-)	壁橱、煎饼、鞍子
		코찡찡이、찡찡이	
	像弓一样的弯鼻子	활등코	弓
鼻孔	朝天鼻	들창코(-窓-)、말코、천장코(天障-)	天窗、马
完整度	腭裂鼻子	함실코	
颜色光洁度	不但红还不光滑的鼻子	딸기코	草莓
	喝酒多变得红红的鼻子/酒糟鼻	주독코(酒毒-)	酒
	喝酒多变得又红又不光滑的鼻子/酒糟鼻	주사코(酒齄-)	

　　如表3所示，这些表达主要与鼻子的整体形状（长、短、粗、细），以及鼻尖、鼻梁、鼻孔、完整度、鼻子的颜色、光洁度等有关。从表达方式来看，有的形成了比喻词，喻体多借用了具体的动物，如"鱼(갈/칼치)、虫(빈대)、哺乳动物(개발、사자、말)、鸟(매부리)"；也有植物，如"蔬菜(마늘)、水果(유자、딸기)"；也有食物，如"煎饼(전병)、酒(주독、주사)"；也有很多具体生活用品，如"坐垫(방석)、口袋(주머니)、泥坯瓶(질병)、铃铛(방울)、壁橱(벽장)、鞍子(안장)、弓(활등)"；也有与建筑有关的"天窗(들창、천장)"等；有的与身体部位有关，如"拳头(주먹)"。

　　除了上面所形成的具象化比喻词之外，还有描述性表达，如"납작코、넓적코、뾰족코、벌렁코、오똑코、뭉툭코、민코"等。还有惯用语"납작코가 되다"比喻脸面、自尊心受到伤害。这些表达还都可以指具有相关鼻子的人。塌鼻子的人还可称作"코납작이"，也比喻受到批评或弄个没脸而垂头丧气的人。塌塌鼻子还用"코찡찡이、찡찡이"来表达，两者也指因鼻塞而声音嗡嗡的人。如

果鼻子红红的则称作"코빨갱이"。

韩国语里还有种鼻子为"물코",指经常流鼻涕的鼻子或水分很大的鼻涕。

如上，韩国人主要关注鼻子的整体形状以及鼻尖、鼻梁、鼻孔、颜色和光洁度等。从种族的角度来看，不同种族的人鼻孔差别很大，"有人认为这和各地地球表面的湿度有某种联系。尼格罗人的张开的鼻孔和北欧人的窄小的鼻孔或许是两个极端。如果说冷空气经过鼻孔黏膜温暖后再进入肺对人体呼吸有益，那么北欧人狭小的鼻孔可以说是最能体现体型与环境的关系的"(弗思 2017:27)。中国北方和韩国地处大体相同的纬度，在鼻孔上没有特别明显的区别。不过与韩国人相比，中国人主要关注鼻梁、鼻尖和颜色，且有专门词语来进行描述，如"塌鼻梁、蒜头鼻、朝天鼻、鹰钩鼻、狮子鼻、酒糟鼻"等。

如上，中韩两国语言里对鼻子的描写非常多。但在英语小说里关于鼻子的描写很少，即使出现鼻子描写，也多与鼻子非常大、不好看等意义有关，有时也将鼻子与人种差别相结合(铃木孝雄 2005:58-59)。不过中韩两种语言以及英语里，与鼻子相关的描写都具有消极意义，这一点具有文化共性。

6.2.7 嘴巴

嘴巴在外貌中起着举足轻重的作用，所以韩国语里有很多与嘴巴的大小、薄厚、噘突有关的表达，并且大部分与鱼有关，其中嘴巴特别大用大口鱼作比喻，称作"대구입(大口-)"；如果嘴巴又宽又大则用鲇鱼来进行比喻，叫作"메기입、메기주둥이"；而特别小的

嘴则用鲳鱼进行比喻，称作“병어주둥이”。这些都是鱼类来比喻人。

韩国语还用物品来比喻嘴巴，如用大喇叭嘲笑那些高兴得咧的老大的嘴，称作“당나발(唐喇叭▽)”，用“꽈리주둥이 朝天椒嘴”比喻生气噘得老高的嘴，用“자인장 바소쿠리 磁仁市场上的胡枝子筐箩”比喻大嘴巴的东西或人。

6.2.8 牙齿、舌头

说到嘴巴，就离不开牙齿。韩国人形容牙齿洁白时一般用“서릿발”。此外，因为石榴洁白如玉，所以韩国人经常用石榴籽来比喻牙齿长得好看，而汉语在形容牙齿好看时多用“唇红齿白、明媚皓齿”等四字格，有时也会用糯米来形容牙齿长得又小又白又整齐，而大黄牙可用老玉米来形容。

牙齿如果长得不好看也影响整体的外貌。代表性的丑牙就是大门牙往外呲着，这种牙齿韩国语称作“아갈바위”。中国人在形容嘴巴和牙齿长得不好看时多用“猪嘴獠牙”。

评价一个人时有时还要看口齿是否清晰，如果说话口齿不清，韩国语称作“혀꼬부랑이”，汉语用“咬舌子”。

6.2.9 下巴

关于下巴，韩国语有“조개턱”，指下巴长得非常尖或那样的人。韩国语还有“주걱턱”，意思是像勺子一样又长又弯的下巴。此外还有“이중턱 双下巴”“턱 길다 下巴很长”等表达。有时长得丑不仅是一个部位，而是多个部位都不太协调，韩国语有俗语“객주집

칼도마 같다", 意思是像旅馆饭店的案板一样, 因为案板一般都是中间凹陷、四周突出, 所以用来比喻额头与下巴突出而眼睛深陷的人。韩国语里还用下巴的动作 "턱을 가불다" 来比喻人死亡。

汉语里与下巴有关的表达分为两类, 一类是单纯的名称词, 如 "下巴颏、下嗑子、下颌、下颏、下额、下巴、嘴巴骨子" 等, 一类是用下巴表达人的感情, 如 "颐指气使、目使颐令" 表达人的态度, "贯颐奋戟" 比喻人英勇无比, 而 "跌了下巴" 形容人很吃惊。

与汉语类似的有欧美国家的关于下巴的表达, 如 "a weak indeter minate chin 弱而无力的下巴" "a determined chin 坚定的下巴" "the small square fighting chin 方形的具有战斗力的小下巴", 此外, 德语里的下巴也多与表示坚强的 "stark"、表示残忍的 "brutal"、表示精力旺盛的 "energisch" 等结合, 对此, 铃木孝雄 (2005:62-65) 推测这可能与欧美人的击剑文化有关。

6.2.10 胡须

男人的嘴巴上还长有胡须, "长长的胡子是一种德高望重的标记" (费孝通 2013/2015:106)。"毛发意味着男性之刚毅" (布鲁克斯 2005:23)。"埃及法老经常佩戴着被捆扎好的呆板的假胡须, 没人介意它是否逼真, 因为它只是象征着法老至高无上的地位" (吉普森 2018:65)。韩国人也特别重视胡须, 例如, 韩国道学鼻祖金宏弼就是口含胡须殒命的 (이규태 1983/2011(4):263)。

韩国语里也有对各种不同胡须的描述, 如果胡须像猫胡子一样支棱着非常硬, 称作 "괴수염(-鬚髥)"; 如果胡须又短又密则称作

"탑삭부리、텁석부리"[01]。有的人耳朵下面也会长出很多胡须，韩国语称作"귀얄잡이"。而鼻子下面留胡子的人称作"콧수염쟁이(-鬚髥--)"。韩国语还有"역적 대가리 같다"，意思是就像造反派的脑袋壳子，比喻让人生厌的大胡子模样。

6.2.11 脖子

脖子的长短也关乎美感，一般情况下脖子长一些好看，但如果个子高脖子又长，可能看起来就不那么好看，韩国语用"거위영장 鹅人"来嘲笑那些又高又瘦脖子又长的人。

如果脖子又粗又短也不好看，韩国语称作"자라목"。这种文化也存在于中国，例如中国人注意到燕子的脖子比头大，所以将粗大的脖子称作"燕项"。在中国雕刻中也会有意将脖子雕刻得很粗大来表现人物的力量(汪凤炎、郑红 2004/2015:498)。

脖子长得光滑才好看，如果脖子上长了东西也会影响观瞻，韩国语里有"혹부리"，用来嘲笑脖子或脸上长瘤子的人，如"혹부리 영감"。意为补锅匠的"땜쟁이"也被用来嘲笑那些脖子周围长了瘤子并且化脓留下疤痕的人，因为补锅后总会留下一道难看的疤痕，与脖子上长瘤子留下的疤痕有相似之处。

6.2.12 胸、腹

关于胸部，汉语有很多表达与女性有关，如"太平公主、长平

---

01 "텁석부리"还用来作为挖参人的隐语，指须很多的细参。

公主、飞机场"(咬文嚼字 2003(3):5-6)，这些都隐含着作为女性第二性征的胸部应该突出这一思想，如果胸太平就成了不正常的，因此就成了标记项而形成了上述词语。韩国语里类似的有 "가슴이 빈약하다、가슴이 연적(硯滴)같다"(민현식 1995:31)。

说起外貌，肯定也要说一下肚子，肚子自然是平平的最美，如果肚子鼓鼓的就没有了美感，韩国语里有很多与肚子有关的表达，如 "배부장나리" 嘲笑肚子圆滚滚的人，"올챙이" 嘲笑肚子特别大的人，而 "올챙이배" 嘲笑胖胖的肚子[02]。如果因为怀孕而肚子变大，虽然这是值得庆贺的事情，但从外观上来看却缺乏美感，韩国人多用 "배재기" 来嘲笑孕妇。

肚子上最突出的部位还有肚脐，肚脐一般是凹进去的，但也有的人是突出来的，这样的人韩国语称作 "배꼽쟁이"，也是一种嘲笑之词。

6.2.13 手脚

手脚是用来工作的，所以劳动人民的手脚都很粗糙，如果手脚非常干净光滑，则说明不属于劳动阶层，如 "누르하치는 마침내 항복한 조선 군사들을 모두 불러 모아 손바닥이 고운 사람 400여 명을 뽑아낸 뒤 이렇게 말했다. '이들이 이른바 '양반'이란 자들이다. 동문 밖으로 끌어내 참수형에 처하라!'(박희병、정길수 2007:123)"，这段话里，努尔哈赤就是通过手掌非常光滑来判断相关

02　因为蝌蚪是青蛙的前身，所以 "올챙이" 也可用来比喻新手或某个组织结构最末端的人，如 "올챙이 의사" "베테랑으로 자부하는 우리가 겨우 저런 올챙이한테 지다니!"

人员是两班贵族，而不是劳动阶层的。

与手脚有关，韩国人多用"거북이 등껍질"来比喻手粗糙，而用"달걀 껍질"比喻手细腻漂亮，如电视剧《미워도 사랑해, 4회》中，当妈妈说自己的手像龟背一样粗糙时，女主길명조说道：

(27) 무슨 소리? 나한테 달걀껍질처럼 고운데…아름다운 훈
　　 장 같은 손이라구. 什么呀？在我眼里(您的手)就像鸡蛋
　　 壳一样漂亮。您这双手在我眼里就是美丽的勋章啊。

如上，韩国语用"鸡蛋皮"比喻皮肤好，相反汉语多用"剥壳的鸡蛋"来比喻人的皮肤好。

与脚有关韩国语有"마당발、납작발、평발(平–)"，相当于汉语的"平足"，而细长的漂亮脚丫韩国语称作"채발"。韩国语还有"발 큰 놈이 득이다"，意思是不管做什么事情都是手脚麻利的人最有利，是用大脚来比喻动作麻利、迅速，而汉语类似的是"先下手为强"。韩国语用"脚"，汉语用"手"。

韩国语还有汉字词"활수하다(滑手––)"，意思是不论用什么都非常大方、不知珍惜。相关的俗语有"다라운 부자가 활수(滑手)한 빈자보다 낫다"，与"인색한 부자가 손쓰는 가난뱅이보다 낫다"同义，意思是穷人再大方但因为没东西所以帮不了别人，但富人再吝啬，但因为有剩余的东西，所以可以帮助别人。

6.3 面部整体形象

上面分部位对韩国人的外貌观进行了分析，下面主要对整体形

象的美丑认识进行分析。韩国语里与外貌有关的表达非常多，除了直抒性的表达，如"아름답다、곱다、예쁘다、시원시원하다、잘 생겼다、추하다、못 생겼다、미인、미남"等之外，韩国语还有很多比喻表达方式。

6.3.1 外貌表达的感情色彩

韩国语里的外貌表达有强烈的感情色彩，如表4所示:

[表4] 外貌表达的感情色彩

	韩国语表达	字面意义	比喻意义
积极	달덩어리/달덩이	月亮	比喻脸圆圆的，很漂亮。
	씻은 팥알[쌀알] 같다	像洗好的红豆粒/大米粒	外表清秀、聪明。
	닦은 방울 같다	像擦亮的铃铛一样。	眼睛漂亮、闪闪发光。
	깎은 밤 같다	像剥好的栗子一样。	外表清秀、聪明的人。
	사과 같은 얼굴	苹果似的脸蛋。	比喻漂亮。
	인형 같다	长得像人偶。	比喻长得漂亮。
	물고 뽑은 듯하다	像舔出来的一样。	长相或为人清秀、干净。
	인물이 빚어놓은 것 같다	就像人造的一样。	长得漂亮。
	강아지 상	狗相	开朗、温顺、眼角下垂、可爱。
	고양이 상[03]	猫相	性感、高傲、干练、给人以距离感。

03　http://www.dt.co.kr/contents.html?article_no=2015030402109919807036

消极	치질 앓는 고양이 모양 같다	像得了痔疮的猫一样。	形象非常憔悴的人。
	낙태한 고양이 상	像打了胎的猫一样。	皱着眉头、非常丑的脸。
	내 마신 고양이 상	就像闻到臭味的猫一样。	
	식혜 먹은 고양이 [괴] 상(같다)	就像喝了米酒的猫一样。	
	연기 마신 고양이	就像被烟呛着的猫一样。	
	고양이 수파 쓴 것 같다	就像猫戴头巾一样。	嘲笑那些不但长得丑而且穿衣服也不得体的人。
	꽃은 꽃이라도 호박꽃이다.	虽是花，但是南瓜花。	指外表不值一提的女人。
	무쪽같다	长得像萝卜块一样。	人长得特别丑，尤指女人；也比喻所作所为不像样。
	밥맛 떨어지게 생겼다.	长得让人倒胃口。	
	메줏덩어리、메줏덩이	大酱块	外貌非常难看。
	탯덩이	胎儿	长得非常难看的人。
	구두심목(臼頭深目)	石臼头、深陷的眼睛	非常丑的女人。
	귀녀(鬼女)	鬼女	长得像鬼一样难看。
	귀신	鬼	长相凶恶的人；只呆在一个地方的人；只做某件事的人。
	요령 도둑놈	摇铃	长相凶恶，眼球突出，总是瞪眼的人。
	가장비	假张飞	嘲笑长相或行为非常凶恶的人。
	용미에 범 앉은[맞은] 것 같다	像坐在龙尾上的老虎一样。	非常威严，好像能够压制别人的人。

积极/消极	대추방망이	枣木棒槌	长得非常结实的人。
			长得凶巴巴的人。
中性	장사 웃덮기(다)	摆在上面的商品。	注重外貌，外表打扮得很漂亮。
	간판	招牌	显现在表面的外貌、学历、经历、名分。
	대문	大门	外貌

如上，韩国语里比喻外貌时有多种表达，具体可分为四类，一种是积极意义的，一种是消极意义的，一种是中性意义的，有的则同时具有两种意义，如"대추방망이"既有积极意义，比喻长得非常结实的人；也有消极意义，比喻长得凶巴巴的人。

在比喻人漂亮、聪明时，韩国语可用月亮、红豆、大米粒、栗子、苹果、铃铛、人偶来表达，也可用动词"물고뽑다、빗다"等来表达；比喻可爱温柔时用狗来表达，比喻高傲性感时用猫来表达。其中与苹果有关还有童谣"사과 같은 내 얼굴 예쁘기도 하지요"，但现在用的不多了(조현용 2017:164)。

在比喻憔悴、失望时，韩国语都用猫来作比喻，不过前面都加了修饰语，此外还用猫戴头巾来比喻长得丑且不会打扮；在比喻丑时，可用南瓜花、萝卜块、伤人胃口、酱豆块、刚出生的孩子、鬼女、臼头深目等来表达；表示长相凶恶时，用鬼、摇铃、假张飞等来表达；表示具有威严的人时，用老虎来表达。汉语也将老虎看作威严的象征，如"虎视眈眈"。但其他比喻形式汉语里一般都是不存在的。

比喻重视外貌或打扮得很漂亮时，韩国语还用"장사 웃덮기(다)"，这是用做买卖的人总是把最好、最漂亮的商品摆在上面这种

经商技巧有关。"간판、대문"比喻长相则是利用了这两者与外貌都是显露于外的这一共同特点。

如上，韩国语里比喻外貌的这些喻体在中国文化里也都是存在的，但在韩国文化里能产生比喻，中国文化里却没有这样的比喻，这应该与两个民族的不同观察视角、不同的认知有关，也就是说，看到这些事物时，韩国人会联想到外貌，而中国人却不易产生这样的联想。

6.3.2 外貌表达的喻体

韩国语里在表达整体形象的美丑时可利用多种喻体，如植物、动物、金属、玉石、建筑等。

6.3.2.1 植物比喻外貌

韩国语里经常用南瓜、西瓜、栗子等植物来比喻外貌。其中"호박(꽃)"表示丑相，表示漂亮时用"수박"，如电视剧《빛나라은수，73회》中，当妻子이선영问老公要不要给自己衰老的脸投资时，产生了下面的对话：

(28) 이선영(아내)：신데렐라 주사 있다는데 맞아볼까?아니
　　　면 주름을 펴?할까요？听说有叫"灰姑娘"的美容
　　　针，我要不打一针？或者去一下皱？弄不弄？
　　윤범규(남편)：수박이 비웃어. 호박에 줄 그어봐도 호박
　　　이 호박이야. 西瓜该嘲笑你了。即使给南瓜画
　　　上线条，南瓜还是南瓜。

如上，丈夫的话用了俗语"호박에 줄 긋는다고 수박되랴"，意思是即使给南瓜画上线条，也成不了西瓜。与韩国人多用南瓜、西瓜来比喻人的外貌相比，中国人在形容女人长得好看时多用"瓜子脸"，但就像孙汝建(2012:16)所说，中国的南方人理解的是"西瓜子"，北方人理解的是"葵花籽"。

韩国语还用"깎은 밤톨"来比喻长得白净漂亮，有时"밤톨"也比喻漂亮，而"깎은 밤 같다"则比喻年轻男子穿得干干净净、利利索索的样子。韩国人的炒栗子是火烤的，烤好后栗子皮会翘起来，参差不齐，所以就有了俗语"군밤 둥우리 같다"，比喻穿衣戴帽不干净，不利索，松松垮垮的。

6.3.2.2 动物比喻外貌

韩国语里还经常用动物猫、狗、马、鸭子、燕子、鱼头、黄鼠狼等来比喻人的长相，这也是韩国语的突出特点之一。

笔者曾听到一位韩国外教讲到自己大女儿的外貌，说："강아지처럼 생겼다"，当时笔者的反应是感到很吃惊：怎么能拿狗来比喻自己的女儿呢？因为中国人的"狗样"是消极词汇，如"人模狗样"是用来骂人的。但与中国人不同的是韩国人对狗的长相没有这种消极感觉，反而比喻人长得开朗、温顺，是一种积极意义。这也与韩国语里"강아지"所具有的积极意义有关，尽管其他与狗有关的表达都具有消极意义，但"강아지"却可以作为孩子的爱称。

韩国人形容猫既有褒义也有贬义，用于褒义时，后面常加"미인"形成"고양이 상 미인"结构，如(29)。但用于贬义时，一般是在前面加修饰语。中国人在形容人长得像猫时多强调声音温柔、生活慵懒、脸部短，如(30ab)；当然有时也用来比喻妖媚，如(30c)。

(29) 실장님은 딱 고양이상 미인이라.《훈장 오순남, 18회》
室长您很漂亮就像猫一样。

(30) a. 她了解到他的声音一会儿温柔得像猫，一会儿又变
成尖利的咒骂声。

　　b. 一个猩猩的额头，这窄额头与她肥厚的下巴恰成对
比，使她看上去脸像猫一样短。

　　c. 萨沙看她的目光，媚得像猫眼……(例句均来自《北
大中文语料库》)

　　有时同一动物的不同部位都被用来比喻人，如"말뼈"用来嘲笑性情不沉稳、非常强势、不懂变通的人，而"말상(-相)"用来嘲笑脸像马脸一样长的人，"말코"指鼻尖扁圆、鼻孔很大、哼哼唧唧的鼻子，也用来嘲笑长有这种鼻子的人。汉语里形容人脸长时多用"驴脸"。

　　韩国语还用鸭子或燕子来比喻人的身姿，如俗语"물 만난 오리 걸음"用鸭子比喻急匆匆地挪动双腿奔跑的丑样。"물 찬 제비"比喻身材非常利索、匀称的人，也比喻动作敏捷、干净利落。

　　韩国人还会创造一些没有被词典收录的日常生活中的临时性比喻，如(31ab)中的"멸치꽁다리、북어대가리"都用来比喻长得难看。(31c)中的"족제비 상"用来比喻媚人的长相。

(31) a. 세상에 남자 없어서 그런 멸치꽁다리를 좋아하냐?
《해피시스터즈, 61회》天底下没男人了啊？你竟然喜欢长得像鳀鱼头似的家伙？

　　b. 지 주제에 무슨 외모 지적질이야? 뭐? 형주오빠 멸치꽁다리? 지가 더 하는 북어 대가리 생겼으면서.《해

피시스터즈, 61회》自己长那个样还挑别人的外貌？
什么？说亨柱哥像鳀鱼头，自己明明长得像干明太
鱼头！更难看！

c. 딱 봐도 기준이 스타일이구만. 기준이가 이런 족제비
상을 아주 좋아하지.《마성의 기쁨, 9회》一看就是
基俊的菜啊。基俊最喜欢这种狐媚子了。

6.3.2.3 事物比喻人

韩国语里还用玉来比喻人，多表达积极意义，且多指女性，如
"옥녀(玉女)"比喻冰清玉洁的女子；"옥녀가인(玉女佳人)"比喻漂
亮女人；"옥동녀(玉童女)"指非常宝贝的女儿，也用作小女孩的爱
称；"옥보(玉步)"尊称王或王后的步伐，也指女人的脚步漂亮；"옥
비(玉臂)"指女人的漂亮胳膊；"옥협(玉頰)"指女性的漂亮脸蛋；
"옥빈(玉鬢)"特指年轻女性的漂亮脸蛋；"옥향(玉香)"指香气或女
人的装饰品。这些都是汉字词。

韩国语里金子也比喻人，但多与玉连用，形成"금이야 옥이
야"结构，如(32)。

(32) 우리 찬빈은 너 까짓한테 주려고 금이야 옥이야 키운 아
들 아니야!《내딸 금사월, 20회》我拿着灿彬当宝贝似
的养这么大，可不是为了让你这种人来沾光(结婚)的。

韩国语里还用建筑用语"대문(大門)"来比喻外貌，汉语多用
"门面"来表达。

6.3.3 外貌表达的语义发展

前面所分析的韩国语比喻从语义的角度来看，其中，一部分是用比喻结构来比喻长相；一部分是词语已经发展出了比喻意义，如"달덩어리/달덩이、호박꽃、귀신、떡판、간판"等；还有一些词语，虽然在实际语用中有比喻意义，但还没有被词典收录，如"수박、대문、강아지、고양이、꽁치、멸치꽁다리、북어대가리"等。

6.4 高矮

人的身高也有高矮之分，在有些文化里，个子高是明显的长处，如苏丹社会里聘礼的数量就与身高成正比，高挑的女孩能够值150头牛，而矮小的女孩只值30头牛(恩贝尔、恩贝尔 2016:259)。并且个子高还与领导能力直接相关。但韩国人对身高的认识有所不同。

韩国传统思想认为沉稳、学识高的学者都是上身很长，而腿却很短，因为上身长了才有长者风范；相反，下人们一般头都很小，而腿却很长，因为他们要跑来跑去地干活(오주석 2003/2010:111)，也就是说韩国人具有"腿短——高贵，腿长——低贱"这种思想。而一般情况下，腿短意味着个子小，腿长意味着个子高，所以韩国人思想里就产生了对高个子的否定。

韩国人的这种思想表现在语言上就是对个子高的人颇有微词，如"껑충이"嘲笑个子高的人，忠清道还有方言"멀대"用来嘲笑又高又蠢的人，因为韩国人认为个子太高了没意思，所以有了"싱겁둥이、싱겁쟁이"，而又高又壮的人则被戏称为"어간재비"，即把这种

人当做挡板,也用来嘲笑天天宅在家里的男人，义同于"안방지기"。

关于个子高有很多俗语，如表5所示：

[表5] 与个子高有关的俗语

俗语	意义
키 크고 묽지 않은 놈 없다	高个子没有不是软蛋的。
키 크고 싱겁지 않은 사람 없다	高个子的人没劲。
키 크고 속 없다	
키 큰 놈의 집에서 내려 먹을 것 없다	高个子的家庭里没有留下来的东西。
물거미 뒷다리 같다	像水蜘蛛的后腿一样又细又长、没劲。
물독 뒤에서 자랐느냐	你是水缸后面长大的吗？比喻又瘦又高的人没有什么意思。
군불 장댄가[장대처럼] 키만 크다	就像烧炕用的烧火棍一样光长了个大个子。嘲笑个子高的人。
천왕의 지팡이라	就像四天王的拐棍，用来嘲笑个子高的人。

如上所示，这些俗语都是对高个儿的否定，由此可见韩国人过去对个子高的人拥有很深的偏见。

不过，韩国人对个子矮的人也并不是多么厚道，如"꼬마"本来是小孩子的爱称，但却用来嘲笑个子矮的人，而个子非常矮并且横宽的人韩国语则用"땅딸、땅딸이、땅딸보"来比喻。

因为个子高矮与腿的长度密切相关，所以韩国语里个子高的人称作"키다리"，个子矮的人称作"작다리"。如果腿不仅短而且不直、罗圈，则称作"앙가발이"[04]。不过需要注意的是，韩国语"앙가발이"与腿没有关系，而是与脚有关系。个子小小的小鬼头称作"쥐

---

04   "앙가발이"还比喻为了自己的私利而喜欢、善于依附他人的人，也俗指四条腿往外

방울만하다". 个子小一般是因为年龄小，所以"알나리"用来嘲笑那些小小年纪、一点小个子就当了官的人。

如上，对于个子矮的人，虽然韩国语里也有很多标记项，但这些词语如"꼬마、쥐방울만하다、알나리"等多含可爱之意。不仅如此，韩国语还有形容词"깜찍하다"，可以指身体或长相非常小、可爱。

韩国语里还有与矮个儿有关的俗语，如表6所示：

[表6] 与矮个有关的俗语

俗语		意义
否定矮个儿	윤달에 만난 회양목	传说淮阳木每到闰月就缩短一寸，这里用来嘲笑个子矮的人。也比喻事情的进展速度太慢。
	암탉의 무녀리냐	鸡第一次下的蛋很小，嘲笑个子、体格小的人。
	당닭	嘲笑个子矮胖的人。
	당닭의 무녀리냐 작기도 하다	就像草鸡第一窝生的第一个小鸡一样，是多人中个子最小的。
对高个儿、矮个儿全部否定	키 크면 속이 없고 키 작으면 자발없다 [대가 없다]	个子高了，没意思；个子矮了，不自律、冒失。

的小桌子，主要用来做小酒桌。

	키는 작아도 담은 크다	称赞个子虽矮但很勇敢的人。
	초고리는 작아도 꿩만 잡는다	即使是小鹰，也很会抓山鸡，比喻个子矮的人干活干净利索。
	땅개	俗指个子矮、意志坚定、喜欢在外活动的人。
	고추가 커야만 맵나[매우랴]	并不是说体格大就可以干好自己的事情。
肯定矮个儿	고추는 작아도 맵다	比喻体格小的比体格大的人更有才能，更值得信赖。
	작은 고추가 더 맵다.	
	고추보다 후추가 더 맵다	
	뱁새는 작아도 알만 잘 낳는다	比喻个子小但能成大事。
	참새가 작아도 알만 잘 깐다[낳는다]	
	작은 탕관이 이내 뜨거워진다	小汤罐热得快，比喻个子小的人比大个子更有办法、更老练。

如上表，韩国语里虽然有否定矮个儿的俗语，但也有很多肯定意义的俗语，认为矮个子的人勇敢、干活利索、意志坚定、更有才能、值得信赖、更有办法、更老练等，在品格、能力上对矮个子的人进行了高度肯定。

综上所述可以发现，韩国人对高个子基本是否定的态度，而对矮个子所抱有的态度则相对来说要积极肯定一些。不过，随着社会的发展，韩国社会对个子高矮的认识已发生改变，尤其是在择偶时。

6.5 胖瘦

胖瘦也受到文化的影响。这些文化因素可以是对丰产和肥硕的古代信仰；也可以是环境与人的进化理论，例如利伯曼(2017:154)提出的进化论观点认为：瘦高体型、修长的四肢能使人体体表面积最大化，有利于出汗散热；反过来较短的四肢和更宽厚、结实的体型则有利于在寒冷气候中保持热量，例如欧洲大陆偏北部的地区就比较矮壮。这种观点可用来解释中国人的体型，中国南方热带地区的人一般都比较瘦，而北方地区的人则比较结实粗壮。韩国处于北温带地区，所以这里的人体型一般都比较粗壮。此外，影响人体胖瘦的文化因素还包括工作习惯、合理膳食的理念、娱乐偏好、饮食产业的创新和以何种体型为美的理念等(里克森、博伊德 2017:24)。本小节主要借助关于胖瘦的语言来分析韩国人对胖瘦的认识。

6.5.1 对胖的认识

韩国语里关于"胖"的表达非常丰富，主要有五种类型：第一，胖瘦主要与身上肉的多少有关，韩国语用"살푸둥이、살거리、살피듬"来表达胖瘦的程度，如(33)。其中"살푸둥이"在朝鲜用来比喻胖人。

(33) a. 살푸둥이가 좋다/나쁘다 胖瘦正合适/不合比例。
　　 b. 그는 살피듬이 여전히 좋아 보였다. 他胖乎乎的, 挺
　　　　 好看。

第二，与胖的形态有关，矮胖子用形容词"뚱뚱하다、통통하

多"或名词"똥똥이、똥똥""드럼통(drum桶)"来表达；而又矮又胖不像样的人称作"똥자루"；又胖又软的样子用副词"보동보동、부둥부둥、포동포동、푸둥푸둥"等表达；嘲笑那些异常胖的人时用"비계、비곗덩어리、비곗덩이"或"돼지、양돼지(洋--)"或派生名词"뚱뚱、뚱뚱이、뚱뚱보、뚱보"等来表达。并且"비곗덩어리、비곗덩이"还用来俗指脏兮兮、无能的人。有时也用"살덩어리、절구통(--桶)"来俗指胖人。比喻非常胖的人时，韩国语还用"깍짓동 豆秸捆"。表示看起来胖大时用"절구 천중만 하다"，意思是像石臼那么胖大。而汉字词"비대하다(肥大)"意思是胖得体积很大，并且比喻权力、权限或组织等强大得超过一定范围。

第三，与胖的部位有关。人胖一般都是先从脸上显出来，所以就有了专门指称胖脸的词，如"메줏볼、밤볼"，这都是用食物来比喻脸，前者强调的是胖得拉长了的脸，而后者指圆乎乎的脸，两者多与"지다"结合，如(34)。根据(34b)的表达可以发现，"밤볼"指的是胖乎乎的很漂亮。有时脸肿变胖称作"달동이"。而胖人如果长了小眼睛，则被称作"건빵(乾-)"，这是一种军用便携式野战饼干。如果是脸圆体肥的女人则被叫作"화보(花-)"。

(34) a. 메줏볼이 지다 长了一张胖脸。

　　　 b. 제 어머니를 닮아 예쁘게 밤볼이 진 사촌 누이 머루같이 까만 눈에 눈물이 괴었다.《송기숙, 녹두 장군》表姐长得像自己的母亲，胖乎乎的漂亮脸蛋上，像山葡萄一样黑的眼睛里噙着泪珠。

第四，关于发胖的原因，吃饭发胖是常态，所以不需要语言标记，但喝酒喝胖不太合常规，所以汉语就有了"啤酒肚、将军肚"，

而韩国语里喝酒喝出来的肉称作"술살"。

第五，与对待胖人的态度有关，虽然前面有很多表达是嘲笑胖人的，但表示胖的动词还有"살찌다"，除了指长胖外，还比喻力量变强或生活变富裕。也就是说，胖意味着富裕、强壮。俗语"살찐 놈 따라 붓는다"意思是跟着胖子而肿起来，比喻为了成为胖子而自己肿了起来，虽然用来嘲笑不顾实际情况盲目模仿他人的行为，但从"胖是模仿的对象"这一点可以看出，韩国人过去对胖乎乎的人并不是排斥的，这种思想也体现在俗语"풍년 두부 같다"里，这个俗语比喻人人白白胖胖的很好看[05]。

汉语"艳"字从"丰"，含丰腴之意，如果干瘪，则缺少大方之态(金性尧 2011/2016:12)，也就是说，胖是"艳"的前提。汉语还有俗语"打肿脸充胖子"，意思是宁可把脸打肿了也要装胖子，可见中国过去对胖子的认识也是肯定的。这种对"胖"的肯定性认识具有世界共性，这不仅是因为胖会被认为更漂亮，而且还因为胖是健康和多产的象征(恩贝尔、恩贝尔 2016:41)。例如，在尼日利亚，胖还是美丽的象征；成年仪式的一部分就是要求年轻女孩呆在"增胖室(fattening room)"几个月(谢弗 2014/2015:241)。

6.5.2 对瘦的认识

正因为过去对胖的态度比较认可，反过来对瘦的态度就比较消极。韩国语里与"瘦"有关的丰富表达也反映了这种思想。

与瘦有关，韩国语有基本词"마르다"，其基本义是没水，口渴；还指江河水减少而干涸；东西、钱等用完，这些意义都具有消

05　与豆腐有关，汉语多用"豆腐西施"来比喻女性长得白净漂亮。

极性。所以当指人瘦削时也是一种消极意义。"마르다"的派生形容词"강마르다、깡마르다、메마르다、뺏마르다"等表达都是不同程度的瘦。与"마르다"有关还有合成动词"말라비틀어지다、말라빠지다",都强调非常瘦弱,因为极度瘦弱的结果是体积变小,所以这两个合成词还比喻非常小、不起眼的东西。"말라죽다"已没有了具体意义,只有比喻意义,多以"말라죽은、말라죽을"的形式来比喻没有一点用,如(35)。比喻人非常消瘦时可以用"마르다"的相关词"말라깽이、말라꽁이"。

表示非常干瘦时还有副词"꼬치꼬치",如(36)。

(35) a. 끼닛거리가 떨어졌는데 무슨 말라죽을 외식이냐? 连饭都吃不上了, 还出去吃什么狗屁的大餐?
b. 덕은 무슨 말라죽은 덕이란 말이냐.《한설야, 황혼》恩德? 什么狗屁恩德啊?
(36) 그는 꼬치꼬치 말라 갔다. 他瘦得越来越像麻杆。

韩国语里表示瘦时还用植物语言,如"말랭이、무말랭이"本来都指晒干的萝卜干,可以比喻人非常瘦,如(37),汉语多用"瘦得像干巴鸡",鲁迅作品里则用"圆规"来形容人很瘦。

(37) 양말숙 그 무말랭이 같은 여편네가…(网络) 杨末淑那个瘦得像萝卜干似的娘们……

韩国语还用动物来比喻瘦,如"삽살개(의) 뒷다리"比喻就像狮子狗的后腿一样干瘦、不像样;朝鲜还用"명태꼬치(明太--) 明太鱼尾巴"来嘲笑非常瘦的人。韩国语还用与骨头有关的表达来比

喻瘦，如"갈비、갈비씨(一氏)"嘲笑皮包骨头的人，"해골(骸骨)"比喻身上没一点肉的人。此外，还有与普通事物有关的表达，如"젓가락 같이 말랐다"比喻像筷子一样非常瘦；庆尚北道方言里还用"갈피리 芦笛"来比喻非常瘦削的孩子。

人的瘦弱表现在局部部位上最明显的是腰部和脸部，比喻腰非常瘦用"개미허리"，而比喻瘦得只剩下骨头的脸部时用"광대등걸"，其中"등걸"本来指树桩，这是把粗糙的树桩来比喻人脸。如果是因病、磨难而瘦则用"겅더리되다、껑더리되다"。

韩国语还有形容词"강파리하다、강파르다"，除了指身体瘦削之外，还比喻性格怪癖、挑剔。此外，"강파르다"还比喻人情泯灭。正像汉语有"心宽体胖"一样，也就是说，一般人认为体胖的人心胸比较宽广，而体瘦的人则容易心胸狭窄，自然就容易挑剔，在别人眼里看来就会显得很古怪。所以仁慈宽厚的象征——弥勒佛都是大肚子、胖胖的，中国也有"宰相肚里能撑船、大肚能容"等表达。

从上面与瘦有关的词语的比喻意义可以看出，在韩国人过去的认知里，认为"瘦"是令人不满意的，所以才会产生"非常小、不起眼、没用"以及"怪癖、挑剔"等比喻意义。这与"胖"是令人满意的这种思想认识正好是相对的。

不过随着社会的发展，现代韩国人的审美标准已经发生了变化，更加推崇"瘦"，而排斥"胖"。这种现象不仅出现在韩国，在世界许多国家都存在，并且胖还会影响到其他许多方面，有研究结果表明：在美国，肥胖者的收入较低，结婚率较低，受教育程度较低(萨默瓦等 2013/2017:188)。

6.6 强弱

身体健康才会有美感，如果非常虚弱、病弱则没有了美感，虽然中国有"病西施"的说法，但这种美带着一种病态，难以说是一种正常的美。同样，在韩国语里"弱"也是一种标记项，如"물통이、물퉁배기"嘲笑那些白长了一身肥肉但没有一点力气的人，而这种软软、不结实的肉韩国语比作南瓜，称作"호박살"。此外，还有"골비단지、골생원"俗指身体非常虚弱总是病歪歪的人。"구들더께、구들직장"则用来嘲笑那些上了年纪、疾病缠身而闭门不出的人。"굴뚝에서 빼 놓은 족제비(같다)"比喻脏兮兮、瘦弱的人。而"두부살"指又白又软的皮肤，"두부살 바늘뼈、바늘뼈에 두부살"指肉不结实、骨头很细、动不动就生病的人。

尼采曾说"只有健康、完美而又方正的身体，思维才更敏捷，说话才更诚实，行动才更纯粹，生存才更有活力。坚实的身体中包含的肯定力量能使身体变得更强壮、更具青春感和生命力"（张之沧、张峤 2014:65-66），"身体上的衰弱不但不会解放思想，反而给意识增添负担，使人去不断担心相关的疾病和痛苦，减少持续或努力思维所需要的精力"（舒斯特曼 2014:153），因此强壮的人带来的是不知屈服；而身体虚弱带来的一般是意志的不坚定，所以韩国语里很多词同时具有了两种意义，如"강골(强骨)"指结实、不屈服的人。相反，"고림보"既用来嘲笑那些身体虚弱病快快的人，也用来嘲笑那些心底狭隘、做事猥琐的人；"무럼생선(--生鲜)"本来指作为食物的海蜇皮，但也用来嘲笑身体虚弱看起来没有一点力气的人，同时也嘲笑那些没有主心骨的人。"물컹이"本意为熟过了头或烂得没了原来模样的东西，也用来嘲笑身体弱或意志不坚强的人，同义词有"연골한(軟骨漢)"。

315

身体弱所具有的这种消极意义不仅存在于韩国语中，还存在于世界其他语言中。在一般人眼里，女人与老人是弱的象征，所以身体弱所引起的消极作用已经不仅局限于对个人身体或意志的消极评价，而且已经影响到女性和老人群体的社会地位以及社会的意识形态。

法国20世纪著名的文学家、思想家波伏瓦的代表作《第二性》的核心内容就与此相关，她分析到："因为女性被感知的身体差异（无论是肌力减弱还是经期不便，妊娠和分娩）通过一种根深蒂固的社会文化框架规定下的歧视性观点被视为重大的弱点"（舒斯特曼 2014:120）。此外，波伏瓦还提到：女人与老人的这种明显的身体差异在男性主导的社会中被负面化，并且女人与老人任人宰割的社会地位又与他们的身体弱点互相加强，这又似乎证明了他们从属地位的自然及必要性；而通过文化中权力机制及意识形态的培育和灌输，这种身体及社会的从属地位，又被纳入被支配群体的身体习惯，这些主体则会不自觉地重新陷入虚弱及被支配感（舒斯特曼 2014）[06]。

正因为女性身体上的差异导致她们在男性主导社会里地位极其低下，从而导致性别差异成了文化的一个重要内容。

06　这是舒斯特曼对波伏瓦《第二性》《衰老的到来》主要内容的总结。

6.7 以貌取人

6.7.1 "以貌取人"的文化共性

在社会互动中,身体外貌是人们最外显的特征,它极大地影响着人际互动(J·达夫 2013:236)。以貌取人、外貌关乎能力的思想是自古有之,并且具有很强的文化共性。

例如,《三国演义》曾提到关于庞统的观相说,庞统"浓眉掀鼻,黑面短髯,形容古怪",孙权因为庞统丑陋所以没有重用他,而刘备初见庞统时的态度也是:"玄德见统貌陋,心中亦不悦"。由此可见相貌的重要性。中国唐朝过去在选拔官吏时,通过礼部考试,进士及策后,不直接授官,须再通过吏部选官一关。吏部选官,"一曰身,体貌丰伟,二曰言,言辞辩证,三曰书,楷法遒美,四曰判,文理优长"(《新唐书·选举志》),即"先试收判,书楷法遒美,判文理优长为合格;试而后铨,察其身言,身必体貌丰伟,言须言辞辩正。四者合格,再经注(询问所能,拟定何官)、唱,方由吏部上于尚书仆射,由仆射转门下省反复审核。"这被称作"身言书判"。

唐代的这种选官标准也被韩国人所继承。例如,朝鲜时代奎章阁选人非常严格,在选拔正七品或正八品官职"대교(待教)"时就极其严格,这从俗语中可见一端,"초가집 대교(待教)가 없고 물 건너대교가 없고 얽은 대교가 없다",意思是贫贱之家不可能出代教,河对面住的没势力的人家里也出不了代教,长得不好看的麻子脸也当不了代教,也就是说作为某种资格要有钱、有势力、外貌端正。"신언서판 (身言书判)"这种严格的选官标准在韩国也成了判断一般人的标准,如(38)。

(38) 신언서판이 나무랄 곳 없는 훤칠하게 잘생긴 심유경이

었다.《박종화, 임진왜란》从身言书判来看，沈有庆长

得很帅，无可挑剔。

　　发展到现代社会，"相比自尊和健康状况来说，外貌会在更大程度上影响人们对生活的掌控感"(Andreoletti, Zebrowitz & Lachman 2001)。"外表吸引力对控制信念具有重要影响。被评价为外貌吸引力较低的个体所报告的职业和工作情境的控制感更低"(舒尔茨、舒尔茨 2016:221)。

　　恩贝尔、恩贝尔(2016:314)提到：在美国，在控制了年龄和感知吸引力之后，先前通过其照片中的脸认定其在选举中更"称职"的人在国会选举中更有可能获胜。什么脸使其看起来更"称职"呢？通常，这种脸有较少的"幼稚"特征——不太圆，有一个大下巴，更小的眼睛和更小的额头；不过在战争期间，更多的男性面部特征似乎更优先成为一个领导者，而和平时期，更多的女性特征则更优先成为领导者。

　　尼古拉斯·鲁尔和娜莉妮·阿姆巴迪在塔夫斯大学做过一项实验，即邀请被试者来对他们一无所知的2006年《财富杂志》500强公司的前25名和后25名共50家公司的男性CEO照片进行观察，并对权势感、温和度和领导能力进行评价，研究发现："被认为更干练、更有支配性、面容更男性化的CEO，他们公司盈利的可能性更大；而那些容貌毫无威严的人所管理的公司业绩基本是垫底的"(赫滕斯坦 2015:162)。

　　不仅是长相，个子高矮也影响仕途和财富。舒尔茨、舒尔茨(2016:221)认为"在成年早期，个子较矮的个体比个子较高或者平均身高的个体控制感更低。"与此相关，恩贝尔、恩贝尔(2016:230-

231)提到，男性位于领导层的社会有88%；而女性位于领导层的社会仅有约10%，并且人数少、权力低；领导层男女数量相等的社会约2%。对此，他们解释说原因之一是因为男性有普遍较高的身高，学者们认为高的人更有可能成为领导者。赫滕斯坦(2015:101)也提到"受教育程度、身高、年龄三者又都与财富成正比。……研究证明，在30年的职业生涯中，身高1.82米的人比身高1.65米的人收入高出约16.6万美元。"赫滕斯坦(2015:189)还解释道："身高和政治成就之间的关系，在遗传学和环境学有着不同的解释。因为身高标志着支配性和力量，所以高个子领导者会比矮个子更受欢迎。毕竟力量对我们的祖先来说是十分重要的。当然，也可能是因为高个子从小能获得更多的领导机会。"1988年美国民主党总统候选人迈克尔·杜卡基斯在与总统乔治·布什的电视辩论中，就站在了一个踏板上以使自己看上去更高一些(津巴多、利佩 2007/2017:236)。杜卡基斯的这种举动就是利用了身高标志着支配性和力量这一心理学内容。

具体到韩国，2003年3月京乡新闻对韩国20-30岁的万名男性和女性实施问卷调查发现，41.7%的人认为"外貌能左右人生的成败"，这种观点在女性中表现更突出；2002年8月韩国"제일기획"实施的舆论调查发现80%的女上班族和女大学生认为"外貌能左右人生的成败"(한겨레신문, 2003.01.11)；韩国E. LAND公司对本公司新进员工实施的问卷调查发现，70%的男性和86%的女性认为"为了社会生活或结婚可以整容"(파이낸셜 뉴스, 2003.02.12)。

随着时代的变化，人们的思想会发生变化吗？2019年5月15日韩国"구인구직 매칭플랫폼 사람인"对380名求职者调查发现，87.6%的人认为"外貌影响求职"，持这种观点的女性有91.6%，男性为83.1%；并且还有55.3%的人认为自己曾因外貌在求职中遭受过不公正待遇，这比2018年43.8%的调查结果高出了11.5%(머니투데

이], 2019. 05. 15）。也就是说，随着社会的发展，以貌取人的思想呈现出了越来越严重的趋势，外貌极大地影响了韩国人的求职、工作甚至是人生。

综上所述，可以发现，外貌可以对他人的评价产生极大的影响，这是具有世界共性的。因此世界范围内形成了重视外貌、以貌取人的文化和氛围。

6.7.2 韩国人的"以貌取人"与语言

韩国人的"以貌取人"思想主要表现在外貌与身份、能力、心胸与性格、歧视等之上，并且随着社会的发展，韩国人"以貌取人"的思想在逐渐加重，而注重外貌的思想也与韩国社会重视年龄的文化出现了冲突。

6.7.2.1 外貌与身份

韩国人认为，不同身份的人都具有与身份相应的一定的外貌特征。例如，韩国人认为富人家的儿媳妇要具有一定的外貌特征，如俗语"부잣집 맏며느릿감이다[맏며느리 같다]"，意为是富家儿媳妇的料，这种女人要长得富态、端庄，给人信任感，所以这个俗语可比喻长得这样的女人；但富家儿媳妇必然傲慢，所以这个俗语也可比喻虽然落落大方但很傲慢的女人。富者多傲慢，这是具有文化共性的，美国彻尔·凯尔特钠和迈克尔·克劳斯曾做过一项实验，发现："社会阶层较高的被试者都不大合群，交谈时甚至有些粗鲁；而来自普通家庭的人则更有礼貌，谈话时也更专心"(赫滕斯坦2015:107)。

此外，韩国人认为身份低的人在外貌上也有一定表现，如(39)认为长得丑的人是贱相；(40)认为外貌好的人才会得到尊重。

(39) 그는 얼굴이 검고 코가 납작하고 머리 뒤가 넓적하게 찌그러진, 천하게 생긴 사람이었다.《이광수, 흙》他的脸乌黑，鼻子扁平，后脑勺扁瘪，长了一副贱相。

(40) 좋은 집안에서 나야 대접 받고 얼굴이 잘 나야 대우받고 장가를 잘 가야 인정 받아요. 형님이나 나나 그런 쪽으로 젬병이고요.《보보경심:려, 6회》出身要好，才能被人尊重；长得漂亮才受尊重，娶媳妇也要娶得好才会得到认可。哥，你和我这些方面都不行啊。

6.7.2.2 外貌与能力

　　韩国人认为外貌与能力成正比。电视剧《아버님, 제가 모실게요, 8회》中，当看到新搬家到对面的이선우专门来拜访自己，奶奶황미옥高兴地说道：

(41) 어머, 어쩜 이렇게 예의가 바를 수가? 어머, 잘 생긴 분이라 역시 남다르셔. 哎吆，怎么这么有礼貌啊？哎吆，长得帅的人果然与众不同啊。

　　如上，这句话里其实隐含的意义是"长得好看的人行动也讨人喜欢。"当然也有反面的例子，如"넌, 일도 못하게 생겼다"，意思是一看就知道干不了活。也就是说，在韩国人眼里，能力或行动与人的长相密切相关。

　　韩国人的这种思想还表现在单词"얼굴값"之上，这个词指与

长相相符的话语或行动，如(42)，一般多用于否定句或用作贬称。类似的还有"얼굴값"的俚语"꼴값"，如(43a)；"꼴값"有时也指不合身份的令人厌恶的行动，如(43bc)。

(42) a. 멀쩡하게 생겨 가지고 영 얼굴값을 못한단 말이야.《박경리, 토지》长得挺端正，但言行举止却不怎么样。

   b. 아이는 영악해 보이는 얼굴값을 하는지 더 말을 듣지도 않고 튀듯이 나가 버렸다.《한수산, 유민》那个孩子长得很狡猾，可能故意为了与长相相符吧，也不再听别人说话，呼地一下子冲了出去。

(43) a. 네가 생긴 꼴값대로 튼튼한 젊은이라면 누가 뭐라 하기 전에 총을 들고 싸우러 가는 게….《김승옥, 동두천》你如果像你的长相一样，是个强壮的年轻人的话，在有谁说啥之前，就应该拿着枪去战斗了……

   b. 꼴값을 떨다 嘚瑟

   c. 잘난 체하며 저 꼴값 떨고 있는 것 좀 봐. 看他那自以为是的嘚瑟样。

此相关，韩国语还有"인물값、허우대 값、덩치 값、코 값"等词或词组，表达的都是对人的外貌、体格、某个身体部位的重视，反映的也是以貌取人的思想。

6.7.2.3 外貌与心胸、性格
韩国人还认为外貌与心胸、性格密切相关。反映这一思想的主

要表现是语义泛化，其中一类是多义形容词从外貌意义发展出了心胸和性格意义，一类是表达性格的形容词用来形容人的外貌。

1）从外貌到心胸、性格

韩国语里形容服饰或模样很脏、很癞时用"괴죄죄하다、꾀죄죄하다"，这组同源词还比喻人心胸狭窄、非常小气。韩国语还有形容词"못나다"，有两个意义，第一个指脸长得不好看；第二个意义指没有能力、愚蠢。从多义词的引申来看，第二个意义与第一个意义密切相关。

韩国语还有副词"우락부락"，有两个意义，第一个形容块头大、脸长得很凶，第二个意义形容性格、言行粗鲁、暴虐。

韩国语还有惯用语"선이 가늘다、선이 굵다"，都有两个意义，前者指长相纤弱，性格过于拘小节；后者指长相结实、体格大，还指性格或行动大胆、有气度。两个惯用语的第二个性格意义都是从第一个长相意义发展出来的，也就是说在韩国人眼里，长相决定了性格，如(44ab)，这都是长相意义；再如(44cd)，这都是性格意义。

(44) a. 그는 워낙 선이 가늘어 운동선수라 믿기 어려웠다. 他看起来很纤弱，很难相信他是运动选手。

    b. 골격이 억세고 울퉁불퉁하여 선이 굵은 그의 얼굴은 매우 인상적이었다. 他那粗大、凸凹有致的骨骼、线条粗犷的脸庞都给人留下了深刻的印象。

    c. 그 친구는 꽁생원처럼 선이 가늘어서 큰일은 못 할 거야. 那个朋友像个小气鬼一样，目光太短浅，干不了大事。

d. 그는 워낙 선이 굵어서 웬만한 일에는 눈도 끔쩍하지
   않는다. 他胆子很大，一般的事情连眼都不眨一下。

　　根据上面的分析会发现，这些表达的背后隐藏的都是"以貌取人"的思想，即认为"外表外貌与能力、性格、人品等相关"，具体而言：长得不好看意味着笨、蠢；长得凶意味着性格粗鲁、暴虐；长得弱小的人性格也会小气、目光短浅；反之，强壮的人性格也会很大胆、眼光长远。

　　实际上中国人也有这种思想，例如在北大中文语料库以"又丑又-"来进行检索时，共检索到30条语料，第二个"又"后面的词和表达中，积极意义的只有"大"，出现了两次，中性词"重"出现了一次，其他全是消极意义的"不幸、老、恶、瞎、怪、臭、瘦、穷、无知、胖、笨、令人讨厌、有点令人毛骨悚然、无用、烦人、穿得破烂、旧、凶"等。继续以"又弱又-"来检索时，共检索到8条语料，第二个"又"后面出现的全是"小、尖、病、孤单、怕"等中性或消极意义的词语。由此可见，中韩两国的思想具有一致性。

2) 从性格到外貌

　　韩国人在形容人的长相时还用一些表达性格、品质判断的词语，如(45)中的"산만하다、소도둑"都是表达性格和品质的词语，却被韩国人拿来比喻长相。

　　(45) 덩치는 산만하고 얼굴은 소도둑인데…(网络)身体长得很散漫，脸长得就像偷牛贼。

如上，这些语言形式都反映了韩国人将外貌与性格、品质视为一体的思想。

6.7.2.4 外貌与歧视

正因为以貌取人的思想根深蒂固，所以韩国社会普遍存在对外貌丑的蔑视。例如俗语"왜 알 적에 안 긇았나"意思是你就不该出生，用来嘲笑那些外貌丑陋、行为不端的人。对丑的蔑视自然会带来对装饰外貌的重视，俗语"쇠 말뚝도 꾸미기 탓이라"意思是就是栓牛的橛子装饰一下也很好看，比喻即使长得不漂亮的人只要好好打扮也能变漂亮。这也反映出韩国人自古以来就比较喜欢打扮，重视外貌。

6.7.2.5 "以貌取人"思想的加重

随着社会的发展，韩国人更加重视外貌，所以出现了很多与外貌有关的新表达，如表7，这些新词或新的表达都反映了韩国人对外貌重视程度的增加。

[表7] 与外貌有关的新的表达

表达形式	意义
꽃미남	花美男
껴질남	长相丑陋的男人
외모지수가 높다/낮다	颜值高/低
미모 폭발	颜值爆表
방부제 미인	防腐剂女、不老女神、童颜女
얼짱	脸赞
몸짱	肌肉男、肌肉女

过去人们依靠化妆来改变自己外貌，随着医学技术的进步人们也可以采用整容的方式来改变自己的外貌，因此与外貌整容有关的很多表达也进入了日常生活，如(46)中的"돌려깎기"就是整容用语。

(46) 저것이 진짜 눈치가 코치야? 아니면 은근히 나를 돌려깎기해서 욕먹이는 거야? 알 수 없네.《밥상 차리는 남자, 40회》她这是真没有眼力啊？如果不是的话，难道是故意讽刺我、骂我啊？真是琢磨不透啊。

因为在韩国化妆、整容已成为新常态，不化妆、不整容则成了非常态，是需要进行标记的，所以韩国语里就产生了表达此类意义的词语，如"민낯、민얼굴、생얼굴、생얼"等。这些词语的意义还发生了变化，比喻某个人或组织的真实面目，如：

(47) a. 바로 이 정권의 생얼굴이기도 하다.《한겨레, 2011.03.20》这就是这个政权的真面目。

b. 이것이 오늘날 우리나라 문학 단체의 민낯이요, 자화상이다.《문화일보, 2018.02.02》这就是今天韩国文学团体的真实面貌和现状。

c. 내가 아무리 내 민낯 민지석씨한테 다 보였다고 해도 나도 최소한 보이기 싫은 모습이 있다고요.《전생에 웬수들, 54회》我是说，尽管我的真实情况都已经让闵智锡你知道了，但是我至少也有不愿让人知道的一面。

如上，韩国语里与外貌有关的新表达的出现，以及与整容、不化妆有关的表达的生活化都说明韩国人化妆、整容的常态性与重要性，说明韩国人对外貌日益重视的程度之高。

6.7.2.6 外貌与年龄

韩国人重视外貌，希望自己显得年轻漂亮，但这与韩国社会重视年龄的传统出现了矛盾的一面。在韩国社会里，年龄是确定韩国社会秩序非常重要的一个手段，不认识的人在判断相互的年龄时则要看长相，根据长相的老衰来确定是否使用敬语。正因为有这种观念，所以韩国人看到长相比自己老的人自然就会产生威压感、萎缩感，在公司里老板如果看到手下员工显得比自己老会觉得很不舒服，因为无法像对待普通年轻下属那样随便。

电视剧《김과장, 18회》中就利用了韩国人的这种心理打起了心理战，为了离间会长和高本部长的关系，在知道高本部长正在偷听的情况下，会长儿子朴明石故意说道：

(48) 우리 아빠 제일 기분 나빠하는 게 고본부장이 나이도 어린데 아버지 보다 늙어보인다고. 건방지게 노안이라고. 얼굴만 봐도 그렇게 기분 나빠한대요. 我爸最讨厌的就是：高本部长年龄小但却比我爸显老，他那副老脸显得很傲慢。他说只要看到高本部长的脸就觉得心情不好。

剧中高本部长偷听了上面的话之后也信以为真，所以倒戈会长。这种离间计之所以能成功是因为韩国人有类似的普遍认识。

韩国还有一部电视剧有类似的桥段，公司老会长看到在座的一些老高管没有染发都是雪白的头发，因而生气地说道："顶着白头发示威呢，意思是比我老啊？”

这两个例子反映的是典型的韩国社会现象。白头发、变老本来是自然生理现象，是私人事情，但在韩国社会里却又不是私事，反而成了"公众事务"。因为个人外貌会引发上述类似的人际关系冲突，所以韩国人顾忌到与周围其他人的关系也更加重视对外貌的修饰，而不是顺其自然。这反过来也加重了韩国社会"以貌取人"的思想。

6.7.2.7 对"以貌取人"的告诫

虽然"以貌取人"具有文化共性，但韩国语里也有警告人们不要以貌取人的俗语，如"잘 먹고 잘 입어 못난 놈 없다"，意思是只要吃好、穿好，就没有不好看的人，比喻不要凭外貌来评价人。此外，还有俗语"허리띠 속에 상고장(上告狀) 들었다、베주머니에 의송(議送)[07] 들었다、떨어진 주머니에 어패 들었다"，意思是不起眼的腰带、麻布口袋或破旧口袋里装着机密文件，比喻人或东西虽然外貌不起眼，但却具有非凡的价值或才智。这些俗语的存在也从反面映照出了韩国人对外貌的重视，因为只有相关现象存在并且很严重，才会催生告诫之语出现。

6.8 小结

外貌具有文化共性，美应该是年轻和健康的，如嘴唇要丰满、

07　"의송"指朝鲜时代百姓如果对地方政府的判决不服时，而向观察使递交的民怨材料。

肤色要明亮、皮肤要光滑、眼睛要精神、头发要有光泽，身体要充满活力等。

外貌又具有文化特性，不同文化有不同的外貌观。

韩国人的外貌观表现在头(头发)、脸、眼睛、鼻子、耳朵、嘴巴、牙齿、下巴、胡须、脖子、胸腹、手脚、高矮、胖瘦、强弱等之上。

在对人体以及各个部位进行描写时，韩国语多借用鱼类、动物、食品、物品、植物等来进行比喻。

脸可以用"도자기、찹쌀떡、우유、개기름、파리똥、오이찌、백지장、초지장、꽃물、죽사발、배추줄기、자주꼴뚜기、진장、검둥개、굴때장군、연탄장수"等来比喻，其中只有"연탄장수"是人，其他都是一般物品、食物、动物、植物等。

眼睛主要用"쥐、가재、가자미、실、고리、달팽이、두꺼비、개구리、갈고리、갈퀴、넙치、광어、거적、게、바퀴、소、황소、돼지、동태、해태、떡국점、호수、방울"等来比喻，主要是鱼、一般动物以及物品、食品、水等，而大量的鱼类表达与韩国是半岛国家、渔业发达密切相关。汉语虽然也用鱼来比喻人的眼睛，但具体的喻体不同，如汉语用金鱼眼比喻眼睛突出，而韩国语用各种不同的鱼眼来比喻眼睛的端正与否，即使都用鱼眼比喻眼睛的光彩如何，但汉语用上义词"鱼眼"，而韩国语用下义词"동태눈"。

鼻子主要用"마늘、유자、딸기、갈치、전병、개발、사자、빈대、말、매부리、방울、방석、주머니、질병、벽장、활등、들창、천장"等来比喻，喻体主要是蔬菜、水果、煎饼、鱼、动物、虫、鸟、物品、建筑等。

对整体形象进行描写时，韩国语多用"고양이、개、말、호랑이、꽃、배추、밤、팥알、쌀알、호박、무、인형、대문、조각、대추방망이"等动物、植物、物品来表达。

"以貌取人"的思想自古有之，并且具有世界文化共性。

韩国人的"以貌取人"在韩国语里有多种表现形式与意义，外貌与人的身份、能力、心胸和性格等密切相关，也导致韩国社会产生了对外貌丑的歧视。随着社会的发展，韩国社会的"以貌取人"现象越来越严重。

第七章

婚恋与语言

7.1 引论

在集体主义文化社会里，婚丧嫁娶这些家庭集体活动都是不可缺席的活动。霍夫斯泰德(2010/2012:93)曾提到"来自个体主义社会的外派管理者常常对于集体主义社会中的员工在请假时提到家庭方面的理由而感到惊讶。这些管理者以为自己在受人愚弄，但是这些理由极有可能是真实可信的。"

虽然人的出生、青春期、结婚、为人父母、死亡等生命周期事件是许多文化中均会庆祝或纪念的事件，但纪念方式或许具有戏剧般的差异，什么事件值得庆祝也有不同。例如美国人认为婚礼应该华丽，而葬礼应该简单；而贝齐赛人认为祖先的骨头和遗物是重要的仪式用品(科塔克 2012/2016:302)。也就是说，文化在信仰、实践、整合和模式上存在巨大的差异。之所以如此，是因为这些民俗"是人类社会长期形成的习俗、礼仪、信仰、风尚等民间文化传承现象的总和，是经群体、社会约定俗成并流行、传承的民间文化模式，是人类社会特有的人文意识形态"(曲彦斌 1993:355)。

韩国的婚恋文化深受中国儒家思想的影响，但韩国在吸收这些文化的同时也对其进行了整合，又经历了时代的变化，所以与中国的婚恋文化出现了很多的差异，而文化表现在语言上又经历了抽象化的过程，因此使得韩国的婚恋语言表现出了更多异于中国文化与汉语的地方。

下面将主要从牵线搭桥、恋爱、准备结婚、结婚仪式、婚姻生活、离婚和丧偶等方面来分析韩国的婚恋文化。

7.2 牵线搭桥

过去人们找对象都是靠媒人，为人做媒称作"중매(仲媒)"，与此相关有俗语"중매는 잘하면 술이 석 잔이고 못하면 뺨이 세 대라"，意思是做媒做好了有酒喝，但做不好则要挨打，指婚姻不能勉强，也指做媒要慎重。

做媒的不仅有人，还有鸟。与《牛郎织女》的民间故事有关，汉语有"鹊桥"，韩国语有"오작교(烏鵲橋)、작교(鵲橋)、은하 작교(銀河鵲橋)"，指乌鸦与喜鹊为让牛郎织女见面而在银河水上搭起来的桥梁，如(1)，根据语境汉语多用"搭建鹊桥"或"牵线搭桥"，有时也用"穿针引线"。

(1) a. 부부 정을 떼고 붙이는 건 자식이라구 하지 않았냐? 아란이 걔가 지 에비, 에미 가운데에 오작교 노릇을 턱턱 하고 있어. 《우리집 꿀단지, 29회》不是说嘛，夫妻感情好坏全看孩子怎样做了。雅兰那孩子正给她爸妈搭

建鹊桥/牵线搭桥呢。

b.최영광, 너 내 아들이면 어떻게든 아빠 엄마를 잘 이어

주는 오작교 역할을 해야지.《최고의 연인, 67회》崔

荣光，你如果是我儿子，就得不管怎样要想办法来为

爸爸妈妈穿针引线(让我们复婚)啊。

　　年轻人一般不喜欢过去传统的做媒，而是多参加朋友们组织的
介绍会，叫作"미팅、소개팅"等。

7.3 恋爱

　　韩国语里与恋爱相关的很多表达都是从其他领域的语言中演变
而来的，主要涉及养殖、工具、经济、饮食、建筑、体育、交通、
动植物等几大类。

　　现在年轻人都奉行恋爱结婚，如果拗不过父母，被强迫安排去
相亲时，有的就会找个人代替相亲，即"애인대행"。相反，有的人
为了约会成功还会专门学习，因此就出现了"데이트 코치"，这里的
"코치(coach)"本是体育用语，现在用于婚恋。

　　如果有喜爱的人而去追求时，韩国语经常用砍树来作比喻。
其中，"도끼질"指用斧子来砍树，这种意义继续发展，可用来比喻
一方单方面地追求另一方，如(2)。俗语"열 번 찍어 안 넘어가는
나무 없다"，意为人不经百语，柴不经百斧，也用于恋爱追求，如
(3)。

(2) a. 제가 시도 때도 장소도 가리지 않고 엄청 도끼질했든
요. 그래서 지금 거의 다 넘어왔어요. 《월계수 양복점
신사들, 31회》我不分时间场合死缠烂打地追他, 所
以现在几乎已经被我追上了。

b. 눈도장은 확실하게 찍었으니까 도끼질만 잘해내면 호
흐흐… 《빛나라 은수, 20회》我已经让他牢牢记住我
了, 只要好好地追, (就没问题了。)哈哈哈……

(3) 사랑을 쟁취하시려면 이 방법 저 방법 다 써봐야죠. 열 번
찍어 안 넘어가는 나무 없다는데 두 번 찍어보고 포기하
시면 남자가 아니죠. 《수상한 삼형제, 53회》要想把爱
情弄到手就要用尽各种方法。都说柴不经百斧, 您只尝
试了两次就放弃的话, 那也太不像男人了。

　　如果被人追求时没有反应或显得很高傲, 韩国语用"철벽을 치
다", 如(4)。表示高傲时韩国语还用费用、代价高意义的"비싸
다", 多用"비싸게"形式比喻行动高傲, 不轻易地答应别人的要
求, 如(5)。

(4) 어쩜 이렇게 철벽을 쳐요? 대체 그 철벽 두께는 몇 미터
야? 《최고의 연인, 92회》你怎么能像铜墙铁壁一样拒人
以千里之外啊？你那铜墙铁壁到底有几米厚啊？

(5) 엄마가 뭐랬어? 바싸게 굴랬지. 전화 올때 즉각 반응하면
안 돼. 《월계수 양복점 신사들, 37회》妈说什么了？不
是让你高傲一点吗？来电话时不要马上做出反应！

　　如果不喜欢追求者, 韩国语经常用俗语"오르지 못할 나무는

쳐다보지도 마라、못 오를 나무는 쳐다보지도 마라", 意思是超出
自己能力所限的不可能的事情最好一开始就不要产生贪念, 但多用
来比喻恋爱中的追求, 如(6a), 这句话用的是疑问句形式的 "어디서
오르지도 못할 나무를 쳐다봐", 汉语多用 "癞蛤蟆想吃天鹅肉"。
有时也会有变形, 如(6b)。

(6) a. 날 좋아해? 어디서 오르지도 못할 나무를 쳐다봐? 어
떻게든 단념하게 만들어주겠어.《혼술 남녀, 10회》喜
欢我？真是癞蛤蟆想吃天鹅肉了！不管想什么办法,
我也得让她断了这条心。
b. 오르지 못하는 나무를 쳐다보면 목만 아프니깐 분수에
맞는 인연을 찾아.《월계수 양복점 신사들, 18회》爬
不上去的树, 白瞧, 并且还会脖子疼, 所以还是去
找合乎自己身份的缘分吧。

韩国语里还经常用车、名牌来比喻恋爱或结婚对象。车的类型
可分为名车和一般车、新车、二手车或拉粪车, 如(7a-c)。有时还会
用具体的车名, 如(7d)。

(7) a. 명차 기다리다 헌차 탄다. 等高富帅, 结果来了个"二
手的"。
b. 명차 기다리다 중고차 탄다. 等高富帅, 结果来了个
"二手货"。
c. 새차 나가는데 똥차 막으면 안 되겠지.《폼나게 살 거
야, 2회》我的白马王子出去了, 那个癞蛤蟆在那儿挡
着可不行。

d. 똥차 가고 벤치 왔네.《우리 갑순이, 12회》破车走
了，来了辆奔驰/穷光蛋走了，来了个高富帅。

如上，这里出现的"명차、벤치、새차"相当于汉语的"高富
帅"，而"헌차、중고차"指离婚男或者有孩子的男人，汉语称作
"二手男人"，"똥차"指不受欢迎的结婚对象或碍事的人，汉语可用
"矮穷矬、矮穷丑"[01]。如(7c)所示，如果前面的"새차"译成"白马
王子"，后面的"똥차"译成同样是动物的"癞蛤蟆"更好。

韩国语有时也用"명품(名品)"来比喻高富帅，如(8)。

(8) 진짜 명품 같은 대단한 사람 만난다더니 그사람 명품입
니까?《내딸 금사월, 15회》听说你正和一个真正的"高
富帅"交往，他就是那个"高富帅"吗？

恋爱时对对方进行试探，韩国语用饮食用语"간을 보다"来比
喻，如(9)，相当于汉语的"动心眼"或"算计"。

(9) 지난 번에 중국 출장가다 오면서도 명품백 사달라고 했
으면 사줬을 걸요. 남자 간 보지 말고 솔직하게 말해요.
속으로 딴생각 하지 말고.《왕가네 식구들, 13회》上次
我去中国出差，如果你说让我给你买个名牌包，我可能
就给你买了。对男人你不要动心眼/算计，有什么就说
什么。不要在肚子里想这想那的。

---

01   汉语有时也用交通用语来比喻爱情，如"女人如车，男人如车位，汽车会挑选车位，
车位也会在意汽车。"(网络)

男女双方恋爱时一般都只是看到对方的长处，而看不到对方的缺点，这种状态韩国语里称作"콩깍지 씌웠다"，如(13a)。反义词则是"콩깍지 떨어지다/벗겨지다"，如(13bc)。

(10) a. 얘가 콩깍지 씌워도 단단히 씌웠네. 《최고의 연인, 61회》这孩子真是鬼迷了心窍了(, 喜欢上她了啊)。

b. 야! 이 놈아! 적당히 좀 해라. 니 눈의 콩깍지는 언제 떨어지냐? 《화려한 유혹, 39회》呀！你这个小子！适可而止吧。你眼里的那层面纱什么时候才能摘下来啊？

c. 너 이제야 눈의 콩깍지 벗겨졌나 본다. 《최고의 연인, 71회》看来你的眼睛现在才算正常了啊。

对恋爱对象的痴心韩国语用"일편단심 민들레"来比喻，反义表达是"일편단심 민들레 꺾다"，如(11)。

(11) 일편단심 민들레도 꺾을 날이 오는 구나, 권서방도 별 수 없이 남자네. 그러니 평소에 좀 잘하지 그랬니. 《화려한 유혹, 34회》一片丹心蒲公英也有红杏出墙的时候啊。权姑爷看来也是个不折不扣的男人啊。所以说，如果你平常对他好一点的话，他还能这样？

恋爱中有一种现象，那就是实际没有交往，但却像正在交往一样故意装亲密，以此来管理自己周围的异性，这种态度或行为叫做"어장관리、어항관리"，如(12)。此种表达方式源于与鱼塘管理的相似性，因为鱼塘的管理模式是将很多鱼关在鱼塘里然后适当地给

点鱼食来进行饲养，这种恋爱行为汉语一般用"广撒网、多捕鱼"。有这种态度或行为的女性叫作"어장녀"，男性叫作"어장남"，汉语多用"海女"或"海王"。如果是被别人管理，则叫做"어장관리 당하다"。

(12) a. 왕년에 내가 남자한테 꽤나 인기가 있었거든. 어장관리하고 아마 그랬을 거야. 한창 젊었을 때의 일이니까.《최고의 연인, 59회》以前我在男人眼里很有人气的。那时我那样做可能是为了"广撒网，多捕鱼"吧。都是年轻时的事情了。

b. 내 친구 말이 아무래도 남자가 선수 같대. 밀당의 귀재랄까? 여자의 마음을 애간장을 태우면서 연락은 잘 안하고 여기저기 문어발에 어장관리해.《왕가네 식구들, 12회》我朋友说这个男人怎么看都好像是高手，或者说是恋爱的鬼才？让女人心里着急，但却不太联系，还到处留情，就是个"海王"。

韩国语还有一些活用用法，例如，电视剧《아버지가 이상해, 7회》中，听说前男友要结婚了，변라영非常生气，朋友建议让她带个比前男友更帅的男人去参加婚礼，故意气一气前男友，但변라영说了下面的话，如(13)，这是用"어장"比喻周围的男人，而"오징어"比喻丑人。

(13) 어장에 오징어밖에 없다고! 我的鱼塘里/周围都是些丑男人。

如果同时交往两个人，汉语用"脚踏两只船"，韩国语一般称作"양다리(兩--)"，但如果是同时交往多个人，韩国语则称作"문어다리"，如(14)，这种同时和多人交往的情场高手，韩国语也用体育用语"선수(選手)"来表达。

恋爱时关系处理非常重要，出行语言中"교통정리"可用来比喻疏导感情关系，如(15)。如果不会谈恋爱，韩国语里将这样的人称作傻瓜，如(16)，可用"등신、칠푼이、불량품"等来表达。

(14) 양다리면 어떻고 문어다리면 어때? 가장 좋은 사람 고르는 건데.《미워도 사랑해, 19회》脚踏两只船怎么了？脚踏三只船又怎么了？因为我们要挑个最好的人(结婚)啊。

(15) 다 이 아빠가 교통정리 제대로 못해서 이런 일이 생긴 거니까.《최고의 연인, 60회》都是爸爸我没有处理好(感情)关系，才发生了这种事情。

(16) 형 같은 사람을 뭐라고 부르는 줄 알아? 연애 등신, 연애 칠푼이, 연애 불량품.《아이가 다섯, 17회》你知道像哥哥这样的人叫做什么吗？叫恋爱白痴、恋爱傻瓜、恋爱残次品。

恋爱到一定时期，如果确定关系，现在会有求婚的程序，韩国语用外来语"프로포즈"。虽然有汉字词"구애(求愛)"，但其意义已发生变化，如(17)，可以用来比喻恳求别人，语义已经发生泛化，译成汉语时不能用"求爱"，根据语境可译成"哀求"。

(17) 당시 조 감독의 끈질긴 구애 끝에 주행의 대가로 불리

던 제프 페인(48·캐나다)이 숙소를 찾았다.《동아일보, 2018.02.15》当时在赵教练持续不断的哀求下，被称作滑行大家的Jeffrey Kalei Faine(48，加拿大)来到了选手住处。

7.4 准备结婚

韩国人受中国儒家文化的影响，准备结婚都有一套严格的程序。不过随着社会的发展有一些已经简化了，但仍然保留了父母见面、下礼单、定日子、测八字等传统程序。

7.4.1 父母见面、下礼单、定日子

当双方恋爱成熟准备结婚时一般会安排双方父母见面，称作"상견례(相見禮)"，如(18a)。"상견례"的基本义指正式见面，但并不仅限于有婚约的双方父母见面，如(18b)也可指普通的见面，可译成"会面"。

(18) a. 양가는 상견례를 하다 安排两家父母见面。

b. 문재인 대통령이 이르면 26일 대기업 전문 경영인 등을 초청해 취임 후 처음 재계와 공식 상견례를 한다.《동아일보, 2017.7.22》文在寅总统最快将于26日宴请大企业的专业经营人士，这将是他就任后第一次与财经界人士会面。

一般父母双方见面时会谈论女方要准备的礼单和男方要准备的房子等问题，而"예단(禮單)"一般是必须准备的，关于礼单的作用，电视剧《최고의 연인, 88회》做了很好的说明：

(19) 예단이란 건 시댁에 내 딸 잘 봐달라고 보내는 일종 뇌물 같은 건 알고 있습니다. 제가 하는 만큼 저희 딸 잘 좀 부탁드립니다. 我知道所谓的礼单其实是让婆家人好好对待自己女儿的一种贿赂，我会尽最大努力准备礼单，也拜托您好好待我们女儿。

正因为礼单所具有的这种特殊作用，所以自古以来韩国人嫁女儿时都要好好为婆家人准备礼单，韩国语里有很多俗语反映的就是嫁女儿负担重这种社会现象，如表1所示：

[表1] 与嫁女儿有关的俗语

俗语	意义
딸 먹는 것은 쥐 먹는 것 같다	比喻因女儿而花掉的费用总和非常大；也比喻就像无法阻止老鼠偷吃那样，给女儿的费用是省不掉的。
딸 삼 형제 시집보내면 좀도둑도 안 든다	嫁女儿花钱，而出嫁的女儿总有从娘家拿走东西的习惯，所以以女儿多了，财产就会越来越少。
딸 셋을 여의면 기둥뿌리가 팬다	
딸이 셋이면 문을 열어 놓고 잔다	
딸이 여럿이면 어미 속곳 벗는다	比喻嫁女儿负担非常重。
딸이 하나면 과하고 반이면 모자란다	即使一个女儿，父母也会觉得负担非常重。
딸은 산적 도둑이라 하네	女儿出嫁后总喜欢从娘家拿走东西，和强盗差不多。

딸은 예쁜 도적	养女儿和送她出嫁后都比养儿子花钱，使娘家的财产日益减少，但因为爱女之心，反而觉得很可爱。

双方父母见面定结婚日子，称作"택일(择日)"，选结婚日子本来一般是新娘一方选日子，但有时男方也可代行。

7.4.2 倒插门与婚姻

关于婚后的住处，在韩国一般是住在婆家，或由婆家准备新房让新人分家单过。但偶尔也会有入赘一说，也就是新人搬入女方家中居住，与中国的"倒插门"类似。韩国的"倒插门"主要流行于高丽时期(이현희 외 2006/2016:49)，一直到17世纪前，女性婚后住在娘家的情况还比较普遍(김명희等 1992:242)。不过，"倒插门"已经被中国人申请了联合国非物质文化遗产。

随着社会的发展，"倒插门"在韩国也引发了新老两代人不同价值观念的冲突。例如电视剧《별난 가족, 53회》中，面临儿子구윤재婚后住哪儿的问题，家里展开了激烈的交锋：

(20) 구윤재 엄마: 뭘? 데릴 사위? 너 지금 이것 말이라고 해? 什么？倒插门？你这叫人话吗？

구윤재: 아직 결정난 것 없어요. 그냥 생각해 보기로 했어요. 还没有最后决定. 还在考虑之中.

구윤재 아빠: 생각할 것 뭐가 있나? 옛말에도 '겉보리 서말만 있어도 처가살이는 안하겠다'. 다신 그 말도 안 되는 소리 내 앞에 꺼내지도 말아. 有什么

好考虑的？俗话说"就是有三斗大麦也不倒插
门"，以后这种没道理的话不要在我面前再说
第二次。

구윤재 삼촌: 형님도, 요즘 어떤 세상인데요. 요즘 생활
비 아낀다고 전략적으로 처가살이하는 남자들
도 많대요. 哥，你也太落后了。现在是什么世
道了？听说现在为了节省生活费而故意倒插门
的男人多的是呢。

구윤재 형: 맞아요. 꼭 여자만 시집살이하라는 법이 있
나요？ 남자도 사정이 있으면 처가살이 할 수 있
다고 봐요. 제가. 就是。哪有光让女人嫁到婆家
来的道理啊？我觉得如果事出有因男人也可以
倒插门啊。

구윤재 엄마: 얘가 지금 무슨 소리 하는 거야? 시끄러
워… 你这孩子说什么胡话呢？烦死了……

……

구윤재 아빠: 여기 들어와 살 것 아니면 이 결혼은 없던
걸로 해. 如果你们不想搬进来住的话，这门婚
事就作废。

上文是两代人对儿子入赘所表现出的两种截然不同的观点。作
为老一代的父母坚决反对儿子入赘，而作为新一代的叔叔、哥哥以
及当事人却认为根据情况也可入赘进入女方家生活。

不过倒插门的生活并不好过，电视剧《가족을 지켜라, 106회》
借助饮食语言"짬뽕"和"짬뽕 곱빼기"进行了非常形象的对比，
如(21)。

345

(21) 남자한테는 시집살이보다 더 매운 것은 처가살이야. 말
하자면 시월들은 짬뽕이면 처월은 짬뽕 곱빼기 같은 거
야, 뭘 해도 두배 세배 힘들다고 생각하면 돼. 与媳妇的
婆家生活相比，更难的是男人在丈母娘家生活。也就
是说，婆家生活是杂烩的话，那丈母娘家的生活就是
大杂烩。你就这样想吧，就是不管干什么都要难上好
几倍。

倒插门的男人称作"데릴사위"，适合做倒插门女婿的人称作
"데릴사윗감"，还用来比喻言行非常稳重的人，也用来嘲笑得不到
别人喜爱的人。第一个比喻意义的形成与倒插门男人一般应该具有
的稳重特点有关，第二个比喻意义的出现是因为倒插门的男人一般
不受人喜爱。从这些比喻意义的产生也能看出韩国社会对倒插门的
偏见。

韩国语还有"가르친사위"，贬称那些没有任何创造性总是按照
别人的指示行事的人，如(22)。

(22) 강쇠는 여태까지 동네 사람들뿐만 아니라 자기 아내한
테도 무슨 일이나 가르친사위로 그저 시키는 대로만 고
분고분했었으나, 이번에는 그것이 아니었다.《송기숙,
녹두 장군》到现在为止，铁牛(人名意译)都很温顺，
不仅是对村里的人还是对自己媳妇都是言听计从，但
这次却不是了。

与"가르친사위"有关的还有"노목궤(櫨木櫃)"，比喻不知
变通的笨人。这个意义源于一个故事，过去一个老人做了个栌木柜

子，里面装上了五十五斗米，说谁猜中了就让谁当女婿，结果一个做买卖的猜中做了女婿，后来丈人一叫他，他就说"노목궤, 쌀 쉰닷 말"(홍만종, 명엽지해(蓂葉志諧))(박갑수 2015:385)。因此，"노목궤"就产生了不知变通之意。

7.4.3 四柱八字的意义

对中韩两国人来说，自古都有测四柱八字的习俗，韩国语称作"사주(四柱)、팔자(八字)"。四柱八字指人出生时的年月日时，是一个人出生时的干支历日期，多用来指人的命运。中国在1949年前与韩国一样，结婚要交换八字，把女儿的生辰八字庚帖送到男方那里，即意为同意结婚(钱冠连 2004:70)，不过现在中国这种风俗已经不太常见了。但韩国还比较讲究这些程序，如(23)。

(23) 이것 사주단자예요. 원래 이것 택일하기 전에 보내는 것
　　순서인데…《우리집 꿀단지, 78회》这是四柱，本来这
　　个要在选日子前送来才是正常顺序……

韩国人在日常生活中还常用"四柱八字"来说事，所以就有了很多与四柱八字有关的俗语和惯用语。

7.4.3.1 命运天定

韩国语里反映命运天定思想的主要是俗语，如表2所示：

	俗语	意义
1	팔자에 없다	命里没有的，指不适合，过分。
2	사주에 없다	
3	사주에 없는 관을 쓰면 이마가 벗어진다	如果戴上命里没有的官帽额头就会被磨破皮，比喻当上了不合自己命运的官结果很难受；也比喻硬着头皮干不合自己分寸的事情，最后反受其害。
4	사주팔자는 날 때부터 타고난다	自己的命运是逃脱不掉的。
5	팔자 도망은 못한다	
6	팔자는 독에 들어가서도 못피한다	
7	사나운 팔자는 불에도 타지않는다	
8	산천 도망은 해도 팔자 도망은 못한다	
9	부모가 반팔자	人的命运是天生的，是取决于父母的。

[表2] 与命运有关的"四柱八字"俗语

如上，这些俗语都与人的命运有关，反映的都是一切由天定的宿命论思想，现代社会还出现了变形的"공부 잘하는 년, 얼굴 예쁜 년이 팔자 좋은 년 못 따라간다"，意思是学习好、长得好也不如命好，强调什么都不如命好。

7.4.3.2 好命

命运不外乎两大类，好的命运与不好的命运。韩国语里与好命运有关的表达非常丰富，如表3所示：

[表3] 与命好有关的表达

	表达	意义
1	상팔자(上八字)	
2	호팔자(好八字)	命运很好。
3	곽분양팔자(郭汾陽八字)	
4	개팔자 상팔자다	没有任何忧愁、可以好吃好喝的生活；自己的命运实在是太差了，还不如狗的命好呢。
5	쌀고리에 닭팔자	比喻突然处于不愁吃喝、享福的情况下。
6	매팔자	比喻虽然游手好闲但却不用担心吃喝的情况。
7	팔자(가) 늘어지다	没有担心和忧愁、生活舒服。
8	팔자를 피다	改变命运。
9	팔자가 치솟다	命运变好。

如上，表达命运好的可以有词语，如1-3中的"상팔자、호팔자、곽분양팔자"，其中"상팔자、호팔자"是直抒性的表达，而"곽분양팔자"这个词源于中国唐朝汾阳王郭子仪，因为他最后被高封为汾阳郡王，命运不是一般的好。

韩国语还用动物来比喻命好，如4-6，分别与狗、鸡、老鹰有关，其中"매팔자"中的"매"是老鹰，韩国以前富人经常饲养老鹰来打猎，这些老鹰都是不愁吃喝的。因为这三种动物都有主人给准备吃喝或者米篓里有米不用担心挨饿，因此可以比喻命好。

根据以上表达可以发现，对古代人来讲，"命好"不外乎吃喝不愁，再外加高高在上的富贵身份。随着社会的发展，"命好"的概念也在不断发生变化，如(24)中的惯用语"팔자 늘어지다"指的是对话中所谈到的二女儿在首尔新买上了房子，并且一直在家待业的老公也有了工作。这个惯用语很多情况下还用来表达否定意义，如(25)。

(24) 둘째 딸 팔자 늘어진다 늘어진다 부산까지 늘어졌잖아
요.《왕가네 식구들, 7회》说是二女儿现在命好了，命
好了，那命好的名声都传到釜山了。

(25) a. 팔자 늘어진 소리. 젊은 게 쉴 시간 어딨어?《우리집
꿀단지, 24회》说什么享福的话啊，年纪轻轻的休息
什么？

b. 하여튼 언니는 늘어질 팔자는 못 돼.《내 사위의 여
자, 120회》姐，你反正是享不了福啊。

有时也用"팔자를 피다"来表达命运改变，如(26a)；但(26b)
意思是能者多劳多受累，所以还不如手艺不好。如果上了年纪的
人，则用"늦팔자 피다"，意思是老来得福。有时也用"팔자가 치
솟다"来比喻命运变好，如(27)。有时还有很多变形，如(28)。

(26) a. 이젠 허영달의 팔자가 활짝 피는 거야.《왕가네 식구
들, 17회》现在许荣达的命一下子变好了。

b. 맞아. 팔자 피려면 솜씨가 볼 품 없어야 돼.《그래 그
런 거야, 1회》就是，要想改变自己的命运，就不能
手艺好了。

(27) 남자가 바꾸면 팔자가 확 치솟을 줄 알았는데 맨바닥
이야, 맹탕, 허탕이야.《천상의 약속, 3회》我本以为换
个男人命会一下子有个大改观，结果还是老样子，没
劲，白忙活了。

(28) a. 팔자 좋은 소리 그만해. 你站着说话不腰疼。

b. 잘 나가는 우리집 풍비박산하게 만들어놓고 자기가
팔자 좋게 쇼핑이에요?《우리집 꿀단지, 99회》把

我们好好的家弄了个支离破碎，她却命好地去购物
啊？

如上，可以发现，在韩国人眼里命好的标准是像郭子仪一样富
贵，像狗、鸡、鹰一样不愁吃喝。与古代人相比，现代人的幸福标
准又多了几条，那就是要有车有房、有工作，还有就是能休息、购
物休闲。并且现在还出现了一些新的表达，如"돈팔자、대통령팔
자"等，表达的是对钱权的向往和追求。

7.4.3.3 命不好

韩国语的"팔자"单独使用时本身含有否定意义，例如，韩国
人在遇到不好的事情时，总是会慨叹"내 팔자야. 我的命啊"，有时
也会做出与他人有关的慨叹，如"지 팔자지, 뭐. 那是他的命。"

正因为"팔자"具有消极意义，所以经常与积极意义的"복
(福)"对比使用，如(29)中的"니 복"与"내 팔자"的对比。

(29) 야, 나 같은 남자를 만난 건 니 다행인 줄 알아라. 이 정
도면 여자가 헤어지자 하면 얼씨구 byebye하고 앤딩은
보통이야. 나 같은 남자를 만난 건 니 복이고. 너 같은 여
자를 만난 건 내 팔자다.《폼나게 살 거야, 2회》我说，
你要知道遇到我这样的男人是你修来的福分。这种情
况下，如果女人说分手，一般男人都会说："正合吾意
啊！"马上就和你拜拜、结束的。所以遇到我这样的男
人是你的福气，但是我遇到你这样的女人却是我的命
啊。

韩国语还有与四柱、八字有关的惯用语，如"사주(가) 세다、팔자가 세다、팔자가 사납다/기구하다/모질다"都表达命硬、命运多舛等意义。关于命不好的比喻性表达有"뒤웅박 팔자"，意思是命运像口很小的葫芦，比喻命运一开始如果不顺，那么将很难摆脱，如(30)。

> (30) 여자 팔자가 뒤웅박 팔자라구. 엄마 이래봬도 우리 면에서 뽑는 옥수수 아가씨대회까지 나갔던 인물이야. 그런데 니 아빠 만나서 옥수수는 커녕 말라 비틀어진 강정이 신세 아니냐?《우리집 꿀단지, 23회》都说女人命葫芦命。你别看你妈现在这样，我可是参加过我们面(相当于中国的县)里举行的玉米小姐大赛的。但是碰到你爸后，还玉米呢，都成了又干又硬的江米块了。

对韩国女人来说，命运好是丈夫好、孩子听话，如(31)。命运不好有多种形式，其中之一就是丈夫不好，如(32)。

> (31) 홍도는 남편복에 자식복에 상팔자 따로 없구먼.《내딸금사월, 11회》红桃真是命好啊，老公好，孩子又听话。
> (32) 내 팔자가 박복해서 저런 남편 데리구 살아요.《쾌걸춘향, 4회》我命不好，所以找了那种老公过活。

与女人命运不好还有很多俗语，如表4所示：

[表4] 与女人命硬有关的俗语

	俗语	意义
1	팔자가 사나우니까 의붓아들이 삼년 맏이라	命硬，再婚后的继子比自己大三岁，慨叹事情不如意。
2	팔자가 사나우면 시아비[총각 시아비]가 삼간 마루로 하나	命硬，公公或没结婚的公公辈的人有三大间房间那么多。比喻不可能存在的奇谈；慨叹女人的处境非常困难，令人咋舌。
3	팔자가 좋으면 동이 장수 맏며느리가 됐으랴	命好的话，还会当罐子商人的大儿媳吗？

如上，女人的命运主要集中在婆家人身上，俗语1、2分别与继子和婆家长辈有关。女人的命运也与劳作有关，如俗语3，因为每天顶着罐子去卖非常辛苦，这是用反问来表达否定意义，即命运不好。

正像托尔斯泰所说"幸福的家庭有同样的幸福，而不幸的家庭则各有各的不幸。《安娜·卡列尼娜》"，命好的标准很统一，即"有吃有喝有身份"，而命不好的标准却有一大堆，如"丈夫不好、继子年龄太大、公公很多、顶着罐子卖"等，这些反映的都是对幸福和不幸的不同的判断标准。

7.4.3.4 改变命运

在古代社会，对女人来说，改变命运最常用的办法当属结婚了，所以韩国语里的"팔자(를) 고치다"多指女人再婚，如(33)。在西方，通过婚姻改变命运的女人称作"灰姑娘"，韩国语为音译词"신데렐라"。不过在现代社会里，依靠婚姻改变命运的已不再局限于女人，男人也可通过婚姻改变自己的命运，对这样的男人，韩国称作"남자 신데렐라"，如(34)。汉语可译成"男版灰姑娘"，但一

般多表达为"入赘、倒插门"。

(33) 나 좀 팔자 고치면 안 되니?《우리집 꿀단지, 82회》我
想借改嫁来改变命运，不行吗？

(34) 무엇보다 타인의 눈에 남자 신데렐라 취급당하는 게 뻔
하기 때문에 아예 관심조차 두지 않았습니다.《빛나라
은수, 22회》最重要的是在别人眼里我肯定会被看作是
傍富婆的男人，所以我对她没有表示出一丝一毫的关
心。

对一般人来说，改变命运就是过上好日子，所以"팔자(를) 고
치다"也指曾经贫穷的人过上好日子，如(35a)。命运的好坏也与
身份的高低有关，身份高的人被认为是命好，所以"팔자(를) 고치
다"也指低身份的人得到地位、变成不同的人，如(35b-d)：

(35) a. 부동산 값이 올라서 팔자를 고쳤다. 由于不动产增
值，所以过上了好日子。

b. 국회 의원이 되었으니 이제 팔자 고치지 않았겠어?
现在成了国会议员，是不是改变命运/鲤鱼跃龙门
了？

c. 그건 팔자 고치는 것 아니라 팔자 확 뒤집어진 거라니
까요.《불어라 미풍아, 15회》这不是命好，简直是
打翻身仗啊/这不是改变命运，而是改了八辈子的命
运啊。

d. 영광을 팔아서 팔자를 고치려고 그러는 거야? 영광의
행복이 안 중에도 없어?《최고의 연인, 86회》你这

是拿荣光来换身份啊？你就一点也不考虑荣光的幸

福啊？

由此可见，"팔자(를) 고치다"的三个意义分别代表了自古至今
韩国人对婚姻、温饱、身份的一般理解。

韩国语里与"팔자"有关的一些俗语所反映的思想是比较有教
育意义的，如"사람 팔자 시간문제"意思是人的命运瞬间可以改
变，其前途不知道会变得如何。"팔자는 길들이기로 간다"指习惯
会变成天性并左右人的一生。而"생각이 팔자"指如果周密地思索
并渴望，那么自己的想法就会实现，就会成为自己的命运。韩国语
还有"늘품(-品)"指将来能有大发展的品质或品行，也就是说要想
改变自己的命运最终还要看自己的品质和品行。另外还有俗语"팔
자도 걱정이다"嘲笑做无谓的担心或者管别人的闲事，如(36)。

(36) 웬 할머니가 걱정도 팔자야, 자기가 이 동네를 다 맡았
나?《박완서 단편선》一个老太太你担心什么啊，你自
己把整个地方都负责了吗？

7.4.4 看八字

由于韩国人特别重视人的八字，所以在谈婚论嫁时，很多韩国
人都会去测"궁합(宫合)"，就是看两个人的八字，即"궁합을 보
다"，以此来判断双方是否可以结为夫妇，如(37)。而汉语多用"天
作之合"或"般配"等。不过就像俗语"제 마음에 괴어야 궁합"
所说，所谓的八字、宫合实际是人们的一种美好愿望，因为只要心

里愿意自然就顺眼，就是天作之合了。

> (37) 지금 세진이 택일 받아온 길이야. 다행히 궁합이 좋다
>   네.《천상의 약속, 20회》我刚给世珍选日子回来，挺
>   不错的，说两人是天作之合/很般配呢。

韩国语里说两人是天作之合时，可用年糕作比喻，因为韩国人在举行婚礼前，新郎家要给新娘家送"함"，而新娘家要准备相应的饭菜来招待，其中就一定要有"찰떡"，这与年糕的特性有关，如(38)，意思是夫妻关系像年糕一样如胶似漆，这里用了动词"달라붙다"，并且韩国语里动词"붙다"也俗指男女关系亲密或发生性关系。所以非常好的婚姻关系称作"찰떡궁합 天作之合"。

> (38) 우리 큰손녀, 큰사위 부부금실 이 찰떡마냥 짝짝 달아붙
>   을 것이다.《우리집 꿀단지, 79회》我们大孙女、大孙
>   女女婿的夫妻关系会像这糯米年糕一样如胶似漆的。

"궁합"还产生了一些比喻意义，指饭菜等对路，如(39)。有时也用"궁합 맞다"比喻合得来，如(40)。"궁합"还有"일궁합"，指一起工作得很和谐，如(41)。

> (39) a. 술과 요리는 궁합이라는 게 있습니다. 酒和食物之间
>   有搭配一说。
>   b. 삶은 오징어에 이렇게 잘 삭은 파를 말아먹으면 환상
>   의 궁합이지요.《우리집 꿀단지, 77회》煮熟的鱿鱼
>   和腌好的小葱这样一起卷着吃，那简直是绝配/黄金

搭配啊。

    c. 검은 콩을 먹을 때 다시마랑 같이 먹는 게 좋아. 완전 궁합이다.《사랑이 오네요, 78회》吃黑豆时最好和海带一起吃，它们两个是绝配。

(40) a. 나 이 아저씨랑 궁합 맞아서 가게 한 번 잘 꾸려볼 테니까.《우리집 꿀단지, 70회》我和这位大叔很合得来，所以想一起来开店。

    b. 아유!우리 사위하고 나는 환상의 궁합이다.《우리집 꿀단지, 114회》哎哟，我们姑爷和我可是最佳搭档啊。

    c. 어머니랑 궁합도 안 맞는데 어떻게?《그래 그런 거야, 23회》我和(婆婆)妈又合不来，怎么办啊？

(41) 두 사람 일 궁합이 아주 척척인 것 같아.《사랑이 오네요, 49회》你们两个人的合作看起来真的很搭啊。

    随着社会的发展，现在年轻人结婚之前看八字合不合的比例有所减少，有的反而看宗教是否一致，因为这关系到婚后生活的方方面面，这也反映出宗教在韩国人心目中的地位是多么重要。

    关于婚后是否幸福，韩国语有俗语"이고 지고 가도 제 복 없으면 못산다"，这里是用两个动词"이다""지다"来比喻即使带去的东西很多，但如果没有福气的话也过不好，而"얼레빗 참빗 품고 가도 제 복이 있으면 잘 산다"意为即使没有太多的东西，但如果有福气也一样能过好。

7.4.5 看八字的后遗症

韩国历史上还有一种与八字有关的民俗传统，即"보쌈04(褓-)"。以前有身份人家的女儿如果测八字发现是与两个男人结婚的命，那么晚上就会用麻袋抓一个外边的男人来，让其与自己的女儿一起睡下后再将其杀死，那么自己的女儿就免了将来要当寡妇的命，之后就可安心地送女儿正常嫁人了。另外，"보쌈"也指因贫穷错过婚期的光棍晚上偷偷地用麻袋偷个寡妇来当老婆。从词的结构来看有两种分析方法，第一种是汉字词"보(褓)"与意为包住的固有词"싸다"的名词形式"쌈"结合形成的同义重复合成词；第二种是词组"보로 싸다"的名词形式。

现在这种风俗已消失，不过这个词语却存活了下来，并且用于日常生活，可与"하다、당하다"结合，如(42)。当然，有时"보쌈당하다"也有被劫持之意。"보쌈"的语义现在也发生了变化，"보쌈에 넣다"指用计使别人中招，如(43a)。相反，"보쌈에 들다"则指中别人的计，如(43b)。

> (42) a. 세현 오빠가 절 보쌈할 게 아니라면 축하는 이른 것 같네요.《강남 스캔들, 22회》如果世现哥不会强行抢亲的话，你们祝贺得就有点早了，(因为我不会和世现哥结婚的)。
>
> b. 어디까지 맞추라고? 널 그냥 보쌈해 가겠다고 해도 맞춰?《가족을 지켜라, 113회》还得怎么听他们的啊？如果他们说直接把你抢走，那也得听他们的吗？
>
> c. 까딱하다가는 엄마 작은 아들이 예원이한테 보쌈당할 수 있다니까.《가족을 지켜라, 109회》要是不小

心的话，妈您的小儿子就要被艺媛给打包抢跑了。

(43) a. 그를 보쌈에 넣어 골탕 좀 먹여야겠다. 得设个计给他
点苦头吃。

b. 그놈들이 농간을 부린 줄 모르고 보쌈에 들어 아주
혼이 났다. 没想到他们会耍奸，被他们骗了，吃了
大亏。

韩国语还有与饮食有关的"보쌈03"，主要有两个意义，第一个
指将牛头或猪头煮熟去骨后用布包包住做成的肉冻；第二个指将煮
熟的猪肉切成片再用菜包着吃。虽然《표준국어대사전》将表示民俗
意义的"보쌈04"与表示食物的"보쌈03"两个词标注成了同音词，
但从意义上看，两者之前应该是同源词。

7.4.6 结婚请柬、戒指

结婚之前，为了邀请亲朋好友来参加婚礼会印发请柬，这种请
柬韩国语称作"청첩장(請牒狀)"，虽然"청첩장"本义是请柬，但
因为经常用来通报结婚消息，所以"청첩장 찍다 印请柬"被用来转
喻准备结婚。但汉语"请帖"并没有这种转喻意义，所以有时根据
语境可以直译，如(44)；但有时需要意译成"结婚"，如(45)；或者
译成"结婚请柬"。

(44) 변준배(전남편): 나도 청첩장 찍어야지. 我也得印请帖
(结婚)啊。
한선숙(전부인): 청첩장? 누구랑? 请帖？和谁？

변준배: 응, 그건 비밀! 《오늘부터 사랑해, 90회》嗯，但这是秘密！

(45) 나는 승혜 언니가 사장님과 청첩장 찍을 줄 알았거든요.《오늘부터 사랑해, 91회》我还以为盛惠姐会和老板你结婚呢。

现代人结婚都会准备求婚戒指，所以戴戒指也被用来转喻结婚，如(46)。

(46) 그러면 뭐 해? 반지 다 끼고 청첩장 받고 다했는데.《오늘부터 사랑해, 93회》那还能有什么办法啊？她已经戴上了戒指、收了结婚请柬，(结婚时)该干的事情都干完了。

7.5 结婚仪式

韩国人的结婚仪式主要分两类，一类是传统婚礼，一类是西洋婚礼。

7.5.1 传统婚礼

韩国传统婚礼中，基本程序是新郎先去新娘家，在新娘家里举行婚礼，四天后再领着新娘到自己家中，所以对男人来说，结婚就要先去丈人家(장가)里，而女人则要去婆家(시집)，因此，男人结

婚称作"장가가다",女人结婚称作"시집가다",这是用动作来转喻事件。根据这种风俗,还产生了"동상례(東床禮)"或"신랑 다루기",有两个意义,一个指婚礼结束后新郎在新娘家里招待自己的朋友,另一个是婚礼后双方的朋友或亲戚折磨新郎,主要是打新郎的脚板子,称作"족장(을) 맞다、족장을 치다"。

7.5.1.1 新郎与马、服饰

古代韩国人结婚时,新郎都要骑马去迎亲,所以就有了与马有关的俗语,如"말 발이 젖어야 잘 산다"意为新郎娶亲时所骑的马的蹄子要湿了,夫妻才会过好,这句话被用来安慰下雨天结婚的新人。对过去的人来说,结婚最大的任务就是繁衍后代,婚后生孩子是最大的孝道,汉语也有"不孝有三无后为大"的说法,所以韩国有了白发老翁娶亲的现象以及民谣《찔리야 꽃》。韩国语还有俗语"말 머리에 태기가 있다",意思是新郎骑着去迎亲的马头上有胎气,预示着马上就能怀孕,比喻事情从一开始就有成功的苗头。刚结婚就怀孕、出生的孩子也被叫作"말 머리 아이"。

韩国语还有俗语"마누라가 예쁘면 처갓집 말뚝 보고도 절한다",意思是老婆漂亮了,不仅见了娘家人就磕头,就是对着娘家的马橛子也磕头。因为新郎是骑马去迎亲,自然到了新娘家首先要先把马拴在马橛子上,也就是说,马橛子是进入女方家所接触到的第一个物件,因此才会用对着马橛子磕头来表达对女方家的感谢。但是在现代社会,一般不再骑马,而是坐车,所以现代社会多用车的类型来比喻新郎的级别。中国一般用"爱屋及乌"表达这种爱的延伸之情。

再看新郎官的服饰,传统婚礼中,韩国新郎官一般骑白马,穿官袍,腰竖角带,头戴乌纱帽,这种服饰称作"관디",在过去是

官服，后来成了新郎礼服，与此相关有俗语"신랑 마두에 발괄한다"，意思是误把新郎官当成达官贵人，所以抓着新郎官的马头喊冤，比喻不合时宜的丢人现眼的情况。

7.5.1.2 新娘与胭脂、院子、花轿

韩国传统婚礼中，新娘子一般要用胭脂在额头上点上红色的圆圈，称作"곤지、단지(丹脂)"，马未都(2017(1):234)认为这种妆容是受中国唐朝女人妆容的影响并发生异化而形成的，唐朝女人在脸上点的红点比较小，但韩国人点的红点比较大。서정범(1986:92)认为韩国新娘子点红点是为了防止鬼神近身。

因为"곤지"是韩国举行传统婚礼的代表性标志，虽然现代韩国人多采用西方的结婚仪式，但韩国语里有时仍然用"연지곤지 찍다"来转喻结婚，如(47)。译成汉语时，因为中国现代婚礼中没有这种习俗，也没有产生类似的转喻意义，因此多需译成"结婚"。

(47) 선 봤다고 다 결혼해? 결혼 날짜부터 먼저 잡아. 그리고
　　그 아가씨가 연지곤지 찍어놓으면 그 땐 휘경이 인사 이
　　동이야. 《천상의 약속, 21회》谁说相亲就得结婚啊？
　　先把结婚日子定好吧。另外，等那女孩子(和辉京)结
　　了婚，那时候再给辉京升官。

过去传统婚礼一般都在新娘家的院子里举行，所以"마당을 빌리다"可转喻结婚。不管是传统婚礼，还是现代婚礼，一般新娘都是最后入场，所以"식장에 들어가다"转喻结婚的完成，如(48)。

(48) 평범한 집안의 애가 아니고 식장 안에 들어가봐야…
　　《천상의 약속, 21회》她家又不是一般家庭，所以要
　　最终进入结婚礼堂才算(结婚)……

　　韩国传统婚礼中，新人行结婚礼时有夫妻对拜这个仪式，过去是男人拜一次，女人拜两次，反映的是男尊女卑思想，现在提倡平等，改成了男女都对拜两次。这与中国不同，中国传统婚礼中首先要拜天地，所以"拜天地"可以转喻结婚。但韩国人的婚礼中没有拜天地这一仪式。

　　婚礼过后，新娘子都是坐花轿去婆家，与此相关有俗语"철 묵은 색시"，指结婚后很长时间不去婆家的新媳妇，而"철 묵은 색시 가마[승교] 안에서 장옷 고름 단다"，意思是不提前准备，事情到了眼前才急匆匆地抓瞎。

7.5.1.3 婚礼与蜡烛、红豆、大米、水

　　不论韩国传统婚礼还是现代西方婚礼，一般都会出现蜡烛，多在礼桌的两侧各放一支蜡烛，举行婚礼时需要点着。这个蜡烛称作"화촉(華燭)"。因为花烛在韩国婚礼仪式中的特殊意义，所以"화촉을 밝히다"可转喻举行结婚仪式，如(49)。中国文化里一般是在洞房里点花烛，所以有了"洞房花烛"或"洞房花烛夜"，有时也用"点花烛"。

(49) 부모님은 너무 가난해서 찬물 한 그릇 떠 놓고 화촉을 밝히셨습니다. 父母太穷了，所以倒了一碗水就点花烛结了婚。

男女双方婚礼结束退场时，来宾们会向一对新人撒红豆和大米，但是至于其中的含义即使是韩国人有的也不明白，电视剧《월계수 양복점 신사들, 53회》对此做了解释，如(50)，也就是说是撒红豆和大米是为了"辟邪"和"增福"。

(50) 팥은 부정을 막고 쌀은 재산을 불리라는 의미에서 새신
랑, 새신부에게 던져주는 거예요. 给新郎、新娘扔红豆
和大米是因为红豆可以辟邪，大米可以增加财富。

韩国人如果结婚不举行仪式，那么会放碗清水，在清水面前互相施礼，就算结为夫妻，如(51)。

(51) 혼례는 무슨? 아니야. 주책 떤다고 욕 먹는다. 그냥 정화
수 한 그릇 떠놓고 하면 돼.《옥중화, 41회》举行什么
婚礼啊。不弄了。要不别人会笑话我们不知羞耻的。
只要准备碗清水，简单施个礼就行了。

电视剧《폼나게 살 거야, 36회》中나노라与신기한结婚时也没有举行正式的婚礼，而是在大厅里放张小桌子，上面摆了一碗清水，在母亲的见证下，两人互相跪下磕头，就算结成了夫妻。

7.5.1.4 洞房花烛夜

婚礼结束后要入洞房，入洞房是成人男女跨入婚姻生活的最后一关，非常讲究仪式。与此相关有俗语"첫날밤에 속곳 벗어 메고 신방에 들어간다"，意思是洞房之夜把内衣脱了搭在肩上进入新房，

比喻凡事不讲究规则，做事非常不知廉耻。

新婚之夜汉语多用"洞房花烛夜"来表达，之所以出现这种意义，与过去传统婚礼中洞房内用蜡烛照明有关。韩国语一般用"꽃잠"来表达，这个词指洞房花烛夜，也指熟睡，如(52)。

> (52) 지산 서당에서 항상 대기를 하고 있던 젊은이들은 밤늦게까지 이야기를 하다가 꽃잠이 들어 있었다.《송기숙, 녹두 장군》需要经常在芝山书堂值班的年轻人聊天聊到半夜，现在都进入了甜蜜的梦乡。

7.5.2 西洋婚礼

随着西方文化的传入，现在很多韩国人也开始接受西洋婚礼，西洋婚礼中有一类人称作"들러리"，指引导新人进入结婚礼堂的人，但没有性别区分，如"친구의 결혼식에 들러리를 서다. 在朋友婚礼上当伴郎/伴娘"，相当于汉语的"伴郎、伴娘"。因为"들러리"是新人的陪衬，不是主角，因此"들러리"还被用来比喻做某事时不是事情主体而是陪衬或那样的人，如(53)。

> (53) 첫 회의에 참석한 순간 나는 들러리라는 것을 알았다.《조선닷컴, 2016.11.02》参加第一次会议的瞬间，我就明白了我不过是个陪衬。

"면사포(面纱布)"指结婚时新娘子戴在头上的头纱。因为穿西方婚纱结婚必须带头纱，所以带头纱可以转喻结婚，如电视剧《사

랑이 오네요, 7회》中，妈妈劝自己是婚纱设计师的女儿结婚时，说道：

(54) 남의 면사포는 그만 씌우고 니 것 좀 써봐. 你不要再给
别人戴头纱了，自己也戴上(结婚)吧。

当然有时"웨딩드레스、면사포"可一起使用来转喻结婚，如
(55)。

(55) 언니 웨딩드레스도 입히고 면사포도 씌워야지.《사랑
이 오네요, 31회》我们要给姐姐穿上结婚礼服、戴上
头纱，送她出嫁啊。

7.5.3 结婚与食物

结婚会与很多食物发生关系。例如：

(56) 월매: 뜸은 다 들인 것 같습니다. 现在到时候了。
몽룡부: 그럼, 이제 밥상을 차려야지요.《쾌걸춘향, 8
회》可以让他们圆房了。

这是剧中春香的母亲月梅与梦龙父亲的对话，说的是两个孩子现在的感情已经成熟了，可以圆房了。但用的是都是饮食用语，其中"뜸을 들이다"为焖饭，"밥상을 차리다"为摆好饭桌。
如果焖饭时间过久，饭就有可能糊了，因为过去是用明火做

饭，而不是用电饭锅，所以韩国语也用"뜸을 들이다 밥 타다"来比喻过犹不及、坏事，如(57)。

> (57) 이제야말로 때가 왔나 보다, 무조건 휘어잡아서 바로 날짜를 잡아버려. 뜸을 들일 시간 없다. 뜸을 오래 들여봐야 밥이 타지. 《왕가네 식구들, 17회》现在看来到时候了。你一定要把他牢牢地套住，马上定日子(结婚)，没有磨蹭的时间。拖长了会坏事的。

如上，可以发现韩国人经常用焖饭或者饭糊了来比喻与结婚有关的时间问题。中国人一般用"生米煮成熟饭"来比喻男女确定两性关系。

确定关系、正式结婚前，新郎要给新娘家里送"채단(采緞)、예장(禮狀)"，称作"봉치"，这些礼单或彩礼一般用箱子装着，称作"함(函)"，而新娘家里要准备"봉치떡"来招待，如(58)，这种糕具有很强的文化性。中国人结婚喜宴上一般也会上"喜糕"。

> (58) 작고로 봉치떡은 신랑 신부는 액을 면하고 부부 금슬이 찰떡처럼 좋아지는 의미에서 정성들여 만든 거라 애미 손으로 만드는 게 제일이지. 《월계수 양복점 신사들, 44회》自古以来花费精力做喜糕目的是为了帮助新郎与新娘子免除厄运，让夫妻感情好得像年糕一样亲密，所以由母亲亲自来做最好。

在新郎给新娘家送"함"的时候，一般都是家里人、朋友参加，但偶尔也会有不速之客出现，所以出现了俗语"봉치에 포도군

사", 比喻不相关的人出现在宴会或其他场所, 类似的还有 "사돈 (의) 잔치에 중이 참여한다".

举行结婚典礼时, 一般要在 "초례상(醮禮床)" 上准备 "도래 떡", 指又大又圆的白色糕, 因为这种糕没有里外之分, 所以俗语 "도래떡이 안팎이 없다" 比喻非常圆滑很难做出判断。婚礼过程中, 新人要共饮一杯酒, 用来盛酒的是一个匏瓜一分为二做成的两个小瓢子, 这个仪式称作 "合卺" 礼。这种婚礼共饮一杯酒或交换饮酒的仪式存在于很多文化中, 象征着团结统一(维萨 2015:233)。此外, 中国人的传统婚礼中, 新人要共吃一碗宽心面。相反, 北美的传统婚礼上, 新娘要与新郎分吃第一块蛋糕(维萨 2015:79)。

因为结婚要宴请宾客, 所以韩国语里宴请意义的 "잔치" 可以转喻结婚仪式, 如(59a), 动词 "잔치하다" 也转喻举行结婚仪式, 如(59b)。

(59) a. 그 가을에 덕이와 봉녜의 잔치가 있었다. 《이범선, 학
마을 사람들》 那年秋天, 德和凤办酒席结婚了。
b. 해순이, 우리 날 받아 잔치하자! 《오영수, 갯마을》
海顺, 我们选个日子办酒席结婚吧。

因为韩国人婚宴上宴请宾客必须有面条, 所以韩国多用 "(잔치)국수는 언제 먹이냐?" 来询问对方何时结婚, 而中国人多问 "什么时候喝你的喜酒啊?" "什么时候请我们吃喜糖啊?" 因为中国婚宴上一般都要敬客人喜酒喝, 给客人送喜糖吃。两个国家都是用婚宴上的食物来询问何时结婚, 这一点是一致的。

7.6 婚姻登记、悔婚

关于婚礼与结婚仪式，中国人一般是先登记结婚然后举行婚礼。韩国与中国不同，一般先举行结婚典礼，然后再登记结婚，如果反过来就显得比较反常。

(60) 근데 별일이네. 왜 식도 올리기 전에 신고부터 먼저 했대? 《돌아온 복단지, 2회》这真是奇怪啊！怎么还没举行结婚典礼就先登记结婚了啊？

(61) 강태준(남친):너 정말 말 안 들을 거야? 요즘 혼인신고 먼저 하고 결혼식하는 사람 많아. 그냥 순서가 좀 바꿨을 뿐이야. 你真不听我的啊？现在也有很多人先登记再举行仪式，只不过是顺序变了而已。

이나연(여친):그냥 가다 와서 식 올리고 혼인신고 하면 돼. 《천상의 약속, 9회》等你回来举行了仪式再登记吧。

如上，(60)是剧中姑姑得知侄子背着侄媳妇登记结婚后所说的话。(61)是剧中主人公想与女主人公先登记结婚，但女主人公却不同意，坚持将来举行典礼之后再登记。也就是说，韩国人结婚一般都是先举行婚礼再登记，两者顺序不能颠倒。

如果结婚出现问题则会出现退婚或悔婚，韩国语称作"결혼을 물다"，如(62)。

(62) 어쩌시게? 마사장하고 우리 세라 결혼 물리기라도 하시

게예요?《당신은 선물, 69회》你想怎么样啊？难道你
想悔婚啊？想让马社长和我们世拉的婚事作废？

7.7 婚姻生活

中国人认为婚姻是围城，外面的想进去，里面的想出来，而韩
国人认为婚姻是篱笆，是给女人提供庇护之所的，称作"울타리"。
不过从婚姻的消极角度看，中韩两国都把婚姻看成了坟墓，如"결
혼은 인생의 무덤이다.《아버지가 이상해, 15회》结婚是人生的坟
墓。"婚姻生活可以从婚姻与称谓语、婆媳/姑嫂关系、丈母娘和女
婿的关系、亲戚关系等来分析。

7.7.1 婚姻与称谓语

韩国恋人之间经常称呼"우리애기"，而中国人一般会称呼对方
为"宝贝、宝宝"等，这些称呼反映了"早期母子关系在成年恋爱
关系中的再生、重现和复燃，是一个十分古老的关系的复活。……
这些称呼让我们回忆起，小时候母亲就是这么宠爱地叫我们的。从
象征意义上来说，夫妻关系似乎存在一种神秘的联系，那种我们失
去很久但一直渴望着的早期母子关系"(曼弗雷德 2010/2016:30)。

恋人时期的称呼可以非常亲密，禁忌少，但婚后韩国夫妻之
间的称呼比较受限，一般不能直呼其名，尤其是对丈夫，如电视剧
《월계수 양복점 신사들, 13회》中，복선녀一般称呼丈夫배삼도为
"삼도씨"，但是喝醉酒后就会说"삼도야"，而此时丈夫的反应是：

(63) 삼도야?! 남편 이름을 무슨 동네 강아지 부르듯이 하네.
　　　완전히 맛이 갔구먼, 이 여자. 三道啊？！叫老公的名字
　　　就像唤街上的狗啊，看来你真是疯了！你这女人啊。

　　这反映的其实是一种男尊女卑思想，即丈夫的名字不能随便
叫，尤其不能用"名字+야"。

7.7.2 儿媳妇的婆家生活

　　韩国人在称呼儿媳妇时一般叫作"애기、아기、새아가"，对
别人提起自己的儿媳妇时用"우리 며늘아기"，조현용(2017:221)认
为这种称谓语反映了韩国人将进入婆家生活的儿媳妇视作小孩子，
即使有所失误或犯了错也会包容她的心理，但韩国儿媳妇们真实的
婆家生活却完全是相反的，所以他认为这反映了韩国人的言行不一
致。

　　韩国女人婚后都要在婆家过节，尤其是当丈夫是长子长孙时，
因此根据这一习俗可以判断女人的婚姻状况，如电视剧《황금빛 내
인생，11회》中，当看到선우희中秋节与娘家父亲在一起时，강남구不
禁怀疑地自言自语道：

(64) 왜 추석에 친정아버지하고 있는 거지? 남편은 장손이라
　　　그랬는데. 中秋节她怎么和娘家爹在一起啊？她丈夫听
　　　说是长孙啊。

　　其实，剧中，선우희因家暴早就离婚了。也就是说，在韩国

人眼里，儿媳妇过节不在婆家过是不合礼数、不正常的，让人怀疑的。

　　韩国女人一经出嫁就成为婆家的一员，从而担负起照顾公婆、祖父母等长辈的责任，对这种现象有专门的词语"층층시하(層層侍下)、중시하(重侍下)"。过这种生活的媳妇永远都是战战兢兢的，无法舒心。如果是新进门的儿媳妇更是如此，与新媳妇有关有俗语"층층시하에 줄방귀 참는 새댁처럼"，意思是就像大家族中忍着一串屁不敢放的新媳妇一样，比喻难以忍受的困难。

　　儿媳妇在婆家的生活韩国语称作"시집살이(媤---)"，并且具有消极语义韵，其修饰语或谓语都是消极意义的词语，如(65)。并且韩国还产生了歌曲——"시집살이요(----谣)"，表达的了对婆家生活的一种抱怨。

　　(65) a. 한 많은 시집살이 怨气深重的婆家生活

　　　　　b. 호된 시집살이 难捱的婆家生活

　　　　　c. 시집살이가 고되다/어렵다 侍奉公婆的日子非常难

　　　　　d. 개도 힘들어. 원래 시집살이는 숨 마셔도 가시방석인
　　　　　　 거야. 《빛나라 은수, 44회》她也挺累的。本来在婆
　　　　　　 家生活就是喘气都觉得很难受的。

　　因为在婆家生活不如在娘家的生活舒心，感觉到处有人在监督，尤其是婆婆的监督，所以"시집살이"可以比喻在别人手下工作时受到严密监督和干涉，如(66)。此外还出现了"장모 시집살이、며느리 시집살이"，如(67)。

　　(66) 그는 회사에서 부장에게 겪는 시집살이에 스트레스를

받고 있다. 在公司里，他为部长的监督和干涉而压力倍增。

(67) a. 요즘에는 시어머니 시집살이보다 더 치사하고 배알 꼴리는 게 장모 시집살이라고 하잖아요?《월계수 양복점 신사들, 9회》现在不是说比婆婆的折磨相比，更卑鄙、更让人难以忍受的是丈母娘的折磨吗？

　　b. 요즘 세상은 어떤 땐데? 요즘 시어머니가 며느리 시집살이하는 시대예요.《해피 시스터즈, 46회》现在是什么时代了？现在是儿媳妇给婆婆气吃的时代了。

　　如上，"장모 시집살이" 与 "며느리 시집살이" 这种看似矛盾的表达的出现说明 "시집살이" 中的 "시집" 已失去了具体意义。这也说明，"시집살이" 所蕴含的 "监督、令人窒息、卑鄙" 等意义非常突出并且有广泛的社会共享基础，即东方儒家文化圈里婆媳关系是个永远难以解决的难题，所以 "시집살이" 才会发生这样的语义抽象。汉语里则是 "婆婆" 产生了抽象化，比喻具有监督和约束权力的顶头上司。

　　韩国语里婆媳矛盾称作 "고부갈등"，这种婆媳矛盾表现在社会的方方面面，如：

(68) 나노라(언니): 문제는 폭탄은 얘한테 떨어진 것 아니냐? 싸움은 지들이 하고 설거지는 얘한테 떠넘기고. 이게 바로 며느리라는 비애이지. 问题是炮弹不是都叫雅罗给挨上了吗？他们之间吵架，结果厨房的活都给雅罗了。这就是儿媳妇的悲

哀啊。

나아라(동생): 며느리도 아니면서 잘도 알아? 你又没当过儿
媳妇，怎么知道得这么清楚啊？

나노라: 대한민국 여자로 살면서 꼭 겪어봐야 아냐? 척이면
착하는 거지. 신형이는 분가하자 하고 시어머니는
결사반대하고 중간에서 얘만 죽을 지경이래.《품나
게 살 거야, 41회》作为大韩民国的女人，非得经历
过才知道吗？一看就明白。新桁说要分家，婆婆却
极力反对，只有夹在中间的你左右为难啊。

上面是姐妹两个的对话，其中姐姐提到"며느리라는 비애"，
当妹妹反问你又没做过儿媳妇，怎么知道得这么明白，姐姐就回答
说，这是韩国女人都知道的真理。由此可见，韩国婆媳关系的难处
理是极其普遍的社会现象。

其实这种现象自古有之，所以有很多俗语反映了这种婆媳、姑
嫂、以及妯娌间的关系。先看婆媳关系，如表5所示：

[表5] 与婆媳关系有关的俗语

	俗语	意义	
1	배 썩은 것은 딸을 주고 밤 썩은 것은 며느리 준다	还能吃的烂梨给女儿，不能吃的烂栗子给儿媳妇吃。	比喻婆婆更疼爱自己的女儿。
2	죽 먹은 설거지는 딸 시키고 비빔 그릇 설거지는 며느리 시킨다	喝粥的碗让女儿洗，吃拌饭的碗让儿媳妇洗。容易的活让女儿做，费力的活让儿媳妇做。	
	가을볕에는 딸을 쬐이고 봄볕에는 며느리를 쬐인다	凉爽的秋阳下让女儿去干活，容易让皮肤干燥的春天的太阳下让儿媳妇去干活。	
	봄볕은 며느리를 쬐이고 가을볕은 딸을 쬐인다		
	딸 손자는 가을볕에 놀리고 아들 손자는 봄볕에 놀린다	让外孙子在秋阳下玩，让亲孙子在春天的太阳下玩。	
	딸의 시앗은 바늘방석에 앉히고 며느리 시앗은 꽃방석에 앉힌다	让女儿的小妾坐在针毡上，让儿媳妇的小妾坐在花蒲团上。	
	양식 없는 동자는 며느리 시키고 나무 없는 동자는 딸 시킨다	无米之炊让儿媳妇做，无柴之炊让女儿做。	
3	열 사위는 밉지 아니하여도 한 며느리가 밉다	十个女婿没有一个是令人讨厌的，但一个儿媳妇却令人讨厌。指很多人喜欢女婿却讨厌儿媳妇。	
	열 사위 미운 데 없고 외며느리 고운 데 없다		
4	들 적 며느리 날 적 송아지	儿媳妇只有在刚嫁过来的时候得到礼遇，而小牛犊只有在刚生下来时得到爱护。比喻儿媳妇出嫁后有天天干不完的活。	
5	굿하고 싶어도 맏며느리 춤추는 꼴 보기 싫다	虽然想找人来跳大神，但却不想看大儿媳妇跳舞的样子。比喻打算做什么事情时，由于不想看到自己讨厌的人也跟着来凑热闹，所以就不想做了。	

　　如上所示，韩国语反映婆媳关系的俗语非常多，并且强调的都是婆婆对儿媳妇的敌意，且多是拿儿媳妇与女儿进行对比，如第1、

2组俗语；有时也拿儿媳妇与女婿进行对比，如第3组俗语，其实这也是间接地拿儿媳妇与女儿进行对比。这种文化与中国是相通的，之所以对女儿好，对儿媳妇不好，最大的原因可能是因为与儿媳妇没有血缘关系。第4组俗语是拿儿媳妇与牛犊进行类比，第5组俗语是直抒性表达，表达的都是对儿媳妇的消极态度。

这些俗语都反映出韩国人非常重视直系血缘关系，显示出韩国与中国一样也具有"以血缘关系决定亲属关系"的心理行为与特点，这与日本人"以地理关系的远近决定亲属关系"(汪凤炎、郑红2004/2015:183-184)的心理行为与特点有很大的不同。

与中国人一样，韩国女儿出嫁后，仍然与娘家保持着密切关系，仍被看作是娘家的一员，如俗语"친정 가면 자루 아홉 가지고 온다"意思是出嫁的女儿回娘家会带很多东西到自己的小家，这样的女儿也被比喻成"산적도둑"。不仅如此，如果女儿的婚姻生活出现问题，娘家人都会去找男方算账，替自己的女儿出气。[02] 但过去出嫁的女儿一般很难回娘家，因此如果女儿死了，就会受到很大的打击而无法振作，有俗语"실성한 영감 죽은 딸네 집 바라본다、정신 없는 늙은이[노친네] 죽은 딸네 집에 간다"，用来嘲笑那些走神、稀里糊涂到了别的地方的人。

与"시집살이"相反，表示女人结婚后在娘家生活的"친정살이(親庭--)"没有比喻意义。但是，对女人来说，虽然出嫁后已经不是娘家人，但娘家是大本营，所以韩国语里有俗语"친정 일가 같다"，意思是就像娘家人一样，比喻虽然不是一家人但却非常亲近。另外也有"시어머니가 아프면 머리가 아프고 친정어머니가 아프면 가슴이 아프다 婆婆生病的话儿媳妇头疼，亲妈生病了心疼"，也强

02　在中国还有一种现象，如果出嫁的女儿死亡，娘家人会上门来讨说法。

调了婆媳关系的紧张。

下面再看姑嫂与妯娌关系。

[表6] 与姑嫂、妯娌关系有关的俗语

关系	俗语	意义
姑嫂	열 시앗이 밉지 않고 한 시누이가 밉다	老公有十个小妾也不讨厌，却讨厌那仅有的小姑子。比喻嫂子与小姑的关系一般都不好。
	시누이는 고추보다 맵다	比喻小姑子折磨嫂子。
	시누 하나에 바늘이 네 쌈	
妯娌	동서 시집살이는 오뉴월에도 서릿발 친다	在嫂子手下过日子最难。
	동서 춤추게	自己想跳舞的话说不出来，却劝妯娌去跳。比喻自己想做某事，所以劝别人也做，这样自己也就可以做了。
	제가 춤추고 싶어서 동서를 권한다	
	춤추고 싶은 둘째 동서 맏동서보고 춤추라 한다	

如表6所示，韩国的姑嫂关系和妯娌关系也都属于对立不和谐关系，这种现象与中国文化是一致的。1998年中国播出了反映此类矛盾的电视剧《婆婆媳妇小姑》。

正因为包括公婆、小姑子、妯娌等在内的婆家人对女人来说是非常难以对付的人，因此韩国女人中有一种倾向，就是希望嫁给没有任何家人的男人，如(69)，这反映了韩国女人的心声。

(69) 시댁도 없고 남편이 자상하고 애들은 다 착하고 형님을 늘 부러워했는데... 《아버지가 이상해, 16회》 以前我挺羡慕大姐的，没有婆家人，丈夫还那么善解人意，孩子们又听话。

对儿媳妇来说，公公是男性长辈，应该遵守很多礼仪，否则就违反礼法，有俗语 "시아버지 무릎에 앉은 것 같다"，意思是就像坐在公公膝盖上一样，比喻非常丢人、不舒服的状态。不过韩国语里也有 "며느리 사랑은 시아버지"，也就是说，公公对儿媳妇是比较友好的，不像婆婆那样与儿媳妇关系紧张。

正是基于公公对儿媳妇一般较为友好这种社会文化，"시아버지、시애비" 等表达的意义也逐渐抽象化了，如电视剧《황금빛 내 인생, 27회》中，当秘书端茶给自己并说担心自己身体时，作为老板的 최도경对秘书说了下面的话，如(70)，句中出现的 "시애비" 不是实指公公。

(70) 시애비냐? 걱정은… 你是我公公啊？瞎操心！

但不管怎样，对儿媳妇来说，公公还是比较有距离感的存在，所以在称呼上、行动上都要格外注意。

7.7.3 女婿与丈母娘

婆媳、姑嫂关系是难以调和的矛盾，但在中韩两国女婿与丈母娘却是 "丈母娘看女婿，越看越好看"。尤其是第一个女婿，韩国丈母娘更喜欢，所以有了俗语 "첫 사위가 오면 장모가 신을 거꾸로 신고 나간다. 大女婿来了，丈母娘倒穿着鞋跑出去迎接"。韩国人还称女婿为 "백년손님"，即贵客。韩国人在女婿登门时一般要杀鸡款待女婿，如(71a)；有时也会有变形，如(71b)用了 "닭을 잡을 기세"。

(71) a. 사위는 백년손님이라고 하잖아요? 재민네 부탁해서
　　　씨암탉 한 마리 잡았어요.《별난 가족, 24회》不是说女
　　　婿是百年客人吗？所以我请在民家给杀了只老母鸡。
　　 b. 우리 엄마 닭이라도 잡을 기세네.《아이가 다섯, 17
　　　회》看我妈这个样子，是要抓鸡给他吃，拿他当女
　　　婿了啊。

　　韩国语还有很多俗语表达的都是丈母娘对女婿的热情接待，如
"사위 반찬은 장모 눈썹 밑에 있다" 比喻丈母娘尽其所有全都拿
来招待女婿，"처갓집에 송곳 차고 간다" 意思是丈母娘做的菜太
多，饭也给盛得满满的，所以得用锥子搅开了才能吃，比喻丈母娘
招待女婿太好。"씨아와 사위는 먹어도 안 먹는다" 意思是女婿吃东
西丈母娘一点也不觉得可惜，比喻非常疼爱女婿。

　　虽然丈母娘对女婿这么好，但韩国的女婿却不一定都喜欢去丈
母娘家，如俗语 "처갓집 세배는 살구꽃 피어서 간다"，意思是去
丈母娘家的事情总是被拖后。

　　如果是招待令人不满意的女婿，韩国人会煮 "매생이국"，如电
视剧《전생에 웬수들, 75회》中，当女婿正式来家里拜访那一天，看
到嫂子煮了 "매생이국"，小姑子与嫂子有了下面的对话：

(72) 최태란(시누이): 국은 매생이국 끓였네요. 汤煮的是海
　　　藻汤啊。
　　우양숙(올케): 네. 嗯。
　　최태란: 원래 매생이국은 미운 사위한테 주는 국이 아닌
　　　가? 왜, 김이 안 나니까 모르고 푹 수저로 담다
　　　가 입에 대면 입술이 홀랑 벗겨지라고. 不是说

379

海藻汤是煮给不喜欢的姑爷喝的吗？因为这种
汤没有热气，(所以会让人以为不热)，舀一勺
直接喝的话，让他把嘴唇烫层皮去。

우양숙: 잘 아네. 그래서 끓였어요. 你知道的挺多啊。
所以我才煮的这种汤啊。

최태란: 민서방 입천장 홀랑 벗겨지라고. 你要把闵姑爷
的嘴给烫烂啊？

우양숙: 걔 엄마 우린 고야한테 얼마나 못되게 굴었는데
그 정도 해야지. 他妈把我们高亚折磨得够呛，
所以我也得给他点苦头吃啊。

　　前面已提到韩国语里有"장모　시집살이"，与女人在婆家生活
所感觉到的那样，因为女婿与岳母没有血缘关系，所以韩国人的女
婿在岳母家的生活也并不好受，这当然是从女婿的角度来看的。并
且韩国现在也有了新词"장서갈등"，指丈母娘与女婿之间的矛盾。
　　现代社会所产生的丈母娘与女婿之间的矛盾与西方类似，西方
人没有婆媳矛盾，但因为丈母娘经常干涉内政，所以女婿与丈母娘
关系不好。所以西方漫画中，当有练习击打沙袋的场面出现时，教
练会在旁边说："再用力打！把沙袋看成你丈母娘的脸！"(이어령
2002/2018:190)

7.7.4 亲戚关系的远近

　　与婚姻有关，还有亲属关系的远近之分，韩国语多用"촌수(寸
數)"来表达，如父母与子女之间是"일촌"；兄弟姊妹之间是"이

촌", 叔伯姑姨舅与孩子是"삼촌", 而叔伯姑姨舅的孩子则是自己的"사촌"。

"사촌"除了表达亲属关系外, 还比喻非人的事物之间的关系很近, 如韩国语里把灰山椒鸟称作"할미새사촌", 因为其长相与"할미새"非常相像。这种亲属关系语现在还被用于网络, 其中"일촌"比喻非常亲密的关系, 如:

(73) 저희 블로그 1촌도 맺었어요…저희 일촌명이…영원한
　　친구랍니다.《내조의 여왕, 9회》我们还建立了博客联
　　盟。……我们联盟的名字是……"永远的朋友"。

与亲戚关系的远近有关, 有俗语"한 치 걸러 두 치", 字面意义是差一寸就会差两寸, 意思是关系远了会越来越远, 类似的还有"한 다리가 천리다", 意思是一腿有千里长, 亲戚关系是亲了越亲, 远了越远, 如(74), 汉语有"外甥是狗, 吃了就走", 表达的也是类似意义。

(74) 한 다리가 천리라고 조카한테 잘해봤자 소용없다는 거
　　야.《천상의 약속, 11회》都说隔层肚皮隔层山, 对侄
　　子再好也没用。

关系疏远了, 自然对对方的事情不能感同身受, 反映这一思想的有俗语"처남의 댁네 병 보듯", 意思是就像探望生病的小舅子他媳妇一样不疼不痒的, 比喻做事应付公事, 不是出于真心。类似的还有"작은아비 제삿날 지내듯、작은어미 제삿날 지내듯、의붓아비 묘의 벌초、외삼촌 산소에 벌초하듯、처삼촌 뫼에 벌초하듯"

等，这些都与祭祀、扫墓有关，给叔婶做祭祀，给义父或继父、舅舅或妻子的舅舅扫墓都是出于义务而已，不会认真地去做，所以也都用来比喻做事应付公事，不好好做。

　　亲戚关系中还有亲家关系，亲家关系一般是比较敏感的关系，所以韩国人将亲家与厕所相提并论，如"뒷간과 사돈집은 멀어야 한다、사돈집과 뒷간은 멀수록 좋다"，意思是亲家的家就像厕所一样，离得越远越好。当然有时也会变形成"처가집과 화장실은 멀수록 좋다"，如(75)。

(75) 니네 북한은 어떤지 몰라도 여긴 사돈지간에 한 집에 사는 일 거의 없어. 처가집과 화장실은 멀면 멀수록 좋다는 말도 있고.《불어라 미풍아, 27회》虽然不知道你们朝鲜如何，但是在(韩国)这里，几乎没有亲家住在一起的。并且还有俗语说"妻子娘家和厕所越远越好"。

　　如果干涉亲家的事情，就成了多管闲事，韩国语有俗语"사돈 남의 말한다"，如(76)，汉语一般用"狗拿耗子"或直接译成"管闲事"。

(76) a. 사돈 남의 말한다. 너도 마찬가지야.《닥터스, 14회》狗拿耗子，你也一样。

　　 b. 아이구! 사돈 남 말하고 있네! 그럼 니 딸은 백강호와 결혼하면 반드시 행복해질 것 같애?《최고의 연인, 86회》哎哟！你真爱管闲事啊。那么你以为你女儿和白江浩结婚就一定能幸福吗？

7.8 离婚、丧偶

夫妻双方最大的幸福莫过于"白头偕老"，韩国语里虽然有汉字词"백년해로(百年偕老)"，但也用俗语"검은 머리가 파뿌리 될 때까지 해로하다"。

在古代，如果结婚前未婚夫就早早死去，那么女人就不能再结婚，只能守寡，这样的寡妇韩国语称作"까막과부、마당과부"，汉语多叫作"望门寡"。因为女人守寡和男人无妻都是人生不幸，所以有了俗语"과부 사정은 홀아비 잘 안다"，意思是寡妇和鳏夫同病相怜，如(77)。

(77) 과부 사정은 홀아비 잘 안다고 저나 마님이나 첩살이하
는 게 다 마찬가지인데 서로 도울 일이 있으면 도와야지
요.《옥중화, 41회》都说寡妇和鳏夫同病相怜，我和
夫人您都是给别人做妾的，如果有事情得互相帮助啊。

夫妻生活走到一定程度有的会出现离婚的状况。古往今来都有离婚之事，但表达不同，在古代，中国人离婚称作"休"，但一般是男休女，离婚证书称作"休书"。在韩国语里则有汉字词"수세"，是从"休书"发生形态变化形成的，有时也叫作"이연장(離緣狀)"。由于古代纸张出现很晚，比较珍贵，所以过去下层社会的男人在与妻子离婚时，一般是割一块衣襟下来，所以就有了惯用语"수세(를) 베어 주다"，用的动词是割义的"베다"，如(78)。

(78) 장만석의 말로는 본처한테는 일 년 전에 수세를 베어
주었다고 하면서….《문순태, 타오르는 강》听张满石

说，一年前他已经写休书给正室夫人了。

　　根据《太平广记》中记录的典故，表示离婚还可以用"破镜"，韩国语也有汉字词"파경(破鏡)"，具体意义指破了的镜子，也可比喻残月，或者比喻关系变坏夫妻分手，如(79)，但汉语"破镜"一般不单独使用，而是常用于"破镜重圆"结构，因此(79)译成汉语时，对应的都是"离婚"。

(79) a. 파경에 이르다 到了离婚的地步。
　　　b. 아이를 빨리 낳았더라면 네 부부가 파경을 당하진 않
　　　　았을 거야.《김승옥, 서울의 달빛》如果能早点生孩
　　　　子，你们夫妻不会走到离婚这一步的。

　　表达离婚时，韩国语也有汉字词"이혼(离婚)、이혼하다"。此外，韩国语还有"서류 정리"，这个词组字面意义是"文件整理"，因为韩国人离婚要递交离婚协议书，所以在特定语境下可用来转喻离婚，如(80)。韩国语里表示离婚时，还可以用"이혼도장을 찍다"，如(81a)；也可单独用"도장을 찍다"来转喻离婚，如(81b)。

(80) 준영이는 제가 키울 겁니다…조만간 서류정리할 겁니
　　다.《훈장 오순남, 33회》俊英我来抚养……我们很快
　　就会去交(离婚)申请材料的。
(81) a. 요즘 신혼여행 가다가도 곧바로 이혼도장을 찍는 판
　　　입니다.《오늘부터 사랑해, 93회》现在去新婚旅行
　　　的路上就有离婚的。
　　　b. 벌써 서류에 도장을 찍은 지 오래됐어요. 헤어졌다고

요…(최지훈 2010:204)很久以前就离婚了，说是分手了……

　　韩国语里"盖章"之所以产生离婚意义，是因为在韩国不论是机构还是个人签署合同的最后形式就是盖章，韩国人一般都拥有个人图章，离婚也要在离婚协议书上盖章表示同意，所以"도장을 찍다"最终产生了离婚之意。也许有人会问：去登记结婚不也要盖章吗？为什么"도장 찍다"不是结婚义而是离婚义？关于这个问题，一是与韩国人的盖章文化有关，另一方面也与语言习惯有关，因为韩国人去登记结婚时多说"혼인신고하러 가자"，而不说"도장 찍으러 가자"。相反，离婚时，所有的协商、材料等都准备好之后，必须当事人盖了章、再到相关部门去备案离婚才算成立，此时经常说"도장 찍어줄게"或"도장 찍으로 가자"，所以天长日久，"도장 찍다"就产生了离婚义。

　　汉语"盖章"有时也有签署合同义，但一般没有离婚义，因为中国人尤其是个人在签署重要文件时，经常用签字、按手印来表示同意，很少盖章。汉语里表示离婚时，有时会用"去民政局"来进行转喻，因为中国人离婚必须去民政局办手续。

　　除了正式办理离婚手续外，韩国语还有"졸혼(卒婚)"，即不办离婚手续的分居。

　　离婚之所以出现固然有很多因素，但是"没有任何血缘关系"可能是其中最重要的，这导致婚姻的结合是非常"脆弱的结合"，"离婚，或者广义上的长期配偶关系终结，是普遍存在的跨文化现象"(巴斯 2011/2016:163)。韩国语俗语"내외간도 돌아누우면 남이다"也深刻说明了这一点，意思是夫妻背转身就成了他人，也就是说关系再亲近的夫妻也会有恩断义绝的时候。

如果离婚或丧偶成为一个人，一般都会感到孤独，这种情况韩国人多用"옆구리 시리다"来表达，有时也用"옆구리 고통"，如(82)。

> (82) 완전히 넘어가셨네. 아니 세상에서 제일 싫은 고통은 옆구리 고통이라 하지만 그게 이성까지 마비시키냐?《전생에 웬수들, 19회》看来您已经完全上钩了啊？虽然都说世上最难忍受的痛苦就是没伴的痛苦，但是这竟然把你的理性都麻痹了吗？

年纪大了之后有不伦关系叫作"늦바람이 들다"，反义词"올바람"指年轻时就开始花心，年老时的花心和年轻时的花心程度不同，如(83)。在指出现春心或不伦关系时，有俗语"늦바람이 용마름을 벗긴다、사람도 늦바람이 무섭다"，比喻人老了如果动了春心将一发不可收拾，汉语多用"七十岁的老头谈起恋爱来如同火上房"。

> (83) 올바람은 잡아도 늦바람은 못 잡는다….《박경리, 토지》年轻时的花心能改了，但年老时的花心改不了的。

7.9 小结

韩国人准备结婚有很多程序，其中之一是看当事人双方的四柱八字，并且产生了很多与命运好坏以及改变命运有关的表达，反映

了韩国人对命运的矛盾心态。婚姻关系中的"궁합"除了表达夫妻
关系外，还被借用到其他领域，表达多种抽象的关系。

虽然韩国人大多已摈弃传统婚礼而选择西方现代婚礼，但与传
统婚礼有关的很多表达仍然存在，且经常用于日常生活中。韩国人
的婚礼中还涉及很多必不可少的饮食文化。

婚姻生活涉及复杂的人际关系，如婆媳、姑嫂、丈母娘与女
婿的关系等，产生了众多的词语和俗语。婆婆在韩国社会更成了
"恶"的代名词，所以"시어머니、시집살이"发生了语义扩张。婚
姻中的人际关系还有亲戚关系，很多俗语反映了亲戚关系的亲疏远
近。

婚姻亮起红灯时，有的会走向离婚，与此相关出现了传统意义
和现代意义的几种表达，并且与韩国印章文化有关的"도장 찍다"
也产生了离婚之意。现代韩国社会还产生了"卒婚"这样一种新的
社会现象。

第八章

性别与语言

8.1 引论

法国女性主义哲学家埃莱娜·西苏(Helene Cixous)在其著作《新生儿》(1975)中曾列出一个二元对立的表，即"主动/被动、太阳/月亮、文化/自然、白天/黑夜、高/低、说话/文字、讲述/写作"，她认为这些二元对立的每一对都源于"男/女"这一最基本的对立(转引自张岩冰 1998:16)，但这种对立的形成并不是自古就有的。

二十世纪法国著名文学家思想家波伏瓦在《第二性Ⅰ》中论述到："在游牧部落中，生育只是一个意外，土地的财富未被认识；但是农业劳动者赞美在田垄间和母腹内繁殖的神秘，'他知道自己像牲畜和收获一样产生出来，期望部落产生其他的人，他们在延续田野的丰饶的同时也延续了部落；在他看来，整个大自然就像一个母亲；土地是女人；女人身上盘踞着像土地一样晦暗不明的威力。'"她还提到："在古老的宇宙起源论中，同一个元素往往既表现出雄性又表现出雌性。……人们通过女神，崇拜繁殖的观念"(波伏瓦2011/2016:94)。这说明了在最初，女性在社会中占据了核心地位，并且有时雌雄是不分的。

随着社会的发展，男性开始逐渐成为社会的主宰，女性逐渐处于劣势地位。在东方文化中也是如此，在中国、韩国等东方国家有明显的男尊女卑思想，且延续至今，这反映在生活的方方面面，例如过去生男孩称作"弄璋之喜"，生女孩称作"弄瓦之喜"，显然也是以男人为重。

现代歌曲《常回家看看》(车行作词，戚建波作曲)曾在社会上引起了关于男尊女卑思想的大讨论。2009年1月，武汉大学罗萍教授在一次讨论会上提出歌曲存在性别歧视，例如"妈妈准备了一些唠叨""生活的烦恼跟妈妈说说""哪怕给妈妈刷刷筷子洗洗碗"等，都反映了"爱唠叨的是女性，该受累的也是女性"这种思想。而搜狐网站对此以"武汉大学教授指《常回家看看》歌词有性别歧视，你怎么看"为题进行了三个问项的问卷调查，截止到2017年5月29日共有1462人参与调查[01]。

(1) a. 无聊至极，一首歌也能看出这么多"思想"，吹毛求疵。(61.67%)

b. 歌词里写的是中国千年的传统，没什么大惊小怪的，也没必要较真。(31.86%)

c. 有道理，可能男尊女卑的思想潜藏太深，歌词主创人员没有意识到吧。(6.47%)

从众多的投票结果来看，认为歌曲性别意识并无不健康的占了绝大多数，同意"女性主义"指责的只有6.47%。正像陆正兰

---

01   http://news.survey.sohu.com/poll/result.php?poll_id=7974

(2013:75-76)所说："'男主外，女主内'这种社会分工……是日常生活最普遍的情境，从词曲作者到歌者对此都没有任何质疑。……歌曲文本本身就是社会的产物。性别分工已在社会结构的客观性和心智结构的主观性上打下了深深的烙印，性别秩序有着极强的根基……"。也就是说，性别差异虽然非常普遍，但人们已接受了这种差异，并且视其为理所当然，反倒是提出性别差异的人成了奇怪的人。这从上面的调查结果就可以看出来。

上面分析了中国歌词所反映的性别差异，在世界某些地区性别差异不仅表现在歌词本身，还表现在乐器的演奏之上，例如，加拿大爱德华王子岛就有这样的传统：一般人认为拉民间小提琴是男子的职业，女性要是喜好音乐，就鼓励她们学习风琴或者钢琴。"这就像其他事情有'劳动分工'意义一样，男人耕地、割草、驾驶捆草机，女人织补、做饭。另外，一般人会觉得在舞会上拉民间小提琴也不是女性'正当的'活动。……绝大多数女乐手都只是在她们自己家里拉琴"(Perlman 1994:28；黛蒙德 2012:112)。这段话说明，在爱德华王子岛小提琴具有强烈的男性特征。

性别差异还表现在节日上，如中国有"三八妇女节"，但没有"男人节"。并且这种现象存在于很多社会中，之所以如此，是因为妇女是被压迫、被漠视、被轻蔑的一方，所以要给这样的弱势群体一点安慰(赵毅衡 2015:131)。

正因为性别差异在各种文化中都存在，所以联合国教科文组织等(2006:76)提出"性别是每种文化都关注的基本问题之一""性别的文化含义是个人文化身份的核心""性别是最敏感的问题之一""男性与女性在教育、医疗方面的差距已经显著缩小，但是不同国家和地区的情况发展很不平衡(联合国《人类发展报告1995》)"。

那么韩国的性别差异又呈现什么样的状态呢？日本内阁2007年

6月19日发布的"男女社会参与度的国际调查"报告中发现，韩国女性在政治、行政、劳动等领域的参与度非常低，育儿援助等做得还很不充分。在针对115个国家实施的"消除男女差异"一项中，韩国为92位，挪威、瑞典分别为第1、2位，亚洲国家的名次分别是新加坡为65、马来西亚72、日本79。并且韩国男女的工资水平差距也非常大，如果男人的工资为100，那么韩国女性的工资为62.6，属于最低水平。差距最小的是菲律宾(96.6)[02]。

受韩国女性部(여성부)的委托，韩国女性政策研究院(여성정책연구원)进行了题为"성평등지표 개발 및 측정방안 연구 性平等指标的开发与测定方案研究"的课题，研究结果表明2008年韩国的性平等指数(성평등지수 GEI)为0.594分(完全不平等为'0'，完全平等为'1')，如果按照百分制，那么韩国社会的性平等指数不足60分，与2005年的0.584分、2006年的0.589分、2007年的0.594分相比，3年仅仅提高了0.01分。

总之，韩国社会的男女性别差异还非常严重。一个社会里的男女分工越固定，男人和女人的身份和区别越严格，他们之间的语言差异就越大，越明显(邢福义 2000:363)。那么具体到韩国人的社会生活和语言中，这种因性别而导致的差异会有哪些表现呢，本章将从身体、性格、职业、活动(空间)、地位(话语权、话语量)、语言形式、社会、文化变异等八个角度展开分析。

02　http://www.hani.co.kr/arti/international/international_general/217770.html#csidx73dc4c51f7a95dcaf2af4c5a76eb7a7

8.2 性别与身体

性别会影响身体语言，例如在表达喜悦时，美国女性被允许在公共场所相互拥抱、"欢呼尖叫"和跳跃；而美国男性在表达喜悦时应该是握手和短暂的拥抱，如果"欢呼尖叫"则违背了基本的"性别规则"(汉斯林　2016:74)，对韩国人来说，在表达思想感情、礼仪等时也受到很大的"性别规则"的限制。

8.2.1 触摸与性别

韩国年长的女人在对孩子或年轻人表示爱抚时，多用"拍屁股"这一动作，如电视剧《월계수 양복점 신사들, 50회》中，当公公婆婆要去乡下住时，儿媳妇나연실与婆婆최곡지坐在桌前谈话，나연실流着泪表示非常不舍，所以婆婆최곡지先是拉着手，最后又拍着她的屁股说别哭了。

不仅是对儿媳妇，韩国女人即使是对儿子也是如此，如电视剧《수상한 삼형제, 1회》中，看到三儿子김이상得了模范奖之后，妈妈전과자高兴地拍着儿子的屁股称赞他。因为在女人眼里拍屁股是表示疼爱的方式，同一电视剧第十三集中，婆婆전과자对二儿媳도우미说：

(2) 니들 부부 어떻게 사는지 내가 어떻게 알아? 내 앞에서
    너한테 뭐라고 해도 돌아서면 니 궁둥이를 두드리는 것
    누가 모를 줄 아니? 걔가 그런 애야. 너 시집 잘 온 줄 알
    아. 我怎么知道你们两口子怎么过啊？在我面前的时
    候，他就是说你两句，但转过头就又把你捧上天，你以

395

为我不知道啊？他这孩子就这样，所以你该庆幸自己找了个好男人。

这里说儿子宠儿媳妇用的是"궁둥이를 두드리는 것 拍屁股"，这是婆婆从自己作为女人的角度来看待问题。

其实，与女人相反，韩国男人在表达对女人的喜爱时多采用抚摸头部或者脸蛋的方式，而如果是男性对男性则多用"握手"或"拍肩膀"这类动作，如《수상한 삼형제, 1회》中，父亲김순경表示高兴的方式是与儿子紧紧地握手。

触摸这种身体语言还具有文化特性，中国人不分男女一般用"捏脸蛋、抚摸头顶"等动作来表达爱抚和疼爱，但多限于对晚辈或者恋人之间，对长辈是不能有这些触摸动作的。但即使是对晚辈，不同文化也会出现不同的习俗。例如，对泰国人来说，摸头是不可以的，特别是小孩子的头，因为泰国人认为：头颅天灵盖是神灵出入之处，是神圣不可侵犯的地方，别人不得触摸；如被摸头则被认为是不吉利的，或者是对自己的不尊重，甚至是侮辱；小孩的头只能让国王、高僧和父母抚摸；而且传递物品时也不能越过泰人的头顶[03]。

表达喜爱的身体语言还有一个就是亲吻，韩国语有多种表达，其中固有词"뽀뽀"指在脸颊或嘴唇上进行亲吻，其对象多是小孩子。如果是非亲属相爱的异性之间亲吻一般用"입맞춤"，其前身"입을 맞추다"表示统一口径，后来形成了名词形式的合成词"입맞춤"。表示此意义时，还有外来语"키스(kiss)"。

虽然触摸动作在男女性别上表现出了不同的特点，但具体到不

03　http://www.ynpxrz.com/n296190c1416.aspx

同文化之间也表现出不同特点，与中国人相比，韩国人是喜欢身体接触的触摸型社会，即便是男人之间也有很多身体接触。

8.2.2 笑与性别

韩国人过去对人的言行有很严格的要求，比如结婚典礼上一般讲究庄重，不让笑，反映这一思想的是俗语 "초례청에서 웃으면 첫딸을 낳는다"，这里的行为主体指的是新郎，意思是结婚典礼上不要看着新娘子笑，否则就会生女儿。新娘子一般也不能大笑，反映这一思想的有俗语 "삼일 안 새색시도 웃을 일"，意思是结婚不到三天的新娘子都要笑的事情，比喻让人忍不住大笑的事情。但这个俗语背后隐藏的是新娘子不能随便笑这一思想。

不仅是婚礼上，就是平时，经常笑也不被看好，与此相关有俗语 "웃기는 선떡을 먹고 취했나"，意思是你吃了不熟的年糕醉了吗？为什么总是笑？类似的还有 "사돈이 물에 빠졌나 웃기는 왜 웃어"，意思是亲家掉水里了吗？为什么总是笑？这两个俗语都用来嘲笑那些没事瞎笑、傻笑的人。有时还用 "곶감 죽을 쑤어 먹었나" 意思是怎么这么高兴啊？是吃了柿子粥吗？多用来批评无缘无故发笑的人。有时还用 "허파에 바람 들다" 来比喻，如(3)。韩国语还用 "허파 줄이 끊어졌나" 来讽刺那些大声说笑的人。

(3) 허파에 바람 든 사람처럼 왜 그렇게 웃어 대니?

　　a. 你有病啊？怎么笑个不停？

　　b. 你怎么像脑子进水了似的笑个不停啊？

韩国语还有汉字词"치자다소(癡者多笑)"，意思是蠢笨的人爱笑，如电视剧《미워도 사랑해, 13회》中，当男职工说박보금不笑的时候更让人感到可怕，所以박보금说道：

　　(4) 내가 푼수야? 쓸데없이 웃게. 하하하, 푼수 맞다. 我是傻瓜
　　　　啊？无缘无故地总是笑？哈哈哈，我还真是个傻瓜啊。

　　如上，在韩国人眼里，经常笑的人显得没有城府、太傻。其实中国人也有这种思想，所以汉语里形容人有威严时多用"不苟言笑"，关于"威严"和"不苟言笑"之间的关系，电视剧《돈꽃, 4회》中，婆婆정말란对此作了说明，她看到未来的儿媳妇나모현非常爱笑，不禁说道：

　　(5) 웃음이 헤프네. 웃고 우는 것 헤프면 아래 사람들이 우습
　　　　게 보니까 조심하고. 你很爱笑啊。如果爱笑爱哭的话，
　　　　下面的人会轻看你的，你要注意啊。

　　也就是说，经常爱笑爱哭的人别人会觉得没有距离感，没有距离感自然就没有了分寸，从而影响当事人在他人心中的威严。这与西方早期的基督徒不允许放纵自己大笑不同，因为在西方大笑被视为是"带有魔鬼性质的放肆"(艾柯 2012/2015：135)。

　　如果爱笑之人的性别是女人，则更不被看好，如(6)。也就是说，女人总是笑个不停、到处转悠会被当作不正经的女人，所以卖身的女人被叫作"웃음 파는 여자"，汉语也有"卖笑"，指娼妓或歌女以声色供人取乐来维持生计。

(6) 저렇게 살살거리며 웃어 대니 화냥이라는 소리를 듣지.

就是因为你总是那样到处转悠、笑个不停，所以才被人
说不正经的。

其实，与男性相比，女性确实更爱笑，这具有世界共性。例
如，Henley曾做过一项实验研究，他让学生在公众场合对300个人(男
女各一半)微笑，然后观察对方如何反应，结果发现76%的人回报以
微笑，但有性别差异，其中89%的女性被试验者回报以微笑，男性只
有67%回报以微笑(Eakins & Eakins 1982:299)。

韩国语里有很多反映女性爱笑的表达，如俗语"비바리[04]는 말
똥만 보아도 웃는다、처녀들은 말 방귀만 뀌어도 웃는다"等，意
思是年轻的海女或一般的少女看到马粪或听到马放屁都笑个不停，
反映的都是少女才有的动作——笑。此外还有很多词语专指女性的
笑，如动词"까르르하다"主要指女人或孩子们哈哈地哄然大笑[05]，
副词"비시시、배시시"也形容女孩子的微笑。

笑的样子也具有性别和年龄差异，例如박동근(2008:71-73)通
过KAIST语料库发现，"방글방글、생글생글"主要用于形容女性的笑，
"벙글벙글、싱글싱글"主要用于形容男人的笑，"방글방글"也可以
形容孩子的笑。

8.2.3 身姿与性别

韩国人喜欢席地而坐，过去中国也有席地而坐的习惯，从古代

---

04   "비바리"指在海里采集海产品的少女。

05   "가르르하다"也指孩子突然放声大哭。

出图文物可以发现，在中国古代主要有四种坐姿，如下所示：

起坐：西汉　女俑　　　　　跪坐：汉代　杂耍俑　　　　跌坐：南朝梁　释迦佛坐像　　散坐：宋代　观音自在坐像
汉阳陵博物馆藏　　　　　　　　　　　　　　　　　　四川省博物馆藏　　　　　　高125厘米　观复博物馆藏

[图1-4] 坐姿(马未都 2017(1):87)

　　因为韩国人至今仍然保留了席地而坐的生活习惯，所以在日常
生活中依然能看到第一、三、四种坐姿，就像马未都(2017(1):87)所
说，第二种坐姿是一种没有礼貌的坐姿，所以日常生活中很少能看
到。剩下的三种坐姿也各有不同。

　　第一种是最正式的坐姿，没有性别之分。但这种坐姿坐着非常
不舒服，所以在日常生活中会出现变形的坐姿，两腿侧偏使屁股着
地，这种坐姿一般是女性坐姿，尤其是女性穿短裙时。第三种韩国
人称作"결가부좌(結跏趺坐)"，因为过去韩国人坐在炕桌式书桌前
学习时需要采取这种坐姿，所以日常生活中一般称作"책상다리"，
而过去能够学习的人都是两班贵族，所以这种坐姿也称作"양반다
리"，这三种表达分别反映了不同的文化(박갑수 2014:177)，当然也
多为男性坐姿，偶尔也有穿韩服或裤子的女性这样坐。第四种坐姿
汉语为"散坐"，在韩国一般也为女性坐姿，一般是女性穿裤子或宽
松的及地长裙的时候可以采取这种坐姿。

　　不仅坐姿有性别之分，男女的行走方式亦有不同，如"백모래
밭에 금 자라 걸음 白沙滩上金龟的走姿""대명전 대들보의 명매기 걸음 大明殿大梁上金腰燕的走姿""양지 마당에 씨암탉 걸음 太阳底下母鸡的走姿"等都比喻女人扭动腰肢、摇曳身体的妩媚走姿。而"금련보(金蓮步)、연보(蓮步)、연화보(蓮花步)"都比喻美女贤淑优美的脚步。比喻女人的脚步时，有时还用"옥보(玉步)"。

即使是女人，不同年龄阶段或时期行走方式也有不同，例如小女孩的脚步是轻快的，韩国人喜欢称孩子们蹦蹦跳跳的为"깡충깡충뛰다"；新媳妇的脚步是谨小慎微的，称作"색시걸음"；而有一定身份的贵妇脚步一定是缓慢有风范的，马未都(2017(2):91)解释说这是因为她们身上所佩戴的任何物件都对其形成一种限制。

如上，中韩两国对女人步伐的要求都是慢、缓、静，不能像男人那样冒冒失失、动静大，但生活中确实存在这样的女性，所以就成了异于标准的标记项，表现在语言上就有了相应的表达，即"왈가닥"，专指像男人一样冒失、不安静的女人。

女性的美不仅表现在步伐之上，还表现在腿上，如"각선미(脚線美)、다리맵시"主要指女性腿上所显现出的美。

8.2.4 劳动与性别

韩国语有成语"남부여대(男負女戴)"，比喻贫困的人为了寻找生存的地方而到处流浪，这里出现的男人动作是背负，女人是用头来顶戴。韩国语里女人用头顶东西的动词是"이다"，因为"이다"暗示动作的主体是女性，所以"안반 이고 보 마르러 가겠다"的主体也是女性，意思是头顶着四四方方的案板去裁剪包袱皮，用来嘲笑非常不擅长干针线活或其他活计。也就是说，即使句子里没有明显的性别提示，但根据动词"이다"可以推断动作的主体是女性，如：

(7) 토끼는 바구니 하나 가득 과일과 야채를 담아 이고 서 있
    었다. 《곰금님》兔子头顶着满满一篮子水果和蔬菜站在
    那儿。

这句话使用了动词"이다"，由此可以推测"토끼"的性别为雌
性，因为在韩国语里用头顶顶东西的只有女性，男性极少有这样的
动作，男性多用"등에 지다"。日本女性也有用头顶东西的习惯(김
광언 2000:453)。

"이다"还有比喻意义，比喻在头顶上经过或放在头顶上方，
用于比喻意义时，可以与女性有关，如(8a)。如果是一般事物，则
无性别之分，如(8b)。

(8) a. 머리에 하얀 백발을 인 할머니 一头白发的老奶奶
    b. 흰 눈을 인 산 白雪皑皑的山

用头顶东西时韩国女人会放一个叫作"또아리、똬리"的垫圈
垫在头顶上，"똬리"也指一圈圈缠成圆形的东西，日常生活中也可
用来指某种思想盘踞在脑海中，如(9)。

(9) 보슬아치라는 단어에는 좌절된 남성우월주의자의 서글
    픈 자기 정당화 심리가 똬리를 틀고 있었던 셈이다. 《경
    향신문, 2014.03.16》"보슬아치"这个词背后隐藏的是倍
    受挫折的男性优越主义者那让人伤心的自我合理化心
    理。

前面所分析的"男负女戴"中的"男"指的是没有地位的男

人，因为贵族一般不会干、也干不好这样的事情，所以有了俗语"양반 지게 진 것 같다"，意思是就像贵族背背架一样，用来嘲笑那些样子不合时宜、做事不熟练的人。

8.2.5 礼仪与性别

韩国人的礼仪也有性别之分。例如，在韩国家庭中，男女的行礼方式多是鞠躬，并且鞠躬力度会随双方年龄、地位等的不同而不同。尤其是行大礼时，男女的身体语言也出现较大的不同。在一般社交中，男女的行礼方式也不同，男人一般多采用握手的方式，而女人一般多采用传统的点头、鞠躬等方式。

在不同文化中，握手是比较通用的礼仪，但同样是握手，男女也有不同。例如低阶层的巴西人，尤其是妇女，同社会地位高的人握手时会很无力。而在很多文化中，男人握手的力度要高于女人(科塔克 2012/2016:343)。

8.2.6 打扮与性别

传统韩服里，女人冬天的盖头称作"액엄(额掩)、아얌"，呈圆形、上面开口、后面有飘带，叫作"아얌드림"，如图5所示：

[图5] 아얌(图片来自 e뮤지엄)

　　当女人走动时后面的飘带就会随着晃动，叫作"아얌 떨다"，之后"아얌"发生变形成为"아양"[06]。因为女孩子走路时飘带随之微动的样子非常可爱，令人心动(최기호 2009)，所以"아양"的语义发展成了为得到宠爱而撒娇、装嗲的话或行动。因此"아양"是个女性词语，不能用于男性。男人的阿谀奉承为"아첨(阿諂)《동아일보, 2016. 02. 11》[07]、아부(阿附)"。正因为社会对女性的要求是"娇嗔"，所以女性的刘海和耳朵前面故意留下的短头发也被称作"애교머리(愛嬌—)"。

　　韩国社会里对男女不同的服饰和性格要求具有世界共性，在父权制社会里，女性被强行要求要具有"女性美"，这表现在身体、服饰、装饰等各个方面，因为"'精心修饰的'女人总是肉欲的对象"(波伏瓦 2011/2016:224)，汉语也有"秀色可餐"，其对象是女人，从不指男人。

　　在传统中国社会里，一般认为美女是"削肩细腰"，大汉是"膀大腰圆"，都与"肩、腰"有关。所以现代女性可以根据自己的意

06　　"아얌"的近义词有"남바위、조바위、풍뎅이01"，但都没有发生其他变形或者产生比喻意义。

07　　http://news.donga.com/3/all/20160211/76385674/1

愿来自主塑造自己形象，那就是要注意肩所传达的丰富信息，在穿衣时，如果想表现自己干练的一面，穿带垫肩的西服可能会达到自己的目的，而如要强调女性的柔弱美，那么就要穿露肩或削肩的衣服。

虽然一般都认为女人更注重外表的打扮，但男人们现在也越来越重视外表了。英国所做的一次调查表明，男性花在梳洗打扮上的时间甚至比女性还要多一点(贝克尔 2016:230)。

8.2.7 生病与性别

韩国有一种文化，那就是遇到重要时刻需要刻苦学习或进行斗争时总会在头上缠一条白带子，基于这种文化，"머리(를) 싸매다、머리(를) 싸고"可以比喻竭尽全力，如(10a)。相关的惯用语"대가리를 싸고 덤비다"比喻用尽所有力气来挑战，如(10b)。

 (10) a. 지금쯤 백강호 시급하면서 머리 아프게 싸매면서 고
    민하고 있을 거야. 《최고의 연인, 89회》现在白江浩
    肯定着急上火，在头疼、苦恼着怎么办呢？
   b. 너희들이 아무리 대가리를 싸고 덤벼도 그놈을 당해
    내기 어려울 것이다. 不管你们怎么拼命也很难抗住那
    小子。

如上，在表示竭尽全力时，"머리(를) 싸매다、머리(를) 싸고"没有男女性别之分。但韩国语还有"머리(를) 싸매고 누웠다"，指病倒在床，此时这种动作多发生在女性尤其是年龄较大的女

性身上，如(11)。一般男性病倒在床时没有这种动作行为。

(11) 언니 머리 싸매고 누울만 한다니까.《불어라, 미풍아, 8
회》嫂子气得这样卧床不起，我也是能理解的。

8.3 性别与性格

韩国社会对女人的要求是可爱、娇嗔、文雅、柔顺，具有相反
性格的人都被视为男性的、野俗的、凶的。其中，如果女人性格非
常开放，行动非常爽朗，在韩国语里被称作"반남아(半男兒)"，相
当于汉语的"假小子"。如果在大自然中不受任何约束长大而性格大
大咧咧、行动粗俗的女人称作"야생녀(野生女)"。性格具有本能的
粗俗性的女人称作"야성녀(野性女)、야녀(野女)"。性格太凶的称
作"흉녀(凶女/兇女)、흉부(凶婦/兇婦)"。如果身体又高又大且力
大无比则被称作"여장군(女將軍)、여장(女將)"。此外还有"여장
부(女丈夫)、여걸(女杰)、여중호걸(女中豪杰)"等，具有褒义性，
指像男人一样有担当有气概的女人，但这些词语在实际应用中，也
多具有贬义，如：

(12) 웬 힘이 이렇게 세대? 이제 보니 완전히 여장부 기운이
시네. 살이 부서지는 줄 알았네.《내 남자의 비밀, 51
회》你怎么这么大的力气啊？现在看来您真是女丈夫
啊！我的肉都叫你给捏碎了。

与女人相反，韩国人对男性的要求是应该有野性，如果男人扭扭捏捏地爱害羞，则会被嘲笑为"암사내"，相当于汉语的"假娘们"。

不仅如此，韩国语里还用少年、少女来给风命名，即"소남풍(少男風)"与"소녀풍(少女風)"，前者指下雨前刮得非常急的恶风，后者指下雨前徐徐刮来的温和的风。这两种表达方式的理据是男女不同性别所给人的不同联想意义，即男人是强悍的，而女人是温柔的。

长期以来形成的关于女性身体的审美意识形态强化了女性的柔弱、被动及温顺等特质。与此同时，女性的这种柔顺也被用来证明传统女性固定不变的、天然的正确性(舒斯特曼 2014:127)。

除了性格和形象联想意义之外，人们对待男女不同性别的人时采用的也是双重标准，即一方的长处是另一方的短处，例如，如果喜欢说话，男人是才华出众，女人是唠叨，就像看大门的人一样(Yaguello 1978)；如果有学识，那么男人是学者，女人是逞能；如果不动声色，男人是有城府，女人是虚伪；如果有想法，男人是有志向，女人是心里藏奸；如果爱争论，男人是辩论，女人是歇斯底里(이병혁 1986/1993:178)。

8.4 性别与职业

与职业有关，韩国语有俗语"게으른 년이 삼 가래 세고 게으른 놈이 책장 센다"，意思是懒婆娘数麻线，懒书生数书页，指的是懒人总是想着如何赶快把工作摆脱掉。类似的还有"게으른 선비

책장 넘기기[넘기듯]、게으른 놈[일꾼] 밭고랑 세듯、김매기 싫은 놈 밭고랑만 센다"，这些俗语中出现的人物与动词都是互相搭配的，即"년 女人"与"삼 가래 세다 数线"，"선비 书生"与"책장 넘기다 翻书"，"놈 家伙"与"밭고랑 세다 数地垄"，这也反映出了不同行为所具有的职业性别。

发展到现代社会，有的职业也具有一定的性别差异。例如，一般认为妇产科医生应该是女性，而泌尿科的医生应该是男性。电视剧《빛나라 은수》中尹家女儿윤수미想开泌尿科诊所时受到了父母尤其是父亲的极力反对，而反对的原因就是因为考虑到泌尿科医生的职业性别。这也说明，职业的性别意义不容忽视，如果想超越职业的性别意义而从事相关职业，即使在现代社会也会受到很大的阻碍。

因性别进行劳动分工具有普遍或近乎普遍的模式，对这种模式的出现，C.恩伯、M.恩伯(1988:249-252)从力量理论、育儿适应论、节约能耗论三个角度进行了分析，下面我们分析一下厨师这个职业是如何产生性别分工问题的。

이능화(1927)在《조선여속고》中曾提到，过去韩国女性的勤劳程度一点也不亚于男性，她们活跃在服装制作、餐饮等行业，为朝鲜的产业发展做出了重要贡献(박태순 2009/2010:28再引用)。不仅是过去，韩国女性直到现在依然掌控着饮食这一行业。韩国多数传统饭店里都是大妈掌管厨房(日式餐厅、西餐厅好像是男厨师占多数)，这与韩国女人的能干有关，当然也与韩国人的料理方式有关，因为韩国饮食以汤菜、烤肉为主，厨房主要是做食材的准备工作，力气活不是很多。不过，韩国烤肉店的力气活——拾掇肉，一般都是男厨师负责。此外，烤肉店里比较危险的活——给客人上烤炉或撤烤炉，一般也多是男人干，所以这样的人叫作"숯돌이"，但没有

"숯순이"这种表达，其中"돌이"指男性，"순이"指女性。也就是说韩国人厨房的分工符合"力量理论"观点。

与韩国相反，中国的餐厅饭店厨师一般多是男性而少有女性，对这种现象也可以用"力量理论"来解释。因为中式厨房必须动用的就是大铁锅，用硕大的铁锅来翻炒是力气活，所以从力量角度来看不太适合女性来做（这与家庭里用小铁锅来炒菜是不同的）。

关于韩国与中国饭店厨师的性别分工问题，上面是从力量理论角度进行的分析。但是西方饭馆的大厨师和面包师等多是男性，对此C.恩伯、M.恩伯(1988:249)与恩贝尔、恩贝尔(2016:225)都从工作时间的角度做了分析，认为这是因为女性需要照顾孩子，所以无法满足大厨师或面包师工作所需时间。这可以看作是"育儿适应论"。

另外，对某些因性别进行的劳动分工模式可以从节约能耗论等角度来分析和解释。

不过随着时代的变化，职业的性别意义也已发生了变化。特拉斯克(2014:121)曾记录过这样的一个故事：在他工作过的大学里曾举行过一个海员会议和护士会议，且被安排在了同一周，会议主管部门认为这是增加酒吧收入的好机会，就安排了一个迪斯科舞会，结果当海员与护士登场之后，会议主持人绝望了，因为所有海员与所有的护士都是彪形大汉。会议组织者组织活动的灵感利用了职业的传统性别意义，因为在过去，海员、警察、医生、出租车司机、法官等都带有男性意义，而护士、模特、佣工、秘书等都带有女性意义。但会议之所以出现差池，是因为会议组织者没有意识到社会变迁所带来的职业性别的变化。

正像上面故事所反映的，随着社会的发展，有些带有强烈性别意义的职业已经有了其他性别的人大量参与。这种变化也给语言带来了变化，如英语里邮差、警察、消防员等过去多用"mailman、 policeman、fireman"等来表达，这就容易造成暗示：只有男性才能从事这样的工作，但现在也有很多女性参与到了这些职业中来，因此人们在正式场合开始多用中性色彩的"letter carrier、police officer、fire fighter"等(谢弗 2014/2015:85-86)。韩国语里有"안내양(案内孃)"，指引导客人的年轻女性，或者指公交车女售票员，第二个意义随着无人售票制度的实行已经消失，第一个意义由于具有强烈的性别色彩，并且现在也有大量男性加入到这一职业中来，所以"안내양"已经很少使用，现在更多使用中性色彩的"안내원(案内員)、안내인(案内人)、안내자(案内者)、안내역(案内役)"等。

当然还有一些职业的从业者仍然具有强烈的性别色彩，如小偷一般仍然以男人居多，所以女小偷或女抢劫犯韩国语里叫作"도둑년、날도둑년"，有时也称作"여적(女賊)"，但这个词有时也指对男人具有杀伤力的女色。这些表达中都出现了表示女性的"년"或"여"，说明"도둑"或"적"具有男性特征。

8.5 性别与活动、空间

男性与女性的活动与空间也具有较大差异，尤其是在韩国传统社会。

8.5.1 男性的活动与空间

对韩国男性来说，外面的世界是主要活动空间。男人需要负

责外面的工作，如果天天呆在家里，就会被嘲笑为"안방샌님(-房--)、안방지기"，有的还被叫作"폐호선생(閉戶先生)"。这反映了韩国人对男性的要求是走出家门，去外面闯世界。

男性要负责外面的事务，尤其是过去在外行商或者外出远行的人一般都是男性，所以与远行有关的物品都与男性相关，例如"밥솥、갈모、우비"等，这些东西还出现在俗语中，如"사내가 어디 가나 옹솥하고 계집은 있다"意思是不管什么男人一般都有做饭的锅和女人，比喻男人会挣钱娶老婆。"사내자식 길 나설 때 갈모 하나 거짓말 하나는 가지고 나서야 한다、사내가 우비하고 거짓말은 가지고 다녀야 한다"意思是男人要带着雨伞以及危急时刻要说的谎话，也就是说男人处事时撒谎也是必要的。

虽然韩国人要求男人走出家门，但是出门去市场买菜的事情不是男人的事情。关于男人买菜，如电视剧《수상한 삼형제, 69회》中，丈夫김순경退休后闲着没事跟着老婆上农贸市场买菜，市场上的人都不禁惊讶地问他们怎么一起来买菜，所以妻子전과자对丈夫小声说道：

(13) 거봐요. 본 사람들이 왜 같이 나왔냐구 난리예요. 일일
이 대답하기에도 귀찮아 죽겠네. 다들 무슨 큰일 난 줄
아네. 看吧。只要见到的人都问你为什么和我一起出来
(买菜)。一个一个地回答他们都烦死了。他们这是认
为我们家里出了什么大事呢。

如上，这段话反映了韩国普通百姓对男人上街买菜的不习惯。正因为买菜这种事情多是女人的专职，所以与丈夫一起买菜成了韩国女人希望实现的愿望之一。

韩国男人在家的时候也有活动空间的限制，例如厨房就是男人的出入禁地，有俗语"남자가 부엌에 들어가면 복 나간다"，意思是男人进厨房就把福气赶跑了。如电视剧《오늘부터 사랑해, 89회》中，看到早上厨房里有人已经煮好了海参汤，但经确认发现不是家里的女人们做的，所以发生了下面的对话：

(14) 최순임: 참 이상하다는 말이야. 真奇怪啊。

　　윤대호: 어머니, 무슨 일이 있었어요? 妈，有什么事吗？

　　한동숙: 주방에 해삼탕이 끓여져 있어서요. 저도, 어머니도 승혜도 아무도 안 했는데 밤에 우렁이아가씨가 왔다 간 것도 아니고. 厨房里有人熬了海参汤，但是这既不是我，也不是妈做的，也不是盛惠做的，也不像是田螺姑娘来过。

　　최순임: 영 찜찜해서 말이야. 누가 이런 짓을…응! 真奇怪！到底是谁干了这种事？……唉！

　　윤대호: 어머니, 실은…妈，其实……

　　변준배: 실은 제가 그랬습니다. 어르신! 其实是我干的，大姨！

　　최순임: 자네가? 你？

　　한동숙: 아니, 왜요? 为什么啊？

　　변준배: 제가 요새 승재 방에서 계속 신세도 지고 부엌일도 도와야 하니까…最近我在盛载房间里住，所以觉得需要帮忙干点厨房的活儿，(心里才过意的去)。

　　최순임: 알았네. 그 마음은 알겠다만 사네가 부엌 출입

하는 것 우리 동락당에서 용납 못할 일이야. 이
렇게 물을 흐려놓을 거면 우리 집 드나드는 것
삼가해 줘. 你的心意我领了，但是一个大男人
在厨房里转悠，这种事在我们同乐堂是不允许
的。如果你要坏我们家的规矩，我看你还是少
来我家好了。

如上，当知道在自己家里借住的男人——변준배偷偷给自己家
里人熬了海参汤后，老太太최순임非但不领情，还一脸正色地说这是
坏了自家男人不能进厨房的规矩，让他少来。由此可见在韩国的传
统家庭里仍然有着明显的活动空间与劳动分工的性别差异。

在韩国人的传统思想里，如果男人要喝水也不能直接到厨房
拿瓢子喝水，因为瓢子是厨房用品，所以应该让女人给自己倒水来
喝，所以韩国语有了俗语"사내가 바가지로 물을 마시면 수염이 안
난다"，意思是男人如果自己拿瓢子喝水会不长胡须，即男人不应该
总是出入厨房，否则就不像男人。

8.5.2 女性的活动与空间

对韩国女性来说，家是主要活动空间。即使外出也与家务有
关，例如女人外出多是买菜，所以出现了"바구니짜리"，意思是每
天挎着菜篮子买菜的妇女，多用来嘲笑只待在家里做家务的家庭主
妇。女性更多的时间是在家中负责家务，如果女人不干家务就会被
认为是不守妇道，韩国人还将这样的女人称作"마을꾼"，即白天黑
夜在外面瞎逛的女人，也简称为"말꾼"。

即使发展到现代社会，女人必须做饭的这种思想仍然根深蒂固。例如电视剧《빛나라 은수, 79회》中，早饭时间发生了下面的对话：

(15) 윤순정(고모): 어머! 이게 뭐예요? 언니! 哎哟，这是什么啊？嫂子。

　　이선영(시어머니): 몰라요. 아침 담당한테 물어보세요. 不知道啊，你问问负责做早饭的人吧。

　　오은수(둘째 며느리): 저거요. 제가 늦잠을 자는 바람에… 那个啊，我早上起来晚了，所以……

　　윤순정: 어머! 아무리 그래도 아침은 피자하고 스파케티는 너무한 것 아니야? 哎哟，就算是这样，但早饭准备比萨饼和意大利面也太过分了吧。

　　윤수민(시누이): 차라리 큰올케언니 차린 시리얼 낫겠다. 还不如大嫂以前给准备的燕麦片呢。

　　윤범규(시아버지): 집안에 여자가 몇인데 밥상은 이 모양이야? 작은 새애기 벌써 꾀나냐? 家里这么多女人，饭怎么这种模样啊？小儿媳你已经开始偷懒了吗？

　　오은수: 아버님, 죄송합니다. 爸爸，对不起。

　　윤범규: 앞으로 이런 일이 없도록 해라. 注意以后不要再发生这种事情了。

　　오운수: 네. 是。

　　윤범규(아내 이선영한테): 밥 줘! 물이라도 말아먹게. 给我米饭，就是用水泡着吃，我也得吃米饭。

从上面的对话可以看出，由于二儿媳早上起床晚了，所以早饭没能准备米饭、热汤和其他小菜，只准备了比萨饼和意大利面，这使公婆、姑姑大为生气，公公还质疑说："家里光女人就有好几个，饭为什么做成这种模样?"从这儿可以看出，对韩国人来说，做饭依然是女人应该干的事情，做不好还要挨训。

韩国人提到什么好吃的东西时一般会说"어머니의 손맛"或"엄마표"，如(16)，用"자기 어머니가 끓여주시던 육개장"来强调味道纯正，韩国还有一首歌曲为《어머니의 된장국》，这些反映的都是：做饭是韩国女人的专职。

(16) 그러나 필자의 소견으로도 지금 서울, 인천, 경기도에서 '자기 어머니가 끓여주시던 육개장'과 근사치에 달한 풍미를 가진, 제대로 된 육개장을 제공하는 식당이 없다는 것이 명확한 결론이다. 《조선닷컴, 2012.07.23》但是根据笔者的见识来看，我明确的结论是：现在首尔、仁川以及京畿道还没有一家像样的店所提供的辣牛肉汤能最大限度地达到"自己老母亲曾经做过的辣牛肉汤"那种味道。

韩国人喜欢吃豆芽，除了自己在家里发豆芽，也有很多人买着吃，尤其是现代社会，韩国人上街买菜一般都会买豆芽，并会因此讨价还价。如电视剧《꽃 피어라 달순, 76회》中，在提到家庭主妇时，한태성说道：

(17) 집에서 살림이나 하고 콩나물 깎기에도 바쁜 사람들이 무슨 구두를 산다고 그래? 在家里忙着做家务、因为一

点豆芽而讨价还价的人，会买皮鞋吗？

如上，这是用买豆芽讨价还价来转喻女人，也说明豆芽在韩国人尤其是韩国女人生活中的重要性。

因为做饭、管理家庭是女人的事情，在很多俗语里即使不出现性别，但也隐含女性意义，如俗语"숟갈 한 단 못 세는 사람이 살림은 잘한다"，字面意义是连一打勺子多少把都分不清的人才会过好日子，这里的人指的是女人，意思是看着有点笨的女人反而不会有其他想法，才会始终如一地把日子过好。有的俗语则明确表明家务活是女人的事情，并且家里的女人一般指母亲与女儿，如俗语"어이딸이 두부 앗듯、어이딸이 쌍절구질하듯"所示，在韩国家庭里典型的重劳动有做豆腐和舂米，其行为主体都是女人。

女人还负责厨房的修修补补，如俗语"부뚜막 땜질 못하는 며느리 이마의 털만 뽑는다"，意思是锅台裂了缝也不会糊的儿媳妇却臭美得拔额头上的毛，用来嘲笑工作干不好但却臭美的讨厌相。女人还负责做衣服，如果不会做衣服就是缺点，如俗语"동정 못 다는 며느리 맹물 발라 머리 빗는다"，意思是连衣服领子都不会缝的女人却蘸着水梳头，比喻工作干不好还臭美。

扔垃圾这些活一般也都被视作女人的活，如电视剧《미워도 사랑해, 23회》中，当看到离婚的父亲栖居在咖啡厅，晚上提着垃圾袋出去扔垃圾，女儿정인우不禁说道：

(18) 우리가 걸리면 우리도 아는 척 안 하고 살게요. 그러니까 이런 쓰레기 봉투 들고 다니지 마란 말이에요. 만약 您担心我们碍事，我们也不会找您的。所以说(您再婚吧)，不要拿着垃圾袋到处晃悠！

由此可见，在韩国一个大男人尤其是父亲如果扔垃圾，在女人尤其是女儿眼里看来，是非常不合时宜的。

女人不仅要做家务，还要侍奉丈夫，为其梳洗打下手，并且还要打扫卫生，所以惯用语"건즐(을) 받들다"与"기취(를) 받들다"都意为成为他人之妻妾，韩国女人在谦称自己时会用"기취첩(箕帚妾)"，意思是自己就是个打扫卫生的丫头。因为"건즐(巾櫛)"指毛巾与梳子，"기취(箕帚)"指簸箕与笤帚，这两个表达都是用动作行为来转喻主体，也就是说给别人拿毛巾和梳子或者拿着簸箕和笤帚的人是妻妾，是女人。

不仅在工作分工上有男女之别，就是在物件的使用上也会出现不同，例如女人和孩子经常用的饭碗称作"오목주발(--周鉢)"，女人专用的碗还有"바리"。

随着社会的发展韩国年轻女性开始对传统文化提出异议和改进。2015年电视剧《딸 너 같은 딸, 88회》里有这样的片段：作为事业成功女性的二女儿마인성嫁到苏家之后，由于家务繁重而采取了很多措施来减少家务，其中举措之一就是吃饭时，像在饭店吃自助餐一样，将所有的饭菜集中到一起，每人用一个大盘子来盛自己想吃的饭菜，这样既可以减少摆放饭菜的时间，也可减少刷碗的工作量。但这遭到了公公소판석的强烈反对。这段电视剧内容隐藏着的丰富的文化现象：美国与韩国就餐文化的差异；年轻人与老年人的代沟问题；不同性别劳动的分工问题。

[图6] 한정식(韓定食)(图片来自网络)　　　[图7] 백반(白飯)(图片来自网络)

　　如上所示，韩国的韩定食(图6)自不必说，就是一般的白饭(图7)也有好多盘子、碟子，因为韩国人吃饭必须有米饭、汤、泡菜、炖(泡)菜等，这导致韩国人饭后刷碗工作很繁重。从性别上来看，这些工作都是女人即儿媳妇做的。但对一般的韩国女人包括儿媳妇来说，这也许不是问题，因为常年熏陶所接受的韩国文化已经渗入骨子里，认为这些活应该由自己做，所以小姑子也从来没有向父亲提出过抗议，并且公公的观点也如此，认为：洗几个碗有什么了不起的，别人都能干，为什么你不能干。但儿媳妇是在美国受的西式教育，且是成功、繁忙的职业女性，虽然在性别分工上与传统文化妥协，但自己作为职业女性，想追求效率，认为没必要把时间浪费在"不必要的地方"，所以对家务劳动的方式提出了改进方案，这一切引发了公公的不满，从而产生了家庭矛盾。

8.6 性别与地位、话语权、话语量

前面我们分析了包括韩国在内的世界很多国家不仅仍然存在性别差异，有的还存在严重差异。波伏瓦(2011/2016:14)提到："几乎在任何国家里，女人的合法地位与男人都不一样，男人往往让女人处于极为不利的处境。即便女人的权利得到抽象的承认，但长期养成的习惯也妨碍这些权利在风俗中获得具体表现。在经济上，男女几乎构成两个阶层；……男人拥有更有利的处境，……男人在事业、政治等方面占据更多的位置，正是男人掌握最重要的岗位。"也就是说，男人和女人在地位、经济、政治、岗位等各个方面都存在不平等现象。此外，制度、习惯、信仰、习俗和价值观的系统运作也反映了女人的社会从属地位(舒特斯曼 2014:120)。郭熙(2013:151)也认为："有一点是比较明确的：男女之间社会地位的差异越大、越固定，男女语言上的差异就越大。"

韩国男女地位的差异也印证了上述观点。并且，男女地位的差异反过来也是男女性别差异的一个重要表现。本小节主要从地位和话语权、话语量等角度来分析韩国的性别差异。

8.6.1 女人无地位

奥莫亨德罗(2017:88)提出，孩子从夫姓至少在形式上表示他们与父亲的男性亲属关系更为紧密。而列维-斯特劳斯则提出："在血统形态变动的后面，入住夫家的常规表明了标志人类社会特点的两性不平等的基本关系"(转引自波伏瓦(2011/2016:99))。

在韩国，一直到16世纪还普遍流行"처가살이 倒插门"，即丈夫要到妻子家中去居住，那时女性的社会地位还比较高。但随着17

世纪《주자가례(朱子家禮)》的普及，家长制思想逐渐被强化，女性的生活逐渐具有了从属性(김영심 2009:386)。妻子被要求一直在丈夫家中生活，这个事实足以说明男人地位的优越、女人地位的低下(波伏瓦 2011/2016:99)。

在家长制的普及过程中，产生了很多反映这一思想的表达。中韩两国在古时都有"夫为天，妻为地"的思想，即使发展到现代社会，韩国日常生活中依然存在这样的思想和表达，如(19)。

(19) a. 하늘 같은 서방님이 어쩌고 있는지는 궁금하지도 않
　　　 은가 보지.《우리집 꿀단지, 103회》看来你一点也不
　　　 关心自己至高无上的老公现在在干什么，是吧？
　　 b. 금방석을 하늘 같은 남편으로 알고 편하게 잘 살고
　　　 있다면서.《사랑이 오네요, 48회》金方硕对她来说
　　　 是独一无二的好老公，两人过得很幸福。

在韩国，女人没有地位主要有五种表现，第一，认为女人是传宗接代的工具；第二，认为女人是奴隶、干活的工具；第三，男女饮食也有不同；第四，认为女人是祸患、管教对象；第五，社会对男女性行为的要求也不同。

8.6.1.1 视女人为传宗接代的工具

对韩国男人来说，女人是传宗接代的工具，不能参加祭祀，包括儿媳妇、女儿等，而没有儿子也成了很多男人在外面找女人的理由。例如，反映韩国20世纪六七十年代社会状况的电视剧《그 여자의 바다, 1회》就有这样的情节，女主수인的父亲在外讨小老婆的理由

就是为了生儿子。但正像许烺光(2001:91)所提出的，"借娶妾以传宗接代的说法只不过是为使娶妾得到承认的借口罢了"，"娶妾是男性威望的象征，或是男人们倾向一夫多妻的表现。同样，在以传宗接代为至关重要之事的文化背景中，娶妾很容易得到人们的承认。"所以对수인父亲娶妾一事，自己的母亲包括外婆都是默认的，并且最后父亲还带着小妾住进了自己家中。剧中，当一家人为爷爷举行祭祀时，수인的父亲将站在旁边的两个女儿推到一边，然后把小老婆生的儿子拉过来，让儿子给爷爷磕头行礼。不仅是祭祀，就是吃饭时，父亲也是和儿子一个桌吃饭，而两个妻子与两个女儿都是另外在一个小桌上吃饭。

8.6.1.2 视女人为奴隶、干活的工具

在韩国，所有的祭祀饮食都是女人准备的，但真正在祭祀时却又不让女人参加，这反映了只是把女人看作做家务的下人而不是家庭成员的思想。

俗语"문서 없는 종"意思是就像没有卖身契的仆人一样，比喻以给别人干活而被允许住在行廊里的人，也比喻老婆、儿媳妇。也就是说女人是没有卖身契的仆人、下人。如果女人不干好份内的事情就是不守妇道，韩国语里贬称这样的女人为"오맞이꾼(五—)"，因为女人外出打水为"물을 맞다"，淋雨是"비를 맞다"，被偷是"도둑 맞다"，出轨是"서방을 맞다"，回家挨打是"매를 맞다"。由此可见"맞다"这个词的隐含意义是女性，因为挨打的都是女性，韩国女人过去在家庭和社会中是毫无地位可言的，要逆来顺受，不能反抗。如果女性嫉妒、不满，打男人，就成了非正常的，因此就成了"악처(惡妻)、한부(悍婦)"。

女人还被视为男人的附属品，如"여편네 팔자는 뒤웅박 팔자라"意思是女人的命运与丈夫拴在一起。而"암탉이 울면 집안이 망한다"与"수탉/장닭이 울어야 날이 새지"形成对比，意思是女人在家里不能主事，只有男人才能做主。这些强调的都是女人的从属地位，也就是说，过去韩国女人是一点地位都没有的。

出嫁后的女人到死都没有自己的自由，如"죽어도 시집 울타리 밑에서 죽어라、시집 울타리 귀신이 되어야 한다、죽어도 시집의 귀신"等意思是死也要死在婆家，即生是婆家的人，死是婆家的鬼。如果犯了错误，还会被赶回娘家，而这被认为是奇耻大辱，所以有了俗语"시집살이 못하면 동리 개가 업신여긴다"，意思是如果在婆家过不好，就连村里的狗都看不起。

8.6.1.3 男女饮食也有所不同

饮食文化具有丰富的性别色彩。例如美国传统的感恩节大餐及其准备过程都强化了刻板的性别角色，女性负责烹饪食物，而男性主持分享仪式；感恩节享宴时的大胃王比赛是美国社会阳刚之气的反映；过度消费并不论男女，但对过度消费的夸耀行为，一般都是男性化的，尤其是食物的过度消费，如：几个大男人饭后松开皮带腆着肚子围坐在电视前(艾伦 2013:196)。

韩国人吃饭时，在饮食上也有男女之分，如电视剧《오늘부터 사랑해, 19회》中，在准备早饭时，表现出的性别差异有：男女不同桌，男人(儿子、孙子)一桌，女人(奶奶、母亲、女儿等)一桌；做米饭的工具不同，老太太给儿子和孙子准备的米饭是单独用传统的石锅在煤气灶上做出来的，而其他人吃的米饭是用电饭煲做出来的；菜肴不同：男人一桌有煎带鱼，女人一桌是秋刀鱼。因为在韩

国人眼中带鱼要比秋刀鱼好，所以小孙女与奶奶、妈妈之间发生了
激烈的言语冲突：

(20) 윤승아(막내손녀): 뭐야? 여기 꽁친데 왜 저기 갈치야?
这是什么呀？怎么这里是秋刀鱼，他们是带鱼
啊？

한동숙(며느리): 응? 그게 승혜가 할머니 드시라고 사온
건데 그것 좀 남았어. 두 상에 두기 좀 모자라서
그래. 这个啊？盛惠给奶奶买的，剩下一点。
分两个桌子不太够，所以给他们了。

윤승아: 그렇다고 그걸 아빠랑 승재오빠 앞에만 놓냐?
치사하게. 就算这样，就都给爸爸和胜载哥了
啊？真卑鄙。

윤대호(아빠): 그래. 우리 딸이 먹고 싶으면 먹어야지.
이걸 거기 갖다놓고 할머니랑 나눠먹고.(접시를
승혜한테)승혜야. 来，我们女儿想吃的话就得
吃啊。你拿过去和奶奶一起吃吧。(把盘子递给
胜惠)胜惠啊，接着。

윤승혜(큰손녀): 네, 아빠.(접시를 받고) 是，爸爸。(接
过盘子)

김순임(할머니)(불만한 말투로): 이런! (不满的口吻)干
什么啊？

윤승혜(큰손녀):(접시를 도로 아빠 밥상에 다시 놓는다)
(又把盘子放回到爸爸桌子上)

윤승재(손자)(할머니한테): 아빠와 저는 괜찮아요. 승아
먹이세요. (对奶奶说)爸爸和我不吃也行，让胜

雅吃吧。

김순임(승하한테): 철없는 것! 그래도 그런 법은 없다. 집
　　안의 가장이 제일 좋은 것 먹어야지. 真不懂事！
　　哪有这样的规矩啊？一家之长就得吃最好的。

윤승아: 나도 갈치 좋아한다고요. 우린 입 아니고 주둥
　　이에요? 음식 가지고 차별하게. 너무 하잖아요?
　　我也喜欢带鱼。我们的嘴不是嘴，是窟窿吗？
　　拿着食物分三六九等，太过分了。

김순임: 너무하긴 뭐가 너무해. 꽁치가 어땠어? 맛도 영
　　양도 갈치에 뒤지지 않구만. 过分什么？秋刀鱼
　　怎么了？味道和营养都不比带鱼差嘛。

윤승아: 그럼 할머니는 꽁치 많이 드세요. 제가 아빠 옆
　　에 가서 갈치 먹을 거니까. 那奶奶您就多吃点
　　秋刀鱼吧。我去爸爸那儿吃带鱼了。

윤승혜: 승아야, 내가 나중에 갈치 다시 사올게. 그때 실
　　컷 먹어. 胜雅啊，我过两天再买带鱼，到时候
　　让你吃个够。

윤승아: 너는 그때 먹어. 나 지금 먹을 테니까.(일어나서
　　아빠한테 가려고.)你到那个时候再吃吧。我现
　　在吃。(站起来想去爸爸那儿)

한동숙(승아를 잡고): 왜 그래? 갈치 못 먹으면 죽는 것
　　도 아닌데.(抓住胜雅)你怎么回事啊？不吃带鱼
　　又死不了你。

윤승아: 기분이 나쁘잖아? 지금 무슨 조선시대도 아니
　　고. 我生气！现在又不是什么朝鲜时代？

한동숙: 그만 못해! 你还有完没完？

윤승아: 엄마가 더 나빠! 할머니야 고리타분한 옛날 분
　　　이라 그렇다 쳐도 엄마가 이러면 안 되지. 妈你
　　　更坏！就算奶奶是旧时代的人，有旧思想。但
　　　是妈你这样的话可不行啊。
김순임: 얼마 더 할 거니? 你还想闹到什么时候？
윤승아: 꽁치 먹으면 되잖아요? 我吃秋刀鱼不就是了。

　　从上面的对话可以看出，韩国传统家庭中仍然存在着严重的男
尊女卑思想，尤其是年纪大的老人，这种思想非常严重。但是年轻
一代人已经开始公开表示反对。不过，这场因带鱼与秋刀鱼所引起
的冲突最终以小孙女的屈服而收场，这说明，韩国还是一个家长制
社会，长辈的命令仍然具有无尚的权威。
　　同一电视剧22集中还有一个场面，是奶奶在擦洗饭碗，当儿媳
妇想要帮忙时，被奶奶一把夺了下来，儿媳妇不禁说道：

　　(21) 에이구, 우리 어머니는 아범이랑 승재의 밥그릇 나한테
　　　　언제 넘겨주시려나? 哎呦，妈您打算什么时候把孩子
　　　　爸还有胜载的饭碗交给我管理啊？

　　从中可以看出老太太有严重的重男轻女现象，连儿子和孙子的
饭碗都不让儿媳妇碰。

8.6.1.4 视女人为祸患、管教对象
　　"女人是祸患"这种思想在韩国惯用语、俗语里表现得淋漓
尽致，这些都是从男人的视角来看待女人。首先，认为女人是妖邪

之物，称女人为"요물단지(妖物--)"。第二，认为女人不过日子，如"여편네 활수하면 벌어들여도 시루에 물 붓기"比喻不管挣多少钱，如果家里的女人不过日子，那也不会积攒下财产。第三，认为女人干坏事，俗语"여편네 아니 걸린 살인 없다"比喻不论好事还是坏事肯定都有女人参与。第四，认为女人败家，如"집안이 화합하려면[화목하려면] 베갯밑송사는 듣지 않는다"，其中"베갯밑"指的就是女人，意思是家里的长辈如若听信女人的枕边风就会招致家庭不合。再如"여자의 말은 잘 들어도 패가하고 안 들어도 망신한다"，意思是女人的话不管听不听都会败家，比喻女人的话无论如何也不能听。此外，还将儿子与女儿放在一起作比较，认为"아들 못난 건 제집만 망하고 딸 못난 건 양 사돈이 망한다"，意思是儿子不争气坏一家，而女儿不争气坏两家(婆家和娘家)。第五，认为要严加管教女人，有很多俗语反映这一思想，如表1所示：

[表1] 与严加管教女人有关的俗语

	俗语	比喻意义
1	아내 나쁜 것은 백 년 원수 된장 신 것은 일 년 원수	比喻遇到不好的妻子就要一辈子受苦。
2	색시 그루는 다홍치마 적에 앉혀야 한다	要想给妻子或新儿媳妇立规矩要从穿红裙子刚嫁过来时进行教育。
3	아내 행실은 다홍치마 적부터 그루를 앉힌다	
4	아이하고 여자는 길들일 탓	孩子与女人就看怎么教育了。
5	명태하고 팥은 두들겨서 껍질을 벗기고 촌놈하고 계집은 두들겨서 길들인다	明太鱼和红豆要敲打着去皮，而村夫与女人要多敲打才能管教好，比喻要好好管教女人。

如上，俗语1将受苦的原因归结于女性身上，正因为有这种思想，所以有了俗语2-5，强调的是要对女人严加管教，其中俗语2、3

与管教时间有关，俗语4、5与管教方式有关。

8.6.1.5 性行为要求不同

韩国男女社会地位的不同还表现在社会对男女性行为的要求不同。对男人来说，婚外情是"풍류(風流)"，但对女性来说是不可饶恕的罪恶(김명희等 1992:39)，这种思想也表现在语言上，如"남자는 배짱이요 여자는 절개다"意思是男人要有胆量，而女人要有节操。并且对女人失去贞操有专门的表达为"적시다"，是标记项，但没有男人失去贞操的表达，也就是说，对男人是没有节操要求的。男人不仅可以纳妾，即使妻子死了，韩国男人也并不感到悲伤，并且认为"질동이 깨뜨리고[깨고] 놋동이 얻었다"，即丧妻后重娶是丢了泥罐子得到铁罐子。而且如"사내 상처 세 번 하면 대감 한 것만 하다"所讲，还认为三次丧妻、三次结婚就像当了"대감"这样的大官一样是非常大的福气。并且还有形容男人结三次婚的俗语"장가를 세 번 가면 불 끄는 걸 잊어버린다"，意思是结了好几次婚，高兴得新婚之夜连灯都忘了关。但对女人再改嫁却有单独的称呼叫作"되깎이"，这个词本来指和尚还俗后再次出家，同一个词却用来指改嫁的女人，可见对女人改嫁的约束。正如古希腊诗人希波纳克斯在作品中所说："你的妻子给你快乐的生活只有两天：婚礼那天和她下葬那天"(波伏瓦 2011/2016:120)，这实际上都是对女人地位的无情践踏。

韩国语里还有"윤간(輪姦)、혼간(混姦)"，与汉语的"轮奸"意思一致，此外，韩国语还用"돌림방"俗指轮奸，而从汉字"奸"的结构就可以知道这些词里隐含的性别都是女性，"奸"本身隐含意义是女性为奸，而"轮奸"等意义的词语则意味着女性是被践踏的一方。但是有关男性被蹂躏的词语却非常少，由此也可以看出女性

尤其是旧社会的女性是弱者这一社会现象。这种现象具有文化共性。

在双重标准下的社会里，女人如果失去贞操、出轨则要受人唾弃。如俗语"도둑의 때는 벗어도 화냥의 때는 못 벗는다"，意思是当小偷的过去可以抹掉，但不正经女人的污点却难以洗掉，也就是说不正经是比偷盗还要严重的犯罪。

因为旧社会伦理道德的束缚，很多女性即使失去丈夫也很难再改嫁，这种现象在过去非常普遍，表现在语言上，如(22a)所示，与寡妇相关的词语特别多，但因为男人不必守节，可以娶多个老婆、再娶，所以与此相关的词语只有四个，如(22b)。

> (22) a. 과부(寡婦)、과붓집(寡婦-)、과녀(寡女)、과모(寡母)、과수(寡守)、상아(孀娥)、이부(嫠婦)
> b. 홀아비、홀애비、광부(曠夫)、환부(鰥夫)

这与中国文化是一致的，许烺光(2001:88-89)也提到：在中国(喜洲镇)鳏夫再婚的多于寡妇，但家境贫穷的寡妇往往再婚。也就是说，寡妇再婚少于鳏夫，即使再婚，这样的寡妇也多是因为经济和生存原因，被逼无奈。

即使寡妇不再改嫁也总是处在是非窝里，所以汉语有"寡妇门前是非多"，而韩国语里则有"장난을 하는 것은 과부 집 숫고양이"，意思是如果寡妇家里公猫嬉闹的声音传出墙外，寡妇就要被怀疑(行为不端)[08]，虽然现在已经产生了比喻意义，比喻没有任何根据的事情如果说多了会惹出事情来。但这种俗语和比喻意义的产生实

08　用猫的嬉戏来比喻思春也出现在中国文化里，如清雍正时期烧制的"粉彩思春图棒槌瓶"上用来表达思春这种意义时就是用女子盯着两只嬉闹的小猫来表现的(马未都2017(6):84)。

际是对"寡妇门前是非多"这种现象的反映。而"과부집 숫고양이 같다"比喻捏造事实诬陷他人,制造事端。

过去为了鼓励女性守节,会给守节的女性立贞节牌坊或者颁发荣誉称号,所以旧社会的女性被严密地控制在社会伦理道德的监控下,并且还被借来作比喻,如俗语"열녀전 끼고 서방질하기"意思是拿着《烈女传》出轨,用来嘲笑那些表面上干净实际却行苟且之事的人。这里虽然没有出现主语的性别,但从《烈女传》可以看出这里指的是女性。再如,"촌년이 늦바람 나면 속곳 밑에 단추 단다"意思是乡下女人老了如果动了春心就会往内衣上钉纽扣,比喻不灵光的人如果沉迷于某事反而会过度投入,超出限度。这也是拿女人做文章,是对女性性需求的践踏。

不论哪个国家都有一种社会现象——卖春行为,这种行为虽然涉及男女两种性别,但韩国语里指称这种男人时仅有"바람둥이、제비족(一族)"两个词,这也意味着对男性的宽容,但对女性却有多种称呼,如(23),并且根据卖身的公开与否,偷偷卖身的女人成了标记项,如(24)。如果女人与和尚通奸,还被嘲笑为"살보시(-布施)",意思是把肉布施给和尚。韩国语里用"밭"来比喻女人,所以卖身为生还称作"밭팔다"。

(23) a. 固有词:갈보、똥갈보、노는계집、논다니、조도
　　b. 汉字词:유녀(遊女)、화랑(花娘)、흥녀(興女)、화랑유녀(花娘遊女)、매소부(賣笑婦)、매춘부(賣春婦)、매음녀(賣淫女)、매음부(賣淫婦)、춘부(春婦)、창녀(娼女)、분홍녀(粉紅女)、윤락녀(淪落女)
　　c. 混合词:아랫녘장수、여관발이(旅館--)、술집 여자(--女子)

(24) 은근짜(慇懃-)、은군자

从这些女性称呼中，我们可以看到社会的关注点都在女性身上，并且是对女性的谴责，但对从事类似职业的男性却极少关注，当然这类男性也比较少。

由此可见，韩国社会对男女实行的是双重标准。关于对女性贞操的严厉要求和对通奸严重惩罚现象存在的原因，波伏瓦(2011/2016:111)认为："私有制存在的时间有多长，女人对丈夫的不忠实就有多长时间被看作严重的叛逆罪"，也就是说，认为女人是丈夫私有财产的这种私有制观念是产生上述现象的根本原因。

8.6.2 话语权与话语量

女性在过去是没有发言权的，即使是现在，在一些家长制风气严重的家庭里尤甚，如电视剧《빛나라 은수, 10회》中丈夫윤범규属于典型的大男子主义，经常对妻子이선영说"어디서 큰 소리야? 여자가! 이렇게 大声干什么? 一个女人家的。"言外之意是女人连大声说话都不被允许。俗语"여자의 목소리가 담을 넘어서는 안 된다"表达的也是这种思想，意思是女人的声音不能传出墙外。前面提到的"여자의 말은 잘 들어도 패가하고 안 들어도 망신한다"说的其实也是女人没有话语权。俗语"제 처 말 안 듣는 사람 없다"的字面意思是没人不听自己老婆的话，好像是韩国的男人都听老婆的话，但这个俗语实际上指的是一般男人都无法拒绝老婆的请求或听信自己老婆的话而误事，所以让男人要小心自己老婆的话。因此最终讲的还是不能让女人有话语权。

但是，当韩国女人年纪增大而成为一家人中年龄最长者时，女人的话语权就会提升。这是韩国"尊老"思想与"重男轻女"思想的斗争，也就是说，在"尊老"思想面前，"重男轻女"思想就变得不突出了，例如，电视剧《오늘부터 사랑해》中，奶奶김순임在家里具有绝对的权威，虽然她处处维护儿子윤대호的权威，但在家庭大小事上仍然是奶奶说了算。不过，随着社会的发展，韩国女人在特定的家庭事务上也逐渐拥有了一定的权力，例如在生育、子女教育、子女婚嫁等方面，女人具有较大的话语权。

尽管与男人相比，女人在韩国社会没有地位、没有话语权，但这却阻止不了韩国女人的话语量，与此相关有很多俗语，如"여자가 셋이면 나무 접시가 들논다、여자 셋이 모이면 새 접시를 뒤집어 놓는다、여자 열이 모이면 쇠도 녹인다"都比喻三个女人一台戏，意思是女人话多。韩国语里还有"재재보살"，用来嘲笑絮絮叨叨、轻薄、不沉稳的女人，这背后的隐含意义是，女人话多了就会显得轻薄、不沉稳。

女人话多这不仅是韩国女人才有的现象，好像所有女人都有这个特点，这种思想具有世界共性，如指啰里啰嗦的人时汉语用"婆婆妈妈"，英语用"granny"，此外，英语还有形容词"grandmotherly"指唠叨的，法语"mémère"指奶奶、上了年纪的妇女，而"mémèrerer"是动词，指闲聊、说三道四[09]（黄树先2012:79）。

不过在社会交往中，女性的话语量却不见得比男人多。因为女性一般喜欢私下场合的谈话，而男性喜欢公开场合的谈话，很多男性在家里很沉默，但到了公开场合却滔滔不绝也源于此（왕문

09　动词用法是加拿大法语。

용 2008:141）。所以，在绝大多数场合，包括街市、家庭、朋友聚会、社交活动、各种会议等，都是男性比女性说得多。特别是在男女之间的对话中，这样的情况更为突出。夫妻之间也好，朋友、同学或同事之间也好，基本上都是男性说话的时候多于女性（Romaine 1994；弗罗姆金、罗德曼 1994:305）。有人做过一次实验，在某次社交聚会上连续三小时观察一对夫妇，发现在此期间丈夫说话的时间是妻子的五倍；然而，事后在向在场的人询问他们对这对夫妻的印象时，竟然人人都觉得丈夫说话不多而妻子非常健谈（Chaika 1982），这说明在判断言语行为时，人们对男性和女性使用了不同的标准（张博宇 2015:25）。

人不仅话多，而且还会传话，但韩国人认为女人比男人更爱传话，如与男人有关的俗语只有(25a)；而与女人有关的却很多，如(25b-d)。

(25) a. 소 앞에서 한 말은 안 나도 어미[아버지] 귀에 한 말은 난다

b. 소더러 한 말은 안 나도 처더러 한 말은 난다

c. 아내에게 한 말은 나도 소에게 한 말은 나지 않는다

d. 어미한테 한 말은 나고 소한테 한 말은 안 난다

这些俗语里出现的传话的人"처(妻)、아내、어미"等都是女性，并且是已婚女性。所以这还隐含着已婚女人爱传话这一思想认识。另外，因为妻子、母亲是自己最亲密的人，所以这些俗语用来比喻即使是亲密的关系也要注意说话的分寸，不能乱说话。

关于女性，韩国人也非常重视女性的说话艺术，有下面的说法，如(26)，意思是对女性来说最重要的德行就是话语美，其次是心灵美。因为话语是一个人的人生日记。不过，重视语言的应用不见得只是女性所应该具有的品质，而应该是所有社会人的品质。

(26) 여성이 가장 으뜸 갖추어야 할 덕목이 말씨라고, 둘째는 마음씨라고 한다. 보통 말씨가 소중한 것은 말씨 하나에 그분이 살아온 일기장 같다…[10]可以说女性最需要具备的德行是话语美，第二是心灵美。之所以说话语重要，是因为话语是一个人的人生日记。

关于男人，一般韩国人都认为男人不应该话多，如(27a)是姑姑对侄女婿许甲乭的告诫。如果男人话多，则被认为会让人很疲惫，如(27b)，这是电视剧中当看到女婿金承俊话非常多时，丈母娘达来看着自己的女儿用眼神说的话。如果男人话多则会降低自己的魅力，如(27c)，这是电视剧中开索熙冲周范仁所说的话。话多的人还被贬低为"설명충(說明蟲)"。所以话少的男人是韩国女人心目中的真男人，如(28)。

(27) a. 남자는 묵직해야 하는 게 딱 두 개인데 하나가 입이여. 입이 천근만근 무거워야 큰일을 하는 겨.《우리 갑순이, 40회》男人身上应该比较沉重的东西就两个，其中一个就是嘴巴。嘴巴要重如千斤才能成大事。
b. 남이야, 너 좀 피곤하겠다. 김서방이 그렇게 말이 많은 좀생이인 줄은 몰랐다.《불어라, 미풍아, 52회》南伊，你该受累了。没想到金姑爷话这么多，啰里

10 http://blog.naver.com/386pretty/14015915183

啰嗦的，像个小气鬼。

c. 남자가 말이 많으면 매력 떨어져요.《수상한 삼형제, 62회》男人说话太多了是没有魅力的。

(28) a. 내 주위에선 다 자기 스타일이라고 다리를 놔달라고 난린데. 과묵하고 신중하고 남자답고. 말많은 남자 해 롭잖아?《당신은 선물, 15회》我周围的人都说(会长)是自己的理想男人，都让我牵线搭桥呢。都说：会长沉默寡言，又稳重，有男人味。话多的男人可是很害人的啊。

b. 작두씨 보고 좀 배워. 사람이 묵묵하게 얼마나 듬직해.《데릴남편 오작두, 6회》向铡刀(人名)学习学习吧。不多说话，看起来就让人心里踏实啊。

如上所述，韩国女人的社会地位、家庭地位非常低，没有话语权，受男人支配等是生活常态。但是，每个社会总有非常态的东西存在，表现在男女性别之上，那就是在某些家庭或小群体中，也会出现男人没有地位的现象，表现在语言上就出现了标记项，如汉语有"妻管严、季常癖"[11]，而韩国语则有"엄처시하(嚴妻侍下)、처시하(妻侍下)"，多用来嘲笑被妻子管得非常严的丈夫，这样的丈夫一般要对妻子言听计从，所以就有了"판관사령(判官使令)"，本来这个词指朝鲜时期在"감영(監營)、유수영(留守營)"这些地方对当官的言听计从、到处跑腿的人，现在用来嘲笑对妻子言听计从的男人。现代韩国社会还出现了"공처가(恐妻家)"，其反义词是"애처

11　"季常癖"的主人公是宋代人陈季常，是苏轼的朋友，因其妻善妒，苏轼所以写了首诗为："寄吴德仁兼陈季常"，诗中有："忽闻河东狮子吼，拄杖落手心茫然。"之后妻管严被称作"季常癖"。

가(愛妻家)"。

韩国语还有"팔불출(八不出)",这个词指非常蠢的人,一般有
"자기자랑、마누라 자랑、자식자랑、부모자랑、형제자랑、선배
자랑、고향자랑"等行为的人被认为是"팔불출"。而对老婆唯唯诺
诺、总是为老婆着想的人也被称作"팔불출"。类似的词还有"팔불
용(八不用)、팔불취(八不取)"。

韩国语还有俗语"온통으로 생긴 놈 계집 자랑 반편으로 생긴
놈 자식 자랑、자식 추기 반미친놈 계집 추기 온미친놈"意思是夸
奖妻子是大傻,夸奖孩子是半傻,用来警戒不要被过度的爱迷失了
双眼,也用来嘲弄那些喜欢夸耀老婆孩子的人。

如上,恐惧女人、夸耀女人、喜欢女人的这类男人在韩国语
里都成了标记项,这类词语、俗语的存在也说明这类男人在韩国是
"另类",反过来也证明韩国社会对这类男人是不认可的,因为这与
整个社会的主流文化相斥。

8.7 性别与语言形式

性别差异在语言上有多种表现形式。有些语言中在语法上有
性别差异,这种性别差异如果分不清就会闹笑话,如电影《与狼共
舞》中就出现了这样的问题:《与狼共舞》的制作者为实现文化的真
实性,请了美国原住民演员,并雇了一位女性的语言教练教那些不
会讲拉科塔语的人来说这种语言,然而这些课程并没有包括拉科塔
语中的"性别讲演"方面以及语法规则中的性别差异。因此当拉科
塔语的母语使用者看到这部电影时,都被那些扮演拉科塔战士的人

所说的女性化的语言逗乐了(哈维兰等 2014:112)。

　　韩国语在语法上没有性别差异，其性别差异主要表现在其他方面，学界对韩国男女性别语言的研究主要集中在如下几个方面：

[表2] 韩国语里的男女性别语言研究

分类	男性发话者	女性发话者	研究者
격식체/비격식체	격식체:합쇼체(-습니다, -습니까)	비격식체:해요체(-더라구요.-것 같아요)	이능우(1971) 민현식(1997)
억양	하강조(평서문, 접속문), 짧고 급한 하강조(평서문), 하강 억양(의문사의문문)	상승조(평서문, 접속문), 길고 완만한 억양곡선(평서문), 상승 억양(의문사의문문)	민현식(1997) 임홍빈(1993)
감탄사, 간투사, 부사	덜 사용	많이 사용	민현식(1995)
의문문	덜 사용	많이 사용	민현식(1995)
욕설, 금기어	많이 사용	회피	민현식(1995)
축약형	덜 사용	사용	김선희、이석규(1992)
-냐/-니?	-냐?	-니?	민현식(1997)
-죠	덜 사용	사용(예:-거 있죠)	강정희(1987)
경음	덜 사용	사용(예:따른 거, 짝다, 쪼금, 쪼끔)	김선희、이석규(1992), 민현식(1997)
ㄹ음 첨가	덜 사용	사용(예:요걸로, 안 올래다가, 알아볼라구)	김선희、이석규(1992), 민현식(1997)
표준어/비표준어	비표준어	표준어	민현식(1995)

(김혜숙 2009:89)

如表2所示，关于韩国语男性语言与女性语言的研究多集中在敬语的使用、句子长短与逻辑、语调、轻重音以及感叹词、禁忌语、标准语的使用等方面。也就是说，这些语言形式具有比较明显的性别差异。

除了这些方面外，语言里的性别差异还有很多表现，本小节主要从发音、语法、词汇、比喻、俗语、日常用品的联想意义、性别意义的消失等七个方面展开分析，而词汇又可分为"词汇数量、词汇类型、称谓语的数量、感情色彩、词缀化"等五个方面。

8.7.1 性别与发音

男女不同性别的人在发音特点上不同。萧国政(2015:429)对汉语研究发现：北京15-30多岁有文化的妇女喜欢把舌面辅音[ts、ts、s]的发音部位前移，发成一种近似[tG、TG、G]的音，连中央电视台的女播音员往往也不例外，（可是同年男性则不然），这种发音被称为"女国音"。"女国音"是这些女性在讲话时选择的特定年龄段的性别区分。同样，北京的男性青少年说话时，轻声音节特别多，并且常常把舌尖辅音发成卷舌元音，如把"反正"发成"反二"；把"保证"发成"保二"。在他们的随便语体中，语音也比较含混。但如果女孩子这样讲话，则被认为是"粗鲁"的、"有男孩子气"的。但郭熙(2013:150)提到，这种女国音现象还影响到男性，不仅是12岁以下的男孩，一些成年男性也受到了影响，甚至著名的男播音员也不例外，"女国音"的势头好像不可遏制。

另外，Siegman & Feldstein(1987:355)认为女性说话时语速比男性快，沉默停顿次数更少；萨默瓦等(2013/2017:198)引用其他研究者的成果，说："女性说话时比男性声音更高、更柔和、更有表达力，她们会完整地发出词尾的'ing'更接近话语标准；女人说话时声音变化比男人多。"Trugill(1972)也认为女性在语音语调上发音更标准。

韩国人发音表现在性别上的差异最明显的就是女性说话喜欢用上升语调，喜欢用"요、죠"等"해요체"终结词尾，说话更标准(민현식 1995:38-40)，所以韩国女性发音明显比男性柔和、清晰，发音更标准。

发音还影响到人的权威和好感度。例如，曾经"有人告诉撒切尔夫人，她的声音听起来太'尖利'了，与英国首相的地位不相配。建议她降低音调，缩小音域，讲话慢一点，这样发言时更有权威性，音调更单调，好让大家都听到她的话。她的转变非常成功，结果她新的说话方式成了一种标志，拥护她的人非常喜欢，而反对她的非常讨厌"(沃德华 2009:375)。因为有证据表明谈吐清晰、迅捷、响亮(但不是过大)的人更聪明(赫滕斯坦 2015:70)。而依靠谈吐获得成功的代表性的人物算得上萧伯纳《皮格马利翁(又名《卖花女》)》中的"卖花女"了，这位发音丑陋、语言低俗的卖花女，经过语音训练之后，她的发音加上了一些有感染力的词语，竟然最终进入上流社会的公众场合并被接受(戈德伯格 2003:175)。

8.7.2 性别与语法和话语特点

这一部分主要分析敬语的使用、句型使用以及标准性等方面的内容。

8.7.2.1 敬语的使用

엄경옥(2008:76)从社会语言学角度研究发现，在与祖父的对话中，男性使用最高尊敬阶"하십시오"敬语体的比例是29.9%，女性是21.3%。在"해요체"的使用上，女性的使用比例是男性的11.7倍。所以민현식(1995)将女性用语的语法特性定义为"해요체"。

不过年轻男性之间也可以使用曾被视为女性专用的上升语调的"해요체""-더라구요"等。这种现象的出现可从几个方面去分析，一是男女平等思想的发展，二是女性的讲话方式从对话策略角度来看比较有用，所以被男性所采用。

即使都使用"해요체"，但男性和女性也有不同。例如，表示请求时，男性多喜欢用"-어 주세요""-어 주겠어요?""-어 주실래요?"等更直接或简洁的请求表达，而女性则喜欢用显得更恭逊的间接性表达，如"-어 줄 수 있어요?""-면 어떨까요?""-지 않을래요?""난 지금 할 수가 없네요"(전혜영 2004:87)。

8.7.2.2 句型使用

从使用句型来看，汉语里，男性多用命令句、陈述句，而女性多用疑问句(孙汝建 2012:66)，因为疑问句式听起来更委婉，显得更有礼貌(张博宇 2015:24)。韩国男女在句型的使用上也具有这样的特点，如表3所示：

[表3] 句型使用的性别差异

区分	疑问句的使用	研究者
影视人	女性是男性的2倍。	민현식(1995)
私人口语对话	女性多使用疑问句。	한나래、강범모 (2009)
公开的课堂讨论	女性更喜欢使用随声附和的言辞。	이성희(1999)
一般人	女性喜欢在句尾添加 "응?" "안그래?" "그렇지 않니?" "그렇죠?" "-잖아요?" "-지 뭐니?" "-지 않니?" "-지 뭐예요?" 等疑问句形式。	김선희(1991)
20多岁年轻人的私人对话	女性约是男性的1.5倍。 男性喜欢在句尾添加 "진짜?" "진짜야?" "정말?" "그래?" 等表达，但女性除这些表达外，还喜欢用 "그치?" "근데?" "그러게?" "그러네?" "그런거야?" "오케?" 等表达。	김혜영、하승완 (2011)

如上，不同的研究基本上都具有相似的结论，即与男性相比，女性更喜欢使用疑问句的形式。但随着社会的发展，20多岁的年轻人中男性与女性的差异逐渐缩小，男性也出现了多用疑问句的倾向。不仅限于韩国语，英语也有很多类似的情况。例如在过去英语里 "can" 都是男性来使用，而女性多使用 "may"，因为女性觉得 "may" 更优雅，但是现在两者的性别意义基本已经消失，很多情况下可以通用(霍尔 2010/2015:100)。

8.7.2.3 标准性

이화연(2004)通过问卷调查和访谈的形式发现，女性在说话时，句子更长，更加注重逻辑性，表达更标准，在描述性表达中更

加生动；而男性则呈现出相反的现象，句子较短，不太注重逻辑性，一般喜欢明确表达自己的意愿，在词汇的使用上，多使用俚俗语。不过，在具体的场合也有一些例外，구현정(1999)研究发现，在购买对话中女性经常使用不完整的句子来结尾，如(29)；其他场合对话中，也有类似的情形出现，如(30)。

(29) a. 많이 보시는 색상이?

　　　 b. 지금 요런 색상하고?

　　　 c. 티 좀 부위 위주로 쪼끔 번들거리시구?

(30) 그 얘기 막 하다가?

从语言的标准性来看，男性语言不如女性标准(Holmes 2001)，这具有语言的共性，Trudgill(1974)调查了英国的Norwich语，Wolfram(1969)调查了美国底特律的黑人英语，Sankoff(1974)调查了加拿大蒙特利尔的法语，这些研究发现，不论哪个阶层，女性语言都要比男性语言标准。女性语言特点还有向男性扩展的趋势，这种趋势要远远大于男性语言特点对女性的影响(민현식 1997；박은하 2007；김혜숙 2009)。

对这种性别差异，恩贝尔、恩贝尔(2016:137)认为这是因为"女性总是试图通过更多的遵守标准语言来提高她们的地位。当她们用一个曲折上升的声调来回答一个问题时，实际上表现的是她们的不确定性和权力的缺乏。或者说，她们也许只是想成为一个更配合的交谈者。'以更标准'的形式来说话是为了使人家更好地理解自己。用另一个问题来回答上一个提问则是想把对话继续下去。"此外，Holmes(2001)认为还有三个理由可以解释女性多用标准语的这种现象：第一，因为女性负有养育孩子的责任，所以需要用标准语；

第二，因为女性认为自己需要遵守礼节、使用标准语；第三，男性多使用非标准的日常用语，从而使女性的这种语言特点显得更突出。

关于男性多使用非标准语的情况，장소원等(2002/2003:161)认为有两点原因：第一，因为男性认为非标准语可以凸显自己的男子汉气概，这种现象在劳动阶层男性身上表现更突出，因为这样的表达可以彰显他们在集体中的归属感和纽带感；第二，因为男人想借此固守已经获得的传统利益。

Milroy(1980)借助社会网络解释了男女性的语言使用特点，从社会网络理论来看，女性具有开放的社会网络，可以轻松地与陌生人展开交谈，相反，男性具有封闭性的社会网络，更加重视与既有社会关系的纽带关系。所以，男性更重视因血缘、地缘而建立起来的关系，而恰当地、策略性地使用方言是维护这种关系的手段之一；相反，女性的社会网络是分散性的，所以需要借助标准语来武装自己以展开交谈。

8.7.3 性别与词汇

性别与词汇的关系可以从词汇数量、词汇类型、称谓语、感情色彩以及词缀化等方面去分析。

8.7.3.1 性别与词汇数量

罗伯特(Robert)和露丝·芒罗(Ruth Munroe)研究了10种(包括6种印欧语系的语言)在名词上有性别区分的语言中男性和女性名词所占的比例，结果发现在男性偏见较少的社会中(比如所有的孩子都享有

平等的财产继承权)，女性名词比男性名词所占的比例更高(转引自
恩贝尔、恩贝尔 2016:139)。

根据这个研究结果去推论的话，那么在男性偏见很多的韩国社
会中，男女词汇应该有很大差异。구현정(1995)对韩国男性与女性
的词汇进行了社会语言学意义上的考查，发现男女性的词汇分布如
下：

[表4] 韩国男女性词汇分布

语义类型	词汇量	比例(%)
男性中心词	196	34.9
女性中心词	8	1.4
男女平等词	190	33.9
男性专用词	39	7.0
女性专用词	128	22.8
合计	561	100.0

词汇数量反映了性别的差别。如表4所示，韩国语里男性中心词
占34.9%，而女性中心词只有1.4%，相反，男性专用词比例仅7.0%，
女性专用词占22.8%。之所以出现这样的差异，是因为韩国是男性
为主的社会，男性用词都成了社会用语，代表性的就是韩国很多军
事用语变成了社会用语，导致整个社会的词汇量中男性中心词比例
很高，而女性专用词由于女性地位的低下，没有发展成社会用语，
仅停留在女性专用词层次，因此导致这部分词要远远高于男性专用
词，而整个社会的词汇中从女性用语发展来的词汇数量很低。

男女性别词汇的非对称出现也表现了性别的差异。例如，"여
복(女福)"等同于"염복(艳福)"，意思是周围有很多漂亮女人的福
气。但没有"男福"这种表达。再如，韩国语里"여복(女卜)、고녀

(瞽女)"都可以指女瞎子，也指女性的瞎子算命先生。但没有"男瞎子"这种表达。韩国语还有汉字词"망부석(望夫石)"，但没有"望妻石"，这都反映了在汉语和韩国语里女性是标记项这一特点。还有一种非对称现象，如夏天搂着睡觉的竹夫人，韩国语里可以称作"죽부인、죽공주、바람각시"或"죽놈(女主人抱着睡的)"，前三个是女性用法，后者是男性用法，前后出现了数量的非对称现象。这也可以说是一种特殊的性别差异。

合成词中表达男女意义的语素的顺序也反映了性别的差异。例如，韩国语里有"갑남을녀(甲男乙女)"，意思是叫作甲的男人和叫作乙的女人，统称普通人。韩国语里"甲"与"乙"具有不同意义，即甲要高于乙，所以耍大牌、刁难人都用"갑질"来表达，这里用甲来指称男人体现的也是男人高于女人的这种不平等思想。此外，还有很多合成词，都是男性在前，如"아들딸、부부(夫妇)"。

8.7.3.2 性别与词汇类型

男性与女性在所用词汇的类型和频率上也有所不同，一般来说，男性词汇中体育、军事、科技类词汇占多数，而女性词汇中则是文艺、缝纫、烹调等占多数(孙汝建 2012:39)。

从专用词汇的出现频率来看，韩国男女对话中出现的词汇频率调查显示，男性单独高频词是"오락、여자、스포츠、운동、놀다、공、의리、조국"等，女性单独高频词是"엄마、남자친구"以及"귀엽다、깨끗하다、순수、맑다"等感觉词(민현식 1995:44-45)。

从词汇使用来看，感情丰富并且喜欢表露自己感情的人的这种特点也表现在说话之上，具有这种感情特点的人多用感叹词、程度副词等，与男性相比，女性更加明显地具有这样的特点(Lakoff

1991:22-25；민현식 1995:42-43；孙汝建 2012:52)。与男性相比，韩国女性还更多地使用形容词(김미형等 2013:14)。女性使用感叹词的频率是男性的两倍(孙汝建 2012:66)，在韩国语里，韩国女性专用语主要有"아이구、어머나、세상에、그러게 말이에요、맞아、거봐요、웬일이에요、-ㄹ/을까요、그럴래요、그래주시겠어요、어떻게"等，而韩国男性则多用"네、맞습니다、자식、놈、왜 그렇습니까"等，其中"놈"还可用于"뭔 놈의 사과 이러랴"等表达。这反映了与男性相比，女性更富于合作和互助精神(Kalcik 1975)，因为这种精神的表现就是使用不确定的语言形式。

이화연(2004:248，252)研究发现，使用形容词时，男性倾向于使用强烈、刺激的形容词，在消极情况下多使用低俗的表达，而女性正相反；男性喜欢使用不符合语法规则的缩略语，根据发音来书写；而女性用语比较标准，并且女性喜欢使用拟态词和重叠词。

김혜숙(2009)通过对男女大学生关于回答词"예""네"使用特点的调查研究发现，男性多使用"예"，但这种倾向在逐渐减弱，使用"네"的男性在增加，并且出现了"예""네"混用的情况，但女性却几乎很少使用"예"来回答，所以现在仍然可以说"예"是男性用语，而"네"是女性用语。

8.7.3.3 性别与称谓语的数量、相异程度

生理性别对韩国语的影响还表现在称谓语之上。因为男尊女卑思想的影响，男女的称谓语是不同的。例如汉语里过去称呼年轻男子时，不论结婚与否都称呼"少爷"，而对年轻女性则会根据婚姻状态分别称呼"小姐"或"太太"，也就是说，人们对女性婚姻状态的重视程度要超过男性，这种称谓上的不对称反映的是两性的不平等

(汪大昌 2009/2013：80)。

　　韩国语里在称谓语上也存在男女的不同，但表现形式与汉语不太相同。韩国语主要表现在对他人的称呼上。因为随着婚姻关系的成立，男女双方随着自己在不同家庭中角色的转变，需要对新产生的家庭成员进行称呼，从而产生了众多的家庭称谓语，但是男女双方称谓语的数量是不同的，例如이정영옥(2004)就曾对韩国语称谓语性别的关系进行过研究，如下面表5、表6所示：

[表5] 对女方家庭的称呼

	女方家庭				
	直接称呼		间接称呼		
	男	女	男	女	统称
妻子	아버지	어머니	친정아버지	친정어머니	친정부모
	오빠	새언니/올케언니	오빠	새언니/올케언니	
	언니	형부	언니	형부	
丈夫	장인어른	장모님	장인	장모	
	형님	처형	형님	처형	
	동서；姓+서방	처제	동서	처제	
	처남；姓+서방	처남댁	처남/처남댁		

(根据이정영옥(2004)整理而成)

[表6] 对男方家庭的称呼

| | 男方家庭 | | | | |
| | 直接称呼 | | 间接称呼 | | |
	男	女	男	女	统称
妻子	아버님	어머님	시아버지	시어머니	시부모님
	아주버님	손위동서	시아주버니	형님	
	도련님/서방님	동서	시동생	동서	
	서방님	아가씨	고모부	시누이/고모	
	고모부	형님	고모부	시누님/형님	
丈夫	아버지	어머니	아버지	어머니	부모님
	형	누나	형	누나	
	동생/이름	동생/이름	동생/이름	동생/이름	

(根据이정영옥(2004)整理而成)

如表5、表6所示，男人不论是称呼妻子一方的家庭成员还是称呼自己原生家庭成员，直接称呼与间接称呼没有太大的区别，几乎相同。而女人在称呼自己原生家庭成员时，直接称呼与间接称呼几乎相同，但在称呼丈夫一方的家庭成员时，直接称呼与间接称呼不同，各有各的体系。

同样是"서방(書房)"这个称呼，男人可用来称呼年龄比自己小的小舅子或小姨子的丈夫。女人也可用同样的方式来称呼已婚的比自己年龄小的小叔子或小姑子的丈夫，但是后面要加上敬语后缀"-님"，形成"서방님"的结构。也就是说，男人在用这个词时使用了敬语上的年龄原则，即对比自己年龄小的人可不用敬语。但是相反，女人在用这个词时，却不能遵循年龄的原则，而要遵循"夫家的人都要使用敬语"这一特殊的原则。由此可见性别造成的差异。

再看夫妻之间的称呼，如表7所示：

[表7] 夫妻间的称呼

丈夫对妻子的称呼		妻子对丈夫的称呼	
背称	对称	对称	背称
부인	여보	여보	남편
아내	자기	자기	바깥양반
안사람		서방, 서방님	영감
와이프			
집사람			
마누라			

　　韩国语里丈夫对妻子的背称根据尊敬程度分为五种，而妻子对丈夫背称却只有三种。这与过去汉语夫妻称谓语的差异表现是一致的，因为汉语关于"夫"的称呼很少，而关于"妻"的称呼却很多，如《礼记·曲礼》中记载有"天子有后，有夫人，有世妇，有嫔，有妻，有妾"。而对一般人来说，对妻子的称呼还有"太太、娘子、内人、婆姨、老婆、媳妇、拙荆、贱内……"，这也反映了男尊女卑的思想。也就是说，对女人来说，丈夫是天，所以只能尊敬，不能出现贬低，所以自然关于丈夫的称呼就没有了尊卑之分。但对男人来说，过去的多妻制导致女人出现了身份和地位的不同，也就有了尊卑不同的多种称呼。深受中国儒家文化影响的韩国自然也不例外。

　　韩国语里与兄弟姊妹有关的称谓语也有不同，男性称呼哥姐时分别是"형"与"누나"，女性称呼哥姐时，分别是"오빠"与"언니"，不过在特殊情况下，男性也可用"언니"来称呼饭店里比自己小的女员工，如"언니, 여기 물 좀 주세요."这属于特殊用法，是以听者为中心的一种叫法(심재기等 2011:254)。而对饭店里的年龄大的女员工，一般称作"이모"。与此相反，对饭店里的男性员工好像不分年龄都称作"아저씨"，称呼"오빠"好像不太常见。

韩国语里具有男性意义的词语"형제、자식"是上义词，可用来统称男女，所以有"형재애、형제지국、형제지의"，但没有相应的"자매애、자매지국、자매지의"等。但是也有一些不合规律的表达，如"자매학교 형제학교""자매도시 友好城市"，对这种现象的产生，심재기等(2011:259)认为这是受了西欧语言的影响。

另外，亲属称谓语的语义泛化也具有男女差异，发生语义泛化的亲属称谓语有"할아버지、할머니"，而不是"외할아버지、외할머니"，这与汉语是一致的。汉语里能够用来称呼非亲属的也是"爷爷、奶奶"，而不是"姥爷、姥娘"，这也是一种男尊女卑思想的反映，因为人们在选词时总是倾向于选择男性系统，而不是女性系统(汪大昌 2009/2013:81)。

8.7.3.4 性别与词的感情色彩

韩国语里具有强烈感情色彩的词语中很多与性别有关，这些强感情色彩的词语可分为五类，第一类是性器官词，第二类是女性外貌词，第三类是女性称谓语，第四类是一般事物词，第五类与忠诚度有关。这些词语所表达的其实是男人眼里的女人地位、特点或性格以及对女性的要求，正像布鲁克斯(2005:203)所说，这些所谓的"嫉妒，献媚，不贞，虚伪的谦逊，⋯⋯它源自把女人变成男人财产的历史"。也就是说，正因为男人将女人视作自己的财产，所以在男人眼里，女人所表现出的特点、性格、称谓语以及其他相关表达才具有了贬义。

1) 与性器官有关的词语

韩国语里与男性生殖器官有关的表达非常丰富，雄性动物的性器官叫作"군고기"，意为多余的肉，而男性的性器官有多种表达，其中医学用语有"고환(睾丸)、음경(陰莖)"，此外还有固有词"불알、자지"，另外还有一些隐晦的表达，如"고기、용대(龍-)、용대가리(龍--)、가운뎃다리、다리밑자루、총각버섯、고추、고구마、상투、물총(-銃)、나팔、자루、연장、밑천"等，其中大部分都是基于形态的比喻，而本意为工具的"연장"和本意是本钱的"밑천"都是基于作用方面的比喻。这些众多的表达反映出韩国人对男性生殖器的重视程度。

与男性生殖器有关，还有俗语"지궐련 마는 당지로 인경을 싸려 한다""궐련 마는 당지(唐紙)로 인경을 싸려 한다"，其中"지궐련(紙卷煙)"指卷烟，"당지(唐紙)"指一种用来书写的易撕碎的毛边纸，所以俗语意思是用卷烟纸或毛边纸来裹阴茎，比喻不可能的事情，也比喻想隐藏问题但却无论如何也做不到。

与女性生殖器官有关的表达很少，中性表达有"음부(陰部)"，较委婉的说法为"소문(小門)"，俗称为"보지、씹"，现在还产生了一个新词"보슬아치"，是表示女人阴部的"보지"与"벼슬아치"合成的，意思是"보지 달린게 무슨 벼슬이냐 有阴道是什么官吗?"用来贬低那些依靠自己是女人这一点而拥有各种权力、享受各种优待的女人，但问题是现在这个词还经常被男人用来贬低靠正当劳动而得到相应成果的女人。并且还出现了另外一个新词"임슬아치"，意思是"임신한 게 벼슬이냐 怀孕是什么官吗?"

韩国研究哲学的姜信周对"보슬아치"这个词的产生评论道：造成"보슬아치"这个词产生的元凶是社会体制，在这个体制下，整个社会成员都被培养成了弱肉强食的角斗者。这个词语里巧妙地

融合了男性优越主义和自我合理化心理。其前提是女性地位不如男性，女性无法与男性抗衡的男性优越主义。[12]

也就是说，男性优越主义导致了充满贬义色彩的"보슬아치"这个新词的产生。过去认为女性好好持家、过好日子就可以了，现在却要求女性自立且有能力，但如果女性有能力了却又造出"보슬아치"这样的新词来进行贬低。

2）与女性外貌有关的词语

前面在外貌观中已经分析过，男性更看重女性的外貌美。韩国语里有很多专门用来贬低女性的词语，但专门用来贬低男性外貌的词语却极少，"기생오래비"虽然是贬义，但指的是男性长得太白嫩而已。

从另一个角度来看，女性很美、有魅力，就意味着追求者增多，所以多认为这样的女性容易被诱惑出轨。所以中国自古就有"女子无才便是德"，太漂亮就是"红颜祸水"，而韩国语中则有俗语"일색 소박은 있어도 박색 소박은 없다"，意思是漂亮女人爱自以为是，所以容易被丈夫嫌弃，但是长得不好看的女人因为温柔顺从，所以不会被嫌弃；还比喻人品与外貌无关。

---

12 물론 사회 구성원들을 예외없이 약육강식의 검투사로 만들어버린 체제가 보슬아치라는 용어를 만든 가장 강력한 원흉이라고 할 수 있을 것이다. 여기에 고질적인 남성우월주의와 아울러 자기 정당화의 심리가 묘하게 결합되어 있다. 일단 여성은 남성보다 열등하기 때문에 남성의 상대가 되지 않는다는 남성우월주의가 전제된다. 《경향신문, 2014. 03. 16》

3) 与女性称谓语有关的词语

与女性有关的称谓语有的也发生了贬化。例如英语的"Lady"本来指出身高贵、有身份的女性，与"Gentleman"是对应词，但语义出现降格，现在泛指社会各阶层的女性，在一定语境下与"Man"是对应词。此外还有"Mistress、madam、woman、queen、mother、aunt、sister、niece、girl"都发生了语义的贬化(朱跃等 2015:133-135)。

在汉语里，例如"阿姨"本用来称呼母之姐妹和妻之姐妹，现在可以用来称呼母辈的女性，并扩大到指私人保姆。这与韩国语的"아주머니"类似，这个词本来指一般的结婚女性，但其简略形式"아줌마"却多含有不客气的意义，并且多用来称呼保姆。再看韩国语的"댁(宅)"，这个词本来是敬语，但与地名结合形成"원주+댁"结构时却用来指保姆。此外，与女性有关的发生贬化的词语中，固有词有"마누라"，汉字词有"여왕(女王)、식모(食母)、보모(保姆)、양(孃)"等，外来语有"마담(madam)、걸(girl)"等，这些词有的本来是敬语，如"마누라、여왕、마담"，其他本来都是中性意义，但现在也都发生了贬化。

4) 与一般事物有关的词语

韩国语里表示雌雄时有前缀"수-、암-"，这两个词可用来修饰一般事物，如"수나사 螺丝""암나사 螺母"，并没有明显的感情色彩，但韩国语还有"수무지개、암무지개"，前者指出现双重彩虹时颜色清晰且明亮的彩虹，后者指颜色不清晰且阴暗的彩虹，根据这种命名可以发现，对韩国人来说，雄性具有清晰、明亮的感情色彩，而雌性具有不清晰、阴暗的感情色彩。

5) 与忠诚度有关的词语

在两性关系中，男性尤其看重女性的忠诚程度，尤其是在选择长期伴侣时(巴斯 2011/2016)。所以对一个女性的诋毁莫过于对女性忠诚度的贬低。虽然人类语言中"用来描述男性乱交的词语也有不少……，但是它们的数量及贬损的程度都不及那些描写放荡女性的词。事实上，将这些说法运用到男性身上有时并不意味着贬损，相反它们常常伴随着羡慕和嫉妒说出"(巴斯 2011/2016:115)。这是具有世界共性的。

在中国与韩国，男尊女卑思想都有很深的历史渊源，在文化层面上有很多表现，例如汉语有"一女不事二夫"，而韩国语为"여필종부(女必從夫)"，对恪守妇道的人，中国封建帝王会敕造贞节牌坊，而韩国会为守节的寡妇建造"홍살문(紅살門)"(김종대 2001/2003:137)，以示奖励。表现在语言上，与女性有关的很多词语都具有对德行进行否定的消极的感情色彩，如同一章"8.6.1.5"部分所分析的关于女性性行为的众多词语都具有否定的感情色彩，而相关的与男性性行为有关的词语几乎没有。此外，中韩两种语言里有很多对女性进行评价的表达，如表8：

[表8] 与女性评价有关的词语

分类	汉语	韩国语	
		词语	解释性表达
描述性的	恶妻	악처(惡妻)	
	悍妇	한부(悍婦)	
	泼妇		무지막지한 여자; 사납고 거센 여자
	妒妇		
	毒妇		
动物	母夜叉	야차(夜叉)	성질이 사나운 여자
	母老虎		드세는 여자
	河东狮吼	사자후	
	狐狸精	여우、불여씨、구미호	
器物	花瓶	망녀(亡女)	
	破鞋	화냥년	남자관계가 문란한 여자; 서방질을 하는 여자
水、花	水性杨花		바람기 있다; 경박하고 지조가 없다
	祸水、红颜祸水	여난(女難)、화근(禍根)	
历史人物	东施		
排行/历史称谓语	小二、二奶；小三、三奶	정부、첩、작은 마누라、세컨드	

如上，汉语与韩国语里关于女性的很多词语都具有否定的感情色彩。从分类角度看，汉语对女性的评价有的是直接描述性的，有的是用动物、器物、水、花来比喻妻子，有的则是利用历史人物来转喻女性，有的是借用排行。韩国语也有类似的分类。

此外，韩国语里吃软饭的男人被称作"남첩(男妾)"，也就是说

"妾"常规是女性，如果是男性则成了异常的，成了标记项，这其实也反映了对女性的一种否定思想。韩国语还有"마누라 자랑 팔부출"意思是称赞自己老婆就是八大傻之一，也许是受这种思想的影响，因此韩国语里关于夸赞妻子的表达非常少。俗语"더러운 처와 악한 첩이 빈방보다 낫다"反映的是行为不端的妻子与凶恶的小妾是同等地位的。俗语"일생 화근은 성품 고약한 아내"则把女人看作祸根。这都是从男人的角度来评价女人。

8.7.3.5 性别与词的词缀化

汉语"雌、雄"本指鸟类，之后不仅扩大到畜兽类、人类，还扩大到植物类、"父、母"也可用于鸟兽、植物等（戴昭铭1996/2010:129）。杨春（2010:41）对汉语"雌雄"的语义进行了对比分析，发现汉语的"雄"除了表示客观事物的性别，还表示带有主观色彩的"为首者、居前列者、杰出的人物"等意义，如"雄父（公鸡）、雄花、雄词、雄姿、雄爽"等；而"雌"除了表示客观事物的性别，还表示主观色彩的"柔弱"之意，如"雌弱"。也就是说，汉语的"雌雄"在发生意义演变时，语义着眼于生理性别带给人的联想意义。

韩国语表示雌雄之意的是"수、암"，但是"수、암"没有发展出主观的抽象意义，而是发展出了具有命名意义的前缀"수-、암-"。其中"수-"用于除"양、염소、쥐"之外的动植物名词前，表示"不生崽子、不结果的"，发生变形的"숫ₗ-"用于"양、염소、쥐"等前，表示"不生崽子的"。"암-"表示"能生崽子或结果实的"。"수-、암-"还可与事物名词结合，其中"암-"表示"形态是凹进去的"或"比较弱的"；"수-"表示"长突出来的、延伸进去

的、看得很清楚的"。也就是说，具有命名功能的前缀"암-、수-"在表示形态意义时，利用了形态上的相似性。例如，韩国语里石磨分"암맷돌、수맷돌"，因此也与性产生了关系，并多用来骂人，如"맷돌 씹하냐"。"성미 급한 년이 맷돌거리한다"与"맷돌 씹에 좆 빠지듯"都比喻事情不成功(주간형 2004:189)。

汉语也有"螺母"，指"母螺丝"，是相对于"公螺丝"而言的。此外还有"雌榫"和"雄榫"。此外，日语、英语、法语也有同样的雌雄两类的螺丝(支顺福 2012:18)。

8.7.4 性别与比喻

从比喻上也可看出韩国女性地位的低下。首先，有的词语的比喻意义具有性别歧视。如"노리개"具体指女人穿韩服时戴在衣领或裙腰上的装饰品，饰品是可有可无的，所以"노리개"也指用来消遣的玩物，也贬称随便带来玩的女人。韩国语还有"고명딸"，全罗南道和平安道地区还有"양념딸"，都是用食物来比喻女儿，将女儿看作家里的点缀[13]，但没有"고명아들"。

有的词语虽没有明显的性别歧视，但也有明显的性别之分，如韩国语里可用"할미"来给事物命名，如"할미새、할미꽃"，但是没有"할아비새、할아비꽃"。即使用男性表达，也是女性在前，男性在后，如"할미·할아비 바위""할미바위·할아비바위"。

其次，韩国语里很多俗语都视女性为非主体性存在，将其视为一般事物，即物化比喻。如表9：

---

13 《21세기 세종계획 누리집》解释说，"고명딸"意思是像点缀之物一样漂亮的女儿。

[表9] 与女性有关的俗语

分类	俗语
将女性比作动物	개와 여자는 맞아야 길이 든다 암탉이 울면 집안이 망한다 여자는 사흘을 안 때리면 여우가 된다 과부 좋은 것과 소 좋은 것은 동네에서 나가지 않는다 다람쥐 계집 얻은 것 (같다) 사나운 암캐같이 앙앙하지 마라 명태하고 팥은 두들겨서 껍질을 벗기고 촌놈하고 계집은 두들겨서 길들인다
将女性比作植物	고운 꽃이 먼저 꺾인다 참외를 버리고 호박을 먹는다
将女性比作用品	그릇과 여자는 돌리면 깨진다 여자와 바가지는 내돌리면 깨진다 유리와 처녀는 깨어지기[깨기] 쉽다 집과 계집은 가꾸기 탓 질동이 깨뜨리고[깨고] 놋동이 얻었다
将女性比作食品	여자와 군밤은 곁에 있으면 먹게 된다. 여자는 익은 음식 같다
将女性比作水	물에 빠진 사람은 건져도 여자에게 빠진 사람은 못 건진다
将女性比作水火	계집과 화롯불은 건드리면 탈난다 장작불과 계집은 쑤석거리면[들쑤시면] 탈난다 물과 불과 악처는 삼대 재액
将女性比作警戒对象	남자는 나이 먹으면 어른이 되고, 여자는 나이 먹으면 여우가 된다 집안이 화합하려면[화목하려면] 베갯밑송사는 듣지 않는다 집안이 망하려면 맏며느리가 수염이 난다 집안 망신은 며느리가[막냇자식이] 시킨다

　　如上所示，韩国语在俗语里将女性比作各种动物、植物、用品、食品、水火、警戒对象，这是将女性的人格物化，是父权制的产物。

8.7.5 性别与俗语

韩国语还有一些俗语具有明显的性别意义，如表10所示：

[表10] 具有性别意义的俗语

俗语	意义
미친년 널뛰듯	就像疯女人乱坐跷跷板一样，比喻什么意思都不知道像疯子一样行动。
미친년 달래 캐듯 미친년 방아 찧듯	就像疯女人一样乱采乱摘野菜，比喻干活的手艺非常野蛮，让人心烦。
어이딸이 두부 앗듯	就像母女两人做豆腐一样，比喻配合完美。
어이딸이 쌍절구질하듯	比喻你一言我一语地吵嘴的模样。

如上表所示，这些俗语都与女性有关，涉及的都是女人的常见行为，如坐跷跷板、采摘野菜、做豆腐、吵架等。

8.7.6 性别与日常用品的联想意义

文化可以影响词语的表达、搭配以及词义的发展，反过来我们也可通过对词语表达、搭配等的分析来透视其文化。因为"一个社会的语言能反映与其对应的相应的文化，其方式之一则表现在词汇内容或者词汇上"(C. 恩伯、M. 恩伯 1988:131-132)，并且"一个民族的语汇和文法本身就能揭示这个民族的心理素质"(墨菲、柯瓦奇 2010:39)。

강범모(2010:10)通过对语料库的搭配关系进行分析，得出单词"병원(病院)"与单词"환자、의사、의료、치료、수술、단체、진료、약"等有密切的关系，也就是说事物"병원"与世上的其他事

物如"환자、의사、의료、치료、수술、단체、진료、약"等顺次相关，产生联系。再进一步说，"병원"这一概念与"환자、의사、의료、치료"等的概念相关。这些单词、事物、概念的相关性依存于使用语言的共同体。在这个语言共同体内，人们的生活方式反映在语言上，通过语言，则可以了解语言共同体的生活方式(文化)，更进一步的话，可以了解其精神世界的断面。这种相关性，通过对很多单词的相关词进行调查可以了解到，通过这种过程，我们可以增强对语言共同体文化和精神世界的理解度。

不同民族之间，这种语言与文化的关系既有共性亦有相异性。例如，同样与"医院"有关的语言中，在中国只要提起"西医"，肯定会联想起"中医"，而医院也分为普通(西医)医院和中医院，而在韩国提到"병원"一般都指"西医"，韩国虽有西医与韩医之分，但韩医是西医的附属，韩国的韩医院大多是诊所级别的。正因为有这样的社会文化背景，才导致人们的语言联想出现不同。

如果聚焦在普通家庭中，做家务可能更具女性特征。对韩国人来说，做厨房家务时经常用的物件就是"고무장갑"和"앞치마"。对中国人来说，最能够与做家务产生联想的是扫帚，所以古文中"妇"字有时没有女旁(汪凤炎、郑红 2004/2015:65)，这是用扫帚来转喻女子。此外，对中国人来说，围裙虽然可与做家务直接产生联想，而胶皮手套好像与做家务无法产生直接联想，因为很多中国人做家务并不戴胶皮手套。但对韩国人来说围裙和胶皮手套这两件东西却是做家务必不可少的。

下面主要从围裙与胶皮手套两个词语的搭配来看一下这两个词的性别意义。然后分析做家务时必需的厨具，如刀、锅等的性别意义。

8.7.6.1 胶皮手套与女性词语的搭配

《꼬꼬마》语料库中与"고무장갑"有关的语料共27条，其中与女人有关的有18条，占67%，没有明显性别的有9条，占33%，与男人有关的有0条。也就是说，对韩国人来说，"고무장갑"的联想意义多与女性相关，而与男性无关。这在日常生活中更是表现得淋漓尽致。

电视剧《월계수 양복점 신사들, 35회》中有这样的片段，男主人公이동진想帮女朋友나영실洗碗，所以把胶皮手套从女朋友手上摘下来戴在了自己手上，这时正好母亲进到厨房来，看到儿子手上的胶皮手套，就发生了下面的对话：

(31) 최곡지(어머니): 고무장갑까지 끼고 뭐하는 거야? 시방.
你带着胶皮手套干什么啊？现在。

이동진(아들): 영실씨가 새벽부터 음식 장만하느라 피곤할 텐데 제가 설거지를 대신 하려고요. 英实一大早就准备饭菜，我担心她太累了，所以想帮她洗洗碗。

최곡지(어머니): 고무장갑 벗어. 把手套摘了。

이동진: 요즘 남자들도 부엌일을 다 해요. 어머니. 妈，最近男人们也都干厨房里的活儿。

최곡지: 허튼 소리 하지 말고 고무장갑 당장 벗어. 이리 내. 别说废话！马上把手套摘下来！给我。

영실: 제가 하면 돼요. 사모님. 我来洗吧。师母。

최곡지(영실의 손을 뿌리치고 고무장갑 끼면서): 동진이 뭐하냐? 가서 볼 일 보지 않고?(把英实的手打掉，一边戴手套，一边说)东镇，你干什么呢？

　　　　　　　还不去干自己的事儿去？

이동진: 예, 어머니. 我走。妈。

나영실: 죄송해요. 对不起。

최곡지: …영실이 니가 이러면 안 되지. 이 날 이 때까지
　　　　　나도 집안일이라고 시킨 적 없는 애야. 그런데
　　　　　영실이 니가 어떻게 내 아들에게 고무장갑을 끼
　　　　　게 해? 英实，你这样可不行。一直到今天、到
　　　　　现在，我都没让他干过厨房里的活儿。可是英
　　　　　实你怎么能让我儿子戴胶皮手套(洗碗)呢？

　　从上面的对话中可以发现，韩国传统的母亲认为家务包括厨房
的活都是女人的，男人是不能进厨房干活的，而胶皮手套就是女人
的代名词，男人是不能戴的。

8.7.6.2 围裙与女性词语的搭配

　　《꼬꼬마》语料库中与“앞치마”有关的语料共检索到62条，与
做家务无关的围裙主要与动词“만들다、디자인하다”等搭配，共有
7条，还有单独使用的语料3条，这些都与性别没有关系。剩下的52
条中，与做家务有关的主要与动词“두르다、걸치다、입다、벗다、
닦다、문지르다、훔치다”搭配，分别为30条、3条、3条、2条、其
他动词14条(其中1条与“장갑”同时出现)。

　　与“앞치마”结合最多的是动词“두르다”，与职业有关的有6
条。与家庭有关的共24条，其中与女性有关的有16条，与男性有关
的只有3条，如(32)，性别不明确的有5条。

(32) a. 명성 있는 남자가 앞치마를 두르고 요리하다니! 名声
这么高的男人竟然系着围裙做饭啊！

b. 생전 부엌 근처에도 가지 않던 사람이 앞치마까지 두
르고. 一辈子没靠过厨房边的人竟然系上了围裙。

c. 결국 아버지는 부엌으로 나와 앞치마를 둘렀고. 父亲
最终还是来到厨房系上了围裙。

如上所示，这些句子中的男性都系上了围裙，但隐含的意义却
是"男性一般是不系围裙的"。所以这24条中，表达"围裙=女性"
的语料应该是19条，占79%。

与其他动词结合的"앞치마"，除了个别语料性别不明显外，大
多与女性相关。

由此看来，对韩国人来说，扎着围裙干家务的隐含意义就是女
性，而男人是不能有如此打扮的，如电视剧《아버님, 제가 모실게
요, 24회》中，虽然大儿子한성훈失业在家，儿媳妇负责挣钱养家，
但当有一天看到儿子扎着围裙戴着头巾干家务时，婆婆不禁勃然大
怒，马上就给正在上班的儿媳妇打电话，斥责她，因此有了下面的
对话：

(33) 문정애(시어머니): 너 어떻게 내 아들한테 이럴 수가 있
니? 你怎么能这样对待我儿子啊？

서혜주(며느리): 어머니, 죄송해요. 제가 오늘 아침 너무
바빠서요. 妈，对不起。我今天早上太忙了。

문정애: 바쁘다고 해서 남편한테 앞치마에 머리수건까
지 씌우고 난리야! 因为忙就给你老公系上围
裙、戴上头巾吗？

서혜주: 어머니, 남자들도 앞치마를 맬 수 있지요. 제 것
　　　너무 낡아서 동서 것 입혀줬는데 너무 잘 어울
　　　리지 않아요? 어머니? 인형같지요? 흐흐흐…
　　　妈, 男人就不能系围裙吗? 我的太旧了, 所以
　　　把弟妹的给他系上了, 挺合适吧? 妈? 像布娃
　　　娃似的, 哈哈哈……

문정애: 인형? 너 지금 나랑 장난하니? 너 시어머니랑 한
　　　집에서 살면서 어떻게 내 아들한테 저런 야만적
　　　인 짓을 할 수가 있니? 응?! 布娃娃? 你这是和
　　　我开玩笑吧? 你和婆婆住一起怎么能这么野蛮
　　　地对待我儿子啊?

서혜주: 응? 야만적인… 읭? 野蛮行为?

문정애: 나 니 남편 키울 때 손에 물 한 방울 안 묻히고
　　　키웠다. 我养你丈夫的时候都没让他的手上沾
　　　过一滴水。

　　　如上, 婆婆认为儿媳妇工作再忙也不能让无业赋闲的丈夫系上围裙干活, 并认为这是很野蛮的行为, 因为自己养儿子的时候没让儿子手上沾过一滴水。但儿媳妇却认为男人也应该干家务。这反映了两代人的不同观点, 也反映了韩国社会也已经逐渐发生了变化, 年轻人开始认可男人也可以做家务这一点。

8.7.6.3 刀和锅的性别意义

　　　前面"8.4"已经从职业角度分析过, 在中国厨师一般被认为是男性职业, 这可以从"力量论"来分析, 支持这一观点的还有刀

具。因为中韩厨房用品中的刀和锅也具有明显的性别之分，中国厨房的刀都是长四方形的，非常大且厚重，这其实是男性用刀；相反，韩国人的切菜刀又长又细，具有明显的女性特征。

不仅是刀具，厨房的锅也有明显区别，中国厨房都是用大炒锅，而韩国厨房里大多用炖锅，不仅是家庭厨房，就是公共食堂也具有这种特点，例如笔者过去经常在韩国大学食堂吃饭，从未见过炒菜，清一色都是凉拌菜、炖菜、汤、烘烤肉食等，所以食堂里的厨师绝大部分都是中年以上的女性。

8.7.7 性别表达中"性别"意义的消失与变化

有一些词语性别意义非常明显，如以"남(男)、여(女)"为前缀或后缀形成的派生词，此外，还有一些隐性的性别词，如"묘령(妙龄)、묘녀(妙女)、묘년(妙年)"都指二十岁左右的女人，而"묘랑(妙郎)"指二十岁左右的男人。另外，"방년(芳年)、방령(芳龄)"虽然概念意义没有明确性别，仅指二十左右的年龄，但前后搭配的多是女性，如"방년의 처녀 妙龄少女"。"방춘(芳春)"除了指美丽的春天，也指美丽女性的年轻时节，类似的还有"방기(芳纪)"。

但是，也有一些曾具有强烈性别意义的表达逐渐失去了其性别意义，主要有两种类型，第一种是词语性别意义的消失，第二是词组性别意义的消失。

8.7.7.1 词语性别意义的消失

词语性别意义的消失在汉韩两种语言中都存在。主要分为三类，第一类是女性意义的消失，第二类是男性意义的消失，第三类是比较复杂的类型，较为少见。

1) 女性意义的消失

韩国语里的"꽃"本来指女人，但现在也可以比喻男人，例如，"꽃 보다 남자 漂亮男人""꽃중년 花样中年人""꽃할배 时髦老头""꽃미남 花样男子"中的"꽃"，以及(34)中的"꽃답다"等在韩国语里都已经没有了性别意义，不仅可以指女性，也可以指男性。

(34) 이렇게 꽃다운 나이에 어떻게 애아빠야?《내 사위의 여자, 66회》我这样年轻，怎么当孩子爸啊？

庆州地区有民谣《찔리야 꽃》，如下所示：

(35) 찔리야 꽃은 장개 가고,
　　　석류야 꽃은 상객 가네.
　　　만 인간아, 웃지 마라.
　　　씨 종자 바래 간다.(박갑수 2015:237)

如上，这首民谣讲的是白发苍苍的老翁去娶亲，而红颜少年去送亲，这里都是用花来比喻男人，其中白色的野蔷薇比喻老翁，而红色的石榴花比喻少男。这说明，韩国语里用花来比喻男人是比较普遍的现象。

此外，韩国语还有汉字词"금지옥엽(金枝玉葉)"，没有性别之分，统称孩子。而汉语"金枝玉叶、花"一般仍然多指女性。不过在戏曲界，清末民初女性开始登上舞台之前，京剧的"花旦"都

指男性戏剧演员，也就是说"男旦的社会性别是女性化的"(郭安瑞2018:37)。

再看"사당"，这个词本指朝鲜时代沿街卖艺的女人，后来还出现了这样卖艺的男人，因此就有了"남사당(男--)"，这里"사당"的女性意义已消失，而为了与"남사당"相对应，又出现了"여사당(女--)"，而卖艺的这样一群男人称作"남사당패(男--牌)"，《표준국어대사전》的解释是：朝鲜后期卖艺的以独身男性为中心的一群人，但1900年以后开始有女人参与，与"남사당패"相对还出现了"사당패(--牌)"，但词典解释已没有了性别意义。

韩国语里还有"출가외인(出嫁外人)"，本来指女儿出嫁后就成了别人家的人，但是日常生活中也用于男性，如电视剧《수상한 삼형제,41회》中在提到三个儿子时有下面的话：

> (36) 자식들 장가 보내면 출가외인이야. 孩子一旦给他们娶
>   上媳妇，就是别人的男人了。

再如前面提到的"남첩"，本来"첩"的性别是女性，但前面加上"남"之后，"첩"的性别意义消失，只剩下"依靠别人吃喝并陪人睡觉"之意。

2) 男性意义的消失

汉语有"掌上明珠"，原来指情人，后来称呼儿子，最后才称呼女儿(许晖 2015:219)。韩国语也有类似情况。例如，"녀석"本来贬称男性或者作为对小男孩的爱称，但是现在其男性意义已经逐渐消失，如电视剧《훈장 오순남,29회》中，황세희是女性，但父亲对母亲提到她时用了"녀석"，如：

(37) 세희 그 녀석 이러다가 덜컥 차유민이랑 뭘 어쩌다고 나
선다면 그때 어쩔 셈이야? 世姬那丫头这样下去如果突
然要和车留民怎么样的话，到时你打算怎么办？

汉语方言里也有类似的例子，如湖南衡阳话里称最小的儿
子叫"满崽"，但年纪小的女儿也可称作"满崽"，甚至对孙女、
外孙女表示疼爱、亲昵也可叫作"满崽"(李永明 1989；邢福义
2000:347)。

3) 复杂类型

这类例子比较少见。例如韩国语的"화냥"，关于这个词的语源
有几种观点，一种认为来源于满洲语的"hayan"[14]，一种认为是汉字
词"환향(还乡)"，这两种观点都与"丙子之役"有关，但因为这个
词出现于《成宗实录》(1469-1494年)，早于"丙子之役(1636年)"[15]，
因此这两种观点都站不住脚(조항범 2014:174-175)，比较站得住脚
的观点是来自于汉字词"花娘"(김무림 2012:698)。元朝陶宗仪的
《南村辍耕录》卷十四就有记载："婦女曰娘：娼婦曰花娘，達旦又
謂草娘。"

根据上面的分析，"화냥"指的是娼妇，是女性意义，但发展到
近代韩国语却出现了男性意义，产生了"화냥놈"，与"화냥년"相
对(양주동 1938，转引自조항범 2014:175)，但之后其意义又开始仅
指女性，现代韩国语里"화냥"仅有女性意义。

---

14   《표준국어대사전》认为"화냥"来自于满语。

15   "丙子之役"在韩国称作"丙子胡乱"，指的是1636年12月至1637年1月清朝与朝鲜王
朝之间发生的战争。

8.7.7.2 词组里性别意义的消失

如(38)中的"고주망태할아버지",虽然这里的"할아버지 爷爷"是男性意义,但这句话的主语是"누나",是女性,但两者并没有感觉不和谐,之所以如此,是因为"고주망태할아버지"里的"할아버지"已没有了实际的指人功能,而只是强调醉酒醉得厉害。

(38) 누나 어제 고주망태할아버지가 돼서 왔어요.《사랑이
오네요, 87회》姐姐昨天喝得人事不省才回来的。

再如(39),其中"신데렐라"意为灰姑娘,这句话是说一个男人因为遇到一个好女人而改变了自己的命运,可以译成"男版灰姑娘",虽然这种说法并不常见,不过汉语有"这男人真娘(们)、女汉子"类表达,这些表达看似是性别上出现了矛盾,但其中的"娘"与"汉子"中的性别特点已非常弱化,已形容词化,表达的是女人与男人的某些特点,所以这些表达是成立的。

(39) 남자 신데렐라 탄생!《천상의 약속, 21회》男版灰姑娘
横空出世!

郭熙(2013:278)提到,汉语里的骂人用语具有极强的性别,如汉语骂人的目标一般不指向对方,而主要指向对方的女性亲属,如"奶奶、妈妈、姥姥、姐姐、妹妹"等,这种现象的出现也源于男尊女卑思想。

但韩国语骂人时好像没有特别明显的性别区分,并且韩国人骂人时一般都直接指向对方,如"이 놈아!""개놈""개자식"等用来骂男性,"이 년아!"用来骂女性。此外还有程度加强的"망

할 놈의/나쁜 놈의", 用来诅咒他人时用, 其中"놈"指男性。在骂女性时, 也有加强语, 是"망할 놈의 계집애!""나쁜 놈의 계집애""이 놈의 계집애"等, 在这里"놈"的男性意义已经消失, 译成汉语是"该死的丫头片子！"也就是说, 与汉语相比, 韩国语里骂人的话更具有男性意义。为什么出现这种现象, 好像无法用男尊女卑思想来解释, 需要做进一步的研究。

此外, "놈"还可以用来指动物或一般事物, 有惯用语"무슨 놈의", 用来表达对后面出现的事物的不满、看不起或咒骂等意义, 如(40)。相反, "년"或"계집"则没有这些用法。

(40) a. 혁신은 무슨 놈의 혁신. 革新, 革新个屁啊。

b. 행복? 웃기지 마라. 내 평생에 무슨 놈의 행복이 있었
다고. 幸福？别搞笑了。我这一辈子有什么幸福可言
啊？

8.8 性别与社会

如上, 我们主要从身体、性格、职业、活动与活动空间、地位与话语权和话语量、语言形式等六个大的方面分析了韩国社会的性别文化, 从上面的分析可以发现韩国是男性为主导的社会。1990年代《纽约时报》也曾报道说韩国是这个地球上除伊斯兰世界之外的男性的社会(김숙현等 2001/2007:93)。

关于韩国社会的性别问题还有另外一种观点, 霍夫斯泰德(2010/2012)认为男性(阳刚型)社会是男女社会分工明确的社会, 也

就是说男人更富有自我主张性，追求粗犷、物质的成功，而女人则更谦逊、有礼、温和，更注重生活质量的社会；女性(阴柔型)社会则是男女的社会分工出现重叠，即男性与女性都非常谦逊、有礼、温和，对生活质量都非常关心的社会。在满分100分的标准下，中国大陆得分为66分，被分为男性主义社会；韩国得分为39分，而被分为女性主义社会。

[表11] 男性性指数 MAS

顺序	国家	男性性指数
2	日本	95
11～13	中国大陆	66
25～27	香港	57
43～45	台湾	45
59	韩国	39

(霍夫斯泰德 2010/2012:126-127)

霍夫斯泰德的研究好像与我们前面的结论出现了分歧，但这种分歧的原因主要表现在研究角度和侧重点的不同之上。韩国语里有分类繁杂、阶层森严的敬语系统，对韩国人来说，个人的谦逊与对他人的尊敬极其重要。再如，汉语里卖东西时一般说"卖花了！"省略了主语"我"，而韩国语一般是"꽃 사세요."省略的主语是第二人称，表达的是一种请求，这种表达习惯也是一种具有女性特征的表达。从这些语言表达特点来看的话，完全可以理解霍夫斯泰德文化维度里韩国社会为什么会呈现出女性社会的特征，但这种表达背后反映的是韩国人的强语境文化特点，与一般意义上的男女性别文化并不相同。

关于霍夫斯泰德所说中国是男性社会这一观点，虽有一定道理，但也有学者提出了相反的意见，其一，从中国人推崇自谦这一点来看，中国文化具有女性气质，多给人一种害羞的感觉(汪凤炎、郑红 2004/2015:93)。并且中国人在形容男性时多用女性化的用语，如"白面书生、仙风道骨、刚柔并济"，所以增强了中国人适应环境的能力，但也使中国人具有了逆来顺受的特点(汪凤炎、郑红 2004/2015:124)，这都反映了中国文化的女性气质。林语堂(2003)也提出中国人具有女性型的心灵，"中国人的头脑近乎女性的神经机构，充满着'普通的感性'，而缺少抽象的辞语，像妇人的口吻；中国人的思考方法是综合的、具体的而且惯用俗语的，像妇人的对话；中国人解释宇宙之神秘，大部依赖其直觉；中国人的逻辑有似妇女之逻辑等"。

综上所述，判断一个社会的性别问题需要对其进行全方位、多角度的研究，否则得出的结论可能只是在某一方面所显现出的社会特征，而不是整体特征。

8.9 性别与文化变异

从语言和文化方面来说，女性是最不容易同化的，她们是文化象征的守护者。即使在异国，女性也在新的环境里重复着旧的文化，她们讲母语，保持原有的烹调方式和其他习惯，用传统文化培养年轻人(联合国教科文组织 2006:86)。

例如，从1960年代到2000年代，韩国的女性形象从过去到现在，传统的固定观念式的形象反而被强化，尤其是作为装饰性对象的形象。另外，贤妻良母、性对象的形象一直没有发生明显变化；

但男性过去传统的追求成功和名声的坚强、挑战、埋头工作的形象逐渐减弱，而非传统性的形象逐渐增强，例如慈祥顾家、外貌至上主义等形象随之出现；也就是说男性形象随着时代变化和社会变化出现了多样化、崭新的类型(박성현 2012:65)。

2018年2月6日，《网易新闻》发表了一篇题为《性别战争，英国"疯了"?》[16]的文章，文章提到，一些国家已经在着手推动主流社会打破传统的性别上的男女二元对立。从法律、商业到教育、宗教，欧洲国家的相关新举措在社会上反响热烈，与此同时引发巨大争议，有人赞扬社会平等得以推动，有人认为矫枉过正、流于"政治正确"。中国学者王义桅对《环球时报》记者表示，这是社会发展到一定阶段出现的现象和趋势，是后现代社会对现代社会的一种"矫枉过正"。这种性别战争最后走向何方，是否会影响到包括中韩在内的东方文化还需拭目以待。

8.10 小结

性别的二元对立是具有世界共性的文化现象。韩国的性别差异最明显的表现就是男尊女卑，这种思想在身体、性格、职业、活动(空间)、地位(话语权、话语量)、语言形式、社会以及文化变异等八个方面都有所体现。

性别差异表现在身体语言上有多种形式，例如表达喜爱等感情时男女触摸动作不同，韩国女性多为拍对方的屁股；女性更爱笑，

---

16   https://mbd.baidu.com/newspage/data/landingsuper?context=%7B″nid″%3A″news_79
35429046573463964″%7D&n_type=0&p_from=1

但爱笑会带来一些负面作用，不利于树立自己的权威；坐姿、脚步不仅有性别之差，还会透露心理感情、年龄；韩国男女性劳动时的动作不同，男性多是背，女性多是用头顶；行礼的动作也有性别差异，有时不同的阶层也会出现差异；社会对女性打扮、服饰也有异于男性的要求，而女性可以根据服饰、打扮的选择来塑造不同的形象；韩国女人头系白带子是生病的表现，但男性头系白带子却意味着努力战胜困难。

韩国人对女性的要求是可爱、娇嗔、文雅、柔顺，否则就是野俗、凶的、男性化的。对男女性格特点的不同要求还反映在风的命名之上。

因性别进行职业分工已成为普遍模式，这种模式的形成可以从力量理论、育儿理论和能耗理论来进行分析。但社会的发展也带来了部分职业性别分工的消失，这最终也表现在语言形式上，导致某些性别词语的消失以及中性词的产生。

韩国男女性活动空间不同，男主外女主内，男人不进厨房、不做家务，女人则包揽家里的一切事务，因此使某些事物分别成了男女性的代名词。

韩国社会中女人没有地位，被视为传宗接代的工具、干活的工具、祸患、管教对象，就连饮食也有男女区别，社会对男女的性行为要求也有不同标准。这导致韩国女人没有话语权。

性别差异还表现在语言形式上，主要表现在发音、语法和话语特点、词汇、比喻、俗语、日常用品的联想意义等之上，韩国语还有一种现象就是某些表达原有性别意义的消失。

不同的社会也具有不同的性别差异，而女性是文化象征的守护者。

第九章

宗教、信仰与语言

9.1 引论

关于宗教，格尔茨(2014/2017：111)将其定义为："一种宗教是一个象征符号体系，它所做的是在人们中间建立强有力的、普遍的和持续长久的情绪及动机，依靠形成有关存在的普遍秩序的观念并给这些观念披上实在性的外衣，它使这些情绪和动机看上去具有独特的真实性。"也就是说，宗教不是自然存在的，而是人类文化的产物，宗教产生的时代一般比较久远，宗教是应当时的时代需求而产生的，"在一个生命似乎面临诸多不确定性和自然界充满敌对力量的时代，神祇不仅创造生命、保护生命，而且是自然界和人类社会秩序的守护者。……如果没有这些秩序的掌控者，那么自然界和人类社会就会陷入混乱和死亡"(段义孚 2017：123)。宗教对人类的发展起了巨大的作用，宗教是一种信仰，但宗教又不只局限于宗教之上，它的影响反映在生活的方方面面。

例如，在印度尼西亚居民身份证上有一项是宗教信息，由此可见宗教在印度尼西亚的重要性，不过随着社会的发展，2015年印尼身份证上宗教信息一栏可以是空白，或者填写国家之前规定的六大宗教外的信仰(雅加达信仰通讯社)。

宗教也可以改变人们的生活方式。代表性的例子就是泰国，在泰国佛教威力非常大，从而成为泰国人的生活重心，不仅佛教徒、寺庙众多，而且佛教是生活规范，男子结婚前还必须出家，这与韩国男人必须服兵役差不多，只不过时间没那么长。韩国宗教的盛行也改变了韩国人的生活方式，例如，信奉基督教的人的周末生活就是去教堂做礼拜，信奉佛教的人会将已故亲人的牌位供奉在寺庙里。

宗教盛行还会使宗教用语侵入日常语言生活，从而改变相关语言的词汇系统和语义系统。例如，在泰语、印尼日常用语中有很多宗教用语。中国、韩国也毫不例外。在中国，道教和儒学等对中国的影响自不必说，其次是佛教。佛教自两汉至今，对中国文化产生了非常广泛和深远的影响，对语言的影响表现之一就是很多佛教用语进入了日常生活并产生了很多佛教成语，这些佛教成语占了汉语史上外来成语的90%以上(方立天 1988a:343)，另外还有很多与佛教有关的歇后语、俗语，如"平时不烧香——临时抱佛脚""做一天和尚敲一天钟""道高一尺魔高一丈""阎王爷贴告示——鬼话连篇""活菩萨"等，这都反映了佛教对中国文化的影响之深远。当然基督教对汉语也有一些影响，如"中国黑客的教父级人物"，用"教父级"来比喻级别、能力高的。

在韩国，最原始的是萨满教，虽然不能单列成为韩国的宗教，但时至今日仍然对韩国社会产生着非常大的影响。此外，对韩国产生深远影响的还有道教、佛教、基督教，这些宗教对韩国人的思想、日常生活所产生的影响表现在语言上是韩国语里产生了很多与这些宗教有关的日常表达，老百姓在应用时很少会意识到这是宗教或民俗用语。

本章将主要分析萨满教、道教、佛教、基督教、与超自然的沟通方式等与语言的关系[01]。主要涉及一定的教义、具体的崇拜对象、代表性的活动、信徒等。最后分析宗教的地域化。

9.2 萨满教

萨满教是一种民间信仰，盛行于西伯利亚一带，包括中国东北及朝鲜半岛。金得榥(1992:2)认为萨满教与中国的道教相似，因此把它放在了道教范畴内。但赵要翰(2008:60)认为"韩国文化的母胎是巫教。韩国在接受外来文化和思想以前，巫教是韩国文化的依据。所以在巫教之上吸收各种外来文化，形成了文化地层，因而韩国的佛教文化和儒家文化也渗透着巫教要素"，这里所提到的巫教就是"萨满教"。从历史文献来看，高句丽、新罗时代都出现了对萨满教的记录，《삼국사기(三國史記)》中出现了多处关于萨满教的内容(조흥윤 1992:252-256；김태균 2007:30)，朝鲜时期虽然是以儒学为正统宗教思想，但是其中却融合了萨满教、佛教和道教等的因素，也就是说虽然随着时代的变化，萨满教会吸收其他宗教的元素，但是萨满最终积淀到了韩国人思想的深层，形成了韩国人的特性，萨满

01　儒学在韩国称作"유교(儒教)"，对韩国社会自古至今所产生的影响渗透于方方面面，已经无法将其与韩国人的生活剥离开来，例如韩国人的宗族思想、婚丧礼俗、过去的政治制度、教育理念等都与儒学密切相关，这些内容在前面几章中已分析过，关于韩国过去的政治制度，详见作者的《韩国生活文化语言学》。另外，儒学与道教尤其是佛教和基督教显然有很大不同，所以本研究不单独把它分离出来进行分析。

教的现世祈福思想虽然历经时代变革但依然被传承了下来，并且形成了基于现世幸福生活这种思想的急性子(김태균 2007:31)。而萨满教将所有问题都归因于外部世界的世界观最终影响了韩国人的世界观，使韩国人最终形成了外部归因思想和被动的精神文化，而这也反映在了韩国人的日常生活和语言生活中。

1961年的调查显示，占韩国人口大部分的农民没有宗教信仰，多依靠儒教或萨满教来生活(김동춘 2015:130)。虽然，随着社会的发展，基督教信徒越来越多，但萨满教在韩国社会仍有市场。据《纽约时报》报道，韩国当今有大概30万名萨满教从业者，因为它是一个利润可观的行业(图德 2015:5)。

韩国的萨满教历史悠久，是韩国文化的基础和依据，因此与此相关的宗教仪式、巫师等除了宗教意义外，还产生了很多的比喻意义。

9.2.1 萨满神

韩国语里萨满神可以称作"신주단지(神主-)"，是意为牌位的"신주(神主)"与"단지"结合形成的合成词，指巫师在自己的神堂里供奉的具有特别地位的神。是把装好米的葫芦用韩纸包好再用绳子捆上，供奉在壁橱或神坛上。偶尔也有人在家里供奉祖先的同时也供奉"신주단지"[02]。

萨满教所信奉的神还有"제석(帝釋)"，也指佛教的"제석천(帝釋天)"。有俗语"제석 아저씨도 먹지 않으면 안 된다、제석(의) 아저씨도 벌지 않으면 안 된다"，意思是就是帝释神他老人家也得

赚钱吃饭，比喻不论什么人都得赚钱吃饭才能生存。

因为是供奉神仙，所以人们毕恭毕敬，唯恐有所损伤，根据这种生活常识，韩国语里就有了"신주단지 모시듯이"，如(1)，汉语没有这种表达，可以意译成"就像宝贝似的"。"신주단지 모시듯이"不只限于物品，还可用于人，如(2)，可以译成"像供神似的"。

(1) 어제밤 딱 한 번만 들었어요. 게다가 신주단지 모시듯이 안고 다녀서 흠집 난 것 전혀 없고.《월계수 양복점 신사들, 23회》(这个包我)就昨天晚上用了一次。并且就像宝贝似的一直抱着，没有一点划痕。

(2) 니가 정화 하나밖에 없는 딸내미라고 신주단지 모시듯 애지중지 오냐오냐 키웠더니만 애가 그렇제 놀부[03] 보다도 못된 심보로 큰 것 아니야?《아버님, 제가 모실게요, 33회》你说贞花是唯一的女儿，就像供神似的宠她，疼得不得了，你这么教育她，所以她才变得心眼这么坏，连游夫都不如，不是吗？

9.2.2 巫师

跳神的人韩国语称作"무당"，汉语里称作萨满巫师，这些萨满巫师在中国过去是男女参半，泰国等东南亚地区以男性为主，日本或韩国却多以女性为主(曾文星 2002/2004：16)。关于巫师的性

03　"흥부전"是韩国民间传说，其中的一个人物是"놀부"，心眼很坏，这里将其意译成了"游夫"。

别问题，艾柯(2012/2015:20)曾提到，巫术开始时是不分男女的，但由于一种根深蒂固仇视女人的心态，恶人往往是女人；在基督教世界，只有女人会和魔鬼结党；他还说，女巫代表的是一种通俗次文化。韩国多女巫师的现象也可以从这种仇视女人的心态角度去分析。不过关于韩国现在多女巫师的原因，还有另外一种见解，认为巫师要与人们亲密接触才能获得利益，这种事情，男人不如女人擅长，所以男巫师慢慢就消失了《성호사설·인사문·무》[04](송기호 2009/2010:293)。由此可见，日本和韩国的巫师现在多为女人是后来演变的结果。

因韩国的巫师多数是女性，所以有了"무당서방(--書房)"，也称作"무부(巫夫)、밭단골"，如：

> (3) 무당의 자식으로 나서, 올데갈데없이 무당서방이 되어
> 야 하는 우리 같은 사람의 한세상에, 마른일보다 진일이
> 더 많을 것은 불을 보듯이 훤한 일 아니겠냐.《최명희, 혼
> 불》出生为巫师的孩子，我们无处可去，只能当巫师的
> 丈夫，干我们这一行的苦差事多于好差事啊，这不是明
> 摆着的吗？

根据上文可发现，巫师的孩子经常被人看不起。电视剧《전생에 웬수들, 55회》中，최태란强烈反对儿子拿算命当业余爱好，原因就是因为自己的母亲是巫师，自己和哥哥从小就被他人没有任何理

---

04 "성호사설(星湖僿說)"은 朝鲜이익(李瀷)所著。翻译文本参见"한국고전번역원"
　　网站。

由地嘲笑、戳脊梁骨。因为在韩国人眼里，巫师具有消极意义[05]，所以"무당서방"多用来嘲笑喜欢白吃白得的人。

能够成为巫师的人要有神附体才可以，附体的神有很多，其中有男童死后的鬼附体而成为巫师的，称作"동자보살(童子菩薩)"，因为韩国人认为这样的鬼神总是站在人的两肩之上，所以"양어깨에 동자보살이 있다"意思是虽然别人难以明确知晓自己的善恶，但冥冥中自有神界的人在监督着自己。

韩国的巫师中还有年幼的盲人巫师，称作"아동판수(兒童——)"，有俗语"아동판수 육갑 외듯"，比喻不知什么意思而咿咿呀呀背诵的样子，也比喻大声高喊的样子。

巫师有很多能力，例如可以占卜、驱鬼、驱邪等。韩国的巫师跳神时一般要击鼓、跳跃、吟唱，与此相关有了俗语"무당의 영신(迎神)인가"，指本来无精打采的，但给他安排工作之后却高兴得活蹦乱跳的人。巫师在跳神驱鬼时常卖弄"法术"，如赤脚在炭火或钢刀上行走，所以就有了惯用语"작두를 타다"，比喻神通广大，如：

(4) 내가 내 속도 모르는데 니 속을 알면은 작두를 타?《빛나라 은수, 31회》我连我的内心都不懂，要是能知道你的内心的话，我就可以踩铡刀当巫师了。

电视剧《훈장 오순남, 38회》中当看到哥哥猜测오순남还有事情隐瞒不说时，弟弟강운길说道：

05　韩国萨满教和巫师形象的降低与外来宗教——儒教、佛教、基督教的传入有关，这些宗教被韩国人认为是高级宗教，而土生土长的萨满教逐渐成了低级和卑俗的象征（송기호 2009/2010:297）。

(5) 그냥 돗자리 깔고 앉으세요. 쌀도 뿌리고 작두도 타고. 你
干脆铺上垫子当巫婆，撒米算命、踩铡刀跳神吧。

因为跳大神时要铺上垫子，而跳大神时一般也要撒大米，有时
也要撒钱，所以这些大米和钱就成了巫婆的收入。

9.2.3 跳神

巫师跳神主要有三种功用，第一是为人治病，第二是教新萨满
师，第三是祭神。韩国巫师跳神的具体形式有很多，其中一种叫作
"푸닥거리"，指简单地准备一些饮食来解除恶气、煞气。这些煞气
分为很多种，如"역마살、망신살、도화살、낙마살"，通过跳大神
来解除煞气也称作"살풀이"。

对萨满教来说，最重要的就是它的祭神仪式，韩国语称作
"굿"，指巫师备好祭品、边唱边舞来祈求神灵调节人类的吉
凶祸福的仪式。祭神可以说是韩国萨满教最集中的表现（유동식
1992:291）。韩国人非常认可这种文化，发展到现代社会，韩国仍然
存在跳神。电视剧里经常出现类似的场面，如(6a)。有时也用"푸닥
거리"来表达驱邪，如(6b)。

(6) a. 요새 우리집에 왜 안 좋은 일 자꾸 생기네? 굿이라도
하든가 해야지.《왕가네 식구들, 24회》最近我们家里
为什么总出一些不好的事情啊？看来得找巫师来跳大
神驱驱邪了。
b. 요즘 왜 시끄러운 일만 생긴 거야. 푸닥거리 한 번 해

야 되나?《별난 며느리, 98회》最近怎么总出这些不好的事情啊。是不是得驱驱邪啊？

不仅是普通百姓会请巫师跳神，官方也会搞此类活动，《东亚日报》2016年11月8日报道：

(7) 박승주 국민안전처 장관 후보자가 올 5월 서울 광화문 한복판에서 열린 굿판에 참석한 것으로 밝혀졌다. 개인을 위한 굿판은 아니고 '대한민국과 환(桓)민족 구국(救國) 천제(天祭) 재현'이라는 행사의 일부로 벌어진 굿판이었다. 박 후보자는 이 행사를 주최한 정신문화예술인총연합회의 부총재 자격으로 참석했다.《동아일보, 2016.11.08》今年五月,国民安全处长官候选人朴胜洲(音译)参加了在首尔光华门中心举办的跳神活动。此次跳神不是为个人举行的，而是题为"大韩民国与桓民族救国天祭的再现"活动的一个环节，朴候选人是以此次活动的主办方——精神文化艺术人总联合会的副总裁身份参加的此次活动。

由此可见，韩国人不论是官方还是民间，不论是集体还是个人，仍然热衷于用跳神来祈愿或驱邪。正因为韩国人对跳神的重视，所以"굿"有了新的语义发展，而巫师跳神时说的话、祭品、工具、巫师的技术和能力以及跳神的结果等也产生了很多俗语和惯用语。

跳神时一般都会有很多人围观，根据这种情况，"굿"就产生了另外一个意义，指很多人聚在一起玩乐或者指令人兴奋的看剧，如

(8)。实际上,"굿"的这种语义的发展反映的正是"巫是戏剧、舞蹈、音乐的本源"这一思想(李书崇 2015:265)。与此意有关还有惯用语"굿(을) 보다",指不参与别人的事情,只是观看,如(9)。

> (8) a. 갑자기 들이닥친 손님들 때문에 정신없는 굿을 치러야
>   했다. 因为来了一群不速之客,所以不得不唱了一出
>   闹剧。
>   b. 이장 댁의 혼사로 한바탕 굿이 벌어졌다. 里长家里结
>   婚,所以大家好好地饱了一次眼福。
> (9) 일이야 되든 말든 굿이나 보고 앉아 있어라. 不管事情能
>   不能成,都不要管,你只管坐着旁观。

与开始时的喧闹相比,仪式结束大家散去之后就会非常安静,所以"굿해 먹은 집 같다、굿하다 파한 집 같다"比喻纷乱嘈杂的事情结束后突然安静下来。跳神时有时也会出现变故,俗语"굿 본 거위 죽는다"意思是看跳神的鹅死了,比喻平白无故地参与到别人的事情里却遭到变故。

跳神时巫师借神的旨意来训斥做供的人,或那样训斥的话,称作"푸념"。"푸념"还指吐露内心的不满或那样的话,如(10)。

> (10) 내 발등은 내가 찍어놓고 이제 와서 푸념해서 뭐해? 푸
>   념할 데조차 없는 내 인생이 정말 한심하기 짝이 없
>   다.《그래 그런 거야, 53회》我是自己搬石头砸自己的
>   脚,现在再说这些有什么用啊?我连个诉苦的地方都
>   没有,我这一辈子也实在是太可怜了。

举行祭神仪式时一般必须摆的东西是年糕，这种年糕过去称作"재 묻은 떡"。相关的俗语有很多，如表1所示：

[表1] 与跳大神、年糕有关的俗语

俗语	字面意义	比喻意义
굿 보고 떡 먹기	看跳神吃年糕。	一举两得
굿도 볼 겸 떡도 먹을 겸		
굿에 간 어미 기다리듯	就像孩子等着去看跳大神的妈妈会不会拿年糕回来一样。	比喻对某件事充满希望而焦急等待的样子。
굿 구경 간 어미 기다리듯		
어린 아들 굿에 간 어미 기다리듯		
굿이나 보고 떡이나 먹지[먹으면 된다]	看你的跳神，吃你的年糕。	不干涉别人的事情，然后看看有没有自己可以得到的利益。
굿 구경을 하려면 계면떡이 나오도록	看跳大神，一定要等到分米糕的时候。	比喻不管什么事一旦插手，就要坚持到底，见个分晓。

作为祭品的年糕也有质量好坏之分，对韩国人来说，黏米糕是质量好的象征，"메밀떡"是质量不好的象征，所以年糕好坏直接说明了跳大神的级别，有俗语"메밀떡 굿에 쌍장구 치랴"，意思是摆的是荞麦糕怎么会用双鼓来跳大神啊，意思是做事要符合自己的处境，不能铺张浪费。

在举行萨满教的祭神仪式时，一般都需要"장구 长鼓"，如果跳神用"쌍장구"，则说明级别高。正因为如此，所以人们一听到咚咚的鼓声，就以为要跳大神了，俗语"덩덩하니 굿만 여겨、덩덩하니 문 너머 굿인 줄 아느냐"反映的就是这种不深究就盲目做出判断的思想。祭神正在开展之时，打鼓非常重要，但如果仪式结束后

再打鼓就没用了，所以与"장구"相关的俗语，如"굿 뒤에 날장구 [쌍장구] (친다)、굿 마친 [지낸] 뒷장구、굿한 뒷장구"等都比喻事情结束后或已经决定后再说三道四。相当于汉语的"马后炮"。

对巫师来说长鼓是必不可少的工具，但仪式能否成功还是要看巫师的实力。没有实力的人会怨天尤人，而巫师会把气撒在鼓上，如"굿 못하는 무당 장구 타박한다"比喻不反思自己能力有限，反而埋怨客观事物。不仅是巫师，各行各业都存在这样的人。

巫师家里的神坛上不可缺少的是花(서정범 1986:124)[06]，举行祭神仪式时也要用花，一般都是纸花，韩国语称作"수파련(水波蓮)、수파(水波)"，这种纸花还有装饰品，是用蜜做出的小男孩的形象，称作"밀동자(-童子)"，俗语"수파련에 밀동자"，意思是跟着巫师到处做法事的负责做纸花的男人大多像"밀동자"一样长得很标致，用来比喻身材瘦削但长相俊秀的男人。

跳大神也需要技术，所以就有了大巫师和小巫师之分，与此相关，有俗语"큰무당이 있으면 작은 무당은 춤을 안 춘다"，比喻在有技术的人面前，没有技术的人容易胆怯。巫师也有能力大小之分，水平不高的人称作"선무당、돌무당、돌바리"，其中"돌바리"之后语音发生变化，变成了"돌팔이"《중도일보, 2016.06.03》[07]，义同汉语的"庸医"，如(11)。

---

06 韩国《三国遗事》中收录有"헌화가(獻花歌)"，讲的是"수로부인(水路夫人)"跟随丈夫去江陵时在海边休息，看到悬崖峭壁上有盛开的杜鹃花而产生了占有欲，当随行的人都不敢去摘的时候，一个放牛的老头不顾生命危险采摘了杜鹃花献给她，并做了一首"献花歌"。一行人继续前行，突然海里冒出一条龙将水路夫人劫走，最后老人又出现了，让众人唱歌跳舞，最终水路夫人又从龙宫里出来了。서정범 (1986:123-124)认为花是巫女的喜欢之物，能从龙宫生还的人也肯定不是普通人，所以水路夫人是巫女，为巫女献花并救其脱险的老人也不是普通人，而是萨满神。

07 引自"[우리말]돌팔이, 돌아다니는 무당에서 유래?"。不过关于"돌파리"的语

(11) a. 아까 그 의사 돌팔이 아니야? 돌팔이? 지금 누구더러 의부증이래?《불어라 미풍아, 31회》刚才那个医生是不是个庸医啊？庸医？现在他在说谁是疑夫症啊？

b. 선무당이 생사람을 잡는다. 庸医害人。

巫师能力的大小还与距离产生关系，俗语"가까운 무당보다 먼 데 무당이 영하다、먼 데 무당이 영하다"即反映了这一思想，类似的还有"먼 데 점이 맞는다"，而汉语则多用"外来的和尚好/会念经"，用的是佛教用语。不管巫师能力再大也有限，所以有了俗语"무당이 제 굿 못하고 소경이 저 죽을 날 모른다"，指巫婆无法给自己跳大神、盲汉不知自己的死期。"굿 들은 무당 재 들은 중"比喻因为可以干自己平时喜欢或者希望的事情而非常高兴的人。

对穷人来说，请人来跳大神需要一大笔钱，所以有俗语"큰일 치른 집에 저녁거리 있고 큰굿 한 집에 저녁거리 없다"，比喻跳大神不仅花很多钱，而且最后都被巫师一扫而光，如(12)。没钱的人家有的还举债请巫师，因此就有了俗语"빚 얻어 굿하니 맏며느리 춤춘다、논 팔아 굿하니 맏며느리 춤추더라"，意思是借钱或卖地请人来跳大神，结果大儿媳却没有分寸地闯进去跳舞，指在困难时刻应该好好操持家务做事的人却做出匪夷所思的事情。而"벌여 놓은 굿판"比喻已经开始的事情中间无法停止的处境，如(13)。

(12) 귀신과 사람이 아니라 사람과 사람끼리 일어난 일에 제

源，조항범(2014:113-115)还提出两种说法，一种是从"돌(迴)+팔(賣)"发展而来，一种是从"돈(錢)+팔(賣)"发展而来。

아무리 굿을 해 봤댔자 무당 배 불리는 노릇이지 영험이
나타날 리 없을 일이었다.《조정래, 태백산맥》这不是
鬼与人的事情，而是人与人之间发生的事情，所以不
管怎么跳大神也不会灵验的，最终都让巫婆中饱私囊
了。

(13) 이미 벌여 놓은 굿판이니까 열심히 하는 수밖에 딴 도리
가 없지. 事已至此，别无他法，只能好好干了。

但是跳了大神不一定就肯定有效果，所以有了俗语 "굿한다고
마음 놓으랴"，意思是虽然尽了心，但也不能放心。因为跳神花很多
钱，如果没有产生预期效果，人们多会不甘心，现代社会还产生了
因此而打官司的案例。

2016年9月28日韩国《法律新闻报(법률신문)》报道，首尔中央
地方法院28日作出判决，即使萨满教的祭神不灵验，也无法以诈骗
罪来处罚萨满教巫师，理由是跳大神时追求的更多的是内心的安慰
与平静[08]。由此可以看出萨满教在韩国的威力。

9.3 道教

关于韩国道教的起源，存在三种不同的观点，一是以崔致远的
《鸾郎碑序》、僧一然的《三国遗书》为代表的朝鲜民族自创说；二
是以《三国史记》中盖苏文向宝藏王建议引入道教为代表的中国传入

---

08   https://www.lawtimes.co.kr/Legal-News/Legal-News-View?serial=103457

说，认为道教于7世纪传入韩国，至今有一千四五百年的历史；三是中国道教与朝鲜民族文化相融共有说(林采佑 1997；孙亦平 2016)。笔者认为第三种观点更符合韩国道教的发展历程，因为任何文化吸收外来文化的过程都不会是全盘接受，而是会不断地融入本国的文化要素，以使本国老百姓更好地接受外来文化，也使外来文化更好地扎根，并且从道教语言来看，韩国道教语言表现出了与中国道教相似的同质性，但也表现出了异于中国道教的异质性。

韩国道教最盛行的时期是高丽时代，道教与当时的很多民俗、巫俗信仰融合，形成了追求现世利益、祈福免灾的习俗，虽然道教在韩国没有形成宗教形式的理念，没有被正式传教或当作国策，但道教却深深扎根于韩国社会的认知体系，影响到韩国人的日常生活以及所有的文化领域(권혁렬 2013:8)，并对整个社会的宗教、哲学以及日常生活产生了深远的影响。例如韩国的国旗就是阴阳八卦旗，并且很多道教用语也影响了韩国的语言。

9.3.1 道教思想

道教不像佛教和基督教，它没有专门的教义和传教之人。道教的学习主要是通过典籍进行的。韩国人对道教思想的理解可以通过语言来分析。道教思想涉及"道、阴阳、气、风水、卦象"等抽象学说，但韩国人却将这些思想的载体具体化、世俗化、物质化，并在此基础上，根据自己的理解，使这些思想的语言载体发展出了新的意义。

9.3.1.1 道

道教的道在韩国语里称作"도(道)"，有三个意义，可以指应该履行的道理，如(14a)；也指所领悟到的宗教意义上的道理，或那样的境地，如(14b)；也指武术或技艺等的方法，如(14c)。修行道教的人韩国称作"도사(道士)"，也指炼道之人，"도사"也比喻学得某事的技巧、办事非常熟练的人，如(15)。道士的发型是在头顶上挽一个发髻，称作"도가머리"，也比喻鸟的冠毛或嘲笑头发蓬乱的人。

(14) a. 도를 지키다 遵守道理

　　b. 애는 완전 도 다 닦았네. 옛전에 아라가 딴 남자를 쳐다만 봐도 눈이 뒤집었더니.《폼나게 살 거야, 25회》他完全修炼到家了，过去亚罗只要看一眼别的男人，他就开始发疯，（现在不那样了）。

　　c. 서예에 도가 트이다. 在书法上入门了。

(15) a. 아이에 대해서 나 도사라니까.《최고의 연인, 40회》对照顾孩子来说，我是老手了。

　　b. 제가 이 바닥에서 허도사입니다.《도둑놈, 도둑님, 20회》我是这一行的老手了。

如上，韩国语里的"도"的抽象意义已不再局限于宗教思想，而是世俗化成了一种技艺或境界。而"도사"也蜕变成了一种技艺熟练的人，道士的发型也成了嘲笑之词。

9.3.1.2 阴阳

"阴阳"是道教哲学里的重要内容。韩国语里"음양(陰陽)"的哲学意义与汉语的"阴阳"类似；第二个意义指与男女性别有关的道理，如(16a)；第三个意义指物理上的阴极与阳极。因为阴阳包括了事物的正反两面，而韩国人认为正反两面即是整体，所以韩国语里"음양"可以用"음양으로"的形式比喻多方面，如(16b)，意为"明里暗里"；惯用语"음으로 양으로"指别人不知道的时候，如(16c)，意为"暗地里"，当用于这两类意义时，韩国语"음양"的意义已非常具体化了，并且语义也从"明里暗里"发展成了"暗地里"。汉语"阴阳"除了哲学意义以及与男女性别有关的意义外，还有"阴阳怪气"，但强调的是奇怪，语义非常抽象。

(16) a. 음양을 알다 懂男女之情。

b. 지금까지 그는 결식아동들을 음양으로 도왔다. 多年来他一直致力于明里暗里地/多方面援助饥饿儿童。

c. 저분이 고맙게도 이번 일을 성사시키는 데에 음으로 양으로 도와주셨다. 让人非常感谢的是，是他暗中帮忙才使这件事情成功的。

韩国语里还有"음성(陰性)"，指阴性，也指没有露出表面的性质，如(17a)；也指消极、装模作样的品质，第四个意义指喜欢阴凉的性质。当用于第二个意义时有派生词"음성적(陰性的)"，如(17bc)。韩国语还有"양성(陽性)"，指阳性，也指积极、活跃的性质，以及喜欢阳光的性质。派生词"양성적(陽性的)"有两个意义，第一个意义指活跃、积极的，如(18ab)；第二个意义指显露于外的，如(18cd)。

(17) a. 음성 거래 隐性交易

　　 b. 음성적 성격 阴性性格、内向性格

　　 c. 불법 자금의 음성적 거래에 많이 이용된다. 《동아일
　　　 보, 2018.02.01》经常用于非法资金的隐性交易。

(18) a. 양성적인 성격 外向型性格

　　 b. 양성적 활동 积极活动

　　 c. 양성적으로 거래하다 正规/合法交易

　　 d. 양성적 단체 正规/合法团体

　　比较"음성、양성",可以发现在韩国人心里,阴阳所具有的语义韵不同,前者具有消极性,后者具有积极性。并且韩国语的这些意义一般无法与汉语的"阴性、阳性"对应。

9.3.1.3 气

　　不论是中国还是韩国,气文化都非常发达。例如中国有"大气、接地气、有气场、出气、泄气"等。韩国语有两种"气",一个是固有词"김",一个是汉字词"기(氣)"。

　　韩国语里"김"仅指具体的、看得见的气,如热气、水蒸气、嘴里呼出的气,或啤酒、碳酸饮料里含的二氧化碳,多与动词"나다、오르다、끼다、서리다、빠지다、내뿜다、내다"等结合。"김"在朝鲜语里还指空气。"김"用于惯用语"김이 식다"时,也指抽象的兴趣或热情消失,如(19)。

(19) 나는 그 일에 대한 김이 식어서 이제는 아무것도 하고
　　 싶지 않다. 我对那件事已经失去兴趣,现在什么也不
　　 想做。

与"김"相比，汉字词"기"主要指抽象的气，与"김"呈互补状态。"기"有四个意义，分别指活动着的力量、喘息时呼出的气息，此外还指以前中国以十五天为单位形成的时间，其中三分之一份称作"후(候)"；作哲学用语，指东洋哲学中作为万物生成本源的力量，与"理"相对。这四个意义中，韩国语里经常用的是第一个，多用于一些惯用语中，如表2所示：

[表2] "기" 的惯用语

惯用语	意义	例句
기(가)살다	义气昂扬，气势高涨。	그는 친구가 거드는 말에 기가 살아서 더욱 설쳤다. 因为朋友帮忙说话，所以他气焰高涨，更上劲了。
기(를)펴다	脱离压迫或困难境地，心灵重新获得自由。	사람이 가난하면 기를 펴지 못하고 산다. 人穷气短。기를 펴고 사는 생활인지라…挺直腰板过日子了……
기(를)쓰다	尽最大的努力。	니가 기를 쓰고 몸부림쳤는데도 제부 마음 너한테 안 돌아오면. 《해피 시스터즈, 34회》如果不管你怎么拼命挣扎(想留住他)，但妹夫他的心收不回来呢？
기(가)차다	对方让人无法理解，气得话说不出来。	그의 뻔뻔스러운 태도에 기가 차서 할 말을 잊었다. 他太厚颜无耻了，我不禁气结，连要说的话都忘了。

如上，韩国语这些惯用语都没有发展成合成词，但"기(가) 살다、기(를) 펴다"的反义结构却有合成词"기죽다"，这三个语言形式背后隐含着"气是有生命的，是活着的"这种认知，所以"기"才能与表示活着或死亡的"살다、죽다"搭配，也能与表示舒展的"펴다"搭配。汉语里一般用"扬眉吐气、泄气"等，其背后隐含的是"气是充盈的"这一思维认知，所以才会有不足，如"气血不足、底气不足"等，才会有"泄气"。

惯用语"기가 차다"的意义是喘不过气来，近义结构是"기가 막히다"，还形成了合成词"기막히다"，字面意义是"气被堵住"，这反映了韩国人认为"气是通畅的"这样的思想。

在此基础上，合成词"기막히다"有两个意义，第一个指由于某件事而不愉快，如(20)。韩国语还有俗语"기가 하도 막혀서 막힌 둥 만 둥"，比喻遭到重大变故，舌头发硬，反而却像什么事都没有一样。汉语在表达此类意义时，多用"气得喘不上气来、(惊讶得)张口结舌"表达生气或惊讶，并且汉语"生气"意为"产生(怒)气"，这种意义的产生与中国的"气"文化有关，中医学认为气聚于体内保护脏腑，所以怒气也是因外界刺激而从体内产生的，从而与"生"结合，表示发怒。而极度"生气"的结果是喘不过气或说不出话来。

(20) 나는 그의 제안이 너무 기막혀 아무 말도 못했다. 他的
建议使我惊讶/把我气得都说不出话来了。

合成词"기막히다"第二个意义是肯定意义，指好得或程度大得无以言比、不得了，如(21)。

(21) a. 음식 맛이 기막히다. 菜的味道好极了。
b. 그들의 초상화를 기막히게 그려 주었다. 为他们画了
非常棒的肖像画。

"기막히다"的第二个意义与第一个意义所表达的感情是相反的，一个是生气，一个是高兴。两种相反的感情用同一种表达方式，其实是说明在高兴和生气时韩国人的生理反应是一致的。相

反，在汉语里"气"却不表达"高兴"意义。也就是说，中国人对不高兴与高兴是两种不同的认知，对这两种情绪的认识与韩国人不同。

"막히다"的意义还会因前面的主体不同而发生变化，如"가슴이 막히다"指高兴，如(22a)；相反，"목(이) 막히다"比喻非常痛苦，如(22b)。

> (22) a. 합격한 기쁨으로 그는 가슴이 막혔다. 他合格了，所以心里说不来的高兴。
>
> b. 어머님이 돌아가셨다는 소식에 목이 막혀 말을 할 수가 없었다. 听到母亲去世的消息，我嗓子眼像被堵住了一样，说不出话来。

"기"还发展成了后缀，用于部分名词化，表示气力、感觉或成分，如"시장기、소금기、기름기、화장기、간기、바람기"。

中国的"气"文化也使汉语里产生了新的词语——"电气"。这种表达方式是在科技不发达的时代将新产生的"电"这种能源方式看作了一种神秘的"气"，而这种文化也影响到了韩国语的表达，所以有了汉字词"전기(電氣)"(伍铁平 2011/2015:30)。

9.3.1.4 风水

风水思想反映的是道教注重人与自然和谐的思想。风水思想之所以能够在韩国发展起来也与韩国是一块块被山分割开来的地理特点有关。韩国语里看风水的人称作"풍수쟁이(風水--)、지관(地官)"，如果对风水地理说一知半解则称作"반풍수(半风水)"，如

(23)。正因为是半瓶子醋，所以俗语"반풍수 집안 망친다、반편이 명산 폐묘한다、반풍수 명산 폐묘시킨다(朝鲜语)、서투른 풍수 집안만 망쳐 놓는다"等都比喻能力不行的人硬充内行把事情搞砸。

(23) 그 지관은 자신이 풍수지리에 밝다고 말하지만, 나에게 는 아무래도 반풍수로밖에 안 보인다. 那个风水先生说 自己对风水地理很精通，但在我看来，他顶多是个半 瓶子醋。

风水先生要想看风水，就要到外面查看，所以俗语"방 안 풍 수(風水)"意思是在家里坐着却大谈自己所不了解的外部事情，比喻 对自己没有经历过或不知具体实情的事情乱说一气。

看风水主要看宅基地或坟地周围的风向、水流、山脉等的形 势。其中看宅基地风水的人称作"양택풍수(陽宅風水)"，看墓地风 水的人称作"음택풍수(陰宅風水)"。与建筑有关，宅基地韩国语称 作"터"，风水好的宅基地为"터가 좋다"。在风水说里，房屋宅基 地或墓地的位置和形状称作"판국"，现在多用来指事情展开的状况 或局面，如(24)。

(24) 이 어려운 판국에 무슨 해외여행이냐? 现在情况这么困 难还搞什么海外旅行啊？

从风水上来看，能够为子孙提供庇护的好的墓地或房基地称作 "명당(明堂)"，如(25)，译成汉语时一般不用"明堂"，而多用"风 水好"。"명당"是个多义词，还可以指国王朝会的正殿，在观相说里 指人的额头，有时也指墓地前面的那块平地。

(25) 이 집터가 명당인가 봅니다. 어머니. 이 집으로 이사온
    뒤부터는 일이 술술 풀리네요.《월계수 양복점 신사들,
    15회》这处房子看来风水很好啊。大妈。我搬到这里
    来之后，我的事情都一一解决了。

　　如上，韩国语"명당"的这几个意义其实都已经与中国古代
"明堂"的意义距离较远。古代的明堂是上圆下方的高台建筑、东
西南北方都有门，外围有水环绕，效仿了中国的"天圆地方"思
想，是中国神话宇宙模式的缩影，最早是观测太阳的天文台和祭太
阳的神台，之后其用场不断增加，大约有十种[09]（叶舒宪 2005:160-
173）。也就是说，事物名称的语义是随着社会不断演变而逐渐脱离
其原型意义的，除了词典里标注的几个意义之外，韩国语里"명
당"还多用来指适合做某事的好地方，如(26)中的"명당"指的是学
生之间所说的听课的好地方。

(26) 내가 기가 막힌 명당 자리를 싹 잡아놨는데 …졸아도 안
    들키는 완벽한 자리!《내 남자의 비밀, 34회》我抢了一
    个非常好的位置，即使打瞌睡也不会被(老师)发现的
    绝佳位置！

　　汉语的"明堂"除了在风水学说中还会用到，在日常口语中已

09　　天子发布政令的所在；天子祭祀先王及其祖先的所在；天子"享上帝、礼鬼神"的
　　　所在；天子朝会诸侯的所在；天子"顺四时，行月令"的所在；天子"制礼作乐，
　　　颁度量"及"行教化"的所在；天子设立国家"大学"的所在；天子"观四方"的
　　　所在；天子"以民养公"并"示节俭"的所在；天子封爵赏赐并飨射献俘馘的所
　　　在。（叶舒宪 2005:164-165）

经几乎听不到。反过来也说明风水思想在韩国人生活中依然占据了非常重要的地位。例如，韩国语还有俗语"선영 명당(에) 바람이 난다"，比喻因为祖宗的坟墓风水好，所以子孙繁荣、有出息。正因为韩国人有这种思想，所以有的韩国人混得不好时就会怨天尤人，有的会直接埋怨祖宗，如俗语"잘되면 제 탓[복] 못되면 조상[남] 탓"，意思是干得好都是自己的功劳，如果出现问题就是祖宗或他人的问题；有的则埋怨家里风水不好，有俗语"못살면 터 탓"。

9.3.1.5 卦象

《周易》即《易经》，是中国传统经典之一，《周易·革》中有"上六，君子豹变，小人革面"，其中"豹变"指像豹子的花纹那样变化。刚出生的小豹子很丑陋，但逐渐会变得雄健而美丽。这是一个漫长的过程，不知不觉中，平凡已化为卓越。所以"豹变"比喻润饰事业、文字或迁善去恶(百度百科)。韩国语也有汉字词"표변(豹變)"，开始也表示肯定意义，但现在多用于贬义，比喻为了利益而内心或行动突然发生变化，也比喻使内心或行动等突然发生变化，如：

(27) 처칠의 현명한 정치적 표변 덕분에 영국은 1차 세계대전에서 독일 해군을 물리칠 준비를 할 수 있었다. 《동아일보, 2018.02.19》 得益于丘吉尔机敏的政治多变性，在第一次世界大战期间，英国才做好了击退德国海军的准备。

《易经》中还有"大人虎变，其文炳也"，韩国语也有汉字词"호변(虎變)"，虽然没有产生比喻意义，但朝鲜时代韩国文人的肖

像画里的人物坐的都是铺了虎皮的椅子(오주석 2006/2011:33)。

卦象中有"☵"卦,韩国语称作"감중련(坎中連)",根据这个形象,韩国语里有俗语"왜 감중련을 하였나",比喻不与他人和谐共处而是自己玩自己的、只顾自己的威严。

9.3.2 道教的神仙

9.3.2.1 神仙的形象

道教思想追求无为和自然,追求隐匿生活,这种思想的表现就是对神仙的羡慕,汉语有"腰缠十万贯,骑鹤上扬州",因为骑白鹤升天是道教的典型形象,所以表达的既是对成仙的企望,又表达了对俗世的留恋,韩国语有疑问形式的俗语"허리에 돈 차고 학 타고 양주에 올라갈까",意为什么时候能准备好那么多钱,然后骑上白鹤去游览扬州啊?即何时才能实现平生夙愿啊?

神仙在韩国语里为汉字词"신선(神仙)、선인(仙人)",指道教里脱离世俗束缚、无病、无灾、无烦恼、长生不老的人。根据这个意义韩国语里有了"신선놀음하다(神仙————)",指埋头于某种游戏中忘记要做的事情,如(28)。用于此意时有俗语"신선놀음에 도낏자루 썩는 줄 모른다、도낏자루 썩는 줄 모른다",意思是埋头于有意思的事情而忘记时间。汉语"观棋烂柯"没有比喻意义,只是成了"围棋"的别名。

韩国语里神仙降临人间世界称作"강림(降臨)、낙강(落降)、내리(來茌)、하림(下臨)",也经常用于日常生活,比喻人的现身,如(29)。

(28) 자네더러 이런 신선놀음하라고 금쪽같은 월급 대 주는
지 아나?《윤흥길, 완장》你以为我是为了让你逍遥自
在才给发你那么珍贵的工资的吗？

(29) 오늘은 왜 이러실까? 골든스트리트 냉혈의 David Lee
강림하셨나?《아버님, 제가 모실게요, 13회》今天您这
是怎么了？难道金光大道上的冷血人大卫·李现身了
吗？

　　因为过去人们认为神是万能的，所以韩国语里还用"신의 한
수"比喻妙计，如(30)，指的是如果不除掉伤疤就被发觉了，所以可
以译成"神来之笔"，也可意译成"做对了"。但是神仙也不是万能
的，所以也要不断学习，因此就有了俗语"신선도 두루 박람을 해
야 한다"，比喻不管是谁都要增长见识提高学问才行。

(30) 어깨의 흉터를 지운 건 신의 한 수였다.《이름없는 여
자, 13회》当时把肩膀上的伤疤弄掉真是神来之笔/做
对了。

9.3.2.2 各路神仙

1) 玉皇大帝

　　道教的最高统治者是"옥황상제(玉皇上帝)"，指老天爷，有时
也用于日常生活，如(31)。

(31) 무슨 아줌마가 옥황상제의 뒷간보다 싫다는 사돈댁을
문지방처럼 드나드냐?《우리집 꿀단지, 24회》大家都

说讨厌亲家就像讨厌玉皇大帝家的厕所一样，可你这大嫂却像来自己家一样天天来亲家家里啊？

2）地神、水神

在中国，"古代地上群神中，土地神的崇拜最广泛，祭祀最盛"（朱天顺 1982:61），这与西方人（古希腊人）重水而轻土形成对比（刘承华 2003:272-273）。对农耕社会的先人来说，地神是非常重要的存在。韩国语里地神称作"지신（地神）、터주（-主）"，有很多俗语，如"지신에 붙이고 성주에 붙인다、터주에 놓고 조왕에 놓고 나면 아무것도 없다"比喻本来东西就很少，给这个一点，给那个一点，就所剩无几了。而"터주에 붙이고 조왕에 붙인다"比喻把东西撕开到处贴。

与土地神有关，韩国语有"동토（动土）"，可以指开始弄地基，也指不小心动了地、石头、树木等使土地神发怒、产生灾祸的事情，也指那样产生的灾祸，如(32)，译成汉语是"出大祸"。"동토"的形态继续发生变化就有了"동티"，但仍保留了"동토"的第二个意义，如(33a)；也比喻动了不该动的人或事儿惹祸上身，如(33bc)。

(32) 걔가 지금 무슨 짓을 했는지 알까요? 저 분명히 한 달 안에 동토날 텐데.《도깨비, 7회》你说他知道自己现在干了什么吗？他一个月内肯定会出大祸的。

(33) a. 이곳은 마을 사람들이 동티가 두려워 감히 건드리지 못하는 땅이다. 这块地村民们谁都不敢动，怕惹祸上身。

b. 호의로 한번 던진 말이 동티가 될 줄이야. 好意说的

话没想到惹了一身祸。

c. 결혼은 인생지대사인데 혹시 서둘러서 동티라도 나지 않을까 싶어서 생각하고 또 생각하고 고민하고 또 고민해봤는데…결혼 서두르자.《월계수 양복점 신사들, 42회》结婚是人生大事，我怕操之过急容易出问题，所以是想了又想，苦恼了一遍又一遍……我们还是抓紧把婚事办了吧。

    不仅有一般的土地神，古人认为不同的地方还有不同的鬼神，如磨坊里就有"방앗간 귀신 磨坊里的鬼"，也就有了"방아 동티"，如俗语"시어머니가 오래 살자니까 며느리가 방아 동티에 죽는 걸 본다"意思是婆婆活的岁数大了就会遇上儿媳妇被磨坊鬼害死这种事情，比喻人活的时间长了，什么古怪的事都能碰到。

    中国的"动土"主要指开始建筑或安葬，有"太岁头上动土"之说，这是中国文化中典型的方位禁忌(宋石青　1999:21)[10]，与韩国文化中的"地神之说"不同，汉语里多用"敢在太岁头上动土"来比喻大胆、有开拓精神，有时也单用"动土"。这与韩国语"동토、동티"强调出大祸、惹祸上身的意义不同。

    与地神相反，韩国语里与水神相关的表达非常少，主要有掌管泉水的神仙，男神为"물할아버지"，女神为"물할머니"。

---

10   相地家认为，兴土动工要考虑天体，如日(黄道)、月(月建)、太岁(虚拟的与木星相反运行的天体)、二十八宿等运行情况。假如动土的年月正好是太岁在子之年(即太岁为困敦)，月建在寅之月(即夏历正月)，地上子位(北方)、寅位(东北方)动土，就要殃及酉位(西方)、巳位(东南方)的居民。这就是所谓"太岁头上动土"，是典型的方位禁忌(宋石青　1999:21)。

3) 洞神

韩国语里洞神称作"동신(洞神)",是整个村落的守护神,相关的祭祀为"동신제(洞神祭)",目的是祈祷村民们健康长寿、丰年有食。这种祭祀非常兴盛,所以也就有了很多不同的名称,如"당제、대동신사、대동치성、동고사、동고사굿、동제、부락제、산천제、수살제、토신제"。与"동신"有关,汉语有"洞房",韩国语还用"동(洞)"作行政单位,"동네(洞-)"指小区。这些词语都应该是对过去人类曾经经历的洞穴生活的反映。

4) 乡村守护神

韩国还有乡村守护神,叫作"장승",一般是用石头或木头刻出的人形,上写"지하대장군(天下大將軍)、지하여장군(地下女將軍)",然后成对放在村庄或寺庙的入口或路边,这种守护神也被当作里程碑,一般以十里、五里为间隔。这种风俗文化性非常强,尤其是对异文化者来说。1910年法国外交官Hippolyte Frandin出版了自己的见闻录《En Cor ée(在朝鲜)》就曾详细描写了初见韩国守护神的心境[11]。

韩国的这种守护神非常高大,所以韩国语里用它来比喻个子非常高的人。与"장승"有关,有俗语"장승하고 말하는 것이 낫겠다",意思是虽然守护神不会说话,但如果对方实在听不懂自己的话,还不如和守护神说呢。守护神不但不会说话,还不会走路,如

---

11 한양까지 가는 도중에 매 킬로마다 세워진 프랑스 도로의 이정표처럼 일정한 거리를 사이에 두고 서 있는 장승을 나는 보았다. 이것은 조선인들이 여행자를 배려하는 감동적인 증거임을 내가 이 땅에 처음 도착하면서 확인하였다. 장승은 거대한 I자 알파벳 형태로 하늘로부터 현장에 떨어진 듯, 붉은 색으로 칠해진 나무 기둥위에 기괴한 머리통을 올려놓은 마스트와 흡사하다. (한승억 2005:440)

[图1] 장승(摄于2019年1月24日)

果使守护神都能走起路来，那说明非常了不得，所以俗语"장승이라도 걸리겠다"比喻势力非常大。与"장승"有关还有"장승박이"，指用来做"장승"的东西或守护神的竖立之处，有俗语"장승박이로 끌고 가겠다"，意思是该被拉去做神木了，用来比喻人很蠢笨、一无是处，并且总是给添乱的情况。

韩国人过去非常信仰守护神，例如，过去韩国女人如果想要儿子就去把天下大将军的鼻子割下来熬水喝，没奶的女人将自己的乳房与地下女将军的乳房接触一下认为也会产奶，而因此真的生了儿子的女人称作"장승첩(--妾)"，而真的有了奶的女人称作"장승유모(--乳母)"(이규태 1999/2000:325)。

随着社会的发展，现代社会的"장승"有了新用途，如全罗北道全州一家饭店门口就竖着一对"장승"，如图1所示，分别写着"교동 석갈비""어서 오세요"，守护神显然已摇身变成了饭店招牌。

5) 城隍神

道教还有城隍神，韩国语称作"서낭신(--神)、서낭、성황지신(城隍之神)"，城隍神所在之处为"서낭당(--堂)、국사당(國師堂)"，汉语为"城隍庙"，进城隍庙是为了祈祷，而祈祷时一般都是嘴里嘟嘟囔囔的，所以就有了俗语"국사당에 가 말하듯"，就像进入城隍庙祈祷一样，比喻用旁边的人听不见的声音嘟嘟囔囔地背诵东西。

6）灶王神

道教还有灶王神，韩国语为"조왕(竈王)"，据说灶王神可以判断吉凶，也称作"부뚜막신、조(竈)、조신(竈神)、조왕대감、조왕대신、조왕신、화신(火神)"。在中国灶王有男女之分，韩国语也有女性意义的"조왕할머니"。老百姓经常会向灶王神祈祷保佑家人平安。

7）风神

韩国作为半岛国家，不管是对渔业来说，还是对农业来说，风是非常重要的因素，所以韩国有了风神，称作"풍신(風神)"[12]，并且还有"풍신제(風神祭)"，主要在阴历2月初一开始到十五或二十期间向风神"영등할머니"及风神儿媳妇祈祷，目的是为防止暴风雨，有惯用语"바람(을) 올리다"，如(34)；"풍신"还有一个意义，指风采，如(35)。

> (34) 바람 올린 음식이 가만가만 나누어지고 마을 사람들은 금년에도 시절이 잘되기를 빌었다.《박경리, 토지》静静地将祭祀风神的食物分了之后，村民们都祈盼着今年也是个好年头。
>
> (35) 풍신이 좋고 말이 없으나 위엄이 있는 인물이 그의 기억 속에 있는 아버지의 초상화였다.《최인훈, 회색인》他记忆中的父亲形象是：风流倜傥，话不多，但很有威严。

---

12 风神也称作"풍백(風伯)、풍륜(風輪)、비렴(飛廉)"。

与"풍신"类似的还有"채풍(采風)、풍의(風儀)、풍자(風姿)、풍표(風標)",都与风有关,汉语除了"风仪、风姿",还有"风流倜傥、风情万种、飘逸、摇曳"等,也都与风有关系。看来自古以来,不论中国人还是韩国人都认为飘逸是一种美,而风神无疑是最能体现这种美的,所以被用来转喻风采。

9.3.3 道教的鬼

韩国语里与道教有关的鬼主要有上义词"귀신、귀",下义词"도깨비、우귀、우물귀신、물귀신、요정"等。

9.3.3.1 귀신、귀

在中国传统文化里面,鬼是各种生物死亡后产生的阴魂,神泛指神仙,"鬼神"是对"鬼"和"神"的并称。韩国语"귀신(鬼神)"有时单指"鬼",有时单指"神",多数情况下与汉语"鬼"对应。"귀신"还有很多比喻意义,如表3所示:

[表3] "귀신" 的意义

	意义	例句	对应汉语
1	比喻某些方面具有杰出才能的人。	그는 기계를 다루는 데는 귀신이다. 他在操作机器方面是个鬼才/天才。	鬼才、天才
		택시 기사 생활 3년에 운전에는 귀신이 되었다. 开出租车开了3年,在开车方面几乎成神了。	成神
		걔가 눈치가 귀신이라 괜히 의심할 거고 그 의심 대상은 꼭 저거든요. 《내 남자의 비밀, 50회》她可有眼力了,肯定会怀疑的,而那个被怀疑的对象肯定是我。	有眼力
		입이 귀신이구먼. 《달려라 장미, 39회》口味很准啊。	口味准
		내가 연애 귀신이야. 《빛나라 은수, 49회》我是恋爱专家。	专家
2	比喻长相凶恶的人。	울긋불긋 귀신처럼 화장을 하다. 化妆化得花里胡哨的,像鬼一样。	鬼
3	比喻只呆在一个地方的人。	너는 이제 시집을 갔으니 그 집안의 귀신이 되어야 한다. 你现在已经出嫁了,就应该生是那家的人,死是那的鬼。	
4	比喻只做某件事的人。	너희 어미처럼 팔자소관만 하며 살게 하지도 않을 테고, 너희 할머니처럼 살림 귀신 노릇만 하게 하지도 않을 작정이다. (我)不会让你像你母亲那样认命地活着,也不会让你像你奶奶那样整日地忙于生计。	忙于生计
		왠일이래? 그 갈비 귀신이. 《천상의 약속, 11회》这是怎么了?他不是看见排骨就流口水吗?	流口水
		먹고 가든가. 청국장 귀신이잖아?《우리 갑순이, 16회》要不就吃了走。你不是见了发酵豆子汤就拉不动腿吗?	拉不动腿
5	比喻脏乱。	방은 귀신으로 만들어놓고…《미워도 사랑해, 18회》把房间弄得和鬼屋/猪窝一样。	鬼屋、猪窝

如上，汉语双音词"鬼神"没有这些比喻用法，只有单音词"鬼"或"神"才有比喻意义。所以"귀신"很难与汉语"鬼神"对应，当用于第1个比喻意义时，可与汉语"鬼才、成神"等对应，"귀신"还可以与身体部位有关的"눈치、입"等结合，需要译成汉语"有眼力、口味准"等，有时还与"연애"结合，译成汉语为"专家"；当用于第2、3个比喻意义时，一般与"鬼"对应；当用于第4个意义时，与"살림"结合译成"忙于生计"，与食物"갈비、청국장"等结合比喻非喜欢吃，可意译成"流口水、拉不动腿"等；当用于第5个意义时，对应汉语"鬼屋、猪窝"等。也就是说，与韩国语"귀신"对应的汉语多是"鬼"，之所以如此是因为汉语"鬼"与"神"相比，贬义强烈，多指阴险狡猾的，如"鬼主意、鬼头鬼脑、鬼胎"等；还可与处所结合作定语，表达恶劣、糟糕，如"鬼学校、鬼地方"等。

韩国语单音词"신(神)"也比喻擅长某种东西的人，如"몸신"指健康高手，"식신"指善吃的人，"예능신"指在娱乐节目中善于搞笑逗乐的人，"긍정여신"指开心果，如(36)。

(36) 우리 긍정여신 사랑해.《최고의 연인, 56회》我们的开
　　　心果女神，我爱死你了。

韩国语也有"귀재(鬼才)"类的表达，比喻世上罕见的才能或拥有这种才能的人，如(37)，汉语"鬼才"也有此比喻意义。

(37) 워낙 투자의 귀재라신데다가 일반인들보다 기업들 상
　　　대로 더 많이 하신다고 들었습니다.《빛나라 은수, 20
　　　회》听说她是投资界的鬼才，并且多与企业而不是个

人打交道(所以你不知道)。

与鬼神有关，还有 "자발없는 귀신은 무랍도 못 얻어먹는다"，其中 "무랍" 指 "물밥"，即在跳大神等祭神活动中把饭用水泡了扔给神吃，所以这个俗语比喻行动轻率的话连应该得到的也得不到。如果是 "귀신 곡할 노릇"，则比喻非常令人痛心，如：

(38) 그러니까 귀신 곡할 노릇이라는 거요.《별난 가족, 27
회》(长得真像，却不是三月)，所以这真是连鬼都要
痛哭流涕了。

9.3.3.2 도깨비

韩国语里还有固有词 "도깨비"，指拥有动物或人形的杂鬼，据说有神奇的力量和才能，可以蛊惑人，并且喜欢恶作剧；也比喻不知天高地厚到处惹祸的人。与 "도깨비" 有关的俗语或惯用语都与其特性有关。

鬼是阴间之物，所做的一切在俗世是无法留下痕迹的，所以俗语 "도깨비 땅 마련하듯" 比喻做是做了但却没有留下任何实际的东西，都是白费功夫。而 "도깨비 대동강 건너듯" 比喻事情的进展虽然不显眼但结果却立竿见影。因为鬼无踪无迹，所以 "도깨비 장난 같다" 比喻所做之事摸不到头绪、不分明，如(39a)。"도깨비" 还作定语形成了合成词 "도깨비장난"，比喻不明缘由或匪夷所思的行为，如(39b)。

(39) a. 이랬다저랬다 하니 무슨 도깨비 장난 같다.一会这样
一会那样，完全就是鬼魅之举嘛。

511

b. 난 네가 하는 짓이 도깨비장난 같아 무슨 영문인지
    모르겠다. 我看你干的事就像鬼迷心窍似的，真不知
    怎么想的。

　　类似的合成词还有很多，其中"도깨비짓"比喻没有分寸的不
礼貌行为，如(40)。"도깨비소리"俗指没有任何内容、不合事理、
没有准头的话。"도깨비놀음、도깨비판"比喻事情进展怪异令人摸
不着头脑。"도깨비굴(---窟)"比喻破旧不堪的地方。"도깨비불"
指磷火、鬼火或无缘无故着起来的火，"도깨비탕(---湯)"是酒的隐
语。此外，韩国语早市或夜市也叫作"도깨비시장"，意思是像鬼一
样一定时间结束后就消失了，夜市有时也称作"밤도깨비시장"。

　　(40) 친구는 후배가 한밤중에 찾아와 도깨비짓을 벌여도 반
　　　　 갑게 맞아 주었으므로 후배들에게 인기가 좋았다. 那个
　　　　 朋友就是半夜里有后辈来家里折腾也都是热情有加，
　　　　 所以后辈们都很喜欢他。

　　因为鬼来去无踪，并且很多神话传说里讲鬼能给人带来财富，
所以韩国语里经常用"도깨비를 사귀었나 你交了鬼朋友了吗?"比
喻财产不明原因地突然增多，而"도깨비 살림"比喻有点钱后又突
然消失的不安定的生活。如果真交了鬼朋友，那么就真能做到形影
不离，所以俗语"도깨비 사귄 셈이라"意为就像交了鬼朋友一样，
比喻讨人厌的人一步不离地跟在身边。
　　杂鬼一般出现在深山密林里，所以"도깨비도 수풀이 있어야
모인다、도깨비도 수풀이 있어야 재주를 피운다"比喻再有才能
的人也必须具备一定条件才能施展身手。鬼都是晚上出没的，所以

"밤도깨비"比喻晚上不睡觉专干坏事的人，而"낮도깨비"比喻不顾脸面、肆意妄为的人，之所以产生这个意义，是因为大白天就出来活动的鬼让人认为是肆意妄为，不讲体面。也有俗语"낮에 난 도깨비[도둑]"比喻非常奇怪的人。而"도깨비 달밤에 춤추듯"比喻傲慢无礼的样子。与此相关还有"실업낮도깨비、실없쟁이"，比喻无聊的人。由此可以看出，在韩国人的世界里，晚上出没的鬼也是自然界的一部分，是被人接受的，并且也可推理：韩国人认为只有在夜间行动的鬼才被认可。

传说一个家族要败落时，杂鬼会来掀翻屋顶的瓦，因此俗语"도깨비 기왓장 뒤듯、도깨비 수키왓장 뒤듯"比喻忙着到处翻东西的样子，也比喻随随便便行动的样子。

鬼还有一个特点就是能蛊惑人心，所以俗语"도깨비에 홀린 것 같다"比喻不了解事情的内幕，不知就里，稀里糊涂地，如电视剧《역류, 9회》中听说有人把김재민的高额医疗费给结算了之后，공다미激动地说道：

(41) 모르겠어요. 저도 도깨비에 홀린 것 같아요. 不知道是
谁？我现在也是一头露水，不知道到底是怎么回事。

根据"도깨비"的习性，韩国语还有很多合成词，例如"오도깨비"贬称奇怪的东西或这种杂鬼，"진득찰도깨비"用来嘲笑那些只要粘上就绝不撒手的人。而"인도깨비(人---)"指化成人形的鬼，也贬称鬼一样的人。除了杂鬼的习性，杂鬼的身体也被用来作比喻，如"도깨비 쓸개라"比喻不起眼的又小又杂的东西，"도깨비음모(陰毛) 같다"比喻事物非常相似。

杂鬼虽有各种能力，但也都有破解之法，所以俗语"도깨비는

방망이로 떼고 귀신은 경으로 뗀다"比喻在赶走令人讨厌的存在时都有特殊方法。驱鬼时，与一般的棍子相比，桃木棍更有效，所以就有了俗语"귀신에 복숭아나무 방망이"，是用鬼怕桃木来比喻看见后就动弹不得的杀手锏。中国也有用桃木驱鬼的文化。韩国语还有合成词"도깨비방망이"，比喻没有任何目的和方向而挥动的棍棒，也比喻来历不明的东西。鬼的克星是经文，所以有俗语"귀신은 경문에[경에] 막히고 사람은 인정에 막힌다、사람은 인정에 막히고 귀신은 경문에 막힌다"。

9.3.3.3 牛鬼蛇神、水鬼

汉语有"牛鬼蛇神"，其中"牛鬼"指神话传说中阴间的牛头鬼卒，"蛇神"指传说中的人面蛇身之神，所以"牛鬼蛇神"泛指各种奇形怪状的鬼神，现在多用来比喻各种坏人。韩国语里有汉字词"우귀(牛鬼)"，指牛模样的鬼，此外还有"소귀신(-鬼神)、쇠귀신(-鬼神)、우신(牛神)"，都指牛死了之后变成的鬼，前两个还比喻性情非常执拗的人，如(42)。

(42) 나는 쇠귀신처럼 들러붙어 어머니를 설득하는 데 결국
　　　성공했다. 我缠着母亲给她做工作终于把她说服了。

与蛇有关，韩国语有"살 맞은 뱀 같다"，意思是就像现了原形的蛇一样，比喻突然抽身逃跑的样子。

"물귀신(-鬼神)"指水里的鬼，惯用语"물귀신(이) 되다"指被水淹死，但是"물귀신"也比喻自己陷入困境时把别人也拖进去的人，如(43)。惯用语"물귀신 심사"指自己陷入困境时想把别人也

拖进去的坏心眼，如(44)。

(43) a. 끝내 물귀신이 장인어른 뒷다리를 붙잡았나봐.《사
랑이 오네요, 70회》看来那个像水鬼一样的女人最
终还是扯了岳父的后腿，把岳父给哄骗了啊。

b. 오늘 나선영 하루종일 물귀신 마냥 길에서 만난 그
여자를 계속 따라 다녔나봐.《사랑이 오네요, 88회》
听说今天罗善英一整天都像鬼一样缠着那个在路上
见到的女人。

(44) 같이 망하자는 심보로 그런 행동을 하니 그게 물귀신 심
사지 뭐야. 他抱着同归于尽的想法做出那样的行动，
那就是水鬼心思啊。

"우물귀신(--鬼神)"指掉到井内溺死之人的冤魂，因为迷信
认为溺井的冤魂只有把别人拽入井内淹死后，自己才能摆脱这种命
运，所以俗语"우물귀신 잡아넣듯 하다"比喻自己为了摆脱某种困
境或忧虑而将别人拉入困境。

9.3.3.4 妖精

"妖精"在汉语里有两个意义，指妖怪、有魔法或巫术的鬼
神；或者比喻以姿色迷人的女子，因此多是贬义，一般有"狐(狸)
精、蛇精、扫把精、马屁精"等。韩国语里的"요정(妖精)"除了指
妖怪外，还指西方社会传说或童话中出现的具有不可思议的魔力的
超自然存在，一般没有贬义，可用于他称，如(45a)；也可以用于自
称，如(45bc)。

(45) a. 와!어디서 이렇게 예쁜 요정이 나왔을까? 아빠가 우리 새별이 보면 깜짝 놀라시겠는데.《천상의 약속, 14회》哇！这么漂亮的小精灵是从哪里来的啊？爸爸如果看到我们小星星该大吃一惊了。

b. 내가 이래봬도 왕년에 나도 국민요정였던 걸 몰라.《사랑이 오네요, 9회》别看我现在这样，当年我可曾经是国民小妖精，你忘了啊？

c. 니가 무섭지 않게 요정이라고 해 두자.《화유기, 1회》为了不让你感到害怕，就当我是精灵吧。

9.4 佛教

佛教用语在输入中国的过程中曾经是外来词和新的构词法，其中一类是用汉语固有词语赋予新概念，如"空、真、观、法"；一类是利用汉语词素组合成新词，如"四谛、五蕴、因缘、法界"；一类是重新创造，如"境界、法门、意识、大千世界、不可思议、万劫难复、头头是道"等；还有很多音译词，如"般若、菩提"等（庄森 2016:18）。随着佛教的中国化，世俗化，很多佛教用语也传入了日常生活，仅丁福保所编的《佛学大词典》就收有35000条佛教用语，如"刹那、清规戒律、一针见血、三生有幸、一尘不染、天花乱坠、心心相印、不可思议"等。

佛教从4世纪末（372年，即高句丽小兽林王二年）开始传入朝鲜半岛（姜秀玉 2015:45），至今已有近两千年的历史。虽然经历了衰落、复兴等曲折过程，但作为一种主要面向底层社会阶层的宗教，

其对社会的影响是非常重大且悠久的。源于佛教的很多生活传统依然影响着韩国社会，并且现代社会依然有大量的佛教徒(강신표 1985:65)，表现在语言上，很多的佛教用语被发展成了韩国语的生活用语，一直沿用至今。

虽然同是受佛教的影响，但中韩两国日常生活中所借用的佛教用语并不一致，即使是同一词语或表达，韩国语又经历了不同的语义引申，从而表现出了很强的文化性。

9.4.1 佛教的分类

佛教有大乘佛教和小乘佛教。大乘佛教的宗旨是将众生接引到幸福的彼岸，是利他，利益大众(赵朴初 2011/2017:45-46)，韩国语称作"대승(大乘)"，派生词"대승적(大乘的)"有两个意义，第一个指与大乘佛教教理相符合的，第二个指不受私人利益或小事束缚而从大局来进行判断或行动的，或那样的东西，这个意义是从大乘佛教的利他性引申出来的，如(46)。

> (46) 그는 … '야당이 국가를 위해 대승적으로 협조해달라'고
> 했다.《조선닷컴, 2017.07.11》他说希望在野党能以国
> 家为重从大局出发来协助(政务)。

小乘佛教的宗旨是自我完善和解脱(赵朴初 2011/2017:46)，韩国语称作"소승(小乘)"，也产生了派生词"소승적(小乘的)"，比喻视野狭窄、拘泥于个人欲望的、猥琐的，这个意义是根据小乘佛教的利己性引申出来的，如(47)。小乘佛教在韩国语还称作"하승(下

乘)", 这个词还有一个意义是非常缓慢, 比喻不成器的人。

(47) a. 소승적 편견 狭隘的偏见

　　 b. 소승적인 정치의식 目光短浅的政治意识

如上, 大乘佛教和小乘佛教是两种不同的宗教分支, 但因为各自的宗旨和追求的目标不同, 这种宗教教义被拿到日常生活中, 并且以此为基础产生了派生词, 而各自不同的比喻意义的产生反映了韩国人对"利他"的认可, 对"利己"的否定, 这种语义演变也符合"大"与"小、下"的语义引申方向。汉语里的"大乘"与"小乘"并没有生活化以及发生比喻引申。但是"下乘"可以借指平庸的境界或下品。

9.4.2 佛教十界

佛教有十法界, 又称十界。十法界包含了四圣和六凡。其中, 四圣指佛、菩萨、缘觉、声闻; 六凡是天、人、阿修罗(魔神)、畜生、饿鬼、地狱(方立天 1988b:59)。佛教还将世界分成欲界、色界、无色界, 合称三界。从六趣本身, 又将天、人、阿修罗称为三善趣或三善道, 将地狱、饿鬼、畜生称为三恶趣或三恶道。佛教的欲界即"六凡", 也称作"六道"。(360百科)

佛教里, 欲界或色界的天王在韩国语里称作"천왕(天王)", 在韩国上古时代也称呼守护神, 有俗语"천왕의 지팡이라", 意思是就像四天王的拐棍, 用来嘲笑个子高的人。

在欲界里存在"断末摩"之苦, 其中"末摩"指人的死穴, 而

"断末摩"指人死时的极端痛苦，韩国语里"단말마(斷末摩)"多用来指临终，其派生词是"단말마적(斷末摩的)"，指就像马上要咽气那样痛苦，如(48)。

(48) 성명은 '이자의 악담은 …책임을 모면해보려는 단말마적인 몸부림에 불과하다'고 강변했다.《동아일보, 2016.10.16》声明强词夺理，说"丹尼尔.R.拉塞尔的诅咒不过是想摆脱责任的一种临死前的垂死挣扎"。

在佛教里，人间世界以外的世界都称作"他界"，韩国语为"타계(他界)"，也指其他世界，如(49a)；第二个意义指离开人间世界到其他世界；第三个意义指人的死亡，尤其是贵人的死亡，如(49b)，多用作敬称。

(49) a. 경치가 참으로 아름다워 마치 타계에 온 듯하다. 景色美得像来到了天外人间。
    b. 1987년 부친의 타계 이후 회장에 오른 이건희《동아일보, 2016.10.28》1987年父亲离世后当上会长的李健熙。

9.4.3 佛教生命体

佛教里有众生，与此相关的语言中有的已经生活化，如"佛、菩萨、神将、魔、人、畜生、阎罗王"等，此外还有与"阴间、地狱"有关的一些表达。

9.4.3.1 佛

与"佛"有关，韩国语里主要是与"佛祖、活佛、阿弥陀佛、背光、佛像、佛堂"等有关的表达成了日常生活用语。

1）佛祖

韩国语里佛祖为"부처"，本来是汉字词"부텨(佛體)"，后来变成了"부처"(최창렬 1986:27)，有两个意义，第一个本来指释迦牟尼，现在用来指参悟佛道的圣人，如(50a)；"부처"还有一个意义，指佛像，如(50b)。

> (50) a. 하긴 그 일에 초탈할 일이 어딨어? 부처님도 돌아앉
>   는다는 일인데.《그래 그런 거야, 32회》就是，那种
>   事怎么可能超脱啊？就是佛祖也会生气的。
>   b. 향을 사르고 부처 앞에 절을 올렸다. 点燃一炷香后，
>   在佛像面前趴下磕头。

汉语里有"如来佛的手掌心"，韩国语也有"부처님 손바닥"，如(51a)。此外韩国语还有"부처 다리"，有俗语"급하면 부처 다리를 안는다"，比喻平时不努力到了紧急关头就着急了，但是汉语用"临时抱佛脚"。韩国语还有"부처님 가운데"，如"부처님 가운데[허리] 토막"，意思是就像大慈大悲的佛祖的腹部一样没有任何阴险，无奸诈之心，指过于仁慈善良的人，如(51b)。

> (51) a. 튀어봤자 부처님 손바닥인 걸 알아야지.《내 남자의
>   비밀, 23회》你要知道你再跑也跑不出如来佛的手掌
>   心。

b. 니가 부처님 가운데 토막이야? 니가 받아주니까 툭하
면 손 내미는 것 아니야?《미워도 사랑해, 4회》你这
个没心没肺的，你总是依着(爸爸)他，所以他才动
不动就找你要(东西)啊。

　　佛祖为了指导众生而来到俗世称作"출세(出世)"，也指脱离
俗世步入佛门。但"출세"现在也产生了其他意义，指获得较高的
社会地位或变得有名气。这种意义的产生与历史不无关系，因为
韩国佛教最盛行的时候就是高丽时代，当时很多上流社会的人也
皈依佛门，社会对僧侣的认识和评价非常高，所以皈依佛门成了
很多文人获得身份的手段；并且韩国禅宗的修行高僧成为寺庙的
主持来指导众生也被称作"출세하다"，因为主持具有很高的身份
和地位，所以"출세"也就产生了成功或者获得身份之义(이규태
1983/2011(4):268)。

　　因为佛祖是佛法的创始人，对佛法自是无所不知，所以"부처
님한테 설법"比喻非常愚蠢、不知本分地想教训无所不知并且没有
任何错误的人，与汉语的"班门弄斧、关公面前耍大刀"相似，但
汉语这两个成语强调的是炫耀之意，而韩国语却强调愚蠢之意。

　　阴历4月8日是释迦牟尼的诞生日，韩国都举行"관등놀이"，需
要装饰挂灯的灯柱，所以有了俗语"사월 파일 등대 감듯"意思是
就像4月8日用装饰品缠灯柱一样，指熟练地缠什么东西的样子。挂
灯时是一个个地往灯柱上挂，因此俗语"사월 파일 등 올라가듯"
比喻很多东西一个个往上爬的样子。

2) 活佛

　　"活佛"是汉族地区的人对蒙藏佛教中有成就的"朱毕古(藏

语)"或"呼毕勒罕(蒙语)"的称呼，其实蒙藏佛教中并没有"活佛"这个名词(赵朴初 2011/2017:68)。汉族人所创造出来的这个"活佛"还漂洋过海到了韩国，称作"활불(活佛)"，有时也叫作"생불(生佛)"，指德行崇高的僧侣。"생불"也泛指众生与佛祖，或者指一般人中德行高尚的人，但日常生活中常用来指自己，如(52)。

(52) 내가 생불이야. 생불이야. 그 식충들을 데려다가 먹여주고 재워주고 보살펴주고 나같이 마음씨 고운 주인 있으면 나와보라구 그래.《우리집 꿀단지, 17회》我就是活佛，大活佛啊。把那些白吃饭的弄到这儿来，管吃管住还管生活，像我这样心地善良的房东有几个啊？

有时也用作反语，如电视剧《월계수 양복점 신사들，24회》中，看到丈夫为孤儿院的朋友做担保损失了五千万韩币的钱，却仍然不后悔，所以妻子复선녀嘲讽道：

(53) 생불 나셨네. 그렇게 친구한테 끔찍한 사람이 나한테 왜 이렇게 인색하건데 그 깟 숙제 눈 딱 감고 한 번 해 주면 안 돼?《월계수 양복점 신사들, 24회》你真是活佛再生啊。对朋友都这么掏心掏肺的人为什么对我这么吝啬啊？那个(造小孩的)作业你就把眼一合帮我做了不行吗？

有时"생불"也可比喻饿了好几顿的人。

3) 阿弥陀佛

"阿弥陀佛"又可以称作"无量光佛、无边光佛、无碍光佛、无等光佛",汉语多用来表达"还好、万幸、谢天谢地"等意义,如(54a);也比喻慈善的、善良的,如(54b)。

(54) a. "没有偷失东西么?那就阿弥陀佛了。"黄老太闭一闭眼睛又吻一吻唇,把安慰咽到肚里。《北大中文语料库》

　　 b. 这么个威武大汉,倒有一副阿弥陀佛的性子。(蒋子龙《机电局长的一天》)

与汉语相反,韩国语里的"아미타불(阿彌陀佛)"多用于惯用语"도로 아미타불",意思是和尚念了一辈子的经却没有丝毫的用处,比喻付出辛苦却没有所得。俗语"십년공부 도로 아미타불"比喻付出长时间心血的事情泡了汤。其原型是"十念工夫都蘆阿彌陀佛",其中"都蘆"意为只要,意思是在人死时如果能为其念十声南无阿弥陀佛,那么死者就能到极乐世界,但后来"십념"被讹传为了"십년","都蘆"的意思发生变换,所以才产生了现在的比喻意义(최창렬 1999:31-32)。

4) 背光

佛祖和菩萨身后发出的光环韩国语里称作"후광(後光)、신광(身光)、배광(背光)、원광(圓光)、정광(頂光)"等,其中"후광"也作基督教用语,指宗教画里环绕在人的周围的金光,也可称作"헤일로"。"후광"也可用来比喻使某个事物更加灿烂或突出的背景,如(55)。但其他近义词都没有比喻意义。汉语佛教用语"背

523

光”并没有特殊意义[13]。

> (55) 나 니 약혼자라는 후광없이 안태호라는 이름으로 풍길
> 당에서 다시 시작하고 싶어.《우리집 꿀단지, 34회》我
> 不想靠你未婚夫这样的背景，而是要以安泰浩这个名
> 字重新在冯吉堂起步。

5）佛像

中国唐朝做佛像时有一种工艺叫作“夹纻”，“首先是做一个泥胎，铺上苎麻，然后挂上灰，修上漆，最后把泥胎湿润后化掉，它就变得非常轻，可以抬着走。”所以这种佛像多是做佛事时被抬出来游行，称作“行佛”（马未都 2017(1)：168-169）。韩国做佛像时，也有这种工艺，一般用麻屑与黏土混合后制作而成，这样制作完成后的佛像表面很光滑、美观，但因为底座一般没经过处理，还会露着麻屑，所以就有了俗语“부처 밑을 기울이면 삼거웃이 드러난다、부처를 건드리면 삼거웃이 드러난다”，意思是文雅的人如果看他的内心的话，也会有丑陋的一面，比喻外表虽然很好，但透视内心的话，不可能没有丑陋、肮脏的一面；反过来，也比喻如果去翻找别人的缺点，自己的缺点也必然暴露无遗。

除泥佛外，还有石佛，韩国语为“돌부처”，根据石佛的特点，产生了很多比喻意义，可以比喻感觉迟钝、固执、不为感情所动的人，如(56)。因为佛教旨在普渡众生，所以“돌부처”也比喻过于善良的人。

13　生活用语中“背光”指光直接照射不到或者躲避光线的直接照射。

(56) 그 사람 고집은 꼭 돌부처로군. 他固执得就像个石佛。

　　韩国语里有很多与石佛有关的俗语，都与石佛"没有生命"这一特点有关。其中"길 아래 돌부처"比喻只是观看、好像与任何事都没有关系一样的人。如果没有生命的东西都笑起来，那说明太可笑了，此类俗语有"돌부처가 웃다가 배꼽이 떨어지겠다、길가의 돌부처가 다 웃겠다""돌부처가 웃을 노릇、돌미륵이 웃을 노릇"，都比喻出现了不可理喻的事情。

　　如果没有生命的东西转过身去不看，则可以表达两个意义，要么是被感动，要么是非常生气。表达感动意义时一般用"돌부처도 돌아앉다"，如(57)。表达生气意义时一般用"길 아래 돌부처도 돌아앉는다"，具体有两个意义，第一个比喻即使再温顺的人，如果自己的权利或利益受到侵害的话也不会坐视不管；第二个意义指看到丈夫纳妾再温顺的正妻也会发火，用于此意义时，还有"시앗을 보면 길가의 돌부처도 돌아앉는다"，这个俗语经常用于日常生活中，如(58)，剧中当听说女婿有一个婚前与其他女人生的儿子后，自己女儿却依然袒护女婿，所以母亲김말분说了这番话。

(57) 자그마치 20년이야. 그정도 공 들렸으면 돌부처도 돌아
　　　앉았을 거야.《밥상 차리는 남자, 44회》(我在你身边)
　　　足有20年，我做到这个程度，就是石佛也该被感动了。
(58) 시앗을 보면 돌부처도 돌아앉는다는데 아직도 지 서방
　　　두둔이나 했다고. 아무래도 내가 부처님을 낳은 모양이
　　　다. 미륵불 낳은 가 본다.《아버지가 이상해, 16회》都
　　　说就是石佛看到丈夫的小妾都会气得转过身去的，但
　　　她还袒护她丈夫。看来我是生了个活佛啊，生了个(大

肚能容的)弥勒佛啊。

因为石佛没有生命、无法生育，所以"돌부처보고 아이 낳아 달란다. 让石佛给生个孩子"比喻愚蠢得寄希望于完全不可能实现的对象或事物。这种意义的产生还与另外一种信仰有关，即认为石头是不开化的，所以韩国语里表示不生育的女人为"돌계집、돌치"，汉语也有"石女"之说；不生育的动物则用变形的前缀"둘-"，如"둘암소、둘암캐"等；并且前缀"돌-"有质量不好、野生的、行为不端的等意义(王芳 2013:117-118)。

佛像是瘦是胖全都取决于工匠，所以俗语"부처님 살찌고 파리하기는 석수(石手)에게 달렸다"比喻事情的进展和成果全都取决于做事的人。

6) 佛堂

放置佛像、进行说法的寺庙正堂称作"불당(佛堂)、법전(法殿)、법당(法堂)"，因为佛堂前是人来人往之处，而佛堂后面是僻静之处，所以有了俗语"법당 뒤로 돈다"，意思是避开佛堂前面在佛堂后面转悠，比喻躲开别人的视线在僻静之地干见不得人的事情。当然也有对佛祖的能力进行否定的俗语，如"법당은 호법당(好法堂)이나 불무영험(佛無靈驗)"比喻只注重外表的装饰，但实际却无丝毫用处。

与韩国语相反，汉语里佛堂称作"三宝殿"[14]，后来泛指一般的佛殿，因为佛殿是十分神圣的地方，一般人不得擅入，所以"无事

14　"三宝殿"指佛教徒做法事的"大雄宝殿"、佛教珍藏经书或经典的"藏经楼"、僧人休息的"宁静禅房"(雅瑟、青萍 2011:30-31)。

不登三宝殿"由此而来，之后比喻没有事情不会上门(雅瑟、青萍 2011:30-31)。也就是说，对同样的事物——"佛堂"，韩国人与中国人的认识是截然不同的。

9.4.3.2 菩萨

提起佛教让人想到的还有菩萨。菩萨有多种分类方法，在韩国主要分为四大菩萨，如"관세음보살(觀世音菩薩)、문수(文殊)、보현보살(普賢菩薩)、미륵보살(彌勒菩薩)"。其中弥勒菩萨的形象是大腹便便，所以中国有了"大肚能容"，即中国人赋予大肚子以"度量大"的意义，但韩国语有"파주 미륵 같다"，比喻大胖子。因为对韩国人来说，肚子更多地与温饱、怀孕、男女感情、心理感情、态度以及胆量等有关[15]，却没有产生"肚量大"这类意义。

韩国语的"보살(菩薩)"有六个意义，分别指佛祖在前生修行受戒后的肉身、大乘佛教理想型的修行者形象、菩萨乘。实际上佛经里的菩萨都是"善男子"出身(白化文 2011:116)。但在韩国语里"보살"还用来尊称女性佛教徒、高僧，也指在寺庙中带发修行的女信徒，此时也称作"보살할미"[16]。中国近代菩萨中的观世音菩萨也常以女身应化，所以尼僧庵里常以观音为主尊(白化文 2011:135)。

菩萨还具有很多神力，可以预言未来，如：

(59) 김을년(어머니): 니 오래비 오다가 어디 나자빠져진 것
　　　　　　아니야? 你哥在来的路上不会是摔倒了吧？

15　详见作者的《韩国自然文化语言学》。

16　关于带发修行，佛教徒中有出家男女二众和在家男女二众，只有声闻乘要求修行者出家(赵朴初 2011/2017:61)。

최정미(딸): 그만하셔. 입이 보살이라서 그런지 어떻게 하는 말마다 이렇게 재수없는 말만 하실까?《우리집 꿀단지, 16회》别说(这种丧气话)了。都说祸从口出，您怎么总是说一些不吉利的话啊？

上文是母女两人的对话，由于母亲总说一些担心的话，所以女儿说她是"입이 보살이다"，虽然菩萨可以预言事情，但在韩国语里多用于否定、消极的情况，汉语可译成"祸从口出"或"乌鸦嘴"等。

9.4.3.3 神将

佛教里守护佛法的是八大神将，也称作"팔부중(八部衆)、천룡팔부(天龍八部)、팔부귀중(八部鬼衆)"，分别为"천(天)、용(龍)、야차(夜叉)、건달바(乾闥婆)、아수라(阿修羅)、가루라(迦樓羅)、긴나라(緊那羅)、마후라가(摩睺羅迦)"[17]。

与"천(天)"有关有四大天王，主要管理佛教里的欲界或色界，称作"천왕(天王)"，在韩国上古时代也称呼守护神。

"건달바"也称作"건달"，是帝释天的乐神，靠吸食香气而活，惯于在空中飞翔。后来语义发展成了贬义，可以指三种人，第一种指无事可做游手好闲，或那样的人，如(60a)；第二种指没有任何财产的放荡之人，如(60b)；也指无任何财产的穷光蛋。

(60) a. 이듬해 나는 건달 생활을 청산하고 계획대로 대학에 진학할 수 있었지만…《이문열, 시대와의 불화》第

17　《표준국어대사전》的分类方法。

二年我清算了自己的二赖子生活，虽然能够按照计划进入大学读书，但是……

b. 지금 시장 한복판에서 건달 셋이 상인들에게 행패를 부리고 있어요. 现在市场中心有三个流氓正对着商贩们发威。

与"아수라"有关，产生了"수라장(修羅場)、아수라장(阿修羅場)"，指阿修罗王与帝释天打仗的地方，后来语义发生扩大，比喻因打仗或其他事情而陷入混乱的地方，或那样的状态，如(61)。汉语"修罗场"现在可用于指非常艰苦的磨难和挑战，但不常用，常用意义指人际关系错综复杂，在场的人互相之间拥有多重关联或身份认知不对等的场面；常用于形容恋爱关系，如多角恋，也常用于职场人际关系中。[18] 所以韩国语的"아수라장"对应的汉语多是"乱成一团、混乱"等。

(61) a. 조정은 아수라장이 되었다는 소문이 여기까지 퍼졌나 봅니다.《구르미 그린 달빛, 9회》看来朝廷乱成一团的消息已经传到这儿了啊。

b. 날 보러 왔다는 관객들로 이 일대가 아수라장이 됐었는데.《월계수 양복점 신사들, 9회》因为有很多观众来看我，这一带被堵得水泄不通的。

c. 분노한 일부 시민들이 최 씨에게 욕설을 하면서 일대는 아수라장이 됐다.《동아일보, 2016.10.31》愤怒的一部分市民向崔某大骂不已，现场是一片混乱。

18　引自《小鸡词典》。

"아귀(餓鬼)"本指佛教"팔부(八部)"鬼中的一个，现在比喻看到吃的东西就不顾一切的人，如(62)；"아귀"也比喻性格凶狠恶毒贪婪的人。汉语"饿鬼"也有此类比喻意义。

(62) 니 눈에 내가 걸신이고 아귀로 보이냐?《황금빛 내 인
생, 6회》在你眼里我就是乞丐、饿死鬼托生啊？

9.4.3.4 魔

与"魔"有关，韩国语有很多表达，其中"마(魔)"本来指佛教的恶魔，或者魔鬼，但现在多用来比喻毁谤别人、把事情搞砸的妖邪之物，多用于惯用语"마가 끼다/들다"，指做某事时出现诽谤或者障碍，如(63)，汉语可以用"妖魔鬼怪粉墨登场"。

(63) 호사다마라고 회장자리에 오르시려니까 별 마가 다 끼
는군요.《사랑이 오네요, 108회》都说好事多磨，您要
当会长了，各种妖魔鬼怪都粉墨登场了啊。

如上，这句话中还有一个词是"호사다마(好事多魔)"，意思是好事在成功前会出现很多困难，除这个汉字词外，韩国语还有俗语"좋은 일에 마가 든다"，汉语多写作"好事多磨"，也写作"好事多魔"。

韩国语"마"还用于"마의"结构，表示经常出现坏事的场所或时间，如(64ab)，汉语有时用"魔鬼"来表达类似意义，但有时也用"死亡"；"마의"也指难以克服的壁垒，有时可译成"魔咒"，如(64cd)，有时可译成"中魔"，如(64e)。

(64) a. 마의 삼각주 魔鬼三角洲

b. 마의 건널목 死亡之口

c. '미스티'가 마의 시청률 8%의 벽을 돌파했다. 《조이
뉴스24, 2018.03.18》 (电视剧)"秘密"突破了魔咒似
的8%的收看率大关。

d. 실제 마의 고지로 여겨졌던 1인당 국민총소득(GNI)
3만 달러가 마침내 지난해 돌파했다. 《패션비즈,
2019.04.01》去年人均国民收入终于突破了被认为
是魔咒般的3万美金。

e. 마의 금요일 中魔一样的星期五

　　韩国语"마귀(魔鬼)"仅指妖邪的杂鬼。如果用来比喻凶残的
人则用"살인귀(殺人鬼)、살인마(殺人魔)"，而火灾被比喻成"화
마(火魔)"，疾病被比喻成"병마(病魔)"，此外还有"병귀(病鬼)、
이수(二竪)"。汉语也有类似用法。

　　"악마(惡魔)"指佛教里勾人心魄、妨碍修行、引人走上邪路
的邪恶的鬼神，也比喻不义、黑暗或者诱人走上邪恶和灭亡的东
西，如(65a)；也比喻折磨别人的恶毒之人，如(65b)。并且还有派生
词"악마적(惡魔的)"，意思是恶魔样的，或那样的东西，如(65c)。
虽然"악마"在韩国语里具有消极意义，但"붉은악마"作为韩国足
球的加油口号，并没有消极意义，强调的更多的是力量。

(65) a. 탐욕이라는 악마의 유혹을 받다. 受到贪婪这个恶魔
的诱惑。

b. 부모를 살해한 범인은 인면수심의 악마였다. 他是杀
害父母的人面兽心的恶魔。

c. 악마적 속성 恶魔一般的内心

　　"마왕(魔王)"本指天魔的王，妨碍正法阻碍众生成为佛教徒，之后指魔鬼的头头。在中国代表性的就是《西游记》中的"牛魔王"。此后日本漫画里出现了"대마왕(大魔王)"，所以这个词开始进入韩国日常生活，结合范围很广，形成"편식대마왕、잘한 척 대마왕、소심대마왕、걱정대마왕"等表达，意思是前面成分所表达的现象或性质程度很强，如(66)，这些都无法译成汉语的"大魔王"，只能根据语境进行翻译。有时也用"마왕"，如(67)。

(66) a. 입맛도 딱 초딩의 맛이네. 풀반찬은 하나도 없고 햄에 고기에 소시지! 편식대마왕인가?《내딸 금사월, 15회》连口味都是小学生的口味啊。蔬菜一点也没有，全是火腿、肉、香肠！你也太偏食了吧？

　　　b. 잘한 척 대마왕에 사람을 업신여기고 깔아뭉개고 딱 밥맛이야.《월계수 양복점 신사들, 9회》自以为是，忘乎所以，看不起人，把别人贬得一无是处，真让人倒胃口。

(67) 사교댄스계의 마왕으로 명성을 날렸고.(网络)曾是名震一时的社交舞王子。

9.4.3.5 人与畜生

　　佛教里的人称作"众生"，韩国语里"众生"的原型是"즘승(眾生)"，最早出现于"슬피 운 다마다 새 즘승이 모다 오더라《三綱동경효18a》"，后来语义与形态都发生变化，成为"짐승"，用来统

称哺乳类动物，如(68a)；也指人之外的动物，如(68b)；也比喻非常残忍、野蛮的人，如(68c)。虽然"짐승"具有消极意义，但现在也出现了一些新的用法，如(69)，这里的"짐승"已无贬义。

(68) a. 커다란 짐승 한 마리 一只庞大的禽兽

　　 b. 그 땅은 사람도 짐승도 살 수 없는 황야였다. 那是一片人和动物都无法生存的荒野。

　　 c. 짐승만도 못한 생활 禽兽不如的生活

(69) 소년 얼굴에 짐승 복근 '진짜 상남자'《그린포스트코리아, 2018.03.28》稚气未脱的脸蛋，禽兽一样的腹肌："真正的男子汉"。

众生现在韩国语里写作"중생(衆生)"，指佛教里的众生。

9.4.3.6 阴间、地狱与阎罗王

人死后魂归九泉，韩国语为"구천(九泉)"，意为地下最深处，指人死后鬼魂所在的地方，也可用"구천지하(九泉地下)"，如(70)，汉语很少用"九泉地下"或"地下九泉"，最常用的是"九泉之下"。

(70) 너의 부모 아시면 퍽 좋아하시겠다. 구천에서 통곡할 일이지.《최고의 연인, 103》你父母知道了会高兴吗？他们就是在九泉之下也会因为而你痛哭不已的。

如果是罪人，死后鬼魂所去的地方就是"지옥(地狱)"，这个

词既是佛教用语，也是基督教用语。韩国语里"지옥"指犯罪后受罚的地方，还比喻非常难受或非常惨淡的光景或那样的状况，如(71ab)，可译成汉语"地狱"。但很多情况无法译成汉语"地狱"，如(71c-f)。

(71) a. 동필씬 너하고 결혼하고 나서 단 하루도 행복한 적이 없었대. 지옥이대.《별이 되어 빛나리, 125회》东毕说和你结婚后没有一天是幸福的，他说就像生活在地狱里一样。

b. 사랑하지 않은 여자와 사는 것 지옥일 테니까.《최고의 연인, 57회》因为和不相爱的女人生活就是地狱。

c. 여기까지 오는 내내 충분이 지옥이었어요.《아이가 다섯, 1회》一直到来到这里，我已经非常难受了。

d. 지옥 같은 시간 度日如年

e. 지옥 훈련 魔鬼训练

f. 입시 지옥 痛苦的高考

地狱还分为"아비지옥(阿鼻地狱)、규환지옥(叫唤地狱)"，合称"아비규환(阿鼻叫唤)"，比喻许多人陷入悲惨处境而叫苦连天的惨像，如(72)。

(72) a. 사고 현장은 그야말로 아비규환이었다. 事故现场惨不忍睹。

b. 아비규환의 현장에서 응급환자들을 신속히 병원으로 실어 날랐다.《동아일보, 2018.02.01》迅速将需急救

人员从惨不忍睹的现场送到了医院。

  c. 전쟁의 아비규환에서 살아남았다. 在战争的泥沼中活了下来。

    佛教里，在阴间对死人做出裁判的有十大阎王，韩国语称作"시왕(十王)、십대왕(十大王)、십왕(十王)、제왕(諸王)"，包括"진광왕、초강대왕、송제대왕、오관대왕、염라대왕、변성대왕、태산대왕、평등왕、도시대왕、오도 전륜대왕"，与此相关有俗语"시왕(을) 가르다"，指巫师为死人祈福而做法事。这十大阎王住的地方称作"시왕전(十王殿)"，因为人的生死都被阎王所管，所以就有了俗语"죽기 살기는 시왕전에 매였다"，比喻人的生死不是自己所能掌控的。

    十大阎王中，"염라대왕"指阎罗大王，见到阎罗王意味着死亡，所以俗语"염라대왕이 문밖에서 기다린다"比喻死期来临，而"염라대왕이 제 할아버지라도"比喻犯重罪或得重病后无回天之力。"염라대왕"在日常生活中经常作威胁用语，如(73a)；有时也有一些活用用法，如(73b)。

(73) a. 오늘 내가 니 딸 찾아서 니 앞에 딱 데려오면은 너 오늘 염라대왕 만나는 건 어떤 건지 꼭 알게 될 거야.《내딸 금사월, 16회》今天我就把你女儿找到带到你面前来，你很快就会知道见阎王是什么感觉的。

    b. 죽을 고비를 넘기고 염라대왕 멱살을 잡고 살았으면 한번 사람답게 살아야지. 왜 이렇게 한심하게 살아?《내딸 금사월, 18회》差点到阎王爷那儿报了到，既然这样九死一生活过来了，那就要活出个人样来

啊！你怎么过得这么令人心酸啊？

汉语里有"有钱能使鬼推磨"，而韩国语用阎罗王，如"염라대왕도 돈 쓰기에 달렸다、염라대왕도 돈 앞에는 한쪽 눈을 감는다"，即"有钱能使阎王推磨、有钱能使阎王睁一只眼闭一只眼"，语义程度更强。

9.4.4 佛法

9.4.4.1 佛教五眼

佛教有五眼，五眼者，一肉眼，持戒清净；二天眼，能分别小乘；三慧眼，能分别二乘；四法眼，能分别大乘；五佛眼，能分别最上乘。韩国语分别为"육안(肉眼)、천안(天眼)、혜안(慧眼)、법안(法眼)、불안(佛眼)"，但只有"혜안"具有比喻意义，也指贯通事物的眼光，如(74)。汉语有"慧眼识英才、独具慧眼、慧眼独具"等。

(74) a. 역시 성공하신 분의 혜안은 다르십니다.《다시, 첫사랑, 74회》果然成功人士的眼光就是不一样。

b. 회장님이 혜안이 있으신 분이니까 달님씨에 대해서 아무런 편견도 없이 현명하게 판단하실 거예요.《달콤한 원수, 27회》会长有识人之才，她不会受偏见影响，会对(月亮)你作出正确判断的。

9.4.4.2 十二缘起

佛教有十二缘起，韩国语称作"연기(緣起)"，分别是"무명(無明)、행(行)、식(識)、명색(名色)、육처(六處)、촉(觸)、수(受)、애(愛)、취(取)、유(有)、생(生)、노사(老死)"。其中"촉(觸)"指接触，指人出生后六根与外界环境接触。但韩国语的"촉"经常用于日常生活中，比喻感觉好、眼力强，如(75)。十二缘起中还有生死，韩国语也用"일대사(一大事)"来表达，现在多比喻重要的事情或非常大的事情，如(76)。

> (75) 니 엄마 보통 촉이냐? 올림픽 금메달 감 아니냐?《전생에 웬수들, 11회》你妈她神经多发达啊？(论神经发达程度)她就是可以拿奥运金牌的主儿啊！
>
> (76) 이번 회담은 두 나라의 평화 정책을 위한 일대사가 아닐 수 없다. 这次会谈不能不说是关系两国和平政策的重大事件。

9.4.4.3 佛法无边

"무진장(無盡藏)"本是佛教用语，指佛性广大无穷、妙用无边，在现代韩国语里指非常多，用不完，如(77a)；也可以修饰形容词或动词，比喻程度很深，汉语多用副词"非常"或"一直"等，如(77bc)。

> (77) a. 매장량이 무진장한 광산 埋藏量非常大的矿山
> b. 회복속도가 무진장 빠르다고 이렇게 빨리 나는 환자는 처음이래요.《사랑이 오네요, 70회》说复原速度

非常快，好的这么快的病人还是第一次见呢。

c. 쟤 예전부터 너 무진장 따라 다녔잖아.《쾌걸춘향,
3회》他从很早以前就一直死缠烂打地追你，不是
吗？

与佛法有关还有"여의주(如意珠)、여의보주(如意寶珠)、보주
(寶珠)、여의마니、이주(驪珠)"，指龙口里含着的奇妙的宝珠，据
说如果得到这个宝珠就可以心想事成，佛教里用来象征法、功德或
经典的功德，俗语"여의주를 얻은 듯、여의보주를 얻은 듯"比喻
事情如愿以偿或进展顺利。

佛教里救助众生的巧妙手段和方法称作"방편(方便)"，指"십
바라밀(십바라밀)"的一种，"방편"现在多用来比喻因时而立的又方
便又容易的手段或方法，如(78)，语义发生了扩大，不再局限于佛
教意义。

(78) 일각에서는…유령법인 '더블루K'가 최씨의 자금 세탁
창구는 물론 독일 장기체류를 위한 방편이었을 수 있단
의혹이 제기되고 있다.(网络) 业内有人提出疑问，认
为……幽灵法人——"The Blue K"不仅是崔某洗钱的
窗口，也有可能是她长期滞留德国的手段。

9.4.4.4 狮子吼与法席、野坛

韩国语里的"사자후(獅子吼)"与汉语意义有一致之处，都是佛
教用语，比喻佛祖的说教就像狮子可以威震群兽一样有威严；也比
喻嫉妒心极强的妻子对丈夫具有震慑力的唠叨，如(79a)，汉语一般

用"河东狮吼"。"사자후"也比喻激情四射的演讲，如(79bc)。

(79) a. 할머니는 대업을 위해서 니들 아빠랑 신경전 중이
라구. 괜히 사자후를 건들지 말구 얌전히 먹던 거 먹
어.《내딸 금사월, 17회》你奶奶为了大业正与你爸
展开拉锯战呢，所以不要去惹河东狮吼，安静地吃
你们的饭吧。
b. 사자후를 토하다 激情演讲
c. 그의 연설은 만인의 피를 들끓게 할 정도의 사자후였
고…《이문열, 황제를 위하여》他的演讲激情四溢，
全场的人不禁为之热血沸腾。

佛祖宣扬佛法的地方称作"법석(法席)"，可以在"강당(講
堂)"，也可以在野外，如果在野外则称作"야단법석(野壇法席)"，
其中"야단"为"野坛"，即在野外建起的台子。之所以在野外举
行，目的是为了向更多的人宣扬佛法。

人类学家拉格海凡(V. Raghavan)曾记述了古印度人宣扬宗教、
伦理的传统，如"每逢举行供奉'牺牲'的大型聚会，会有大批的
信众在聚会上结集，便有一帮朗诵者到场来给到会的人们朗读若干
篇史诗的序言。"他还记录到，南印度时的印度皇室和宗教的宣讲师
们还为朗诵者筹集款项，让他们常年不间断地到全国各地去向听众
宣讲(瑞德菲尔德 2013/2015:109-110)。从古印度开始形成的这种公
开宣讲文化自然延续到了佛法的宣讲中。

野外宣讲时，因听众多，自然就会人声鼎沸，非常骚乱，所以
"법석"可以用来比喻骚乱的样子，惯用语"법석이 일다"意为出
现了非常骚乱的场面，如(80)。并且还有动词"법석거리다、법석대

다、법석이다、법석하다”, 以及重叠词 “법석법석하다” 等。《표준
국어대사전》将这两个意义视为了同音异义词, 即 “법석2” 与 “법석
1”, 但这两个词应该是同源词。

(80) 운동장에서는 유명 가수가 나타나자 갑자기 법석이 일
    었다. 有名的歌手一出现在操场上, 操场上马上就沸腾
    了。

“야단법석” 意为非常喧闹的样子, 但在具体应用时也可用于
个人大呼小叫, 如(81)。并且这个词还被用作酒吧招牌, 记得一次
去韩国江原道堤川, 在街上就看见一家酒吧的门口赫然写着 “야단
법석”。韩国语还有 “난리법석(亂嚟法席)”, 如(82), 也比喻非常喧
闹。

(81) 그 깟 옷 한 벌 뭐가 대수라구 이렇게 야단법석이야?
    《최고의 연인, 44회》就那么件衣服有什么了不起
    的, 值得你大呼小叫的啊?
(82) a. 아이구! 유난 떨기는. 분리수거하는 날에 하면 되지.
    뭐 하러 사람을 불러서 난리법석이야?《내딸 금사월,
    12회》哎吆!小题大做！垃圾分离收取的日子到了弄
    就行。干什么还找人来弄, 弄得闹哄哄的?
    b. 설마 그 찬바람 쌩쌩 부는 팀장한테 잘 보이려고 이
    난리법석을 부린 거 아니지?《아이가 다섯, 16회》
    她该不会是为了讨好那冷若冰霜的系长才弄了这么
    一摊子吧?

9.4.5 修行佛法

佛教徒除了出家的僧人外，还有一般笃信佛教的人，这些人都可以作为佛教徒来修行。

9.4.5.1 皈依

对佛、法、僧归顺依附，韩国语称作"귀의(皈依)，也可作一般的宗教用语，指信教、依赖宗教，也可用于日常生活，指回来、依靠，如：

(83) 인간은 누구나 자연에 귀의하게 됩니다. 人类不论是谁都要皈依自然。

9.4.5.2 取经

因为中国、韩国都在印度的东方，所以去印度取经就成了西天取经，韩国语里"西天"为"서천(西天)"，指西部的天空，也指西域，与第一个意义有关有俗语"서천에서 해가 뜨겠다"，意思是太阳要从西边出来了，比喻非常意外的事情，用于第二个意义时有俗语"서천에 경 가지러 가는 사람은 가고 장가들 사람은 장가든다"，意思是去西天取经的人去取经，去娶媳妇的人就去娶媳妇，比喻出于同样的目的同行一段时间后，突然发生变化，各自分头干自己的事情。

9.4.5.3 烦恼与退治、三昧

自寻烦恼在佛教里称作"자승자박(自繩自縛)"，也用于日常生

活中，用来比喻用自己的话或行动给自己戴上枷锁，使自己处于困境，如(84)，汉语用"作茧自缚"。

> (84) 이러한 변명은 내수용과 수출용에 차이가 있다는 것을 증명하는 것으로 현대차의 자승자박 답변에 불과하다는 것이 박의원의 지적이다.《동아일보, 2016.10.12》
> 朴议员指出，这种辩解只是证明了内需用产品和出口用产品的差异，不过是现代汽车的作茧自缚罢了。

佛教里，消除烦恼有退治和三昧。其中，退治指为修行佛法击退烦恼的恶魔而斩断各种障碍，或那样的修行过程。韩国语为"퇴치(退治)"，其意义不仅指击退烦恼，并且适用范围继续扩大，对象可以是病虫害，也可以是疾病，指击退使消失，如(85)。

"三昧"在韩国语里为"삼매(三昧)"，与"삼매경(三昧境)"同义，指去除杂念，将精神集中于一个对象的境地，到达这种境地就可以获得智慧，正确判断对象。韩国语"삼매경"也可用于其他表示事情的词语如"독서、한자공부、운동、제기차기、수다、쇼핑"等的后面，比喻集中于该事情，如(86)，并且一般多与动词"빠지다"结合，根据不同的搭配有不同的汉语对应方式。

> (85) a. 병충해 퇴치 驱除病虫害
>   b. 암을 퇴치하다 驱走癌魔
>
> (86) a. 독서/한자공부 삼매경 沉迷于读书/学汉字。
>   b. 운동삼매경에 빠지다 全神贯注地运动。
>   c. 제기차기 삼매경에 빠졌다. 全神贯注地踢毽子。
>   d. 여자들만의 수다삼매경에 빠지다 神色飞扬地聊着只

有女人之间才可能产生的闲话。

e. 쇼핑삼매경에 빠지다 神采飞扬/一门心思地购物。

如果修道成功，则称作"불심 깊다"，指大慈大悲的佛祖之心，也指大彻大悟，不被世俗烦恼所迷乱的心态。

9.4.5.4 问禅

参禅的人为寻求真理而进行的对话称作"선문선답（禪問禪答）、선문답（禪問答）"，因为这种对话比较自由，所以"선문답"也用来嘲笑那些与主题无关的闲谈，如(87)。但是参禅并不一定能参透教义，如果还没有大悟但却装作已经大悟来骗人，这种人有时被比作狐狸，被称作"야호선（野狐禪）"，也指不懂装懂、自我满足的人。

(87) 말이 안 통하는 그와 선문답하기 싫다. 那个人四六不通，我不喜欢和他对牛弹琴。

9.4.5.5 吃斋

韩国语里斋为汉字词"재（斋）"，也指没有过正午的饭、给佛祖上的供养、盛大的佛供或为亡灵超度的法会，或者指为僧侣提供饮食而举行的佛教仪式。"재"多用于惯用语中，如"재 들은 중"，比喻可以做平时喜欢或渴望的事情因而非常高兴的人，"재에 호 춤"意思是在举行超度法会时却跳起了胡国的舞蹈，比喻行动不合规矩或者奢华铺张，看起来不好看。

与超度亡灵的法会意义有关，韩国语还有"선왕재（善往齋）"，俗语"선왕재하고 지벌 입는다"意思是虽然举行了超度亡灵去极

543

乐世界的法会，但是神佛却发怒给予惩罚，比喻本来费尽心机想办好，但最后反而招致祸患。

9.4.5.6 念佛

韩国语里念佛为 "염불(念佛)"，可以指一边想着佛祖的样子和功德而念阿弥陀佛，也指念佛经，也比喻不断重复相同内容的话。因为念佛时一般声音很小，旁人听不清说的什么，所以与此相关就有了惯用语 "염불 외듯"，比喻用听不清的声音嘟囔，如(88)。

(88) 경매사는 염불 외듯 빠른 속도로 각지에서 모여든 과일
　　 을 경매에 부치고.《대구신문, 2016.09.07》拍卖师就
　　 像和尚念经一样快速地对各地来的水果进行拍卖。

念佛时本来要非常专心，但有的僧人却会走神，只关心供饭，俗语 "염불에는 맘이 없고 잿밥에만 맘이 있다" 指的就是这样的僧人，现在比喻该干的事情不好好干，心思总是放在如何争取利益上。汉语有 "小和尚念经——有口无心" 讲的也是不认真念佛。

念佛也需要有能力，不是一般人都能干的，所以不会念佛的僧人就要干粗活，与此相关有俗语 "염불 못하는 중이 아궁이에 불을 땐다"，意思是不会念佛的僧人就去烧火，比喻要根据自己的能力干活才能得到相应的待遇。吹竽的有滥竽充数的，念佛的肯定也有应付公事的，与此相关，韩国语有 "공염불(空念佛)、도구염불(徒口念佛)"，比喻嘴里念佛但并不虔信佛教。"공염불" 还比喻没有实践或内容的主张和言辞，如(89)。有的人念佛不过是打发时光，如俗语 "노는 입에 염불하기"。

(89) 공염불에 불과한 선거 공약 空话连篇的选举公约

　　念佛时还有很多工具，首先，念佛时一般要佩戴很长的念珠，所以就有了惯用语"염불 법사 염주 매듯"，比喻上搭下挂地戴很多东西。念珠看起来虽然都一样，但实际是不同的，所以就有了俗语"염불도 몫몫이요 쇠뿔도 각각이다、쇠뿔도 각각 염주도 몫몫"，比喻不同的人干活方式是不同的。

　　念佛时一般要敲鼓，"상좌 중의 법고 치듯、중의 법고 치듯"比喻快速敲打某种东西的样子。

　　做法事或者招呼大家集合时，僧人还会敲木鱼。两种木鱼并不相同，诵经时叩击的木鱼为"团圆鱼口鳞形木鱼"(图2)，吃饭时敲击的木鱼为"梆"(图3)，悬挂在斋堂或库房前，是挺直的鱼形木鱼(白化文 2011:234)。

　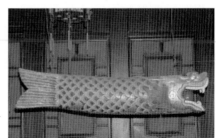

[图2] 木鱼　　　　　　　[图3] 鱼梆[19]

　　韩国语里这两种木鱼的称呼比较混乱，根据《표준국어대사전》的释义，其中"목탁(木鐸)"是上义词，可以统称这两种木鱼，此外，"방(梆)"指团圆形木鱼，鱼梆却又称作"목어(木魚)、어고

19　图片2、3都来自网络。

（魚鼓）"。这种混乱产生的原因可能是因为韩国人对汉字词理解不深造成的。

以上几种表达中，只有上义词"목탁"产生了比喻意义，其中指诵经的木鱼时，可以比喻能够给世人以启迪和引导的人或机构，如(90)，汉语用"喉舌"。当"목탁"指鱼梆时，产生了"목탁귀（木鐸-）"，指听木鱼声的耳朵，俗语"목탁귀가 밝아야 한다"比喻如果耳朵不灵连饭也吃不上。

(90) 신문이며 통신이며 방송이며 잡지며 출판 같은 언론 기
　　　관을 가리켜 사람들은 사회의 목탁이라 부르고…《김
　　　성동, 연꽃과 진흙》人们把新闻、通讯、广播、杂志、
　　　出版社等言论机构叫作社会的"喉舌"。

9.4.5.7 托钵行乞

托钵行乞是佛教徒的修行方式之一，之所以有这种修行方式，是因为佛祖初转法论之前，佛教徒尚居无定所，衣食无供，所以只能托钵行乞，随时行化，并相沿成习。现在的泰国僧侣仍然沿袭了这一乞食修行的活动。行乞在韩国语里称作"동냥"。"동냥"的原型是"동령（銅鈴）"，铜铃本是佛教法物，也称作"요령（搖鈴）"，后来"동령"发生形态变化演变成了"동냥"，本指僧侣化缘或化缘得到的谷物，后来语义发生泛化，也指乞丐、叫花子到处乞讨的事情或这样得来的钱物，如(91)。

(91) a. 동냥을 얻다/빌다 乞讨
　　　b. 동냥을 다니다 到处乞讨

c. 동냥을 주다 给乞丐施舍东西

d. 음식을 동냥하러 다니다 到处乞讨食物

　　"동냥"还与"아치"结合形成"동냥아치"，指乞讨的人，也可缩写成"동냥치"，俗话说"同行是冤家"，就是乞丐也不例外，"동냥치가 동냥치 꺼린다"说的就是这个道理。"동냥아치"还发展出了"양아치"(최창렬 1999:45)，也是乞丐的俗称。"동냥"还可用于惯用语"동냥(을) 가다[보내다]"，多与"귀、눈、손"等词语结合用于疑问句中，用来指责那些不好好听或不愿动手的人，如(92)。这些表达直译成"乞讨"不符合汉语的习惯，所以可以意译成"忘带了"或"没带来"等。

　　韩国语里还有"젖동냥"，如(93)，意思是为孩子讨奶吃。

(92) a. 손이 동냥을 갔는지 그는 입만 놀리고 일을 하지 않았다. 他的手是乞讨去了吗/他的手看来是忘带了吧？光动嘴不干活。

b. 아무리 불러도 대답하지 않는 걸 보니 그 아이는 귀를 동냥 보낸 모양이다. 不管怎么叫他，他也不回答，看来这孩子是把耳朵拿去乞讨了吧/看来这孩子没带耳朵来吧？

(93) 팔팔이 저것 내가 어떻게 키웠는데. 태어나자 지 엄마가 죽고 그 어린 것 이집저집 젖동냥해서 겨우 살렸는데.《폼나게 살 거야, 41회》巴巴那孩子我费了多大劲才把她养大啊，她一出生妈妈就死了，我抱着小小的她挨家挨户地给她要奶吃，好不容易才把她养大。

僧侣化缘都用钵，如果把钵挂起来则指暂时居住在别的寺庙或与大众一起吃饭，韩国语为"괘발(掛鉢)"。如果不是僧侣而是普通乞丐，乞讨时一般用瓢或布袋，在中国古代也一样。袋子一般要撑开才能放进东西，所以俗语"동냥자루도 마주 벌려야 들어간다"比喻不管什么事情如果不具备一定条件就不会有好的结果，也比喻即使简单的事情也必须合作才能成功。因为袋子能装很多东西，所以有时用"동냥자루를 찼나"嘲笑那些吃了还饿，脑子里只想吃的人。汉语多用"肚子里长馋虫了吗?"

虽然乞丐在一般人眼里是不入流的，但过去中国有"丐帮"，现代社会也有专业的乞讨人，俗语"동냥자루도 제멋에 찬다"说的就是这种人。这里"동냥자루"是用乞讨人的工具"布袋"来转喻乞讨人。当然这样的人即使自己愿意乞讨，也一般不为人理解，所以这个俗语也用来指那些世人认为正确的事情不去做偏偏去做大家认为不对的事情的人，类似的还有"동냥아치 첩도 제멋에 한다、동냥치 첩도 제멋에 취한다"。

过去，乞讨人除了拿布袋，很多也会拿着瓢子，所以俗语"동냥아치 쪽박 깨진 셈"比喻赖以生存的唯一的技术或工具无法使用了。不过，随着社会的发展，中国的乞丐已经开始扫二维码乞讨了，正像有人所说："西湖边上有个乞丐，面前放的不是钵不是碗，而是二维码。"[20]

乞讨有时会遇到不好的事情，其中一点就是被别人把瓢打破，或者布袋被撕破，因此后来产生了俗语"동냥은 못 줘도 쪽박은 깨지 마라"，比喻不帮忙便罢但不要妨碍别人，"동냥은 아니 주고 자루 찢는다、동냥은 안 주고 쪽박만 깬다"比喻不仅不给所要求的东

西反而进行妨碍。"동냥자루를 찢는다、자루를 찢는다"则比喻因一点小事而吵架。从另外一个角度来看，乞讨得来的东西不会太多，所以就有了俗语"동냥은 혼자 간다"，比喻去找他人要东西时，如果去的人多了，自己的份额就会减少。韩国语还有"비렁뱅이 자루 찢기、거지끼리 자루 찢는다"，比喻本应互相同情的人之间却吵架。有时去乞讨时会错过一些更好的机会，如"동냥하려다가 추수 못 본다"指去乞讨而错过了秋收的好机会，比喻因小失大，或者是拣了芝麻丢了西瓜。

如上，这些俗语表现了乞讨这件事的各个不同侧面，正因为有了对事物多角度的观察与分析，才产生了这些丰富的表达与比喻意义，这也说明在过去乞讨是韩国社会的常见现象。

9.4.5.8 云游四方

从最初的托钵行乞开始，佛教徒的修行方式还产生了云游四方这种形式，当然这时不一定是为了行乞，更多的是为了朝拜名山，寻访名师。这样的修行方式韩国语用汉字词"행각(行脚)"表达，但"행각"产生了比喻意义，比喻因某种目的而到处转悠，并且主要用于否定意义，如(94)，多与乞讨、逃亡、行骗、犯罪等意义的词语结合。汉语"行脚"只有云游之意，如(95)。

(94) a. 구걸 행각 乞讨行径

　　b. 도피 행각 潜逃之行/逃亡之路

　　c. 사기 행각을 벌이다 展开骗局

　　d. 그의 범죄 행각이 백일하에 드러났다. 他的犯罪行径
　　　大白于天下。

(95) 他们计划用8天丈量大地，成都行脚至峨眉山金顶(网络)。

9.4.6 僧人与寺庙

僧人也叫作"和尚"，这个词本来是个尊称，要有一定资格堪为人师的才能够称"和尚"，并且这个称呼不限于男子，出家女众也有资格成和尚，但后来这个词成了一般出家人的称呼，并且一般当作男众专用的名词(赵朴初 2011/2017:66)。在韩国语里，僧人为"중"，是总称，或者指男众。韩国语里与和尚有关的表达非常丰富，但绝大部分都具有消极意义。

9.4.6.1 僧人的特点

韩国语里与"중"有关的俗语非常多，这些俗语的产生都与僧人的形象特点和工作特点有关：

1）剃发

僧人最突出的形象特点就是剃发，与此相关产生了很多俗语，如表4所示：

[表4] 与僧人剃发有关的俗语

	俗语	意义
1	중이 제 머리를 못 깎는다	比喻自己无法做好与自己相关的事情，需要借助他人之手。
2	절간에 가서 참빗 찾기	到庙里找梳子，比喻在不可能出现的地方找东西。

3	중의 관자 구멍이다	比喻变得没用或者没用的东西。
4	중의 빗[망건]	
5	중의 상투	比喻难以得到的东西。
6	중의 망건 사러 가는 돈이라도	用尽所有的办法。
7	중의 망건값 안 모인다	即使把买僧人头巾这种不必要的支出省下来，也省不了几个钱。
8	중놈은 장(長)이라도 죽으니 무덤이 있나 사니 상투가 있나	和尚就是成为高僧，死后是有坟呢？还是活着有发髻啊？

这八个俗语都与僧人没有头发有关，其中俗语1与剃发有关，其他俗语都与落发的僧人有关，因为没有了头发，所以一般人所需要的梳子、帽子上的贯子、发髻、纶巾等对僧人来说都是不必要的，其中俗语2、4与梳子有关，4还与纶巾有关，俗语3、5、6、7分别与贯子、发髻和纶巾有关。俗语8与坟墓和发髻有关，因为僧人死后要火化，所以没有坟墓，活着也没有头发，这个俗语反映了过去土葬以及束发的风俗，这是用俗世的眼光来看待僧人。

如上，韩国人根据僧人剃发这一突出的形象特点，将梳子、帽子上的贯子、发髻、纶巾、坟墓等与僧人无关的东西互相联系起来，并赋予比喻意义，这种对事物的观察角度可以说是一种间接的关联思维。与此相反，汉语有"秃子当和尚——将就材料""和尚打伞——无法无天""和尚跟着月亮走——沾光""和尚头上的虱子——明摆着"[21]等，这些歇后语主要着眼于"秃头、无发、发亮、有什么都看得清清楚楚"等特点，这种观察角度与韩国人有很明显的差异。

---

21 这几个汉语歇后语来自汪大昌(2009/2013:121)。

2) 僧帽、袈裟

僧人还有一个重要的形象特点就是身披袈裟头戴僧帽，僧人的上衣称作"장삼(長衫)"，帽子称作"고깔"，相当于藏传佛教的"班智达帽"。藏传佛教中班智达帽只有高僧才能佩戴[22]。但韩国语里"고깔"却成了一般僧帽或萨满巫师、农乐队的表演帽，并且随着社会的发展，过生日时戴在头上的大尖顶的帽子也被称作"고깔모자"。

与袈裟和僧帽有关有两个俗语"저 중 잘 뛴다니까 장삼 벗어 걸머지고 뛴다、저 중 잘 달아난다 하니까 고깔 벗어 들고 달아난다"，意思是有人称赞那个和尚跑得很快，和尚就把衲衣或帽子脱掉跑，比喻对别人的赞扬偏听偏信，一高兴就表现出无谓的勇气。

"장삼"还称作"가사(袈裟)、납의(衲衣)"，有俗语"중이 미우면 가사도 밉다"，与汉语"爱屋及乌、恨屋及乌"类似。僧衣之所以称作"衲衣"，是因为是用乞讨或捡来的旧衣服、布块缝制而成的，汉语有"百衲衣"的说法。韩国语"납의"的发音是"나비"，所以僧舞既可以称作"승무(僧舞)"，也可以称作"나비춤"，特指僧人挥动宽大的衲衣袖子而跳的舞，并且后来"나비"还变音成了"누비"，在此基础上又出现了表达新的缝制方法的动词，即"누비다"(최창렬 2002/2003:209-217)。

22　http://rufodao.qq.com/a/20141215/047792_all.htm

3) 吃素

僧人在饮食上的特点是吃素，不吃肉食[23]，与此相关也出现了一些俗语，如表5所示：

	俗语	意义
1	중 양식이 절 양식(이다)	不管是和尚饭还是寺庙的饭都是素餐，比喻不管怎么样结果都是一样的。
2	절에 가서 젓국 달라 한다	去寺庙找虾酱汤，比喻到不可能有的地方去找；也比喻做奇怪的事情。
3	절이 망하려니까 새우젓 장수가 들어온다	寺庙要关门了，所以卖虾酱的也上门了，比喻出现问题时总会发生一些意想不到的奇怪事情。
4	중이 횟값 문다	和尚交了生鱼片或肉菜的钱，比喻
5	중놈 돝고깃값 치른다	交了冤枉钱。
6	어린 중 젓국 먹이듯	让童子僧吃虾酱汤，比喻哄骗纯真无邪的人做坏事。
7	중 먹을 국수는 고기를[생선을] 속에 넣고 담는다	给僧人盛面条时放上肉或鱼，比喻照顾别人。
8	젓갈 가게에 중	虾酱店的和尚，比喻对不合适的事情产生了兴趣。
9	중이 개고기 사 먹듯	比喻钱被一点点地全部花掉的样子；或者比喻钱被偷偷花掉的样子。
10	고기 맛본 중	比喻尝到被禁止的快感后而上瘾的人。

[表5] 与僧人的饮食有关的俗语

23　汉族僧人信奉大乘佛教，除了受比丘戒外，还受菩萨戒，所以汉族僧人不吃肉，从历史来看，汉族佛教吃素的风习，是由梁文帝的提倡而普遍起来的。蒙藏族僧人也信奉大乘，但他们的地方蔬菜极少，不食肉不能生活，所以一般吃肉(赵朴初2011/2017:74-75)。而从韩国僧人不吃肉来看，他们信奉的也该是大乘佛教。

11	중이 고기 맛을 보면 법당에 파리가 안 남는다	比喻被压抑的欲望如果得到满足或者遇到什么好事后而沉迷于其中不能自拔的样子。
12	중이 고기 맛을 알면 절에 빈대가 안 남는다	

如上，12个俗语都与僧人的饮食有关，其中俗语1与正常的吃素有关，其他俗语都与非正常现象有关，所涉及到的食物主要是"젓국、새우젓、젓갈、생선、회、돝고기、고기、개고기"等，其中与虾酱有关有俗语 2、3、6、8，第4个俗语与鱼有关，与肉类有关的有俗语5、9、10、11、12，俗语7与肉和鱼有关。由此可见，对韩国僧人来说，这些都是不可食用的禁忌；其实这些俗语也反映了普通韩国人的饮食文化，俗语里所出现的这些食物是普通韩国人的重要食物来源。

这些俗语的意义具体而言，其中俗语2比喻做事奇怪，也比喻到不可能的地方去找。俗语3比喻发生奇怪的事情。俗语4、5比喻交了冤枉钱，俗语6比喻哄骗，俗语7比喻照顾人，俗语8比喻对不合适的事情产生兴趣，俗语9-12比喻僧人吃荤后的后果。

吃荤的和尚一般被视作假和尚，中国历史上著名的假和尚有鲁智深，但这样的假和尚又何止鲁智深一人呢？所以韩国还产生了相关的俗语"중도(아니고) 속환이도 아니다"，意为不僧不俗，比喻这也不是那也不是，类似的还有"중도 개[소]도 아니다"，意为不是和尚也不是狗、牛。鲁智深是被逼当了和尚，韩国类似的有"업어 온 중"，意思是背来的和尚，比喻进退两难的处境，也比喻虽然讨厌但又不容轻视的人。

9.4.6.2 各种僧人

僧人称作 "승려(僧侶)", 敬语是 "스님", 也指老师, 俗语 "스님 눈물 같다" 比喻灰蒙蒙的。朝鲜时代因崇儒抑佛思想的影响, 僧人们躲到深山生活, 僧人就分成了两类, 一类是 "이판승(理判僧)", 主要研究佛经, 潜心修行, 探究佛理; 另一类是 "사판승(事判僧)", 主要管理寺庙事务, 负责化缘、种地、杂役等。"이판사판(理判事判)" 指的就是这两类僧人。当有事需要商量或做重大决定时就需要开会讨论, 即召开 "대중공사(大衆供辭)、대방공사(大房供辭)" 会议, 简称 "공사"。也就是说 "이판승" 与 "사판승" 聚在一起开会, 因此就产生了 "이판사판" 或 "이판사판공사판"[24], 并且逐渐产生了现在的意义, 比喻事情到了无能为力的死胡同。

(96) a. 그러니까 이판사판 끝장보게 하지 마라구. 다음에 피해자 찾아가는 것만으로 안 끝나.《당신은 선물, 5회》所以说, 你不要逼我使出最后的手段/杀手锏。下次我可就不仅仅是去找受害人了(而是想其他办法)。

　　 b. 울지 말아요. 이파사판공사판, 우리 그냥 야반도주나 할까요?《가족을 지켜라, 70회》别哭了。不管这么多了, 要不咱们离家出走吧。

　　 c. 강만후, 너 날 버릴 수 있을 것 같애? 나도 이파사판공사판이다.《내딸 금사월, 12회》江万厚, 你以为你能丢得掉我啊？我也不管那么多了！(我和你拼了！)

24　http://blog.naver.com/gsjipar/10138371442

(96a)是电视剧中当要钱未果时，김철용对천태화说的话；(96b)是因为两人的婚姻遭到双方父母反对而走投无路时，윤찬对희진说的话；(96c)是被赶出家门的최마리发狠说的话。

僧人中还有"상좌(上佐)"，指佛教的行者，也指继承师傅而成为众僧中职位最高者，俗语"상좌가 많으면 가마솥을 깨뜨린다"意思是如果上司多了，各自发号施令，那么就是铁锅也会被打破的，比喻如果没有明确的责任人，每个人都进行干预的话，反而会误事。相当于汉语的"婆婆多了没饭吃"。住持或年高望重的讲师、禅师、元老等坐的位置称作"상좌(上座)、고좌(高座)"，俗语"상좌 중의 법고 치듯"比喻咚咚地快速击打某种东西的样子，类似的还有"중의 법고 치듯"。

僧人中还有"청승(淸僧)"，指品行端正的僧侣。有同音词"청승"，指看起来贫穷、凄凉，让人不舒服的态度或行动，有俗语"청승은 늘어 가고 팔자는 오그라진다"，意思是上年纪生活不好有了穷相，就意味着好日子到头了。"청승"经常用于惯用语"청승을 떨다"。有时也直接用"청승"，并且多用于疑问句，如：

(97) a. 돈도 많은 영감이 왜 청승이야? 这老头钱那么多，怎么一副穷酸相啊？《다시, 첫사랑, 13회》

　　 b. 아니 너는 이 밤에 혼자 나와 훌쩍거리고 웬 청승이냐? 你三更半夜的一个人出来，哼哼唧唧，可怜兮兮地，干什么啊？

如上，(97a)是当看到剧中朴老板大冬天一个人坐在小超市门口拿着一包牛奶和一个面包当饭吃，오미애自言自语所说的话。"청승"可以译成"穷酸相"，但这种意义多具有一定的情境性，所以

(97b)中又译成了"可怜兮兮"。

如上，虽然"청승(淸僧)"与"청승"在词典里被标注为同音异义词，但是从语义上好像能找到关联，因为品行端正的僧侣自然形色憔悴，贫穷凄凉。所以这两个词应该是同源词。

僧人中还有"노전승(爐殿僧)"，指在佛堂里焚香的僧人，敬语是"노전대사(爐殿大師)"，比喻外表愚蠢但内心很狡猾的人，有俗语"의뭉하기는 노전 대사라"，比喻所做的行动让人看着好像很愚蠢但内心却非常狡猾或明明知道却装不知道。

与僧人有关，还有俗语"손 잰 승[중]의 비질하듯"，意思是就像动作快的僧人扫地，比喻动作麻利，不论什么事情都能马上做完的样子。金庸小说里就出现了"扫地僧"。

9.4.6.3 僧人、俗人与寺庙

僧人的主要工作是在寺庙里吃斋念佛，汉语有"跑了和尚跑不了庙"，韩国语也有很多与此相关的俗语。

与做和尚有关，有"절에 가면 중이 되라"，意思是到了寺庙里就要做和尚，即到什么山唱什么歌，比喻要适应环境。此外还有俗语"절에 가면 중노릇하고 싶다、절에 가면 중 되고 싶고 마을에 가면 속인 되고 싶다"，比喻人没有主见，因环境和场所的变化而变化，人云亦云。类似的还有俗语"절에 간 색시"，指任人摆布的人，也比喻尽管不乐意但自己的处境又不得不按别人的安排行事的人。这个俗语的产生与韩国新罗时代的风俗有关，当时女孩子出嫁前要看四柱八字，如果测出是寡妇命，那么就会在出嫁前被送到寺庙里，嫁给和尚，然后再正式出嫁。到了寺庙里被分配给哪个和尚全凭主持说了算，女孩子无法自己做主，因此产生了上述比喻意

义(김동진、조항범 2001:191)。

寺庙对和尚来说是大本营，所以"중은 절로 가면 설치(雪恥)한다"意思是只有回到老巢才能有机会大施身手。如果僧人不知道自己的庙在哪里，真就是昏头了，所以"중은 중이라도 절 모르는 중이라"比喻昏头、忘掉本分的人，也比喻虽然处于自己应该了解的处境，但对自己的处境却茫然不知的情况。当然也不排除是僧人但却不喜欢寺庙的情况，所以"중(이) 절 보기 싫으면 떠나야지"比喻如果讨厌某个地方或对象，那么应该是讨厌的人离开。日常生活中经常使用，如(98)。

> (98) a. 우리 엄마 그러더라. 절이 싫으면 중이 떠나라구. 팀이 싫으면 팀원이 떠나야지.《사랑이 오네요, 38회》
> 我妈说了，不喜欢寺庙，和尚就走人。如果不喜欢我们这个团队，队员走人就是了。
>
> b. 절이 싫음 중이 떠나야지. 내 집에서 나가!《키스 먼저 할까요, 9회》不喜欢寺庙，那和尚走人啊。你从我家里出去！

僧人逃跑肯定是逃往别处，不会呆在庙里，所以"중 도망은 절에(나) 가 찾지"比喻不见踪影难以寻找的情况。有一些出家人后来还俗，称作"중속환이(-俗還-)、속환이(俗還-)"，有俗语"속환이 되 동냥 안 준다"，比喻了解实情有可能给与帮助的人反而没有给与帮助。

不仅是对僧人，对韩国一般佛教信徒来说，寺庙都是一种隐身场所，所以有了俗语"집도 절도 없다"，指没有任何财产和能力，没有可依靠的地方，如(99)。

(99) 어차피 우리 한국 가도 집도 절도 없어.《아버님, 제가
　　　모실게요, 1회》反正即使我们回韩国也无家可归。

　　上文是用没有家来比喻无依无靠这很容易理解，但后面却加了
"没有寺庙"，如果不了解过去的文化则让人感到费解。因为过去很
多人实在走投无路了会选择出家，有的人则会把孩子送到寺庙。就
像《水浒传》中鲁智深走投无路时也是出家当了和尚，所以寺庙对过
去的人来说也是立足之地之一。

　　在韩国现代社会里，很多人即使不是佛教徒，不是为了出家，
只是为了寻找一个安静的地方去学习或休闲，寺庙也是选择之一。
例如，电视剧《우리 갑순이》中的男女主人公所选择的适合学习的安
静的地方就是寺庙。而韩国人遇到大型考试也会到寺庙里去祈祷，
如(100)。

(100)아침에 내가 절에 좀 다녀오려고. 준영이 시험 있잖
　　　아.《아버지가 이상해, 10회》早上我想去庙里一趟
　　　(做祈祷)，准英不是要考试了嘛。

　　由此可见，对韩国人来说，寺庙好像是最后的落脚之地，因
为对韩国人来说，寺庙就是家，这种思想反映在语言上，就是"절
집"的产生，也有了"집도 절도 없다"，但汉语一般只用"无家可
归"，而不用"无庙可去"。

9.4.6.4 其他

韩国的寺庙不仅有僧人，还与猫发生关系，这从俗语"작은 절

에 고양이[괴]가 두 마리"里可见一端，不过这里的猫也是比喻东西或人的，第一个意义比喻与身份不合，没用的东西太多；第二个意义比喻本来就贫困交加，家里的人口又多，谁也吃不饱，也得不到很多东西。

与寺庙有关，还有"명찰에 절승"，意思是名寺加美景，好东西都占全了。

9.4.7 做法事、布施

韩国语里为死去之人的灵魂做法事、提供食物、鲜花等称作"공양(供養)"，也指在寺庙里吃东西，如(101a)；"공양"还指侍奉老人为其提供食物，如(101bc)。

> (101) a. 신도들은 예불이 끝난 후 한데 모여 점심을 공양하였다. 信徒们结束礼佛之后聚在一起吃饭。
> b. 부모 공양 奉养父母
> c. 부모님께 좋은 음식을 공양하였다. 给父母提供好吃的。

这种为佛祖提供"供养"的行为也称作"불공(佛供)"。有时一般人家里有什么事情也会请僧人到家里做法事，这也称作"불공"，如"무슨 불공을 드리는 것이요? 做什么法事啊?"作为佛教信徒，要为佛祖上香，目的是为了让佛祖保佑自己，因此就有了俗语"부처를 위해 불공하나 제 몸을 위해 불공하지"，比喻看起来好像是为别人做的，但最终还是为了自己。

佛教里称以慈悲之心无条件地向寺庙或僧侣捐赠物品的事情为施舍，韩国语称作"보시(布施)"，除了指向佛家提供财物，还指以慈悲之心向他人提供财物或佛法，如(102)。布施中还有"살보시(-布施)"指女人对和尚以身相许。

(102) 수재민에게 생활 물자를 보시해 주었다. 为灾民布施生活物资。

韩国语还有"시주(施主)"，不仅指人，还指施舍东西，如(103)。与施主相关，韩国语有俗语"시주님이 잡수셔야 잡수었나 하지"，意思是施主先吃了，才会问"吃了吗"？比喻不论什么事情都是无法预测的，只有实现了之后才知道成了。类似的还有"시형님 잡숴야 잡순 듯하다"。

(103) a. 시주를 받다 接受施舍
　　　 b. 시주가 보시를 하다 施主布施财物

但韩国人也对信佛提出了质疑，有两个俗语，如"명산대천(名山大川)에 불공 말고 타관 객지에 나선 사람 괄시를 마라、명산대천에 불공 말고 타관 객지에 나선 사람 잘 대접하랬다"，意思是与其到名山大川的寺庙去上香做法事，不如对来自异乡的人好一点，多做一些好事，这样死后才能进极乐世界。"부처님 공양 말고 배고픈 사람 밥을 먹여라"意思是与其给佛祖供奉食物，做这种没用的供养，不如将祭物给饥饿的人，让他们吃口饭，这才是真正的修行之道，即为他人做好事、积德，自然就会福至财至。

9.5 基督教

基督教在韩国传播的历史很短。朝鲜半岛从20世纪初开始受到日本殖民统治，并且由于很多人认为之前所信奉的儒学、"성리학(性理學)"已无法救国，所以很多民族主义知识分子开始转而接受基督教来寻求振兴民族的道路，一般老百姓也加入到这个行列里，从而使1900年基督教信徒不到1万人的韩国到1940年达到了35万名，到2014年基督教(개신교)信徒已占全体韩国人的21%，成为信徒最多的宗教(김동춘 2015:39；129)。韩国也成了基督教化最高的亚洲国家，信奉基督教的人口比率最高，韩国也成了仅次于美国的世界第二大传教士输出国(图德 2015:33，41)。

笔者在韩国Naver网站上以"교회"为检索词搜索地图，共检索出88625条地图信息，其中首尔地区共有12966条，对首尔地区继续进行检索时，位于检索第一位的是钟路区，钟路区的检索第一位是青云洞，与教会有关的检索条共有211条。也就是说，在首尔钟路地区教会建筑的密度非常大。从教会的数量与密度也可以看出基督教会在韩国的势力之大。

韩国基督教的发展得益于传教活动，传教的不只限于牧师，普通人甚至是老年人都上街去宣传，如下面图4、5是笔者在韩国南大门市场拍摄的传教场景，传教的招牌上还写有汉字，这也说明韩国人已将传教的目标扩大了中国游客身上。随着大量中国留学生涌入韩国，韩国基督教也开始积极地对中国留学生传教，例如首尔大学校园内就有汉语的传教标语，如图6。韩国人的传教是多种形式的，有时还会给人们提供免费饮食以提高教会的形象，如图7就是人们正在带有教会标志的车辆前排队等候教会人员给发放桶装方便面。

[图4] 南大门市场的传教人员(摄于2018年11月)　　[图5] 南大门市场的传教人员
　　　　　　　　　　　　　　　　　　　　　　　　　　　　(摄于2018年11月)

[图6] 首尔大学的传教标语　　　　　[图7] 首尔地铁站教会人员发放食物
　　　(摄于2018年12月)　　　　　　　　　　(摄于2018年11月)

　　虽然基督教在韩国发展迅速，信徒越来越多，但一种信仰要想
对一个国家的语言发生影响需要很长时间，所以与儒学、道教、佛
教相比，基督教用语用于生活中的例子相对来说比较少，主要如表6
所示：

	词语	宗教意义	生活意义
	[表6] 语义发生泛化的基督教语言		
1	복음(福音)	耶稣的教义或者救援人类的途径；转喻"복음서(福音書)"。	比喻令人高兴的消息。
2	십자가(十字架)	古代西方用来钉死犯人的十字形木架，基督教创始人耶稣被钉死在十字架上，所以十字架成了基督教的标志。	"십자가를 지다"比喻承担重罪或者苦难。

3	십계명 (十誡命)	基督教十诫。	要注意的十大事项。
4	면죄부 (免罪符)	中世纪的基督教给捐赠金钱和财物之人的免罪证书。	比喻免除责任或罪恶的措施或事情。
5	천국(天國)	老天爷或神佛存在的地方，基督教信徒死后去的地方。	比喻不受任何限制、自由平安的地方，或那样的状况。
6	바벨탑	圣经《창세기(創世紀)》中提到的"Babel塔"。	比喻没有实现可能性的计划。
7	요르단강、 요단강 (Jordan江)	Jordan river，约旦河有许多浅滩，其中一个浅滩因许多以法莲人在此被耶弗他所屠杀而出名《圣经·旧约·士师记(12:4-6)》	"요단강을 건너다"比喻死亡。
8	세례(洗禮)	基督教的入教仪式，分为水洗礼和圣灵洗礼。	比喻因某事件或现象而受到的影响、锻炼或打击。
9	대부(代父)	在婴幼儿受洗礼时，赐以教名，并保证承担其宗教教育的人。	在某个领域具有极高影响力的男性领导。

如上，这些都是基督教代表性的事物、空间、事件、人等，有的已产生比喻意义并用于日常生活中，有的用于惯用语中表达比喻意义。另外，与"巴别塔"有关，因为诺亚的后代准备修一个通天塔，所以耶和华很生气，就让人类说不同的方言，因为方言影响沟通，最终塔没有完成，所以"바벨탑"比喻不可实现的计划，2019年1月27日韩国"TV조선"电视台上演了一部电视剧，剧名即"Babel"，根据"바벨"具有的否定意义，可以知道电视剧讲的是高高在上的财阀后代们的故事。

这些宗教语言的日常用例举例如下：

(104) 대통령이 짊어지고 가야할 고난의 '십자가'를 강재섭 대표가 대신 지는 모습이다.《데일리안, 2008.04.14》看来姜在涉代表代替总统背负了应由总统背负的苦难的"十字架"。

(105) 시중은행들이 현금 봉투에 보이스피싱 피해예방 십계명을 새긴다.《동아일보, 2016.10.23》各银行要在银行现金袋上印上预防网络欺诈的十大要领。

(106) a. 면죄부를 받으려면 더 큰 국정혼란과 국기문란을 초래할 것.《동아일보, 2016.10.30》如果她想得到免罪书，那么就会引起更大的国政混乱和国纪紊乱。

b. 오동희씨가 이렇게 대신 일한다고 해서 면죄부가 쥐어지지 않는다는 소리예요.《아버님, 제가 모실게요, 8회》我的意思是说吴东姬这样替他在这儿工作也不会判他无罪的。

(107) 유미란이 없는 여기가 천국이다.《당신은 선물, 35회》没有刘美兰的这个地方就是天堂啊。

(108) 형편없이 쪼그라든 비트코인은 무너진 바벨탑이다.《광남일보, 2018.02.07》大幅跳水的比特币是坍塌的巴别塔。

(109) 마덕수, 너 다리병신을 만들어버릴 뻔한 공일산, 그 오빠 형기 마치고 출소했는데. 날 잘못 건드리면 이번에 바로 요단강 바로 건널지 모르잖아? 그러니까 잘 생각하고 행동해.《해피 시스터즈, 67회》马德秀，上次差点把你打瘸了的孔日山，他已经刑满释放了。如果你惹毛了我，这次说不定就会死在他手里。所以，你要想好了再行动。

(110) 중국 우주개발의 대부 첸쉐썬(錢學森) 中国宇宙开发
    的"教父"钱学森

　　如上，这些宗教语言译成汉语时一般可以直译，但是(105)中
的"십계명"一般译成"十大要领"或"十大注意事项"，(110)中
的"대부"一般译成汉语是"教父"。但是(109)中的"요단강 건너
다"需要意译。

　　以上宗教语言的用法比较简单，比较复杂的是"세례"，语用频
率很高，一般多与名词结合，但根据前后所结合的名词、动词的不
同，表达的意义也并不完全相同。其中，当前面的定语是"물、돌
멩이、빗자루、소나기、눈총、질문"时，动词是"당하다、받다、
맞다"等，表示被动接受，如(111a-f)。当前面的定语是"주먹、키
스、뽀뽀、미역국、카메라 플래쉬"时，动词一般用"퍼붓다、쏟아
지다"时，多表达主动意义，如(111g-j)。"세례"还有一些单独使
用的名词组合，如(112)。

(111) a. 물세례를 당하다 被浇了一身水。
　　　b. 나는 이골목 저골목만 다니기만 하면 돌멩이 세례
　　　　 를 받았다. 我只要去这胡同那胡同里走走，就会被
　　　　 别人用石头打。
　　　c. 빗자루세례를 맞다 挨了一顿笤帚疙瘩。
　　　d. 너무 심하게 닭살 행각을 했다간 행인들의 눈총 세
　　　　 례를 받을 수 있으니 조심하자. 如果行动太肉麻
　　　　 了，容易遭到行人的白眼，我们小心点。
　　　e. 아이들은 등굣길에 소나기 세례를 받았다. 孩子们
　　　　 上学路上遇到了阵雨。

f. 대통령 후보는 기자들로부터 질문 세례를 받았다.
  总统候选人遭到了记者们的提问攻击。

g. 불량배들이 주먹 세례를 퍼부었다. 不良之徒纷纷挥
  动起了拳头。

h. 키스/뽀뽀 세례를 퍼부었고. 用接吻展开攻势。

i. 미역국 세례를 퍼부었다. 用裙带菜兜头浇了他一
  身。

j. 카메라 플래쉬 세례 쏟아진다.《내조의 여왕, 15
  회》(现场)响起一阵阵的照相机咔嚓咔嚓按快门的
  声音。

(112) a. 닭살 세례 起了一身鸡皮疙瘩。

b. 극찬 세례 得到高度赞扬。

c. 닭살 키스·포옹에 '야유 세례' 又是亲吻又是拥抱
  的，被大家好一顿笑话。

d. 인격 세례 遭受人格上的洗礼。

如上，"세례"的结合范围与汉语"洗礼"不同，如(111、112)
中与"세례"结合的分别是与具体事物有关的"물、돌、빗자루、
소나기、미역국、플레쉬"，与身体相关的"주먹、키스、뽀뽀、눈
총、닭살"以及抽象的"질문、극찬、야유、인격"等，一般对应的
汉语都不是"洗礼"，只有"인격 세례"对应的是汉语"洗礼"。

9.6 与超自然的沟通方式

C. 恩伯·M. 恩伯(1988:489-495)将人类与超自然进行交际的方式总结为十二种类型：祈祷、音乐、生理体验、告诫和布道、吟诵法规、模拟、灵力/禁忌、宴会、牺牲、集会、神灵启示以及符号象征。在前面各类宗教的分析中我们已分析了布道、吟诵法规、宴会、集会等交际方式，在这里主要分析祈祷、许愿、念咒、占卜等四种形式。

9.6.1 祈愿——神像、水与香

在宗教信仰里，一般都会制作神像、人像等来祭拜。韩国语里还有一种神像，叫做"등신(等神)"或"등상(等像)"，是用木头、石头、泥土、铁等做成的人的形象。但现在"등신"的语义已经发生变化，多用来贬称蠢笨的人，之所以产生这种意义，是因为这些人像只有外形像人，但没有精神和思想，所以是肚内、脑内空空，很笨，如(113)，根据不同的语境，汉语有不同的翻译方式。有时还有强调形式"상등신"，如(114)。

> (113) a. 그럴 줄도 모르고 니가 집에서 나갔다고 좋아하는 내가 등신이다. 《최고의 연인, 65회》 我都不知道会是这样，听说你从家里出去了还高兴得不得了，我真傻啊。
>
> b. 그런 일도 처리 못하고 날 등신으로 만들어. 《최고의 연인, 79회》 你连那种事都处理不好，让我丢人现眼？

(114) 그럼 우리 세현이 등신 중의 상등신이에요?《그래 그
      런 거야, 3회》那么我们世贤是傻瓜中的大傻瓜？

　　韩国人在祈愿时不一定非要到寺庙，也不一定非要有神像，
有时只要有一碗水就可以了。这种水称作"井华水"，又称"井花
水"，韩国语为"정화수(井華水)"，指早晨第一次汲取的井泉水，中
医认为此水味甘平无毒，有安神、镇静、清热、助阴等作用。明代
李时珍《本草纲目》卷五井泉水《集解》："汪颖曰：'平旦第一汲，为
井华水.'"尤其以山泉井的井华水为精品，冬暖夏凉、清纯甘冽。四
川部分农村有取井华水洗脸漱口烧水做饭的习惯(搜狗百科)[25]。
　　韩国人结婚时也用"井华水"[26]，主要指不举行结婚仪式的情
况，如果不举行正式婚礼，可放碗清水，在清水面前互相施礼，就
算结为夫妻。
　　韩国语还有"명수(明水)"，指清澈的净水，也多用于祭祀或祈
祷。用明水祭祀的风俗源于中国夏朝，《礼记·明堂位》记载："夏后氏
尚明水，殷尚醴，周尚酒"[27]。意思是夏朝祭祀用水，殷朝用甜酒，
周人用酒。韩国人表示祈祷时也会直接用水，如(115)。

(115) a. 너 최수아 바람나라고 물 떠놓고 비는 구나.《공항
        가는 길, 7회》你这是放上清水/烧香来祈祷崔秀雅
        出轨啊。
      b. 그런 줄도 모르고 매일 새벽에 물 떠다놓고 기도하

25　http://baike.sogou.com/v71029708.htm?fromTitle=%E4%BA%95%E5%8D%8E%E6%B0%B4

26　"정화수"也可用来煎药。

27　郑玄注、孙颖达疏《礼记正义·明堂位》，阮元编校《十三经注疏》，中华书局影印
　　本，1980年(下册)，第1491页。

는 우리 엄마만 불쌍한 줄 알아.《우리 갑순이, 14
회》咱妈都不知道(你不学习), 还每天早上端碗清
水来祈祷(你考个好成绩), 你就不觉得咱妈可怜
吗?

与韩国人相反, 现代中国人祭祀、祈祷都烧香, 所以就有了
"烧香、烧高香"。韩国一般是占卜店里点香, 电视剧《전생에 웬
수들, 11회》中, 최산들瞒着母亲把小学教师的职位辞了转而开了一家
塔罗牌占卜店, 回家后差点露了馅, 因为被妈妈闻出自己身上有香
味, 听儿子辩解说是粉笔味后, 妈妈说道:

(116) 교편 잡는 선생님한테 그런 냄새 날 리가 뭐가 있겠어?
점쟁이도 아닌데. 拿教杆的老师身上怎么会有那种味
呢?又不是什么算命先生。

9.6.2 许愿

韩国语里许愿用 "발괄", 指民俗信仰中向神灵或佛爷许愿, 如
(117a), 此时汉语多用 "祈祷"。在实际生活中, "발괄" 主要指向别
人拜托或者诉说以使对方支持自己, 也指因此而说的那样的话, 如
(117b-d), 译成汉语时要根据前后搭配分别译成 "哀求、心声、倾
诉" 等。

向神献诚心可称作 "치성(致誠)", 也指竭诚而为, 或那样的
心。

(117) a. 옥황상제께서 우리 같은 서민들의 발괄에 눈이나 껌벅하겠소? 玉皇大帝会因为我们这些平头百姓进行祈祷而心有所动吗?

b. 상전에게 발괄을 드리다. 向主人哀求。

c. 백성의 발괄에 귀를 기울이다. 要倾听百姓的心声。

d. 남에게 자신의 사정을 발괄하다. 向别人倾诉自己的事情。

9.6.3 咒文

萨满教、佛教的陀罗尼经文、天道教向神灵祈愿的教文以及民俗信仰中阴阳家和精通占卜之术的人施法时说的话称作"주문(呪文)"。有时也写作"주(呪)"。

念咒文的过程就是"重复背诵或吟唱一个短句，直到受训练的人进入恍惚状态。重复咒语，把宗教或哲学的原则印到受训练者的心灵中，通过念咒时的声音和振动还能创造某种能量……"(埃文斯2016/2017:153)。正是基于对咒文这种力量的认可，韩国语的"주문"也被用于日常生活，如：

(118) 나는 혼술은 좋다. 힘든 하루 끝에 혼자 마시는 술 한 잔은 나쁜 일이 다 잊어버리라는 주문과도 같은 것.《혼술 남녀, 8회》我喜欢自饮。结束了一天的困顿工作后，自斟自饮的一杯酒就像是咒语一样，能让我把一天的烦恼都忘掉。

由此可见，一般韩国人对咒语作用的认可程度。

9.6.4 占卜

前面提到，韩国巫师发展到现代社会也会给人占卜，但一般多用大米粒来占卜，撒一把米到桌子上，根据米粒的位置来判断吉凶。中国道教的占卜多用抽签的方式，韩国人也不例外。

韩国语里以占卜为生的店称作"점집"，占卜为"점치다"，其基本意是用占卦来预测吉凶祸福，但现代韩国语里多用来比喻展望未来的事情并提前做出判断，如(119)。

> (119) 전날 경찰이 교통혼잡을 이유로 도심 행진을 금지통
> 고 한 탓에 한 때 충돌 가능성도 점쳐졌지만.(网络)由
> 于前一天警察以交通拥挤为理由发布了禁止游行的通
> 告，大家预测有发生冲突的可能性，但是……

盲人占卜时的必需品之一是盛放竹签的卦桶，韩国语称作"산통(算筒/算箭)"[28]，本身没有比喻意义，多用于惯用语中，如"산통(을) 깨다"比喻使进展顺利的事情出现问题，如(120)。此外，还有被动形式的"산통이 깨지다"，比喻进展顺利的事情被搞砸，如(121)。汉语里没有相对应的表达，根据语境有不同的翻译。

> (120) a. 뭐, 최영광이 산통을 깨고 있다고?《최고의 연인, 93
> 회》什么？崔荣光想搞破坏？

---

28 近义词"계산통、수통08(數筒)"都没有比喻意义。

b. 이 여편네가 또 무슨 산통을 깨려고 또 전화질이야?
《천상의 약속, 28회》这娘们又打电话，又想捣什
么乱/扫我的兴啊？

c. 죽어도 남 평계야? 산통을 깨어놓고 절대 자기 잘못
아니야.《그래 그런 거야, 30회》反正都是别人的
错，是吧？把事搞砸了，却死不承认是自己的错！

(121) 이런 식으로 정신이 흐트러지기로 하면 큰일이 이런 작
은 일에서 산통이 깨집니다.《송기숙, 암태도》如果你
这样不振作精神的话，那么大事就会栽在这些小事上。

　　用来抽签的东西称作"제비"，也指在做好记号或写好字的东西
中抽出一个来决定胜负或顺序的方法，如(122)。如果抽签时抽到空
签，韩国语称作"꽝"，也用来指希望落空，如(123)，汉语一般译成
"不怎么样、一般"等。

(122) 엄살이 심하시네요. 제비 뽑아서 두목 되셨나봐
요.《연인, 2회》你真会装啊。看来你是抽签当上的
头目吧？

(123) a. 어제 맞선을 보았는데, 그 사람도 꽝이야. 昨天去相
亲来，那个人也不怎么样。

b. 젊은 사람이 눈치가 왜 이렇게 꽝이야?《폼나게 살
거야, 6회》年纪轻轻的为什么一点眼力见都没有
啊？

c. 보배는 얼굴은 반지르르한데 살림은 영 꽝인가 보
네요.《최고의 연인, 36회》看来宝贝虽然长得挺漂
亮，但过日子的能力一般。

9.7 宗教与"地域化"

瑞德菲尔德(2013/2015:95-125)曾提出"大传统"与"小传统"的说法,例如,正统宗教可以看作是"大传统",而民间的一些宗教实践、迷信等可以看作是"小传统"。关于这两种文化的关系,他认为"大传统和小传统是彼此互为表里的,各自是对方的一个侧面。(116页)""应该把小传统和大传统之间的双向互动理解成为两个具有互补性影响的发生过程。(123页)"[29]他还援引人类学家麦克金·麦里奥特的研究说,在印度就有这种现象,"村民们把一些梵语印度教的教义元素和宗教仪式改造成了他们地方性迷信膜拜的一部分。"这一现象可以称作"地域化(parochialization)"(McKim 1955)。

根据上面的分析可以发现,韩国的道教、佛教、基督教等作为韩国的正统宗教,拥有很广大的信徒。但正像其他国家与地区的传统那样,这些宗教在韩国也已发生了"地域化"的倾向。这种"地域化"有多种表现形式。

第一种表现形式就是宗教祈愿的对象已经泛化。例如,上面分析到的韩国道教的祈愿方式之一是用井华水给灶王神祈祷,但随着社会的发展用井华水祈愿成了一种仪式,祈祷的对象并不一定是灶王,也可以是家里的故人。电视剧《별난 가족,149회》中,听说本部长遭遇交通事故处于昏迷状态时,梦中看到了女朋友的已经去世的哥哥,女朋友的奶奶说道:

29　瑞德菲尔德(2013/2015)提出了"大传统"与"小传统"的说法,"大传统"指由为数很少的一些善于思考的人们创造出来的,"小传统"指由为数很大的、但基本上是不会思考的人创造出来的。

(124) 내가 새벽마다 본부장 깨어나라고 정화수 떠다 놓고
만수한테 빌었다고 얘기했지.만수가 내 얘기 듣고 거
기 가서 본부장 깨운 거지. 뭐.(만수 사진을 만지면서)
만수야, 저 세상 가서도 우리 식구들 보살피느라고 고
생 많다. 我不是说过嘛, 我每天凌晨都放上一碗井华
水, 向万秀祈祷让本部长赶快醒过来。看来是万秀听
了我的祈祷后, 去阴曹地府把本部长叫醒的。(回头
抚摸着万秀的照片)万秀啊, 你到了阴间, 也还这样
操心家里人的安危, 辛苦了。

如上，剧中奶奶祈祷的对象不是灶王神，而是自己死去的儿
子。

韩国宗教"地域化"的第二种表现形式就是：在韩国，各种
宗教信仰还会互相结合在一起存在于老百姓生活之中。例如，占卜
是道教的产物，但韩国萨满巫师和佛教人物也会从事占卜活动。前
面已分析过韩国语的"보살"是佛教用语，但日常生活中却常被巫
师拿来用作招牌，在韩国巷道里常会看到有巫师开店的招牌写着
"……보살"。电视剧《아버지가 이상해, 3회》中有一个情节就是오
복녀去找叫作"천신보살"的巫师，主要是想测一测该不该买某座楼
房，结果却算出自己儿子有女人了。也就是说，占卜已经融入韩国
人日常生活的方方面面，大小事都可以借助占卜来做决定。再如，
神在萨满教、道教、佛教里都存在，驱鬼之说也都存在于三个宗教
内。韩国人驱鬼时会贴符咒，韩国语称作"부적(符籍)"，在现代社
会，这种符咒一般去占卜店买，其效应称作"부적발"。

韩国宗教"地域化"的第三种表现形式，也是最重要的表现，
即宗教用语的日常口语化。前面已分析了众多的宗教用语，这些用

语早已脱离了本来的宗教教义而被赋予了比喻意义，除了宗教人士以及专门从事语言研究的专业人士，一般人在使用这样的语言表达时，已经意识不到这是宗教用语。这在语言学里称作"语义磨损"或"语义泛化"。

不同宗教语言融入韩国社会的程度以及语义磨损程度并不完全相同。因为宗教、哲学、民俗意义的词语或表达逐渐摆脱专业术语的特点，融入一般日常生活，成为一般用语的过程，需要长时间的酝酿。作为韩国传统宗教民俗的萨满教，因为历史悠久，所以产生了众多的俗语。而作为世界三大宗教的佛教、道教、基督教，其传入韩国的时间不同，其中与传入历史悠久的佛教、道教相关的词语都有了比喻意义，并且产生了很多俗语。基督教虽然现在信奉者众多，但由于传入历史短，所以体现在语言上，其生活化还远远赶不上佛教和道教。

即使都是源自中国、都具有悠久历史的儒学与道教，两者的地域化程度亦有较大的不同。道教是"帝王之学"，所以从某种程度上讲对一般百姓的影响不太大。之所以产生这种现象，还与韩国特殊的地理位置和历史文化有关，因为道教更讲究精神生活上的自由自在，反对疲于奔命、虚伪造作，追求虚静(牟宗三 2010/2014:79-95)，这种境界不适合韩国自古以来就是"世界的漩涡"这种特殊的历史背景，所以重视现世思想的儒学更适合韩国的这种特殊情况。因此，与道教相比，儒学对韩国的影响更深远，前面所分析的各章内容无不具有浓重的中国儒学的色彩，只不过儒学也发生了"地域化"，有的表现在语言形式上以及语义变化上，并且具有了与汉语的不同之处。

9.8 小结

宗教和民俗信仰对社会生活影响很大。影响韩国社会的宗教主要有儒学、萨满教、道教、佛教、基督教。这些宗教形式对韩国产生影响的表现形式之一就是大量的宗教语言进入日常生活，成了一般用语。儒学对韩国的影响是全方位的，已经在前面几章中详细分析过。

萨满教是韩国的传统宗教，影响一直延续至今。与萨满神、巫师、跳神有关的表达都发生了比喻引申，与跳神有关的祭品、工具、巫师能力、结果等有关的丰富表达具有浓厚的文化色彩。

道教的"道、阴阳、气、风水、占卜、卦象"等在韩国语里都发生了语义引申，"음양(陰陽)、음성(陰性)、양성(陽性)、표변(豹變)、동토(动土)"等的意义与汉语出现了不同。道教的神仙与祭神风俗虽然与中国有相似之处，但也有很多不同，相关的语言形式受韩国语言特点的影响已发生了很大的语义变化。与鬼有关，上义词"귀신"和下义词"도깨비、우귀、소귀신、쇠귀신、물귀신、우물귀신、요정"等的意义也与汉语不同。

佛教对韩国影响非常大，与佛教的分类、十界、人物、佛法、修行、僧人、法事有关，韩国语里产生了众多语言表达形式，其中"짐승"发生了形态变形和语义变化，其他大部分都是根据相关人物、事物或行为的特点和特性产生了比喻意义或借助俗语来表达比喻意义，很多佛教用语产生了异于汉语的意义，如"아미타불、생불(生佛)、보살(菩薩)、아수라(阿修羅)、아수라장(阿修羅場)、마(魔)、마왕(魔王)、대마왕(大魔王)、촉(觸)、무진장(無盡藏)、사자후(獅子吼)、지옥(地獄)、행각(行脚)"等。有的文化载体产生了不同的文化意义，如"佛堂、寺庙"等的文化意义与中国文化有很

大不同。

　　基督教传入韩国的历史较短，对韩国语言的影响要明显小于儒学、道教和佛教，但是与基督教有关的典型事物，如"복음(福音)、십자가(十字架)、십계명(十誡命)、면죄부(免罪符)、천국(天國)、바벨탑、요단강(約旦江)、대부(代父)、세례(洗禮)"等都发生了语义的引申，尤其是"세례"在日常生活中结合非常广泛，比汉语"洗礼"的搭配要灵活得多。

　　韩国人与超自然进行沟通时，还会借助神像、井华水、香来祈愿、许愿或念咒文等。

　　除萨满教是韩国土生土长的宗教之外，儒学、道教、佛教、基督教都是外来宗教，但这些宗教在韩国已经发生了"地域化"的倾向，不仅宗教形式发生了变化，多种宗教还产生了融合现象，大量的宗教用语也进入日常生活，其意义也受韩国人思维方式和文化的影响发生了异于原型意义的比喻引申。

第十章

文学与语言

10.1 引论

文学也是文化的一个重要组成部分，"文学是语言的艺术，通过文学艺术，一个民族的语言才能发展起来，趋于规范化，形成现代民族语言（费孝通　1956：36）"。文学有不同的体裁，不同体裁有不同的创作方式，这些不同体裁的语言表达会产生相应的比喻意义。此外，文学作品是代表一个国家和民族文化的重要内容之一，典型的文学作品是文化的浓缩，为人们熟知和津津乐道。不仅是本国文学作品，他国的典型文学作品也会被某种文化吸收并熟知。因此，这些文学作品的人物和事件也会被他国人拿来表达一定的思想。

10.2 体裁

文学体裁有很多，例如书信、诗歌、民间传说、小说、传记、电视剧剧本等。韩国语里有比喻意义的主要是书信、诗歌、小说、传记、作品、电视剧等。

书信有一定的格式，并且有一些必不可少的内容，例如先问候，所以韩国语里"편지에 문안"比喻从来都不会落下，一定会参加，也比喻不会忘记做的事情。

诗歌韩国语为汉字词"시가(詩歌)"，诗歌创作称作"시가를 짓다"，有时人们还会用"개풍월(吠風月)"来讽刺创作，这种讽刺表达的产生原因之一是作诗的动词"짓다"与狗叫"짖다"都发"짇따"的音，属于同音；第二个原因是因为狗有对着月亮吠叫的现象，而对文人来说，创作是一种风月之事，所以狗与文人都与月亮产生了关系。

韩国诗歌主要分为汉诗、时调和韩文诗。汉诗指中国的古诗，中国古诗都押韵，有韵脚，韵脚韩国语称作"운(韻)、운자(韻字)"，多用于惯用语中，如"운을 달다"指添加的话，可译成汉语"接着说"；"운을 떼다、운자를 떼다"指开头，可译成汉语"提、提出、提到、提起"等。"운(을) 밟다"指模仿别人的行动。

韩国古代读书人都写汉字、作汉诗，但汉语古诗押韵要注意韵母和平仄，有一定难度，尤其是对外国人，所以韩国语里就有了俗语"서투른 시객이 평측을 가리랴"，意思是不会作汉诗的人说"怎么可以按照汉字的平仄来作诗啊？"比喻自己做不好事情，还说这些复杂的法则怎么可能都掌握呢？作得非常蹩脚的汉诗称作"열각성(裂脚聲)"。

过去用韩文作的诗歌称作"언문풍월(諺文風月)"，与汉文诗相比，格式不那么固定，所以可用来比喻不拘于形式的。有俗语"언문풍월에 염이 있으랴"，意思是难以轻松完成的事情就不能去谈论成果的好坏。

韩国高丽末期发展出一种叫作"시조(時調)"的固有定型诗，也指朝鲜时代在定型诗基础上赋予一定的节奏编制而成的无伴奏的歌曲。与此相关，有俗语"시조를 하느냐 양시조를 하느냐"，用来嘲笑那些口里嘟嘟囔囔说废话的人，而"시조하라 하면 발뒤축이 아프다 한다"意思是让他唱时调，但他却说脚后跟疼，比喻让干某事时却找一些奇怪的借口来逃避。时调的结构一般分为"초장(初章)、중장(中章)、종장(終章)"，其中初章、中章合称"초중장(初中章)"，俗语"초중장에도 빼어 놓겠다"意思是在那么重要的初章、中章里都要排除出来，比喻非常讨厌或顾忌某人。

　　小说韩国语为汉字词"소설(小說)"，因为小说是作者主观创作出来的作品，所以惯用语"소설을 쓰다"比喻杜撰或说谎，汉语"写小说"没有比喻意义，但"(大)做文章"有比喻意义，指抓住一件事发议论或在上面打主意。

　　传记韩国语为"전기(傳記)"，分为很多种类，其中有"입지전(立志傳)"，指在逆境中成长起来的人物传记，有派生词"입지전적(立志傳的)"，汉语用"励志的"。

　　在具体创作时，文人们特别讲究用典，尤其是中国唐朝的杨炯，特别喜欢用典，因此世人讽刺他的文章是"点鬼簿"，韩国语里也用"점귀부(點鬼簿)"来嘲笑写诗用典过多的现象。

　　文学艺术方面的成品韩国语称作"작품(作品)"，比喻经过设计、策划的事情，多表达讥讽之意，表达此意时，汉语用"杰作、大作、好事"等。"杰作、大作"是"作品"的下义词，带有强烈的褒义，现在却经常用作反语，指精心策划的阴谋事件，但汉语一般要加双引号，以示是反语。韩国语的"작품"是从中性意义到贬义，汉语的"杰作、大作"是从褒义到贬义，都发生了贬化，语义引申轨迹是一致的。

电视剧韩国语为"드라마","드라마를 쓰다"可比喻戏剧性的表演，前面经常与"반전"结合，形成"반전의 드라마를 쓰다"或"반전 드라마를 쓰다"结构，如(1a)，有时"반전드라마"也可以单独使用，尤其是新闻标题中，如(1b)。

(1) a. 밑바닥 민심 확인했다…충청서 '반전드라마' 쓸 것.《한국경제, 2021.09.03》已掌握底层民意……(我们)将在忠清道创造戏剧性反转。
　　 b. 효성, 계열사 고성장에 반전드라마…《업다운뉴스, 2021.04.19》晓星，子公司的高速发展带来戏剧性反转……

10.3 作品

这里主要分析韩国文学作品、中国文学作品与外国文学作品的部分内容。其中韩国文学作品主要集中在古典传统童话和小说中，中国文学作品主要是小说和诗词，外国文学作品主要是小说、寓言和童话。

10.3.1 韩国文学作品

10.3.1.1 콩쥐팥쥐

韩国的传统童话有《콩쥐팥쥐》，类似西方的《灰姑娘》，主人

公"콩쥐"长期遭受继母和继母所生女儿的虐待，因此"콩쥐"就成了受虐的代名词，如(2)，译成汉语时，与音译相比，译成中国人都熟悉的"灰姑娘"效果更好。

(2) 내가 콩쥐도 아니고. 금쪽 같은 막내딸을 어떻게 이런 허드렛일로 부려먹을 수 있어? 엄마 혹시 계모 아니야?《천상의 약속, 28회》我又不是空璃(音译)/灰姑娘。为什么要让宝贝疙瘩似的小女儿干这种粗活啊？妈，你是不是我后妈啊？

10.3.1.2 田鼠求亲记

韩国朝鲜时期洪万宗的《순오지(旬五志)》(1678年)收录了一篇民间传说《두더지혼인설화》，主要内容是田鼠给女儿招女婿，在向天空、日月、云彩、风、石佛求婚的过程中发现没有比自己更好的了，所以最终还是找了个田鼠女婿，根据这个故事，产生了俗语"두더지 혼인 같다"，有三个比喻意义，首先比喻不知分寸地抱有幻想，其次比喻想攀高枝但最后还是与同等档次的人结了婚，第三，比喻不大肆宣传而是家人们聚在一起举行的简单婚礼。

中国也有类似的《老鼠嫁女》，其中一个版本与韩国相似，不过中国的鼠爸鼠妈把女儿嫁给了大花猫，最终害了女儿。这个故事表达了农民灭鼠镇鼠克鼠禳灾的强烈愿望，表现出了民间的生命崇拜，同时也表现了农民的讽刺与幽默(毛晓平 2000:39)。中国并且因此产生了很多的相关美术作品，如木板年画等，并且有歇后语"老鼠嫁女——小打小闹"，这与韩国语的三个比喻意义不同。

如上，类似的民间传说故事所发展出的俗语意义却不一定相同，也就是说，从文学作品或故事再发展到语言表达，中间有抽象、升华，体现了更多的认知思维在里面，更容易体现出民族性的特点。

10.3.1.3 兴夫传

《흥부전(興夫傳)》是韩国古典小说，主人公兴夫的哥哥游夫心地坏、鬼点子多，并且很吝啬，例如，别人祭祀都要花钱买祭物，但那就意味着消费，所以游夫用钱来祭祀，因此有了"놀부 제사지내듯 한다"，比喻非常吝啬，所做之事可恶至极。惯用语"놀부 심사[심보]"和俗语"심통이 놀부 같다"都比喻非常吝啬、奸诈的心地，如(3)。而"놀부"这个词本身就成了奸诈、贪婪的代名词，如(4)。

(3) 그는 무슨 놀부 심사인지 남이 잘되는 꼴을 못 본다. 他的心就像游夫一样，见不得别人好。
(4) 놀부같이 인색하다. 像游夫一样吝啬。

《兴夫传》中还有一个人物是游夫的妻子，因为她代表的是厚颜无耻的人，所以"놀부 부인"被用来比喻厚颜无耻的女人。《兴夫传》中还有一只鸟，就是家燕，因为它的报恩，兴夫一家才过上了好日子，俗语"흥부 집 제비새끼만도 못 하다"意思是连兴夫家的燕子都不如，用来责骂那些没有人情味的人。

10.3.1.4 沈清传

韩国古典小说还有《심청전(沈清傳)》，内容是主人公沈清为了让盲人父亲能够睁眼看世界，所以把自己卖了，后来历经无数艰难

困苦最终与父亲团圆，父亲的眼睛也重现光明。

韩国语里盲人称作"장님"，贬称是"봉사"，因为沈清的父亲名为심학규，所以被称作"심봉사"。小说中，国王与沈清为了寻找盲人父亲而大宴全国的盲人，所以就有了俗语"심 봉사(沈奉事) 잔치"，比喻在没有直接关系的主角参与的情况下而做的事情。并且因为故事中沈清父亲不断受到别人的欺骗，所以"심봉사"的语义也发生泛化，成了无能之辈的代名词，如(5)。

(5) 내가 심봉사요? 눈 뜨고 당할 호구로 보여요?《내딸 금사월, 9회》你以为我是沈瞎子啊？你看我像睁着眼被人骗的无能之辈啊？

作品中还有一个人物是뺑덕어멈，是沈瞎子将女儿送走之后一起生活的人，后来成了人丑话多的女人的象征，多用于"뺑덕어멈 같다"的形式。

10.3.1.5 春香传

《춘향전(春香傳)》也是韩国古典小说之一，讲的是李梦龙与春香的爱情故事。作品中有一个片段是李梦龙问春香的家在哪里，春香给他指路时用的话非常复杂，所以"춘향이 집 가리키기"，比喻找人(家)的路非常复杂。后来李梦龙去春香家里时为避人耳目而钻胡同道，因为道路弯曲难走，所以"춘향이네 집 가는 길 같다"比喻路弯弯曲曲的非常难走。

春香与梦龙的爱情经受了很多考验，其中一个就是卞学道的威逼利诱，但春香誓死不从，因此春香也成了韩国人心目中坚守贞

操、心灵美的形象，在此基础上形成了俗语"춘향이가 인도환생을 했나"，意思是春香又转世再生了吗？用来比喻贞洁高尚、心灵美的女人。

春香与李梦龙从相识到爱情的实现经历了千辛万苦才勉强成就佳缘，所以就有了惯用语"억지 춘향(이)"，比喻勉强地实现某事，或某件事勉强地实现了，如(6)。

(6) a. 그 분은 회사 경영에 전혀 뜻이 없다네. 억지 춘향으로 잡아 앉히긴 했는데 꼭 있어 회사에서 나갈 모양이야.《별난 가족, 41회》听说他对公司经营一点兴趣都没有，虽然用尽办法让他进了公司，但他可能很快就会离开公司的。

b. 이미 끝난 인연을 억지로 붙잡고 한 집에서 억지 춘향으로 살기 싫어.《우리 갑순이, 60회》我们缘分已尽，我不想勉为其难地拉着你不放，在一个家里这样别别扭扭地过日子。

春香的侍女名叫香丹，是粗俗的下层百姓的代表，现在仍可以用"향단"来比喻这样的人，如电视剧《당신은 너무합니다, 24회》中，听到성경자责问自己，고나경暗自说了下面的话，如(7)，汉语虽然可以直译，但译成"烧火丫头"可能更好，因为中国《杨家将》里的烧火丫头杨排风也是丫鬟出身，并且为中国人耳熟能详，更容易被中国人理解。

(7) 때가 빠질 때가 되다니? 저 노인네한테 난 영원한 향단일 뿐이야. 竟然说我到了该褪去粗俗之气的时候了？看来

对老太太来说，我永远只是个卑微的丫头香丹/杨排风啊。

《春香传》里还有一个姓睦的郎厅，郎厅是朝鲜后期的一种官职，因为都是奉命行事，没有自己的主见，因此"목낭청(睦郎廳)"就发生了转义，被用来嘲弄那些没有主见、光听别人哼哈的人，俗语"목낭청의 혼이 씌다"比喻受人指派，奉命行事。

10.3.1.6 苏大成传

韩国古典小说还有《소대성전(蘇大成傳)》，因为小说主人公苏大成[01]早期在家里总是吃饭睡大觉，所以"소대성"后来比喻嗜睡的人，如：

(8) 소대성이 같은 잠꾸러기는 찾아 무얼 하려고?《박종화,
임진왜란》找苏大成那样的懒虫干什么？

有两个俗语"소대성이 모양으로 잠만 자나、소대성이 이마빡[02]쳤나"，都用来嘲笑觉多的人。

10.3.1.7 淑香传

韩国朝鲜时代后期产生了韩文小说《숙향전(淑香傳)》，讲的是中国宋朝名叫金铨的人有女儿叫淑香，战乱中失散后，淑香历尽

---

01 小说中，苏大成是明朝兵部尚书的儿子。

02 "이마빡"是"이마"的俗称。

万难又找到了父亲，最后还与成为楚王的李仙结婚成为贞烈夫人。与此相关有俗语"숙향전이 고담(古談)이라"，意思是小说《淑香传》不过是陈年旧谈罢了，比喻女人命运多舛，历尽磨难却难以见天日。

10.3.1.8 九云梦

《구운몽(九雲夢)》是朝鲜肃宗时期文人金万重创作的长篇小说，主人公性真转世成为杨少游，与八个仙女转世的女人缔结姻缘，立身扬名，享尽荣华富贵，但梦醒之后发现是一场梦。与小说中出现的八仙女有关，有"팔선녀를 꾸민다"，意思是就像《九云梦》里的八仙女一样打扮，比喻服饰打扮非常可笑或非常华丽扎眼。

10.3.1.9 兔子传

《토끼전》是朝鲜时期的古典小说，也叫作《별주부전》《토생원전》《토의 간》，故事大意是龙王生病需要兔子的肝才能治好，所以乌龟自告奋勇去陆地找兔子，当兔子被乌龟骗到龙宫被剖腹前，突然心生一计说肝留在陆地上了，所以骗过龙王，又回到了陆地上。与此相关有俗语"말하는 남생이"，比喻谁也不相信他的话。

10.3.1.10 롤짱

韩国语后缀"-배"多与"소인、폭력、불량"等消极意义的词语结合，其中形成的派生词"소인배(小人輩)"意为小人之辈，与其相对应，还产生了新词"대인배(大人輩)"，是"대인"与后缀"-배"结合形成的派生词。这个词出自韩国著名漫画家김성모的作品

《롤짱》，漫画主人公有一句有名的台词就是 "소인배는 대인배를 알아보는 눈이 없어서 소인배라 하는 것이지"，后来流行开来，大量用于生活中，如：

(9) a. 대학교에서도 유명한 켐퍼스 커플이었는데 그런 걸 다 알면서도 두 사람 우정이 남다르시다니 놀라울 따름입니다. 남자로 태어났으면 대인배 소리를 들었을 겁니다.《내딸 금사월, 26회》(他们)在大学里也是有名的校园情人，你明明知道这些，却还和申德艺(补译)维持着亲密的友情，我实在是太吃惊了。你要是出生为男人，别人肯定会称你 "宰相肚里能撑船"的啊。
   b. 등수에 상관없이 (나를) 격려해주는 마인드가 대인배라고 느꼈다.《동아일보, 2018.02.20》不管我得了第几名，但是他还支持我、鼓励我，我觉得这种胸怀是真正的大度。

如上，与 "소인배"相反，"대인배"多用于褒义，译成汉语时，无法与 "-辈"对应，多译成 "宰相肚里能撑船、大度"等。

10.3.2 中国文学作品

被韩国人广为了解的中国文学作品主要是诗词、民间传说以及小说，小说中最具代表性的是《西游记》和《三国演义》。

10.3.2.1 诗词

唐朝诗人刘禹锡有《竹枝词》，其中有"瞿塘嘈嘈十二滩，此中道路古来难。长恨人心不如水，等闲平地起波澜"，最后一句话的"平地起波澜"传到韩国语里成了"평지풍파(平地風波)"，用来比喻出现了意外纷争，如(10)，汉语"平地风波"虽然也有此意，但语用频率不高，一般多用"惹出乱子、惹出事"等。

(10) a. 집에 사람 잘 들여야 한다는 말 맞나 봐. 그 여자 시작부터 웬 평지풍파 이렇게 많은지?《사랑이 오네요, 50회》都说娶亲不能随便，看来这句话是对的。那个女人怎么从一开始就惹出这么多的乱子啊？

b. 봉수 딸이 평지풍파를 일으킨 모양이야.《불야성, 19회》峰修的女儿好像惹出事来了。

曹植《七步诗》中有"煮豆燃豆萁，豆在釜中泣。本是同根生，相煎何太急？"韩国语里由此发展出了汉字词"자두연기하다(煮豆燃萁—)"，比喻兄弟相互嫉妒、残害对方。

10.3.2.2 民间传说

民间传说出现的很少，与《牛郎织女》的故事有关，韩国语有俗语"칠석날 까치 대가리 같다"，意思是就像七夕节喜鹊的光头一样。

10.3.2.3 西游记

《西游记》在韩国广为人知，表现之一就是建筑神兽采用了《西

游记》里的各种人物形象。古代建筑物的檐角屋脊上常常会排列着一些数目不等的小动物作为装饰，中国称作"神兽"，韩国语称作"잡상(雜像)"。中国的"神兽"多为一、三、五、七、九等单数，数量最多的是故宫太和殿，在最后增加了一个行什。数目越多，表示级别越高。拿故宫来说，太和殿用了十个，天下无二；皇帝居住和处理日常政务的乾清宫，地位仅次于太和殿，用九个；中和殿用七个；坤宁宫原是皇后的寝宫，用七个；妃嫔居住的东西六宫，用五个；某些配殿，用三个甚至一个。[03] 韩国杂像在数量上与中国类似，一般多为10个（《조선도교사　朝鲜道教史》）[04]，有11个神兽的建筑物只有朝鲜末期作为王权强化象征的景福宫庆会楼[05]。

　　中国的神兽与韩国的"잡상"排序和具体的形象都不同，具体如表1所示：

[表1] 中国神兽与韩国杂相

序号	韩国主要书籍			中国
	《어우야담》	《상와도》	《의궤》	
1	대당사부 （大唐師傅）	대당사부 （大唐師傅）	손행자(孫行者)	선인 （仙人）
2	손행자(孫行者)	손행자(孫行者)	손행자매 （孫行者妹）	용（龍）
3	저팔계(豬八戒)	저팔계(豬八戒)	준견(蹲犬)	봉（鳳）
4	사화상(獅畫像)	사화상(獅畫像)	준구(蹲狗)	사자 （獅子）
5	마화상(麻和尙)	이귀박(二鬼朴)	마룡(瑪龍)	해마 （海馬）

03　http://www.mafengwo.cn/g/i/2913002.html

04　http://www.newscj.com/news/articleView.html?idxno=384794.

05　http://www.munhwa.com/news/view.html?no=2010032301032230074002

6	삼살보살 (三殺菩薩)	이구룡(二口龍)	산화승(山化僧)	천마 (天馬)
7	이구룡(二口龍)	마화상(馬畵像)	악구(惡口)	압어 (押魚)
8	천산갑(穿山甲)	삼살보살(三殺 菩薩)		산예 (狻猊)
9	이귀박(二鬼朴)	천산갑(穿山甲)		해치 (獬豸)
10	나토두(羅土頭)	나토두(羅土頭)		두우 (斗牛)
11				행십 (行什)
12				수수 (垂獸)

(김왕직,알기쉬운 한국건축 용어사전 2007)

　　上面是韩国主要书籍中记录的韩国"잡상"的名录以及中国屋脊上的神兽。中国一般前面是领头仙人，后面依次是10个小兽，其顺序为"一龙二凤三狮子，海马天马六狎鱼，狻猊獬豸九斗牛，最后行什像个猴"[06]，这反映了道教思想的影响。但韩国的神兽形态却与中国有很大的差异，排在第一位的有的认为是"唐三藏"，有的认为是"孙悟空"。김홍식(2009)提出了新的观点，认为排在第一位的是孙悟空，并指出1647年编撰的《창덕궁수리도감의궤》的观点是对的；"잡상"的人物都与《西游记》有关，这与朝鲜后期《西游记》在韩国的风靡密切相关[07]。与此相关，韩国语里有"오공이(悟空-)"，意思是与房顶上坐着的孙悟空很像，用来嘲笑那些长得短小精悍的人。

06　http://www.mafengwo.cn/g/i/2913002.html

07　http://www.munhwa.com/news/view.html?no=2010032301032230074002

因为《西游记》在韩国流行很广，所以主要人物孙悟空、沙悟净、猪八戒等在韩国人心目中是家喻户晓，所以出现了很多与此相关的语言表达，如"손대지 못할 오리지널 공주병"缩写为"손오공"，指过于自我陶醉的女性。随着韩国公司裁员风气盛行，以前的65岁退休已成为历史，现在一般40多岁就会面临被辞退的危险，对这种危机四伏的状况，韩国语称作"45세가 정년(正年) 45岁退休"，简称"사오정(四五正)"，与"사오정(沙悟淨)"同音。

朝鲜语里有"가짜 손오공"，意思是假孙悟空，比喻以假乱真。

10.3.2.4 三国演义

《三国演义》在韩国一般称作《三国志》，在韩国深入人心，是韩国人必读的古典名著之一。其中的主要人物、事件等都经常用于日常生活。代表性的就是"桃园结义、刘备、诸葛亮、张飞、赵子龙、曹操、吕布"等[08]。

刘备、关羽、张飞三人桃园结义是《三国演义》的起始，韩国语称作"도원결의하다(桃園結義—)"指结成兄弟，如(11)。

(11) 우리는 도원결의하고 난 뒤에 친형제처럼 지내고 있다.
　　 我们桃园结义后亲得就像亲兄弟一样。

与刘备有关，刘备最大的特点就是会哭，汉语有"刘备的江山——哭来的"，韩国语则有"유비냐 울기도 잘한다"，意思是你是

08　虽然这些人物是历史人物，但是这些人物的形象特点更多地接近《三国演义》，所以这些历史人物没有放在前面第四章"人名与语言"中。

刘备吗，怎么这么爱哭。刘备建立蜀国的基础是汉中，所以有俗语"유비가 한중(漢中) 믿듯"，比喻非常信任、毫不怀疑。

刘备建立的国家为蜀国，蜀国最后的结局是失败与灭亡，所以产生了俗语"단백사위 촉(蜀) 간다"，指在"윷놀이 擲柶游戏"中的最后关口通过掷一次来决定输赢时，结果输了，比喻不论什么事一招就失败了；也比喻以玩笑形式开始的事情最终失败陷入困境；也比喻遇到了困难处境。

《三国演义》中最经典的内容之一就是刘备"三顾茅庐"邀请诸葛亮出山，韩国语用汉字词"삼고초려(三顧草廬)"，并且经常用于日常生活中，如(12)。日常生活中也会有一些活用形式，如(13)，对话中提到了刘备与诸葛亮。

(12) 마사장님이 한번 직접 설득시켜봐. 회사차원에서는 꼭
　　 필요한 인재잖아? 삼고초려해야지.《당신은 선물, 44
　　 회》马社长你直接去说说看吧。他可是公司里急需的
　　 人才。你要三顾茅庐啊。

(13) 강만후: 이게 매물로 나온 미술관입니까? 这是有人要出
　　　　　　让的美术馆吗？

　　 해덕신: 미술관 기본 구조야 크게 다를 게 없고 작품 성
　　　　　　격에 따라서 다시 인테리어하는 게 경제적으로
　　　　　　더 좋은 방법일 것 같은데요. 美术馆的基本结
　　　　　　构都大同小异，根据展品的特点再重新装饰一
　　　　　　下，从经济方面来看也不失是一个好方法。

　　 강만후: 해덕신, 역시 머리 빠르게 회전하는 게 마음에
　　　　　　들어요. 海德申，你果然头脑很灵活，这一点
　　　　　　很让人满意啊。

해덕신: 유비를 만나야 제갈량도 머리를 쓰는 건 아닌
가요? 要想见到刘备，诸葛亮不也得动动心思
啊？

강만후: 유비라니? 하하하! 과찬이십니다.《내딸 금사
월, 26회》刘备？哈哈哈！您过奖了。

《三国演义》中，诸葛亮非常有名的事件就是借东风，有俗语
"제갈량이 칠성단에서 동남풍 기다리듯、제갈공명 칠성단에 동남
풍 기다리듯"，都比喻翘首期盼某种东西。诸葛亮借东风是道术高
明，所以日常生活中还有一些用法，如(14)。诸葛亮是智谋过人的
代名词，俗语"제 놈이 제갈량이면 용납이 있나"意思是就是像诸
葛亮那么有计谋的人也无计可施，而"제갈량이 왔다가 울고 가겠
다"比喻谋略出众让诸葛亮都自愧不如，如(15)。

(14) 내가 공명의 도를 몰라도 음양의 이치는 좀 알거랑. 내
가 보기엔 그 사람이 너한테 마음이 좀 있는 것 같던
데.《별난 가족, 60회》我虽然不懂孔明的道术，但却
知道点阴阳之术。在我看来，那个人好像对你有意思
啊。

(15) 명예회장님, 제갈량이 와도 울고 갈 해결책이십니
다.《돈꽃, 13회》名誉会长，这个解决办法就是诸葛
亮再生也会自叹不如啊。

刘备有几员大将，韩国语里经常出现的是与张飞有关的俗语，
如表2所示：

[表2] 与张飞有关的俗语

特点/身份	俗语	意义
急脾气	장비 군령이라	比喻突然遭遇某事；比喻非常紧急的事情。
嗓门大	장비 호통이라	大声训斥。
擅斗	장비가 싸움을 마대	张飞会讨厌打仗吗？指别人劝自己做喜欢做的事情而痛快地答应下来。
	장비는 만나면 싸움	指只要见面就想找茬打仗的人；比喻兴趣爱好相同的人见面之后就开始干相关的事情。
	장비하고 쌈 안 하면 그만이지	不管对方多么擅斗，只要我不理他，就打不起来。
办案	장비 포청에 잡힌 것 같다	比喻身体失去自由的处境。
将军	장비더러 풀벌레를 그리라 한다	比喻向干大事的人拜托杂七碎八的事情不合适。
其他	장비야 내 배 다칠라	嘲笑那些自以为了不起、盛气凌人的人。

　　如上，韩国语里与张飞有关的俗语主要与张飞脾气急、嗓门大、擅长打斗、办过案、将军的身份等有关。韩国语还有"가장비(假張飛)"，用来嘲笑长相或行为非常凶恶的人。中国人对张飞的认识虽然也会注意到张飞的以上形象特点，但中国人还特别关注张飞的外貌，所以有了"黑张飞"的说法，也有了很多与此相关的歇后语，如"张飞照镜子——里外不是人、张飞盖新房——要宽不要高、张飞遇李逵——以黑对黑、张飞买服装——尽选黑色、张飞找对象——非黑不娶、张飞美容——油光黑亮"等，关注的主要是貌丑、体宽、肤黑等特点。由此可见，不同文化对同一人物形象的关注点会出现较大差异。

刘备的大将还有赵子龙，与其相关有俗语"한(漢)의 조자룡(趙子龍)이 창을 들고 선 듯"，意思是守立一旁让人不敢通过，而受保护的一方则感到非常踏实放心。此外，还有"조자룡이 헌 창[칼] 쓰듯"，比喻花钱用物非常大方。中国文化里与赵子龙有关主要有"不败将军、单骑救主"等说法。

刘备最大的敌人是曹操，与曹操有关的俗语有"조조는 웃다 망한다"，比喻得意洋洋地笑，不知道什么时候就会倒霉；"조조의 살이 조조를 쏜다"比喻过分炫耀自己的能耐，总有一天会被那个能耐毁了自己。朝鲜也有俗语"조조와 장비는 만나면 싸움"，比喻势均力敌的人只要见面就会较量一番。汉语里与曹操有关有"掌上观文、对酒当歌、望梅止渴、老骥伏枥、割须断袍、割发代首、味如鸡肋、兵贵神速、说曹操曹操到"等。

《三国演义》中还有一个人物是吕布，使方天画戟，武艺出众，所以韩国语有俗语"여포(呂布) 창날 같다"，比喻非常锋利、尖锐。

《三国演义》中还有一个人物叫吕蒙，《资治通鉴》卷六十六《孙权劝学》中提到，孙权劝吕蒙学习，后来鲁肃过浔阳与之交谈后大惊说"吾谓大弟但有武略耳，至于今者，学识英博，非复吴下阿蒙"。汉语里多用"非复吴下阿蒙"来表达积极意义，相反，韩国语多用"오하아몽(吳下阿蒙)"来嘲笑有勇无谋的人。

10.3.3 外国文学作品与人物

《삼총사(三銃士)》是法国长篇历史小说，记录了三个火枪手的英雄事迹，韩国语里"삼총사"比喻非常亲近的三个人，如：

(16) 우린 친자매보다 더 친했던 삼총사였잖아?《내딸 금사
월, 26회》我们三个不是比亲姐妹还亲的三剑客吗？

    这部小说译成汉语是《三个火枪手》、《三剑客》或《侠隐记》，其中"三剑客"也有了类似于韩国语的意义。不过中国人受《三国演义》的影响，有时多用"桃园三结义"来比喻非常亲近的朋友关系。

    《주홍글씨》是美国作家霍桑的文学名著，译成汉语是《红字(The Scarlet Letter)》，描述了发生在17世纪美国清教徒殖民社会的一桩年轻少妇在丈夫失踪情况下跟当地牧师产生奸情的故事。女主角席丝特因怀孕而暴露奸情，但她宁愿接受严酷的惩罚——终生穿着绣有红字A的衣服，也不肯说出情夫的名字。席丝特的丈夫突然归来，并不择手段追查奸夫身份加以报复，最后牧师在全体教众的面前，挽着海丝特和他们的女儿珠儿登上了绞刑台，他敞开自己的衣服，胸膛上刻着一个红色的A字，最终死亡。2004年韩国拍摄了电影《주홍글씨》，2010年韩国MBC还拍摄了电视剧《주홍글씨》，因此在韩国语里"주홍글씨"成了不伦关系的代名词，如(17a)；有时"주홍글씨"也比喻前科[09]，如(17b)。汉语里"红字"没有此类比喻意义，译成汉语时可以用"标签、污点"等来表达。

(17) a. 평생 의붓남매끼리 결혼했다는 주홍글씨 달고 살게
       할 수 없지.《최고의 연인, 50회》我不能让他们一辈
       子带着"干兄妹结婚"这个标签过一辈子。
    b. 그게 무슨 뜻인지 아니? 전과자가 된 거야. 평생 주

---

09   韩国语里前科也称作"빨간 줄"。

홍글씨 달고 사는 것과 마찬가지야.《빛나라 은수, 7
회》你知道那是什么意思吗？我成有前科的人了。
也就是说我要带着这个污点过一辈子了。

《伊索寓言》中有一个猴子分肉的故事，猴子分肉时说是平均分
配但结果自己全吃了，所以韩国语俗语"원숭이의 고기 재판하듯"
比喻表面上装公平公正，实际上却狡猾地骗人以满足私利的样子。

《安徒生童话》中的《灰姑娘(Cinderella)》在韩国语里为《신
데렐라》，主人公的名字"신데렐라"可以比喻一夜之间身份变得非
常高贵或非常有名的女人，由于"신데렐라"强调的是一夜之间发生
天翻地覆的变化，所以韩国还出现了"신데렐라 주사"，意思是一针
下去就能容貌大变，如电视剧《빛나라 은수, 73회》中，妻子이선영
问丈夫윤법규：

(18) 신데렐라 주사 있다는데 맞아볼까? 아니면 주름을 펴?
听说有叫"灰姑娘注射"的美容针，我去打一针吧？要
不然，我去拉拉皮、去去皱？

《罗密欧与朱丽叶》是莎士比亚的著名戏剧，在世界上享有盛
誉，韩国人经常用此戏剧名称来比喻受到父母反对的婚姻，如电视
剧《내일도 맑음, 99회》中，听说은애的女儿遭到男方家长的反对，
황동석说道：

(19) 은애, 니네 집도 조만간 로미오와 줄리엣 찍겠구먼.
a. 恩爱，看来你们家马上就要拍《罗密欧与朱丽叶》
了啊。

b. 恩爱，看来你们家马上就要上演《罗密欧与朱丽叶》了啊。

韩国语动词"찍다"意为拍电影等，经常用于主动形式，如(19)，译成汉语时有两种翻译方式，其中主动结构的(19a)表达的是主动意义，但原文中表达的是被迫的情形，所以与(19a)相比，（19b)用"上演"更合适，因为"上演"表达的是一种状态。

10.4 小结

与文学体裁有关，韩国语中与书信、诗歌、小说、传记、作品等的主要特点相关的表达产生了很多俗语、惯用语和比喻词，其中"운"的相关惯用语在汉语里并不对应"韵"，比喻词"소설、입지전적、작품"等一般对应"编故事、励志的、杰作/大作"等。

与文学作品有关，韩国文学作品因为带有很强的民族性，所以与此相关的很多人物、情节所产生的俗语或比喻词在汉语里难以找到相对应的方式，需要意译或直译。中国文学作品有诗词、民间传说或《西游记》、《三国演义》等，但是在面对《西游记》与《三国演义》的相关人物时不同民族的认知也并不完全相同。

韩国人还利用"손오공"来比喻自我陶醉的女性，"사오정(四五正)"则反映了韩国现代企业制度的退休问题。

中韩两国人对《三国演义》中刘备、诸葛亮的认识比较一致，但语言表现方式或着眼点不同；对张飞、赵子龙、曹操、吕布、吕蒙的认识具有较大的差异。

对外国文学作品相关人物的认识上，中韩两国人表现出了较强的一致性，如《灰姑娘》和《罗密欧与朱丽叶》，但有的因翻译不同出现不同，例如"삼총사"对应"三剑客"；有的因熟悉度不同而产生不同，韩国人对《주홍글씨》非常熟悉，所以"주홍글씨"有了比喻意义，而中国人对此不熟悉，所以没有产生相关表达。

第十一章

曲艺与语言

11.1 引论

曲艺是人类活动最基本的特征之一。曲艺作为源于肢体语言的艺术形式，更接近于人们的日常生活，也更普遍。曲艺虽源于肢体语言，但也伴随着声音，声音先于语言作用于大脑，音乐则是一种特殊的声音。伴随肢体语言与声音的曲艺与人的生活密切相关，所以很多曲艺用语的使用范围也在不断扩大，其使用领域不再局限于曲艺，而是扩展到其他领域，这也是比喻的一种。

汉语里有大量的行业用语，如与戏曲行业有关的"客串、票友、下海、亮相、扮相、打出手、打圆场、有板有眼、叫板、荒腔走板、五音不全、唱独角戏、没戏、粉墨登场"等，与乐器有关的"改弦更张、缺根弦、续弦"等，这些行业用语都发生了语义的演变，在日常生活中用作比喻。

对韩国人来说，曲艺是非常重要的一种艺术活动，不擅长曲艺的人在韩国是被人嘲笑的对象，如"새도 염불(을) 하고 쥐도 방귀를 뀐다"用来嘲笑那些在众人面前既不能唱也不能跳的人。韩国这

个民族非常重要的性格和文化特征之一就是能歌善舞，从而形成了韩国人"兴"的文化特点。正因为曲艺与人们的生活密切相关，所以韩国语里很多与曲艺相关的表达都产生了比喻意义用于日常生活中。

本章主要从上义词曲艺、歌曲、戏剧、演出、乐器、节奏、乐谱/剧本以及曲艺与人等八个方面来展开分析。

11.2 上义词——艺术、曲艺

艺术在韩国语里有汉字词"예술(藝術)"，统称技艺与学术，包括空间艺术、时间艺术以及综合艺术，因为称之为艺术的事物暗含着高水平、美丽之意，所以"예술"也比喻达到美丽、高水平境界的技术，此时一般用于"예술이다"结构表达赞叹之意，前面的主体可以是车技，如(1a)；可以是食物，如(1bcd)；还可以是两个主体，如(1e)的主体是味道与氛围。译成汉语时，(1d)可以对应汉语的"艺术、艺术品"，其他则需要根据搭配意译成"太完美、非常好、太美味"等。

(1) a. 그의 운전 솜씨는 거의 예술이다. 他的开车技术太完美了。

b. 맥주맛이 예술이다. 啤酒味道非常好。

c. 밑반찬이 예술이다. 下饭菜太美味了。

d. 빵결이 예술이다. 面包丝纹简直是艺术/艺术品！

e. 맥주맛 그리고 분위기 예술이다. 啤酒味道以及氛围太完美了。

艺术中代表性的就是曲艺，韩国语为"곡예(曲藝)"，统称踩钢丝(줄타기)、马戏(곡마)、魔术(요술)、翻筋斗(재주넘기)、彩球杂技(공 타기)等，也可比喻摇摇欲坠、非常危险的动作或状态，如(2)。

(2) a. 자동차 사이로 오토바이 한 대가 곡예를 부리며 빠져 나갔다. 一辆摩托车在车辆中间就像耍杂技一样穿行而过。

b. 어떤 학자는 모어의 이런 태도를 '무례하지도 않고 부정을 저지르지도 않도록 그 둘 사이에 놓인 줄 위를 곡예하듯 걷는 것'에 비유하기도 했습니다. 《동아일보, 2016.9.24》有的学者这样来比喻托马斯·莫尔的态度："他既不想(驳别人的好意)让人感到无礼，又不想腐败，所以就像耍杂技一样游走在这两者之间"。

11.3 歌曲

韩国歌曲有很多类型，其中从语言形式上看，有特殊用法的主要有八类。

11.3.1 打令、歌曲

"타령"是音乐用语，指西道民谣的一种，也指"판소리"和"俗谣"，用于基本义时，如(3a)，这里的"돈타령"可译作"咏钱

曲"。有时还会形成其他结构，如(3b)，与"돈타형 하다"形成并列结构的是"돈 노래 하다"。汉语的"歌、曲"也都可以自由形成"咏钱曲、爱钱歌"类表达。

(3) a. 제대로 돈독이 올랐어요. 아주 돈타령을 지으시지!
　　《쾌걸춘향, 9회》你真是钻钱眼里了。干脆作首"咏钱曲"吧。

　　b. 내가 돈타령을 하든 돈 노래를 하든 신경끄셔! 나가!
　　《쾌걸춘향, 9회》你管我是唱"咏钱曲"还是哼"爱钱歌"啊！滚！

"타령"还用作一般意义，指反复说对某种东西的想法，有四种用法，如表1所示：

[表1] "타령"的比喻意义

	用法	例句
1	与"-하다"结合形成动词"타령하다"。	아이가 자꾸 자전거를 사 달라고 타령하는 바람에 어쩔 수 없이 사 주었다. 孩子总是缠着让买自行车，没办法就给他买了一辆。글씨 못 쓰는 사람이 붓 타령하듯이 농사 못 짓는 사람이 연장 탓한다. 就像不会写字的人总是要笔一样，不会种地的人总是埋怨工具不好。
2	用于动词词尾"-는"之后。	모여 앉기만 하면 먹는 타령을 했다. 《이병주, 지리산》只要聚坐在一起就说吃的事。
3	用于名词后。	옷 타령 光说衣服的事；그 놈의 빠스 타령! 《왕가네 식구들, 9회》又提他妈的大裤衩子！
4	用于"그"后表示总是一个状态，没有变化。	그 사람은 매일 그 타령이다. 那个人每天都那个样子。

如上，"타령"这些用法译成汉语时多译成"缠着、总是、光、又、每天"等动词或副词。

与"타령"类似，"노래 하다"虽然本意与"노래를 부르다"一样都指唱歌，但也可以表达经常性地提起什么事情来，如：

(4) a. 엄마처럼 안 살겠다고 노래 부르더니 딱 하는 꼴이 내 꼴 하게 생겨서 이런다고.《부탁해요, 엄마, 9회》你不是天天说不会像我这样过嘛。现在看到你这样子活脱脱就是我的翻版，所以我(生气)才这样。

b. 엄마 맨날 나가라고 노래를 부르면서 잘 됐네.《우리집 꿀단지, 20회》妈，你整天说/叨叨让(姐姐)出去，这下可好了，(姐姐终于离家出走了)。

c. 애는 아이스크림 노래를 부르다 자는데.《내조의 여왕, 9회》这孩子闹着/叨叨着要吃冰激凌，闹着闹着睡着了。

d. 장철웅 사장 어머님 이 사실을 알면 가만 계신 줄 아니? 그 동안 장손, 장손 노래 부르면서 사셨다는데 우리 훈재 그냥 두고 보실 것 같애?《부탁해요, 엄마, 9회》你以为张哲雄老板的母亲如果知道这个事实还能坐得住啊？她天天吵着要长孙、长孙的/天天长孙不离口/天天长孙长长孙短，能就这样让我们勋载呆在我这儿啊？

e. 니네 엄마 하도 간소, 간소 노래를 불러서 내가 따로 준비한 게 없는데.《우리집 꿀단지, 48회》你妈天天说要简单着点办，所以我也没准备什么。

上面都用了"노래를 부르다"，从结构上来看，前面有的可以加间接宾语，如(4ab)；也可加名词作"노래"的定语，如(4cd)；也可与形容词词根结合，如(4e)。从意义来看，表达的可以是"天天说、整天说、整天叨叨、吵着、闹着"等，如(4abce)，有时也可用"……长……短"，如(4d)。

上面我们已经看了"노래 부르다"与"타령"都用来比喻反复说，汉语里也有类似的"唱票"，指计算投票数时念出来的各种票，也是用"唱"来表达反复说之意。

韩国语里还有"판소리"，演员演唱"판소리"之前用来吊嗓子的歌曲叫作"영산(靈山)"，俗语"영산야 지산야 하다"比喻非常有兴味。

11.3.2 十八番

与歌曲有关，韩国语还有"십팔번(十八番)"，指最爱唱的歌或最擅长的东西，因日本有名的歌舞伎家族流传下来的第十八个人气演奏目录而得名，如(5)中的"십팔번"都指音乐。

(5) a. 십팔번을 부르다. 唱最拿手的歌。

　　b. 십팔번을 청해 듣다. 听最拿手的歌。

　　c. 내 벨소리야. 칠갑산. 우리 엄마 십팔번이라서 설정해 놓은 건데.《혼술 남녀, 7회》这是我的铃声——《七甲山》，这是我妈最爱唱的歌，所以我把它设成我的手机铃声了。

但下面对话中的"십팔번"并不指唱歌，如：

(6) 최규리(딸): (자기가 만든 팩을 내밀면서)엄마 내가 누워
　　　　　　　있을 테니까 이거 얼굴에 좀 발라줘.(把自己做
　　　　　　　的面膜递过去)妈，我躺下，你把这个给我涂
　　　　　　　在脸上。

　　장복남(엄마): 너 먹는 것 가지고 면상에 뭘 하는 짓이야?
　　　　　　　　이것 사려면 다 돈인데… 你拿着吃的东西往脸上
　　　　　　　　弄，这是干什么啊？买这些东西都需要钱啊。

　　최규리: 우리 엄마 18번 또 나오신다.《최고의 연인, 39
　　　　　회》我妈又开始老生常谈了啊。

　　上面是母女两人的对话，当女儿让妈妈给自己往脸上涂面膜
时，母亲唠叨乱花钱，女儿的回答是"우리 엄마 18번 또 나오신
다"，意思是我妈又开始老生常谈了，也就是说又开始唠叨不能乱花
钱。类似的用法还有很多，如：

(7) a. 우리 엄마 십팔번이 '키운 값 팔아'말이에요.《우리집
　　　 꿀단지, 50회》我妈最擅长的就是天天说"养你这么大
　　　 得捞回本来"。

　　 b. '글세 말이야. 아, 참!'우리 아빠 십팔번인데.《그래 그
　　　 런 거야, 38회》"我就说嘛。哎吆!"这可是我老爸的
　　　 口头禅。

　　如上，"십팔 번"有时可以指音乐，有时可以指唠叨、常说的
话，或最拿手的东西。汉语多用"老生常谈、口头禅、最擅长的"
等。

11.3.3 太平曲

韩国语还有"지화자",指歌唱国家太平、百姓安康的歌曲,或者那样的曲调。现在这个词已经发展成了感叹词,可以指歌舞助兴时的唱词,如(8a);也指玩掷栖游戏出现全扑或箭中靶心时叫好的声音,一般用特殊的曲调连喊四次"지화자",经常用于惯用语"지화자를 외치다",如(8b)。

(8) a. 얼씨구절씨구 지화자 좋네. 哎嗨哟、哎嗨哟,好!
    b. 세 번을 연달아 맞히면 꽃 같은 기생들은 지화자 축복
      하는 노래를 일제히 불러서 사람들의 기운을 돋우어
      준다.《박종화, 임진왜란》一连三次命中的话,花枝
      招展的妓女们就会齐声唱起"哎嗨哟"来为人们助兴。

11.3.4 流行歌曲

"뽕짝"指韩国流行歌曲,是比较通俗的说法,或者指曲调的拟声词,如(9a)。有时"뽕짝"也有其他用法,如(9b),这里用来强调幼稚。

(9) a. 노래만 시켰다 하면 그는 언제나 뽕짝을 불렀다. 只要
      点歌,他总是唱流行歌曲。
    b. 유치 뽕짝이다. 합법적으로 뽀뽀하고 싶어서 별 전설
      을 다 만들어 내요.《쾌걸춘향, 3회》真是幼稚啊,想
      合法地接吻,什么传说都编出来了。

韩国流行歌曲中有一首歌为"노인들"，歌词为"반나마 늙었으니, 다시 점든 못하여도 이 후(後)나 늙지 말고, 매양 이만 하엿고져. 백발아 네나 짐작하여 더디 늙게 하여라"，因为唱歌时，人的心情是悠然自得的，所以韩国语里俗语"반나마를 부른다"比喻心态很好、非常安逸。

11.3.5 前奏、插曲

汉语"前奏"相当于"前奏曲"，是音乐用语，指一种中小型乐曲，也指置于西洋歌剧乐剧中的开场或幕前音乐，也可比喻事情开始前的行为。韩国语也有汉字词"전주(前奏)"和"전주곡(前奏曲)"，但前者没有比喻意义，只有后者可以比喻成为某事开始的引子的事情，如(10)，一般与汉语"前奏"对应，但有时亦有不同，如(10g)，汉语用"开头"。

(10) a. 부활의 전주곡이 될까? 《스포츠동아, 2019.03.25》
能成为复活的前奏(曲)吗？

b. 불행의 전주곡 不幸的前奏

c. 경기침체의 전주곡 经济低迷的前奏

d. 경주 지진, 한반도 대지진의 전주곡인가?《블록체인밸리, 2019.03.20》庆州地震难道是朝鲜半岛大地震的前奏吗？

e. 집값 폭락의 전주곡 《조선비즈, 2018.10.31》房价暴跌的前奏

f. 대학살의 전주곡이 된 이 사건 《코리아중앙데일리,

《2019.02.16》成为大屠杀前奏的这一事件

g. 무슨 말 하려고 또 그래요? 전주곡은 늘 그렇게 시작
하니까 겁나요.《박경리, 토지》你想说什么啊又这
样？你说话总是这样开头，我都害怕了。

插曲指配置在电影、话剧中比较有独立性的乐曲，韩国语为
"삽입곡(插入曲)、간주곡(間奏曲)、에피소드(episode)"。其中外
来语"에피소드"与汉语"插曲"都比喻连续进行的事情中插入的
特殊片段，"에피소드"还指不为人知的有趣故事，义同"일화(逸
話)"，如(11)。

(11) 재미있는 에피소드 한 토막 一段有趣的故事

11.3.6 筷子歌

韩国有一种文化现象，就是吃饭时来了兴致会即兴唱歌，并且
一般会用筷子敲着桌沿或杯沿唱歌，如(12a)。这种用筷子打着节奏
唱的歌或大众歌谣称作"니나노"，尤指酒吧里的这种唱歌行为。因
为酒吧里代表性的人物就是酒吧女，所以代表性歌唱方式被用来转
喻这里的人，所以"니나노"俗指酒吧女，如(12b)。

(12) a. 그는 젓가락으로 상의 변죽을 두드리며 흥을 돋우었
다. 他用筷子敲着桌沿来助兴。
b. 이래저래 니나노 생활에 익숙해져 갔다.《황석영, 어
둠의 자식들》慢慢地适应了酒吧女的生活。

11.3.7 讴歌

韩国语还有汉字词"구가하다(謳歌--)",指众口一词地称颂,如(13),此时与汉语"讴歌"的意义相同。"구가하다"还比喻毫不遮掩地表现自己的幸福处境或高兴的心情,并且其宾语多是抽象的"고성장、호황、전성시대、성장세"等,如(14),汉语一般不用"讴歌",而是译成"一路凯歌"或者意译。

(13) 백성들이 태평성대를 구가하다 百姓们讴歌太平盛世。

(14) a. 안정적 고성장을 구가하는 동남아를 중심으로 대한민국 금융영토를 개척하겠다.《매일경제, 2018.03.21》东南亚稳定的高速发展是一路凯歌, 韩国要以此为中心开拓自己的金融市场。

b. 외국인 투자에 힘입어 전례 없는 호황을 구가하고 있다.《매일경제, 2016.10.16》借助大量外资的投入, 经济状况是前所未有的好。

c. 전성시대를 구가하는 은막의 스타로서 윤씨의 외모는 더이상 설명할 나위가 없고.《문화일보, 2006.12.29》作为处于全盛时代的银屏影星, 尹某的外貌无需多说。

d. 중국의 요식업 시장이 빠른 성장세를 구가하고 있다.《연합뉴스, 2004.08.17》中国的餐饮业正在高速成长。

11.3.8 딩가딩가

韩国语里还有"딩가딩가",指人高兴时而自然随便哼出的调子,多用来做状语,比喻玩得、过得非常爽,如(15),汉语根据语境可译成"滋润、优哉游哉"等。

(15) a. 뭐, 아쉬울 것 없던데요. 어제도 치킨이며 족발이며 실컷 시켜놓고 술도 마시고 아주 딩가딩가 신나셨던 데 뭘.《왕가네 식구들, 9회》这个,(妈)她没有什么可遗憾的啊。昨天还叫外卖,又是烤鸡,又是猪蹄,还喝了小酒,又吃又喝过得很滋润的。

      b. 우리 오빠 50 넘었어요. 뼛골 빠지게 일하는데 언니는 찜찔방에서 딩가딩가 놀고. 아이구! 남편 복이 있어서 좋겠어요.《빛나라 은수, 17회》我哥都50多岁了,还拼命工作,而嫂子你却在桑拿房里悠哉悠哉地玩。哎呀,你找了个好老公,真有福啊。

11.4 戏剧

社会学家欧文·戈夫曼(1922-1982)曾提出了拟剧论这样一个社会学术语,他认为社会生活就像一出戏剧或舞台剧:出生把我们带入了日常生活的舞台,我们的社会化就是学习如何在舞台上表演。格尔茨(2014:3)则说道:"将社会生活比拟为剧场——把世界比拟成舞台,而我们则不过是演技拙劣而又自以为是的群众演员,这种做法无疑早已以一种偶然随兴的样貌与我们长相左右久已。而且,至少从1930年代迄今，来自舞台的词汇就已经是社会学话语必备的行头。"这是从社会学的角度来看待人生。从语言学的角度来看，很多戏剧用语被用到了日常生活中，这也说明了"人生如戏"，汉语里与戏曲有关的术语很多进入了普通话，如"跑龙套、行头、下台、亮相、大打出手、扮相、打圆场"等；进入方言的也有很多(周振鹤、游汝杰 2015:200)。与观赏戏剧有关的"有戏、没戏"等也都具有了比喻意义。韩国语也具有这一明显的特点。

11.4.1 木偶戏、皮影戏

韩国有木偶戏，称作"꼭두각시놀음"，艺人在舞台后面顺序操纵置于舞台上的各种人偶，并伴随人偶的动作说相应的台词。因为人偶的言行是受人操纵的，所以"꼭두각시놀음"可以比喻将傀儡置于前面而在背后进行操纵，如：

(16) 꼭두각시놀음 집어치우고 하야하라！《한겨레21，
    2016.11.01》把傀儡把戏收起来下台吧！

与木偶戏相关的还有影戏，最初是纸影，韩国语称作"망석중이、망석중"，表演者用签子来控制影人的动作进行表演，签子与影人之间用绳子来相连，如果绳子断了就没法表演了，所以韩国语里有俗语"끈 떨어진 망석중이"，比喻没了依靠，变得非常可怜。而"망석중 놀리듯"比喻随心所欲地嘲弄他人。

11.4.2 假面舞

　　韩国还有传统的假面舞，类型很多，其中一种是"하회 별신굿"，登场的人物有"초라니"，是两班贵族的下人，行动举止轻浮、没正样，有俗语"초라니 대상 물리듯"，比喻应该干的事情总是拖了又拖，"초라니 수고(手鼓) 채 메듯"比喻行为轻率、放肆，而"초라니 열은 보아도 능구렁이 하나는 못 본다"比喻与内心阴险的人相比，轻浮放肆的人反而更好相处。

　　假面舞中的主要道具是面具，面具在韩国语里为"탈、가면(假面)、마스크(mask)、면구(面具)"，固有词"탈"和汉字词"가면"还指用谎言掩饰内心想法的令人捉摸不定的脸，或那种态度或样子。惯用语"탈/가면(을) 쓰다"比喻隐藏真面目，如(17ab)。"탈(을) 쓰다"也指长相与某人非常相像，如(17c)。反义表达"탈(을) 벗다"比喻显露真面目。

(17) a. 위선의 탈을 쓰다 带着一份伪善面孔

　　　b. 어떻게 그렇게 철저히 가면을 쓰고 살아갈 수 있는지 정말.《연남동 539, 2회》怎么能这样把自己彻底伪装起来生活啊？真是的。

　　　c. 그 아이는 딱 저의 어머니의 탈을 썼다. 那孩子和他母亲就像一个模子里抠出来的。

　　面具有颜色之分，如"보라탈"指紫色的面具，人如果脸部挨打会出现淤肿发青，在韩国人眼里看来与紫色的面具非常相似，因此"보라탈"还用来嘲笑那些总是挨别人打的人。

11.4.3 话剧

韩国语里话剧为汉字词"극(劇)",也用于部分名词后,表示话剧、电视剧等意义,如(18)。汉语"剧"虽然有"戏剧、闹剧"等表达,但有的消极性事件一般不用"剧"来表达,所以(18b)译成"骗局",(18d)中的"보복극"译成"报复事件"。"극"有派生词"극적(劇的)",如(19),汉语用"戏剧性的"。

(18) a. 고발극 告发事件/闹剧

    b. 사기극 骗局

    c. 이렇게 소동극을 벌이고 아버님을 설득했어요?《다시, 첫사랑, 31회》你就这样弄了场闹剧把公公说服了啊?

    d. 경찰 관계자는 … '학교 폭력에 대한 피해자의 보복극으로 추정하지만 현재로선 단정할 수는 없다'고 말했다.《동아일보, 2016.9.26》警察方面的人说:"虽然我们推测这个案件是学校欺凌的受害人实施的报复事件,但现在还不敢确定"。

(19) a. 극적 분위기 戏剧性的氛围

    b. 극적 만남 戏剧性的相遇

韩国语"연극(演劇)"的基本意义与汉语"演剧"一致。在基本义外,"연극"还比喻为欺骗别人而捏造的语言或采取的行动,如(20)。汉语"演剧"没有此贬义,但其近义词"演戏"除了基本义外,还表示装假,如(21)。"鬼把戏、骗局"等也可表达类似意义。

(20) 연극을 꾸미다 编造鬼把戏/制造骗局/演戏

(21) 别再演戏了，你的眼泪和谎言骗不了人。(网络)

上述词语的共同特点是表演，其隐含意义为用语言或行动来表达不真实或不存在的东西，这种隐含的否定意义的存在导致词语本身产生了否定意义。

11.4.4 改编戏剧

韩国语里将叙事诗或小说等文学作品改编成戏剧或电视剧称作"각색(脚色)"，如(22a)。为增加可观赏性，改编时一般要对原作进行加工，添加一些东西，因此"각색"可以比喻为了引起兴趣或加强印象而添加一些并不存在的东西，如(22b)。汉语"脚色"指剧中人物、差事或职务、某类型人物、来历或底细等，与韩国语无法对应。

(22) a. 이 영화는 원작자가 직접 각색을 맡은 작품이다. 这部电影是原作者亲自改编的。

b. 대개의 미담 기사가 사실보다 과장·미화되기 마련인 것처럼 달평 씨의 얘기도 살이 많이 붙고 각색이 다채로웠다.《전상국, 달평 씨의 두 번째 죽음》一般的美谈都是对事实进行夸张美化形成的，所以达平的故事也额外添加了很多东西，动用了多种包装术。

11.5 演出

11.5.1 演出形式和技法

电影或电视里对背景或出场人物的一部分进行特写称作"클로즈업(close-up)、풀 숏、근사화면(近寫畫面)、대사(大寫)、돋찍기",但常用的是外来语"클로즈업",如(23a)。韩国语里还用"클로크업을 부르는 미모/피부"来比喻完美的外貌和皮肤,如(23b)。"클로즈업"还比喻某种问题扩大化成为整个社会的热门话题,如(23c)。

(23) a. 일하는 장면만 클로즈업했다. 只对劳动场面进行了
特写。
   b. 클로즈업 부르는 요정 미모 能经受住特写的精灵式
的美貌
   c. 증시 클로즈업 股市聚焦

11.5.2 场所、道具

各种活动的演出场所主要有剧场、舞台,道具主要有幕布、照明、麦克风等。

11.5.2.1 剧场、舞台、登场

韩国语里剧场为汉字词"극장(劇場)",与此相关的"안방극장(-房劇場)"是将各个家庭里用来看电视的房间比作剧场,韩国语还

有"인생극장(人生劇場)"，是将人世看作剧场，换用汉语式的表达就是"人生如戏院"，但汉语常用的是"人生如戏"。

舞台韩国语为汉字词"무대(舞台)"，多转喻演出，因此产生了很多惯用语，如"무대를 밟다"指参加比赛或演出，"무대에 서다、무대에 오르다"指参加演出，"무대에 오르다"还指被演出，如(24a)，汉语用"被搬上舞台"。使动形式的"무대에 올리다"指演出作品，如(24b)，汉语多用"上演"。

(24) a. 작년에는 무려 5편의 악극이 무대에 오르기도 했다.
去年足有五部音乐剧被搬上了舞台。

b. 서울예술단에서 김 작가의 작품을 무대에 올린다고
하기에 기쁘게 참여했다.《한국일보, 2017.09.15》
因为首尔艺术团要上演金作家的作品，所以我高兴
地加入了他们的行列。

与舞台相关，韩国语还有汉字词"등장(登场)"，指话剧等的人物出现在舞台上，但"등장"还比喻新的东西或人第一次出现，如(25)。汉语"登场"多比喻反面人物公开露面或登上政治舞台。韩国语没有"하장"，但汉语有"下场"，指退场，也指结局，但多表示不好的结局。

(25) 마지막 투숙객이 등장하자 한혜진과 전현무는 놀라움
을 감추지 못했다.《엑스포뉴스, 2018.02.16》最后来
投宿的人一出现，韩惠珍和全玄武不禁惊呆了。

与舞台有关，汉语还经常用"上台、下台"比喻就职卸任，"拆

台"比喻搞破坏,"倒台、垮台"指崩塌瓦解,"下不来台"指在人前受窘,"唱对台戏"指对着干,"台柱子"指起重要作用的人。所以汉语多是用舞台来隐喻势力或人。

11.5.2.2 照明和音响

韩国语有汉字词"조명(照明)",指用光线来照亮物体,或者指那种光线,在影剧技术中特指用灯光照亮前台或场地等,如(26a)。"조명"还指从一定的观点来看待某个对象,如(26b),汉语一般用"关注"。

(26) a. 이번 연극에서 나는 조명을 맡았다. 这次话剧演出, 我负责灯光。

b. 현지 미디어의 집중 조명을 받았다.《뉴스엔, 2018.02.14》受到了当地媒体的集中关注。

韩国语还有汉字词"각광(脚光)",指设置在舞台内侧下方来照亮演员的光线,如果能够得到这种光线的照射,说明是舞台的中心人物,从而引申出了"社会的关心与兴趣",多与动词"받다、입다"结合形成惯用语"각광(을) 받다/입다",指受到大众的瞩目,如(27)。

(27) 광양시가…영화 촬영지로도 각광을 받고 있다.《광남일보, 2018.02.12》光阳市……也成了备受瞩目的电影摄影地。

韩国语里麦克风为外来语"메카폰"，多用于惯用语"메가폰을 잡다"，指担任电影、电视剧等的导演，如(28)，这是用特定动作来转喻职业。

(28) 장윤현 감독이 2013년 드라마 메가폰을 잡는다.《스포츠월드, 2013.02.18》张允现(音译)导演2013年开始拍摄电视剧。

11.5.2.3 幕

韩国语有汉字词"막(幕)"，指临时避风的房子，也指遮蔽某个地方的东西，主要指舞台的幕布，如(29a)；也指话剧的单位，如(29b)。"막을 열다[올리다]、막이 오르다"转喻舞台演出或活动开始，如(30ab)。反义结构"막을[막이] 내리다"转喻舞台演出或活动结束，如(30c)。

(29) a. 막을 치다 用幕布围起来。

　　　b. 이 연극은 2막 3장으로 구성되어 있다. 这部话剧分为两幕三章。

(30) a. 소유가 가수 인생에 제 2막을 열었다.《뉴스1, 2017.12.13》SOYOU开启了作为歌手的第二人生篇章。

　　　b. 제45회 강진청자축제 화려한 막을 올리다《뉴스메이커, 2017.07.31》第45届康津青瓷节拉开了华丽的帷幕。

　　　c. 연천DMZ국제음악제, 40여일간의 대장정 막을 내리

다.《국제뉴스, 2017.07.31》仁川DMZ国际音乐节结束了40多天的征程后落下了帷幕。

话剧的第一幕称作序幕，韩国语为"서막(序幕)"，比喻事情的开始或发端，如(31a)。惯用语"서막을 올리다"比喻某事开始，如(31b)。

(31) a. 통일의 서막을 열다 拉开统一的序幕。

　　　b. 평화의 서막 올리다 和平的序幕已经拉开。

幕布有多种类型，用来隔断舞台与观众的幕布一般分两层，第一层为"大幕、场幕"，第二层称作"二道幕"，有时也称作"内幕"。汉语"内幕"也可指妻子、孩子居住的地方，根据这种空间特点，所以"内幕"也比喻不为外人所知的事情、内容，与韩国语"내막(內幕)"同义，并且多指不好的情况。

韩国语还有"장막(帳幕)"，指在寒冷的地方用来挡光、遮蔽风雨而围起来的幕，如(32a)；也比喻用来隐藏某种事实或现象的事物，如(32bc)，有时虽然可以译成汉语"帷幕"，但有时需要意译。"흑막(黑幕)"指黑色的帐幕，也比喻没有露出来的阴险的内幕，如(33)。"장막"与"흑막"的比喻意义都是根据形态特点产生的。

(32) a. 장막을 치다/거두다 支/收帐篷

　　　b. 국가예산 편성과 심사 체계를 더이상 장막 뒤에 방치해선 안 된다.《동아일보, 2016.08.31》不能再让国家预算编制和审查体系躲在帷幕下而放任不管了。

　　　c. 성추행 '침묵의 장막'을 걷어내다.《주간경향,

2018.02.07》揭开对性骚扰保持沉默的真相。

(33) 서서히 드러나는 흑막 渐渐浮出水面的黑幕

　　幕的基本作用是遮蔽后面的东西，所以幕后的东西就无法显露，因此"막후(幕後)"比喻显露不出来的后面，如(34)，此时与汉语"幕后"意义一致。韩国语还经常形成"막전막후(幕前幕後)"结构，如(35)，与汉语"幕前幕后"同义。

(34) a. 막후실세 幕后势力

　　 b. 서대표께서 막후에서 성북동 어르신까지 조종하는
　　　 데.《불야성, 16회》徐代表在幕后连城北洞的老爷
　　　 子都操纵于手。

(35) 그 다섯 번째 경기의 막전막후를 살펴본다.《스포티비
　　　 뉴스, 2018.01.25》分析第五次比赛的幕前幕后。

　　韩国语里还有"현수막(懸垂幕)"，指剧场里垂下来的幕，但现在多指写有宣传性文字或口号的横幅。

11.5.3 播放形式

　　播放形式可分为直播和转播，直播韩国语为"생방송(生放送)"，虽然本身没有比喻意义，但有"인생은 생방송이다"，汉语"直播"虽然也没有比喻意义，但可直译成"人生是直播"，不过汉语多用否定结构的"人生没有彩排"。韩国语里彩排有汉字词"예행연습(豫行演習)"，如(36)。外来语"리허설(rehearsal)"一般不用

于比喻。

(36) 큰 일을 하기 위한 예행연습이라고 생각해.《내딸 금사
월, 17회》就把它当做是干大事前的彩排吧。

电视或广播播放时需要具有一定波段的频道，韩国语用外来语
"채널(channel)"，但现在"채널"也多用来比喻传达某事所形成的
方法或信息的途径，如(37)，汉语一般用"渠道"。

(37) a. 외교 채널 外交渠道
　　b. 대북 특사 같은 적절한 채널 类似于"对北特使"的合
　　　 适渠道

转播需要一定的视频影像或音频文件，其中"비디오"指视频
或录像，经常用于"안 봐도 비디오다"，意思是不用看也知道，如
(38)。

(38) 안 봐도 비디오네. 애를 얼마나 잡았으면 반쪽이 됐
어.《당신은 선물, 13회》不用看也知道. 不知道她是
怎么折磨孩子的，那孩子完全瘦了一圈啊。

11.6 乐器

11.6.1 总称

关于乐器，韩国语有"삼현육각(三絃六角)"，意思是三弦六角的各种乐器，也指"两根笛子(主笛、副笛)、대금(大笒)、해금(奚琴)、장구 腰鼓、북 鼓"等六种乐器的编成，如果动用了这些乐器，那真就是大张旗鼓了，有俗语"삼현 육각 잡히고 시집간 사람 잘산 데 없다"，意思是大张旗鼓、风风光光地出嫁的人没见过得好的，比喻奢华出嫁的人很多反而过得很不幸。

11.6.2 鼓

在口耳相传的社会里，鼓声是一种重要的传播渠道。相当一部分世界艺术、音乐、文学和治疗仪式都动用鼓手及其技艺(普罗瑟 2013:112)。前面第九章"9.2.3"已分析过萨满巫师举行跳神仪式时必不可少的工具就是鼓。鼓还用于战争、报时，因此可以说，鼓是过去人们生活中非常重要也是经常接触到的东西，所以中韩两国语言里出现了很多与"鼓"相关的表达。

汉语里与"鼓"有关的表达有"当面锣对面鼓、锣鼓齐鸣、紧锣密鼓、锣鼓喧天"等，这些表达都与锣鼓的声音有关。汉语还有"打退堂鼓"，因为中国古代地方官吏升堂办案时都要敲鼓，退堂不再受理案件时则要敲宣布退堂的鼓，所以"打退堂鼓"意味着不想干了。此外，"一鼓作气"基于擂鼓一般不是间歇式的而是长时间的，所以就有了一口气做完之意；"鼓足勇气"是基于鼓是硬邦邦的这种状态，而"响鼓不用重锤敲"则基于如果鼓好即使不用力敲也能发出很大声音这种常识。

韩国语里的鼓分为很多种类，代表性的有"북、뒷북、동네북、장구"等。

11.6.2.1 북

先看"북"，与鼓有关的动作是敲打，产生的结果是声音大，韩国语里与"북"有关的表达都与敲鼓的动作和声音有关，如惯用语"북 치듯"指胡乱敲打，如：

(39) 아내는 무엇이 불만인지 빨랫방망이로 빨래를 북 치듯 두드렸다. 不知妻子有什么不高兴的，她拿着棒槌像敲鼓一样猛力敲打衣服。

与敲鼓有关还有很多俗语，其中，"북은 칠수록 소리가 난다"意为鼓是越敲越乱，比喻吵架时越吵损失越大。"북과 아이는 칠수록 소리가 커진다"意为孩子和敲鼓一样，越打哭得越厉害，比喻要好好地哄孩子。这两个俗语都是从声音角度来看待敲鼓。此外还有俗语"북은 칠수록 맛이 난다"，虽然也是敲鼓，但意为敲鼓时越敲越有兴头，比喻不论什么事情都像敲鼓一样，越干越带劲越有好结果出现。三个俗语虽然都与敲鼓有关，但因为关注点不同所以产生了两类完全不同的意义。

韩国语还有两种特殊的鼓："뒷북"与"동네북"。其中"뒷북"可用于"뒷북이다"结构，如(40ab)，也可用于惯用语"뒷북을

치다", 如(40c); 有时也可用动词词组的名词形式 "뒷북 치기", 如(40d)。表达的意义与汉语 "马后炮" 一致。

(40) a. 너 왜 뒷북이야. 갈아탔어.《빛나라 은수, 25회》你怎么马后炮啊？(你哥)换人了。

b. 너는 경선은 다 끝나는데 웬 뒷북이야? 이미 총선 물 건너간 것 몰라?《최고의 연인, 40회》你不知道竞选已经结束了吗？怎么又马后炮(写什么竞选演说词)？不知道大选已经没戏了吗？

c. 혼자만 뒷북 쳐?《당신은 선물, 37회》独自马后炮啊？

d. 분위기 파악 못하고 뒷북 치기 전문이거든요. 자기 멋대로고.《월계수 양복점 신사들, 19회》她一点也不知道看氛围，总是爱马后炮。按自己的想法乱来。

"동네북" 可单独使用，基本义是社区内大家共同使用的鼓，因为在过去每个村落都有自己的农乐队，都会表演 "사물놀이"，所以都需要 "장구"。因为是集体的东西，所以可以随便敲，在这基础上产生了比喻意义，指许多人可以随便打或欺负的人，可用于陈述句，如(41a); 也可用于否定句，如(41b); 也可用于反问句，如(41c)。

(41) a. 여기 가서 터지고 저기 가서 터지고 동네북이 따로 없다.《폼나게 살 거야, 6회》在这儿挨一顿，到那儿挨一顿，简直就是破鼓一个。/这是破鼓乱人捶啊。

b. 형님한테 엄청 따졌어요…우리는 동네북이잖아

요. 《가족을 지켜라, 113회》被大嫂训了一顿……我
们就是家里的破鼓啊，(谁都可以锤)。

c. 한낱 직원이지만 이렇게 매일 괴롭힘을 당해서야 누
가 여기서 일하고 싶겠어요. 제가 무슨 동네북입니
까?《최고의 연인, 63회》虽然我只是一个小员工，
但是每天这样被折磨过来折磨过去的话，谁还想在
这儿干活啊？我是这里的破鼓吗?(可以乱人捶)。

汉语里也有类似的表达，不过不是"社区里的鼓"，而是"破
鼓乱人捶"，这也是源于对生活的观察所产生的意义，一般情况下，
崭新的鼓大家多是围着看，不敢上前乱敲，怕敲坏了赔。但如果是
架破鼓，这种顾虑就会小的多，所以都会上前敲两下。从结构上来
看，汉语"破鼓乱人捶"是惯用结构，很难再拆开进行变形使用，
而韩国语的"동네북"却可用于多种结构，比较灵活。

韩国语"동네북"还有惯用语"동네북 치듯 하다"，意义与
"북치듯 하다"相近，指大家拥上来乱敲，如(42)。

(42) 정치인에게 … 이유 없이 몽둥이를 들고 동네북 치듯 한
다면 그건 용서할 수 없다.《동아일보, 2005.06.15》如
果对政治人士……不问青红皂白就拿着棍子来乱批乱
斗的话，那将是无法原谅的。

与"동네북"类似，"북"还有很多灵活用法，如电视剧《빛나
라 은수, 24회》中，当수호受了很多人的气之后，说了下面的话，如
(43)，这句话用了"윤가식품 북"是"公司名称+북"。

(43) 내가 윤가식품 북이야? 왜들 이래? 我是尹家食品的鼓
吗？为什么大家都这样(来敲打我)？

与鼓有关，韩国语还有俗语 "만득이 북 짊어지듯"，其中 "만
득(晚得)" 指老生子，俗语意思是背着的东西又圆又大，看起来非常
不舒服的样子。

鼓除了作乐器，过去也用作通报时间的工具，称作 "전루북(傳
漏-)、전루고(傳漏鼓)"，俗语 "전루북에 춤춘다" 意思是听到通报
时间的钟声后误以为是乐鼓的旋律而跳起舞来，比喻很蠢，只知道
无缘由、不明就里地高兴。

11.6.2.2 장구

"장구" 也是一种鼓，其意义比较多，如 "맞장구 치다 附和"。
"장구" 也可多用于俗语中，其中 "장구 치는 사람 따로 있고 고
개 까닥이는 사람 따로 있나" 指当将自己能干的事情分摊给没有任
何关系的人时，对方表示反对时说的话。"장구를 쳐야 춤을 추지"
意思是只有敲鼓才能跳舞啊，比喻只有在旁边加油、帮忙才能做
好。

与 "장구" 有关，还有 "날장구" 指白白敲的、无用的鼓，经
常用于 "굿 뒤에 날장구"，如(44)。

(44) 굿 뒤에 날장구 격으로 허탈해진 A 씨에게 경찰이 제안
을 했다. 《노컷뉴스, 2017.11.30》警察对失望的A某提
了一个马后炮似的建议。

因为巫婆跳大神时要伴着腰鼓跳舞，俗语"장구 깨진 무당 같다"意为像腰鼓破了无法跳大神的巫婆一样，比喻人没了兴致、力气，瘫成一团。

以上腰鼓的相关表达多与歌舞有关，腰鼓也可以用来形容人。例如，汉语有"腰鼓兄弟"，比喻兄弟辈里居中的那一个较差，这是从腰鼓两头大中间小这一特点而产生的比喻意义，这里的腰鼓指古代腰鼓，而不是两头小中间粗的现代腰鼓。不过韩国语里的腰鼓也可借用腰鼓两头大的形态特点来比喻人的长相，脑门特别大的人一般称作"짱구 머리"，其原型是"장구머리"，之后发生变音成了"짱구머리"，而后又省略了"머리"，最终成了"짱구"（조항범 2014：151-152）。有时也称作"장구대가리"。但《표준국어대사전》中只收录了"짱구"，"장구머리"用作了建筑用语。也就是说，汉韩两种语言在比喻人时，虽然都利用了腰鼓的形态特点，但中国人的关注点在"腰鼓中间的腰很细"之上，韩国人的关注点在"腰鼓的两头很大"之上，关注点的不同导致所形成的语言表达与意义出现不同。

11.6.3 喇叭

11.6.3.1 "나발"与"나팔"

"나발"与"나팔"都意为喇叭。其中，"나발"还用来比喻叽叽喳喳、说个不停的嘴，是一种俚语，另外，也用于"…이고 나발이고"结构，用来贬低前面的名词，并借此来强调后面的叙述词的否定意义，如：

(45) a. 그는 돈이라면 품위고 나발이고 다 필요 없는 사람이다. 只要是给钱，他就不管什么品位不品位的了。

b. 꿈이고 나발이고 남들이 부러워하는 직장을 갖고 먹고사는 것 장땡이야.《왕가네 식구들, 12회》别管什么梦想不梦想的，找一个别人艳羡的职业养活自己才是最好的。

c. 죄송이고 나발이고 난 그쪽 봐도 안 보인 것이고 못 봐도 안 보인 것이야.《우리집 꿀단지, 52회》不管你说什么对不起还是过意不去，以后不管是看到你还是看不到你，我都当是没看到。

d. 민 선생님이 언제 반성이고 나발이고 할 기회라도 줬느냐면서 이런 거 다 엉터리라고 신문을 막 집어 팽개치던 걸요.《전상국, 퇴장》闵先生一边说什么时候给机会让大家反省或干什么了，一边说这些都是瞎胡闹，然后把报纸抓起来扔了。

e. 최 사장인지 나발인지가 왔다면 틀림없이 도둑 낚시질 때문일 텐데, 그건 천만의 말씀이었다.《윤흥길, 완장》如果认为：那个叫崔社长还是叫什么的人来过，肯定是来偷偷钓鱼的，那这种想法可就错了。

　　如上，在"…이고 나발이고"结构中，前面的名词可以是"품위、꿈、죄송、반성"等抽象名词，也可以是"사장"类表人名词。

　　"나발、나팔"可能产生的动作是吹，因此与动词"불다"形成了惯用语"나발/나팔（을）불다"，有五个意义，具体如表2所示：

[表2] "나발/나팔을 불다" 的意义

	意义	例句	对应汉语
1	随便说一些不合适的话。	길거리에서 지나가는 사람 붙들고 '내 남편이 나쁜 사람이다' 광고하고 나팔이나 불지. 《사랑이 오네요, 75회》你怎么不到大路边拉住过路的人向他们吹着喇叭宣扬"我老公是个坏蛋"啊?	吹着喇叭
		사촌오빠분 이혼 숙련기 지나면 바로 날 잡을 거라면서 벌써 동네방네 나팔을 불고 다닌대요. 《사랑이 오네요, 106회》她已经到处打广告了, 说是你表哥离婚调解期一过就定日子结(第二次)婚。	打广告
		나발 불지 말고 잠자코 있어. 你别胡说, 老实呆着。	胡说
2	说话极度夸张。	어디서 그런 가짜를 진짜라고 나발을 불어? 你竟敢在这里胡吹, 把假的说成真的?	胡吹
3	整瓶喝酒或饮料。	왜 나발을 불어? 《혼술 남녀, 10회》你怎么吹起瓶来了? 소주를 병나발로 마시다. 对着瓶口喝烧酒。	吹瓶、对着瓶口喝
4	坦白某种事实。	시치미 떼. 알겠니? 나발 불었다가는 우린 끝장이다. 要装不知道。明白吗?你要招了, 我们就全完了。	招
5	小孩放声大哭。	갓난아이가 아까부터 계속해서 나발을 분다. 刚出生的婴儿从刚才开始就一直在大声哭。	大声哭

"나발을 불다"的第1个意义用于肯定句时, 译成汉语可以是"吹着喇叭"或"打广告", 但当用于否定句时, 一般译成汉语用"胡说"。当用于第2个意义时, 汉语用"胡吹", 与"吹"字有关。当用于第3个意义时, 汉语一般用"对瓶吹"或"吹瓶", 并且还产生了合成词"병나발(瓶喇叭)", 有惯用语"병나발(을) 불다"。当用于第4个意义时, 汉语用动词"招"。当用于第5个意义时, 汉语用"大声哭"。

如上，在表示这些意义时汉语经常用的是"胡说、吹、招、哭"等动词，很少直接用"吹喇叭"来表达。不过，汉语"吹喇叭"也有比喻意义，如(46)，这里"吹喇叭"指的是说好话，唱高调，夸张。之所以产生这些意义，源于喇叭的宣传作用。汉语"喇叭"也用于歇后语，如：对着窗户吹喇叭——名声在外、窗棂里吹喇叭——名声在外、旗杆上吹喇叭——响(想)得高！

(46) 绝不能搞"有偿新闻"，绝不能谁给钱就为谁吹喇叭、抬轿子，甚至笔下生花、隐恶扬善、无限夸大、蒙骗视听。《北大中文语料库》

11.6.3.2 喇叭的种类

韩国有一种喇叭称作"당나발(唐喇叭)"，比普通喇叭大，多用来嘲笑那些因为高兴而咧大的嘴，如(47a)。"당나발"也比喻嘴巴肿得很厉害，如(47b)。韩国语"당나발"之所以产生这两类意义，是因为韩国人关注的是喇叭的形态特点。汉语也有类似的表达，如"大喇叭"，多比喻乱传话，如(48)，之所以产生这种意义，是因为中国人关注的是喇叭的功用，所以一般无法与韩国语"당나발"对应。

(47) a. 쏟아지는 칭찬에 입이 당나발이 되었다. 听到大家的赞扬声，他的嘴不禁咧到了后脑勺。

　　 b. 입술이 당나발처럼 부어오른 선비가 겨우 입을 놀린다.《농민신문, 2013.05.13》嘴肿得像猪嘴似的书生勉强张开了嘴。

(48) 她真是个大喇叭，听到什么就传什么。(网络)

韩国语还有"개나발(-喇叭)"，贬称不合事理的胡话或没用的话，如(49a)。有惯用语"개나발(을) 불다"，如(49b)，译成汉语时，可以用"大喇叭"，但后面必须添加"到处乱说话"以使其与"개나발"的比喻意义相符合。因为汉语"大喇叭"是对"乱传话"这种动作的否定，而韩国语"개나발"是对"胡话、无用的话"等话语本身的否定。

(49) a. 개나발 같은 소리 하지도 마라. 别胡说八道。
　　 b. 그 친구 개나발 불고 다니더니 크게 혼났군. 那个朋
　　　　友就是个大喇叭，到处乱说话，结果吃了大亏。

韩国语里打呼噜的人称作"코나팔(-喇叭)"。不用勺子，反而端着碗吸溜着喝粥，在朝鲜语里叫作"죽나발(粥喇叭)"[01]，惯用语"죽나발만 불다"有两个意义，可以指吸溜着喝粥，也可以指只喝粥。朝鲜语还有"전쟁나발(戰爭喇叭)"，指怂恿发动战争或让别人去战场的话。

11.6.3.3 鼓、腰鼓、喇叭连用
韩国语"북치다、장구치다"可以连用成"북치고 장구치고"结构，比喻自娱自乐，如(50)，汉语可以用"敲锣打鼓"。

(50) 지들끼리 북치고 장구치고 김치 담궈 신나! 신났어!《내

01　韩国人喝粥都是用长柄勺舀着喝。

딸 금사월, 15회》他们自己敲锣打鼓地腌泡菜腌得正
高兴呢！嘻嘻哈哈地！

有时"북치다、장구치다、나팔불다"三者可以连用，如：

(51) 허세달: 하여간, 지 혼자 북치고 장구치고 나발 부는데
뭔가 있다니까. 反正，你很擅长一个人吹拉弹
唱啊。
왕호박: 뭘? 뭘 내가 혼자 북치고 장구치고 나발까지 불
어? 什么？我一个人吹拉弹唱什么了？
허세달: (배를 만지면서)첫째도 너 혼자 말없이 얼렁뚱
땅 북쳤지, 둘째도 의논 한 마디 없이 어느 날
에 갑자기 얼렁뚱땅 장구쳤지. 셋째까지 나 몰
래 얼렁뚱땅 나발 불렀다 이 말이야?《왕가네
식구들, 6회》(摸着왕호박的肚子)老大是你一
个人不声不响地怀上的，老二你也没和我商
量一声就突然怀上的吧。连老三也是你偷偷
地浑水摸鱼似地怀上了，是吧？

上面是허세달与왕호박夫妻间的对话，"북치다"与"장구치
다"连用，并且后面还加上了"나발 불다"，意为又是敲锣，又是打
鼓，还外带着吹喇叭。这些动作与汉语的"吹拉弹唱"从结构上可
以对应，所以前面两句话可以译成"吹拉弹唱"，但第三句话中直接
被拿来比喻怀孕，所以只能意译。

从上面可以发现，在用乐器举行活动时，韩国一般是"북、장
구、나발"三大样，而汉语一般是"锣、鼓"，这从汉语"敲锣打

鼓、锣鼓齐鸣"等中也可见一端。

11.6.4 玄鹤琴、伽倻琴

韩国有一种古琴称作"거문고",与汉语的"玄鹤琴、宣和琴"类似。对琴来说,最重要的就是琴弦,所以"줄 없는 거문고"比喻无用之物。汉语里与琴弦有关主要有"改弦更张、缺根弦、续弦"等。

与"거문고"有关有成语"해발휴금(解髮携琴)",意思是把头发披散开,怀抱古琴,这个成语来自于新罗第十代王时期(195-230年)的"물계자(勿稽子)",他立战功却不被重用,所以弃世入山,表达的是人生虚无之意(《삼국유사(三國遺事)》《삼국사기(三國史記·열전 제8)》)[02]。与"거문고"有关还有俗语"거문고 인 놈이 춤을 추면 칼 쓴 놈도 춤을 춘다",意思是看到头顶宣和琴的人跳舞,头戴枷锁的人也跳舞,比喻自己处境非常不好但还模仿别人,只能成为人们的笑料。

韩国还有"가야금(伽倻琴)",与此相关有俗语"씨 보고 춤춘다、오동 씨만 보아도 춤춘다、오동나무만 보아도 춤을 춘다",意思是看到梧桐树的种子就想象梧桐树长成后做成的伽倻琴而禁不住跳起舞来,比喻操之过急。

弹琴的人称作"슬인(瑟人)",有俗语"슬인 춤에 지게 지고 엉덩춤 춘다",意思是看到鼓瑟之人跳起了舞自己也不禁背着背架扭起屁股跳起了舞,比喻人云亦云、人趋亦趋的愚蠢行为。

如上,与"거문고、가야금、슬인"有关的这五个俗语其实反

02　http://blog.naver.com/hjh044/220702728833

映了韩国人能歌善舞的民族性格。

11.6.5 钹、铃铛、摇铃

韩国还有一种乐器叫做"솔발(鐸鈸)"，如图1所示，主要用来发布军令或发出警告信号，惯用语"솔발(을) 놓다"指晃铃铛，还比喻四处传播别人的秘密，"솔발(을) 치다"比喻将自己发现的东西大声地广而告之。

与"솔발"相关的还有"요령(鐃鈴/搖鈴)"(图2)，可以指"솔발"，也指佛教的法具，因为形状比较难看，所以"요령 도둑놈"比喻长相凶恶、眼球突出、总是瞪眼的人。

韩国语还有"방울"(图3)，指铃铛或念经时击打用的铜制或铁质东西，多用于惯用语中，其中"닦은 방울 같다"比喻眼睛亮闪闪的漂亮东西，也比喻聪明伶俐的小孩。"방울을 굴리듯"比喻声音或嗓音清脆好听。

[图1] 솔발　　　　[图2] 요령　　　　[图3] 방울

(以上图片均来自《표준국어대사전》)

11.6.6 其他乐器——笛子、箫、琵琶、钟

韩国语里笛子为"피리"，有惯用语"피리를 불다"，俗指在后面怂恿、操纵，如(52a)。而"가죽피리"是放屁的隐语。有时"피리"单独用也具有消极意义，如(52b)。

(52) a. 그에게 피리를 불 사람은 안승학이밖에 없지 않은
가…….《이기영, 고향》我觉得蛊惑他的人只有安
乘鹤……
b. 호주 쇠고기가 일본 피리에 놀아난 것은 물론이
다.《이어령, 축소지향의 일본인》当然是澳洲牛肉
被日本给耍了。

韩国语里箫为"퉁소"，有俗语"방안의 퉁소"，意思是在家里吹的箫，比喻在家里、周边表现很好，但一到外面，表现就非常差，如(53)。有时也用"방안 장군"。

(53) 러시아 월드컵 성적 올리려면, '방안퉁소' 축구팬을 텅빈
경기장으로 불러내야 한다.《시빅뉴스, 2017.12.02》如
果要想提高俄罗斯世界杯的成绩，就要把"国内"的足
球迷们叫到空空如也的赛场上来。

韩国语里琵琶为"비파(琵琶)"，有俗语"비파 소리가 나도록
갈팡질팡한다"，意思是来回走路使裤裆里发出啪啪的声音，比喻遇到某事不知如何是好地转来转去的样子。

还有一种乐器是"钟"，韩国语为"종(鐘)"，相关的有"경종(警鐘)"，指用来告知危急事情或紧急状态的钟或警报信号，如

(54a)；也比喻对错误或危险的事情提出的注意和忠告，多用于惯用语"경종을 울리다/일으키다"，如(54bc)。汉语"警钟"也有类似意义，可以对应。

(54) a. 경종을 두드리다 敲响警钟。

b. 한국 자동차산업에 경종 울린 한국 GM 군산공장 폐쇄《매일경제, 2018.02.14》敲响韩国汽车产业警钟的韩国GM群山工厂的倒闭

c. 최근 우리사회에 교통안전의 경종을 일으킨 사고를 한번 돌이켜 보는 것…《아시아뉴스통신, 2016.08.08》回顾一下最近给我们社会的交通安全敲响警钟的事故……

11.6.7 乐器与动植物

《吕氏春秋·古乐篇》记载了葛天氏的乐八章，其中有内容为"昔葛天氏之乐，三人操牛尾，投足以歌八阕……"，意思是三个人唱，拿着牛尾，踏着脚(朱自清 2011/2016:32)。这种唱歌拿着牛尾的现象在韩国语里也有类似的反映，但意义不同。例如，俗语"개꼬리 잡고 춤을 춘다"表达的是性急之意。之所以产生这样的俗语，是因为过去韩国的"장구 腰鼓"等多用狗皮做成，性急的人等不及杀狗、剥皮、做鼓等一系列的工艺完成，就迫不及待地拽着狗尾巴来跳舞了。与这种文化有关，韩国语还有俗语"개꼬리 잡고 선소리 하겠다"，意思是该抓着狗尾巴唱歌了。

在表达类似意义时，还有与植物梧桐树[03]有关的两个俗语"오동 씨만 보아도 춤춘다、오동나무만 보아도 춤을 춘다"，因为梧桐树质地很轻，纹路漂亮，不易变形，所以多用来做"거문고"、衣柜和木屐等。上面俗语的意思是看到梧桐树的种子或者看到梧桐树，就联想到了宣和琴，并由此联想到了跳舞，比喻太操之过急。其中，"오동 씨만 보아도 춤춘다"还比喻看到经历很多阶段才能想象到的事物的征兆，就像已看到结果一样高兴不已。

与韩国人抓狗尾巴类似，汉语有"吹牛皮"，因为牛皮是做成鼓用来敲打的，而不是用来吹的，所以"吹牛皮"本义是不搭调。

11.7调、节拍、节奏

不管是演唱歌曲、表演戏剧，亦或是乐器弹奏，都需要语言，而这就涉及调子、节拍、节奏等相关问题。这些相关的语言表达在日常生活中也都产生了比喻意义。

03　关于梧桐树，中国有一个风俗，那就是家里有女儿出生后，父母就会在家里种上梧桐树，等树长成后，也到了女儿出嫁的时候，所以就把梧桐树砍了给女儿做嫁妆。박태순(2009/2010:350)认为韩国也有此类风俗。与这种风俗有关，汉语有"栽下梧桐树引来金凤凰"的说法。

11.7.1 调子

韩国语里与"调"有关出现了一系列词语，这些词语中"조(調)、고조(高調)、저조(低調)、동조(同調)"等都还有具体意义，但"난조(亂調)、호조(好調)、쾌조(快調)、순조(順調)、역조(逆調)"等已没有具体意义，只有比喻意义，如表3所示：

[表3] 与"调子"有关的汉字词

词语	意译	例子
조	音调	조가 틀리다 音调错了。
	以"-는 조로"的形式来表达语气或态度等。	비꼬는 조로 이야기하다 用嘲笑的语气/口吻说话。
고조	音调高。	고조의 노래를 부를 수 없었다. 唱不了调子高的歌曲。
	比喻思想、感情或势力等成熟或高涨，或者那样的状态。	각 당사국이 한반도의 긴장을 고조시키는 행동을 피함으로써 정세의 전환(긴장완화)을 위해 공동으로 노력해야 한다.《동아일보, 2016. 09. 04》各当事国应避免采取加剧半岛紧张局势的行动，为缓解紧张局势共同做出努力。두 나라 사이의 전쟁 위기감이 고조되다 两个国家间的战争危机一触即发。역전의 기미가 보이자 관중석의 열기가 점차 고조되어 갔다. 一看到有逆转的迹象，观众们越来越激动。
저조	调子低。	저조의 노래 音调低的歌曲
	比喻活动或感情停滞、不旺盛。	연구 활동의 저조 研究活动的低迷
	比喻效率、成绩不高。	시청률 저조 收视率低潮；출석 저조 出席率不高；실적이 저조하다 成绩不好

동조	同一个调子；文学上指诗的音律一致，物理学上指调节固有的振动波和频率使引起共鸣；比喻使自己的意见与他人的主张一致或步调一致。	사상적인 동조 思想共鸣；그의 말에 동조를 보내 주다. 对他的话表示深有同感；동조적 자세 同一姿势；동조적인 태도를 보이다. 表现出同样的态度。
난조	比喻不在正常状态或失去调和的状态。	박성현은 최근 이어진 강행군을 이겨내지 못하고 경기 후반 극도의 난조를 보였다. 《동아일보, 2016.09.26》朴城炫因最近连续不断的急行军而受影响，在后半场比赛中出现了大量失误。컨디션 난조로 고생하는 차준환 因状态失调/不佳而备受折磨的车俊焕
호조		중국 경기 지표 호조 中国经济指标出现好转。
쾌조	情况或状况等处于非常好的状态。	이승훈이… 남자 5000m 경기에서 쾌조의 출발을 했다. 《아시아투데이, 2018.02.12》李成勋……在男子5000米比赛中表现良好。
순조	比喻事情没有任何问题地、按照原定计划进行。	고구려가 제법 도리를 아는 나라와 같네. 일이 순조로 되는 걸 보니…….《홍효민, 신라 통일》高句丽看来是个通事理的国家。从事情进展比较顺利来看……
역조	比喻事情沿着非常不好的方向发展。	대중국 김치 무역 적자액은 1억 2104만 달러로 ‘무역 역조’가 심각한 수준이다. 《천지일보, 2017.02.18》对中国的泡菜贸易赤字达到1亿2104万美金，贸易逆差已经到了非常严重的水平。

　　如上，这些与曲调有关的汉字词用于比喻意义时主要比喻事情、情况等的状态，主要分为两种类型，第一种类型是"조、고조、저조、동조"，它们的比喻意义是从具体意义引申出来的，并且这些词语在汉语里有的有同形词。但与"调"有关，汉语多用"不着

调",具体意义是不合乐调,也有比喻意义,指不正派、没规矩(《辞海》),现在也多用来比喻言行离谱、不专一等。所以与"조"对应的多是"语气、口吻"等。汉语里"高调"多用于"唱高调",比喻发表似乎高明但脱离实际的论调或说得很好听而不实际去做。所以韩国语"고조"一般需要根据语境意译,如"加剧、一触即发、越来越激动"等。汉语"低调"多指音量小,或者比喻不愿张扬,所以"저조"对应的多是"低迷、低潮、不高、不好"等。汉语虽然有"同调"比喻志趣或思想相同,但现代汉语基本不用,所以与"동조"对应的多是"共鸣、同感、同一、同样"等。

第二种类型是"난조、호조、쾌조、순조、역조",这些词只有比喻意义。其中"순조"多形成派生形容词"순조롭다"。并且这些汉字词在汉语里有的没有同形词,对应的汉语分别是"失误、失调、不佳""好转""良好""顺利""逆差"等。

韩国语里表示低音域的还有外来语"베이스(bass)",指男声的最低音或那样的歌手,还指属于低音的乐器等。惯用语"베이스(를)넣다"比喻在旁边帮别人说话。

11.7.2 节拍

韩国语里与节拍有关主要有两种表达形式,都是汉字词。其中一个是"박자(拍子)",与汉语"拍子"同义,有惯用语"박자가 맞다",与汉语"合拍"一样,都比喻和谐,如(55)。不过,韩国语还有"엇박자(-拍子)",意为与原有节拍不合的拍子,目的多是为了演出某种特殊效果,也比喻做某事时志不同道不合,如(56),汉语有时也用"不和谐音"来比喻类似意义,与韩国语对应的有时是"不合拍、问题"等。

(55) 소희언니, 나랑 박자가 맞아서 너무 좋아요.《그래 그런
　　　거야, 22회》苏姬姐，你和我很合拍/对脾气/投脾气，
　　　真好。

(56) a. 사실 금융위와 국토부 간의 이 같은 엇박자는 이번이
　　　　처음이 아니다.《서울경제, 2018.02.05》实际上金融
　　　　委和国土部之间所发生的不合拍事件这已经不是第
　　　　一次了。

　　　b. 생필품 가격이 뛰어오르는 등 수요와 공급이 엇박
　　　　자를 내고 있다…현장의 여론을 외면할수록 엇박자
　　　　만 날 뿐이다.(网络)供需出现问题，生活用品价格
　　　　暴涨……如果不听取生活现场的舆论，只会问题频
　　　　出。

　　韩国语里表达节奏的第二个汉字词是"장단(長短)"，可用于基
本义，如(57a)，有惯用语"장단(을) 치다"指和着歌曲的拍子打鼓
或敲长鼓。"장단"还比喻在背后对别人的行动进行煽动，如(57b)。
惯用语"장단(이) 맞다"不仅有基本义，指合拍，也有比喻意义，
指一起工作时非常协调，如(58)。惯用语"장단(을) 맞추다"比喻
附和别人，如(59)。汉语虽然有"长短"，但不表达节奏意义，所以
"장단"的比喻意义和惯用语意义多需要意译。

(57) a. 그는 장단에 맞추어 학춤을 추었다. 他踩着拍子跳起
　　　　了鹤舞。
　　　b. 남의 장단에 놀아나다. 被他人操纵。

(58) 이야기란 하는 사람이 물론 잘해야 하겠지만 듣는 사람
　　　도 잘 들어야만 장단이 맞는 법이니….《이기영, 봄》讲

故事这件事，虽然讲的人要会讲，但听的人也得好好
听，才配合默契。

(59) a. 그렇다고 팀장님까지 거기에 장단을 맞추면 어떻게
요?《아이가 다섯, 11회》就算是这样，但是系长你
也来附和我的话，怎么能行啊？

b. 오빠 시키는데 장단 좀 맞춰줘.《우리집 꿀단지, 1
회》哥哥让我们做，我们就装装样吧。

与节奏有关，还有俗语"그 장단 춤추기 어렵다"，意思是节奏
太复杂，无法按照节奏来跳舞，有两个比喻意义，可以比喻安排的
工作不明确，总是变来变去，让人不可捉摸；也比喻主管某事的人
太多，不知该听谁的好，用于此意义时多用于反问形式，如(60)。

(60) 어느 장단에 춤추랴？不知道该听谁的?

韩国语还有惯用语"북장단을 치다[추다/맞추다]"，比喻能
根据情况很有主心骨地处理问题，如(61)。此外，还有"시러베장
단"，其原型是"실(實)+없-+-의+장단"，发音是[시러베의 장단]，
后来发展成合成词，贬称没有实际内容的话或行动，如(62)。俗语
"시러베장단에 호박 국 끓여 먹는다"比喻与不切实际的人做奇怪
的事情。

(61) 모든 일에 북장단을 치는 그는 믿음직하다. 所有的事情
他都能审时度势地处理好，所以很值得信赖。

(62) 너는 어찌 그놈의 시러베장단에 어깨춤을 추고 난리냐?
你怎么跟着那小子的无厘头瞎胡闹啊？

11.7.3 가락

"가락"指通过嗓音的高低或短长而感觉到的话的感觉，如
(63a)；也用于数量词后，指曲调，如(63b)；也指音乐的旋律，如
(63c)。

(63) a. 그의 음성은 약간 처량한 가락을 띠었다. 他的声音有
一丝凄凉的味道。
b. 목청을 돋우어 육자배기 한 가락을 구성지게 뽑았다.
清清嗓子唱了一首动听的六字谣。
c. 우리의 전통 가락 我们的传统音乐

"가락"有很多惯用语，其中"가락(을) 떼다"指开始实行有
兴致的事情，或演奏音乐。"가락(이) 나다"比喻干活的氛围或效率
上来了。"가락(이) 맞다"指律动或节拍配合得很好，如(64a)；也
比喻行动配合得很好。"가락을 받다"指按拍子来打，也指跟着别人
的声音或歌曲后面接着唱，如(64b)。

(64) a. 발 한 번 떼는데 가락이 맞고 어깨 한 번 치키는데 장
단이 맞는 진짜 춤이었다. 《마해송, 아름다운 새벽》
那是一招一式都合乎节拍的真正的舞蹈。
b. 무녀가 가락을 놓치자 장구재비가 가락을 받았다. 舞
女错过了旋律，打鼓的赶紧接了过来。

11.7.4 乐器与节奏

这里主要分析有比喻意义的乐器节奏。其中,"이중주(二重奏)"指两个乐器的合奏,比喻配合得很和谐,如(65)。

(65) 둘이서 한마음…아름다운 '스키 2중주'《동아일보, 2016.10.30》两个人融为一体……演绎出了美丽的"冰上二重奏"。

"변주(變奏)"指以某个主题为基础将旋律、和音等加以改变来演奏,或那样的演奏,如(66)。类似的还有"반곡(變曲)",也用于比喻,如(67),汉语多用"唱反调"。与此相关,"변곡점(變曲點)"指变曲点,如(68),汉语一般不用"变曲点",多用"转折点、拐点"等。

(66) 한국에는 광장 문화가 없다. 시대 흐름에 따라 정치색을 변주해 왔을 뿐이다.《동아일보, 2016.10.07》韩国没有广场文化。只不过是随着时代潮流变换了政治色彩而已。

(67) 니들이 말을 잘 들은 것 같으면서도 은근히 반곡이야.《사랑이 오네요, 63회》你们看着好像挺听话,但是却总是唱反调啊。

(68) a. 인생의 변곡점을 맞이한다. 遇到人生的转折点/拐点。

　　b. 주말의 변곡점 周末拐点

"쿵짝"是个拟声词,源于管铜乐大号的节奏,后来成为音乐

名称，多受老年人的喜爱，这个词后来多与"맞다"结合，表示步调一致，如：

(69) a. 둘이 쿵짝이 맞아 떠들다가 춘향이 몽룡이라는 것 발견하고 놀란다.《쾌걸춘향, 1회》两个人你一言我一语地聊着聊着，春香看见梦龙来了后，一下子呆住了。

b. 명진그룹 창업 회장님과 쿵짝 잘 맞는 모양이나 보지. 看样子，他这是和名进集团的第一代会长一拍即合啊。

c. 나만 왕따 시키면서 둘이 쿵짝 맞아떨어질 때가 언제고.《폼나게 살 거야, 23회》你们撇开我光两个人在一起，那是什么时候来？

"땡"指敲打形体较小的钟或铁质器皿时发出的声音，可与"-하다"结合，比喻结束，如：

(70) 누군 밥 한끼 딸랑 사고 땡 하는데.《쾌걸춘향, 14회》不知是谁，只请我吃了一顿饭，然后就拉倒了。

韩国语里铁制品、铃铛、钟、风铃、马铃等晃动时产生的声音为"뎅그렁"或"뗑그렁"，有俗语"만날 뗑그렁"，意思是每天嘟个里嘟地唱，比喻生活富裕没有一点愁事。

韩国语里鼓声叫作"덩더꿍"，惯用语"나도 덩더꿍 너도 덩더꿍"比喻人们互相对立，互不相让地对峙。汉语里类似的有"当面锣对面鼓"。

11.8 乐谱、剧本

音乐还需要乐谱，中国北方方言有"靠谱、不靠谱、打谱、心里有谱、离谱"等表达，现在已经成了后现代流行词汇。2010年8月19日下午，微博纷纷热传一种带"靠谱"字样的图片，"靠谱体"就这样横空出世了[04]。此外，还出现了"靠谱度"。

韩国语里乐谱为"악보(樂譜)"，乐谱中有表示反复的记号为"D. C."与"D. S."，韩国语里称作"도돌이표(---標)"，也用来作比喻，如：

(71) 여야는 정권이 바뀌자 공수만 바꾼 채 '도돌이표 공방'을 벌였다. 《동아일보, 2017.06.21》政权一发生变化，执政党与在野党又开始了"反复性的攻击和防备"，只不过是相互间的攻守位置发生了变化而已。

韩国语里剧本为"각본(脚本)"，指为戏剧、电影等所写的文章，具体记录演员的动作、台词、舞台装置等，也比喻计划，如(72)。其近义词"극본(劇本)"只有具体意义。

(72) '…죽이기'는 잘 짜놓은 각본처럼 일사천리로 전광석화처럼 진행되었다. 《세계일보, 2021.09.12》"弄死……"这件事就像写好的剧本那样在电光石火之间开展得又快又顺。

04　引自《辞海》。

11.9 曲艺与人

韩国语里假面舞、人偶剧、踩钢丝、杂耍、盘瑟里等的专职演艺人员称作"광대"，由于他们在表演时需要化妆，所以"광대"也用来指化妆，多用于"광대를 그리다 画脸"；"광대"也指跳假面舞时的面罩，用于此意义时有惯用语"광대 끈 떨어졌다"，字面意义是表演时面罩带子掉了，比喻一筹莫展，无处可依，类似的还有"끈 떨어진 뒤웅박[갓/둥우리/망석중이]、턱 떨어진 광대"；此外还比喻没有任何用处。

韩国语里话剧演员称作"연극배우(演劇俳優)"，也俗称"연극쟁이(演劇--)"，也用来贬称那些过度修饰自己的言行而有点像演戏一样的人。

欣赏曲艺时也有能力之分，例如，听中国戏剧时有的人能听懂，有的人则听不懂，韩国人中能欣赏"판소리"的人被叫作"귀명창(-名唱)"，如(73)。如果人人都善唱，韩国语称作"개개명창(個個名唱)"，有时也用来嘲笑大家都不会唱歌，或者嘲笑所说的话都不着边，如(74)。

(73) 창극은…귀명창들의 사랑을 받으며 면면히 이어져 왔다.《문화일보, 2017.11.10》唱剧……在票友们的追捧之下延续至今。

(74) 넌 어째서 하는 소리가 그렇게 개개명창이냐. 你怎么说的话都那么不着边际啊？

如果非常着迷曲艺，韩国语用"음악 마니아、영화 마니아"，其中"마니아(mania)"指着迷于某事的人或所着迷的事情。

11.10 小结

曲艺语言中与歌曲、戏剧、演出以及调子、节拍、节奏有关的语言表达很多已发生了语义变化，可以扩大到日常生活中，这是曲艺对日常生活的渗透。

从具体的语言形式来看，首先表现为出现了大量汉字词，本章共涉及118个词语，其中汉字词69个，固有词30个，外来语10个，混合词9个，汉字词占了56.78%。大量汉字词的出现说明韩国的曲艺领域受到了中国文化的很大影响，外来语相对于其他领域来说也较多，说明西方文化对韩国的曲艺领域也产生了较大影响。

汉字词中有的在汉语中没有同形词，之所以出现这种现象，是因为有的是日源汉字词，如"십팔번(十八番)"，有的是在汉字词基础上形成的汉字合成词，如"근사화면(近寫畫面)、예행연습(豫行演習)、전쟁나발(戰爭喇叭)、연극배우(演劇俳優)、개개명창(個個名唱)、삼현육각(三絃六角)、죽나발(粥喇叭)"，有的是派生汉字词，如"극적(劇的)、생방송(生放送)、당나발(唐喇叭)"。"삽입곡(挿入曲)"的形成也与构词有关，因为汉语有"插曲"，可以直接用"插"作定语，但由于韩国人对汉字认知的不足，所以在借用汉字词形成合成词时一般会在原词后面直接加上其他成分，形成"삽입+곡"结构的合成词。

绝大部分汉字词在汉语里有同形词，其意义与现代汉语里的意义有的一致，但有的并不一致，尤其是"장단(長短)、각색(脚色)"与汉语"长短、脚色"几乎难以在语义上找到什么关联性。

参考文献

汉语文献

白化文, 汉化佛教与佛寺[M], 北京:北京出版集团北京出版社, 2011.

曾文星, 文化与心理治疗[M], 北京:北京医科大学出版社, 2002/2004.

陈建民, 文化语言学说略[A], 邵敬敏, 文化语言学中国潮[C], 北京:语文出版社, 1995:16-27.

戴昭铭, 文化语言学导论[M], 北京:语文出版社, 1996/2010.

方立天, 中国佛教与传统文化[M], 上海:上海人民出版社, 1988a.

方立天, 儒学与佛教[J], 文史知识, 1988b(6):59-64.

费孝通, 美国人的性格[M], 上海:华东师范大学出版社, 2013/2015.

费孝通, 关于对待民族民间文艺遗产的一些意见[A], 1956, 文化与文化自觉[C], 北京:群言出版社, 2016/2017.

费孝通, 寻根絮言[A], 1993, 文化与文化自觉[C], 北京:群言出版社, 2016/2017.

高长江, 文化语言学[M], 沈阳:辽宁教育出版社, 1992.

郭 熙, 中国社会语言学(第3版)[M], 北京:商务印书馆, 2013.

郝雁南, 英语中来自人名的词汇及其修辞特色[J], 河海大学学报(哲学社会科学版), 2001(02):53-56.

胡骑兵, 大众传媒中NBA球员姓名的汉译问题[J], 新闻爱好者, 2009(8, 下半月):97-98.

黄树先, 比较词义探索[M], 成都:四川出版集团, 2012.

姜秀玉, 中朝韩日文化比较[M], 北京:社会科学文献出版社, 2015.

金得榥, 韩国宗教史[M], 北京:社会科学文献出版社, 1992.

金性尧, 闲坐说诗经[M], 北京:北京出版社, 2011/2016.

李 倩, 回锅肉和香菇菜心的语言等级[M], 北京:商务印书馆, 2015.

李庆善, 中国人新论—从民谚看民心[M], 北京:中国社会科学出版社, 1996.

李书崇, 死亡文化[M], 北京:群言出版社, 2015.

李永明, 衡阳方言[M], 长沙:湖南人民出版社, 1989.

联合国教科文组织、世界文化与发展委员会, 文化多样性与人类的全面发展[M], 广州:广东人民出版社, 2006.

林采佑, 韩国道教的历史和问题—有关韩国仙道与中国道教问题的探讨[J], 世界宗教研究, 1997(02):147-152.

林春香、韩莉, 汉魏六朝东方朔形象的演变[J], 东北师大学报(哲学社会科学版), 2018(01):53-58.

林语堂, 吾国与吾民[M], 西安:陕西师范大学出版社, 2003.

刘 畅, 从韩国古代文人名字组合看中华文化的影响[J], 洌上古典研究, 2015(45):91-118.

刘 煜, 英国文化与委婉用语[A], 陈建民、谭志明, 语言与文化多学科研究[C], 北京:北京语言学院出版社, 1993:80-84.

刘宝俊, 社会语言学[M], 北京:科学出版社, 2016.

刘承华, 文化与人格—对中西方文化差异的一次比较[M], 合肥:中国科学技术大学出版社, 2003.

陆正兰, 歌曲与性别:中国当代流行音乐研究[M], 北京:中国社会科学出版社, 2013.

罗常培, 语言与文化[M], 北京:北京出版社, 2011/2016.

罗常培, 中国人与中国文/语言与文化[M], 北京:新星出版社, 2015.

罗剑平, 人口与姓名[M], 哈尔滨:黑龙江美术出版社, 2017.

马未都, 都嘟(第一季)[M], 北京:新星出版社, 2015/2017.

马未都, 都嘟(第二季)[M], 北京:新星出版社, 2016.

马未都, 醉文明+收藏马未都(1)[M], 北京:中信出版社, 2017.

马未都, 醉文明+收藏马未都(2)[M], 北京:中信出版社, 2017.

马未都, 醉文明+收藏马未都(6)[M], 北京:中信出版社, 2017.

毛晓平, 鲁迅与民间美术[J], 鲁迅研究月刊, 2000(09):38-45.

牟宗三, 中国哲学十九讲[M], 长春:吉林出版集团有限责任公司, 2010/2014.

钱冠连, 美学语言学—语言美和言语美(第二版)[M], 北京:高等教育出版社, 2004.

曲彦斌, 民俗语言学新探[A], 陈建民、谭志明, 语言与文化多学科研究[C], 北京:北京语言学院出版社, 1993:354-364.

萨孟武, 《水浒传》与中国社会[M], 北京:北京出版社, 2013/2015.

宋石青, 方位·语义·文化[J], 汉字文化, 1999(03):18-21.

石刚、李丽娜, 核心价值面面观[M], 北京:社会科学文献出版社, 2009.

孙汝建, 汉语性别语言学[M], 北京:科学出版社, 2012.

孙亦平, 道教在韩国[M], 南京:南京大学出版社, 2016.

邵敬敏, 前言[A], 文化语言学中国潮[C], 北京:语文出版社, 1995.

唐晓峰, 文化地理学释义[M], 北京:学苑出版社, 2012.

田 艳, 文化聚合与文化推进[M], 北京:中央民族大学出版社, 2014.

汪大昌, 语言和文化[M], 北京:首都师范大学出版社, 2009/2013.

汪凤炎、郑红, 中国文化心理学(第五版)[M], 广州:暨南大学出版社, 2004/2015.

王恩涌, 文化地理学[M], 南京:江苏教育出版社, 1995.

王 芳, 韩国语前缀语义系统研究[M], 青岛:中国海洋大学出版社, 2013.

王德春, 人名的修辞价值—《人名修辞词典》代序[J], 辞书研究, 1990(05):85-94.

王建华, 文化的镜像—人名[M], 长春:吉林教育出版社, 1990.

韦旭升、许东振, 新编韩国语实用语法[M], 北京:外语教学与研究出版社, 2006/2013.

伍铁平, 比较词源研究[M], 上海:上海外语教育出版社, 2011/2015.

萧国政, 语言的多角视野与应用研究[M], 北京:中国社会科学出版社, 2015.

邢福义, 文化语言学(修订本)[M], 武汉:湖北教育出版社, 2000.

许 晖, 古人原来是这样说话的[M], 青岛:青岛出版社, 2015.

许烺光, 祖荫下—中国乡村的亲属·人格与社会流动[M], 王芃、徐隆德合译, 台北:南
　　　天书局有限公司, 2001.

雅 瑟、青萍, 中华词源[M], 北京:新世界出版社, 2011.

杨 春, 性别语言研究[M], 北京:光明日报出版社, 2010.

咬文嚼字编辑部, 咬文嚼字2003合订本[M], 上海:上海锦绣文章出版社, 2014.

叶舒宪, 中国神话哲学[M], 西安:陕西人民出版社, 2005.

游汝杰, 中国文化语言学刍议[A], 邵敬敏, 文化语言学中国潮[C], 北京:语文出版社,
　　　1995:1-15.

游汝杰、邹嘉彦, 社会语言学教程(第二版)[M], 上海:复旦大学出版社, 2011.

袁 焱, 语言接触与语言演变—阿昌语个案调查研究[M], 北京:民族出版社, 2001.

张博宇, 社会语言学探析[M], 哈尔滨:东北林业大学出版社, 2015.

张清常, 北京街巷名称史话(修订本)[M], 北京:北京语言大学出版社, 2004.

张岩冰, 女权主义论[M], 济南:山东教育出版社, 1998.

张之沧、张岽, 身体认知论[M], 北京:人民出版社, 2014.

张自中, 沉鱼落雁与闭月羞花[J], 文史杂志, 2002(02):53.

赵朴初, 佛教常识答问[M], 北京:北京出版集团北京出版社, 2011/2017.

赵毅衡, 趣味符号学[M], 重庆:重庆大学出版社, 2015.

支顺福, 释名析义—万物名称与中外文化探微[M], 上海:上海外语教育出版社, 2012.

周有光, 语文闲谈(三编)[M], 北京:生活·读书·新知三联书店, 2012.

周振鹤、游汝杰, 方言与中国文化[M], 上海:上海人民出版社, 2015.

朱跃、朱小超、鲍曼, 语言与社会[M], 北京:北京大学出版社, 2015.

朱天顺, 中国古代宗教初探[M], 上海:上海人民出版社, 1982.

朱自清, 经典常谈[M], 北京:北京出版社, 2011/2016.

庄 森, 胡适的文学接触佛教经典进化思想[A], 语言与文化研究(第四辑)[C], 光明日报
    出版社, 2016.

中文译著

(澳)罗伯特·迪克森, 语言兴衰论[M], 朱晓农等译, 北京:北京大学出版社, 2010.

(德)J.G.赫尔德, 论语言的起源[M], 姚小平译, 北京:商务印书馆, 2011.

(德)威廉·冯·洪堡特, 论人类语言结构的差异及其对人类精神发展的影响[M], 姚小平
    译, 北京:商务印书馆, 2011.

(丹)奥托·叶斯柏森, 语法哲学[M], 何勇等译, 北京:商务印书馆, 2011.

(法)西蒙娜·德·波伏瓦, 第二性Ⅰ[M], 郑克鲁译, 上海:上海译文出版社, 2011/2016.

(韩)赵要翰, 韩国人的美[M], 黄红辉译, 济南:山东人民出版社, 2008.

(荷)吉尔特·霍夫斯泰德、格特·扬·霍夫斯泰德, 文化与组织—心理软件的力量(第二
    版)[M], 李源、孙建敏译, 中国人民大学出版社, 2010/2012.

(荷)曼弗雷德·凯茨·德·弗里斯(Manfred F.R.Kets de Vries), 性、金钱、幸福与死亡
    [M], 丁丹译, 北京:东方出版社, 2010/2016.

(加)罗纳德·沃德华, 社会语言学引论(第五版)[M], 雷洪波译, 上海:复旦大学出版社,
    2009.

(美)C.恩伯·M.恩伯, 文化的变异—现代文化人类学通论[M], 杜彬彬译, 沈阳:辽宁人
    民出版社, 1988.

(美)G.墨菲、J.柯瓦奇, 近代心理学历史导引[M], 林芳、王景和译, 北京:商务印书馆,
    2010.

(美)I.戈德伯格, 语言的奥妙——语言入门人人学[M], 张梦井等译, 太原:山西人民出

版社, 2003.

(美)L·罗伯特·科尔斯, 解读韩国人[M], 徐冰译, 北京:中国水利水电出版社, 2004.

(美)Neil R.Carlson, 生理心理学—走进行为神经科学的世界(第九版)[M], 苏彦捷译, 北京:中国轻工业出版社, 2017.

(美)爱德华·霍尔, 无声的语言[M], 何道宽译, 北京:北京大学出版社, 2010/2015.

(美)贝弗莉·黛蒙德, 爱德华王子岛居民音乐生活故事里有关社会性别的诠释[A], 贝弗莉·黛蒙德、皮尔蔻·莫伊萨拉, 音乐和社会性别[C], 谢忠浩译, 上海音乐学院出版社, 2012.

(美)彼得·布鲁克斯, 身体活—现代叙述中的欲望对象[M], 朱生坚译, 北京:新星出版社, 2005.

(美)莱杰·布罗斯纳安, 中国和英语国家非语言交际对比, 毕继万译, 北京:北京语言学院出版社, 1991.

(美)戴维·M.巴斯, 欲望的演化(修订版)[M], 谭黎、王叶译, 北京:中国人民大学出版社, 2011/2016.

(美)丹尼尔·利伯曼, 人体的故事:进化、健康与疾病[M], 蔡晓峰译, 杭州:浙江人民出版社, 2017.

(美)杜安·舒尔茨、西德尼·舒尔茨, 人格心理学—全面·科学的人性思考(原书第10版)[M], 张登浩、李森译, 北京:机械工业出版社, 2016.

(美)段义孚(Yi-Fu Tuan), 空间与地方—经验的视角[M], 王志标译, 北京:中国人民大学出版社, 2017.

(美)菲利普·津巴多、迈克尔·利佩, 态度改变与社会影响[M], 邓雨等译, 北京:人民邮电出版社, 2007/2017.

(美)郭安瑞(AndreaS.Goldman), 文化中的政治—戏曲表演与清都社会[M], 郭安瑞、朱星威译, 北京:社会科学文献出版社, 2018.

(美)金伯莉·J·达夫, 社会心理学—挑战你的成见[M], 宋文、李颖珊译, 北京:中国人民大学出版社, 2013.

(美)卡罗尔·恩贝尔、梅尔文·恩贝尔, 人类文化与现代生活—文化人类学精要(第3版)[M], 周云水等译, 北京:电子工业出版社, 2016.

(美)康拉德·菲利普·科塔克, 人类学—人类多样性的探索(第12版)[M], 王晴锋译, 北京:中国人民大学出版社, 2012/2016.

(美)克利福德·格尔茨, 地方知识—阐释人类学论文集[M], 杨德睿译, 北京:商务印书馆, 2014.

(美)克利福德·格尔茨, 文化的解释[M], 韩莉译, 南京:译林出版社, 2014/2017.

(美)拉里·A·萨默瓦、理查德·E·波特、埃 德温·R·麦克丹尼尔, 跨文化传播(第六版)[M], 闵惠泉、贺文发、徐培喜等译, 北京:中国人民大学出版社, 2013/2017.

(美)理查德·舒斯特曼, 身体意识与身体美学[M], 程相占译, 北京:商务印书馆, 2014.

(美)理查德·谢弗, 社会学与生活(第11版)[M], 赵旭东等译, 北京:世界图书出版公司, 2014/2015.

(美)彼得·里克森、罗伯特·博伊德, 基因之外—文化如何改变人类演化[M], 陈姝、吴楠译, 杭州:浙江大学出版社, 2017.

(美)罗伯特·瑞德菲尔德, 农民社会与文化—人类学对文明的一种诠释[M], 王莹译, 北京:中国社会科学出版社, 2013/2015.

(美)马尔科姆·格拉德威尔, 异类[M], 苗飞译, 北京:中信出版社, 2014/2016.

(美)马修·赫滕斯坦, 心理学家的预测术[M], 曹梦迪译, 北京:当代中国出版社, 2015.

(美)玛格丽特·维萨, 饮食行为学—文明举止的起源、发展与含义[M], 刘晓媛译, 北京:电子工业出版社, 2015.

(美)迈克尔·H.普罗瑟(Michael H. Prosser), 文化对话—跨文化传播导论[M], 何道宽译, 北京:北京大学出版社, 2013.

(美)乔舒亚·贝克尔, 极简[M], 张琨译, 天津:天津人民出版社, 2016.

(美)史蒂芬·平克, 思想本质—语言是洞察人类天性之窗[M], 张旭红、梅德明, 杭州:浙江人民出版社, 2015.

(美)斯塔夫里阿诺斯, 世界通史—1500年以前的世界[M], 吴金平等译, 上海:上海社会科学院出版社, 1988.

(美)维多利亚·弗罗姆金、罗伯特·罗德曼, 语言导论[M], 王大惟等译, 北京:北京语言学院出版社, 1994.

(美)威廉 A.哈维兰、哈拉尔德 E.L.普林斯、邦尼·麦克布莱德、达纳·沃尔拉斯, 文化人类学—人类的挑战[M], 陈相超、冯然译, 北京:机械工业出版社, 2014.

(美)以太·亚奈、马丁·莱凯尔, 基因社会[M], 尹晓虹、黄秋菊译, 南京:江苏凤凰文艺出版社, 2017.

(美)约翰·S.艾伦, 肠子, 脑子, 厨子—人类与食物的演化关系[M], 陶凌寅译, 北京:清华大学出版社, 2013.

(美)约翰·奥莫亨德罗, 像人类学家一样思考[M], 张经纬等译, 北京:北京大学出版社, 2017.

(美)詹姆斯·M.汉斯林(James M.Henslin), 走进社会学—社会学与现代生活(第11版)

[M], 林聚任、解玉喜译, 北京:电子工业出版社, 2016.

(美)赵志裕、康萤仪, 文化社会心理学[M], 刘爽译, 北京:中国人民大学出版社, 2011/2015.

(意)翁贝托·艾柯, 丑的历史[M], 彭淮栋译, 北京:中央编译出版社, 2012/2015.

(英)R.L.特拉斯克, 语言[M], 于东兴译, 南京:南京大学出版社, 2014.

(英)安德鲁·罗宾逊, 唤醒沉睡的文字[M], 杨小麟、张志清译, 北京:北京大学出版社, 2014.

(英)丹尼尔·图德, 太极虎韩国[M], 于志堂、江月译, 重庆:重庆出版集团、重庆出版社, 2015.

(英)克莱尔·吉普森, 如何读懂符号——思索触类旁通的标志意义[M], 张文硕译, 沈阳:辽宁科学技术出版社, 2018

(英)雷蒙德·弗思, 人文类型[M], 费孝通译, 北京:商务印书馆, 2017.

(英)马修·萨伊德(Matthew Syed), 黑匣子思维——我们如何更理性地犯错[M], 孙鹏译, 南昌:江西人民出版社, 2017.

(英)朱尔斯·埃文斯, 生活的哲学——寻找人生意义的12堂哲学课[M], 贝小戎译, 北京:中信出版社集团, 2016/2017.

韩文文献

강명관, 조선풍속사(1)[M], 서울:푸른역사, 2010/2011.

강범모, 공기 명사에 기초한 의미/개념 연관성의 네트워크 구성[J], 한국어의미학, 2010, 32:1-28.

강신룡, 한국적 해학광고의 품격향상에 관한 연구[D], 경기대학교 박사학위논문, 2002.

강신표, 한국문화연구[M], 서울:현암사, 1985.

강신항, 계림유사 교려방언 연구[M], 서울:성균관대학교 출판부, 1990.

강신항, 오늘날의 국어생활[M], 서울:도서출판 박이정, 2007/2008.

강신항, 훈민정음 연구[M], 서울:성균관대학교출판부, 1987/2008.

강준만, 선샤인 논술사전[Z], 서울:인물과사상사, 2007.

강준만, 세계문화의 겉과 속[M], 서울:인물과 사상사, 2012.

강희숙, 드라마 인물의 명명에 대한 사회언어학적 연구[J], 우리말글, 2013(8):1-26.

고종석, 국어의 풍경들[M], 서울:문학과지성사, 1999/2004.

교육부, 고등학교 국어(상)[M], 서울:대한교과서주식회사, 1996.

구현정, 남·여성형 어휘의 사회언어학적 의미[J], 어문학연구, 1995(3):45-75.

구현정, 대화의 기법[M], 서울:한국문화사, 1999.

권혁렬, 광고에 나타난 문화적 가치 유형에 관한 연구[J], 광고PR실학연구, 2013, 6(4):7-31.

규장각한국학연구원, 조선여성의 일생[M], 파주:글항아리, 2010/2011.

금정태, 한국 유학의 탐구[M], 서울:서울대학교 출판부, 1999.

김광언, 한·중·일 세 나라의 농기구 상징 연구[A], 내산한상복교수정년기념논업간행위원회, 한국 문화인류학의 이론과 실천[C], 서울:도서출판 소화, 2000:429-456.

김대중, 김대중 옥중서신:민족의 한을 안고[M], 서울:청사, 1984.

김동진·조항범, 선인들이 전해 준 어원 이야기[M], 서울:태학사, 2001.

김동춘, 대한민국은 왜?[M], 서울:사계절출판사, 2015.

김명희·정은임·김연숙·박현숙, 문학으로 본 옛여성들의 삶[M], 서울:이화문화사, 1992.

김무림, 한국어 어원사전[M], 서울:지식과 교양, 2012.

김미형·김형주·엄소영·최기호, 한국어와 한국 사회—한국어를 통해 들여다본 한국인의 자화상[M], 서울:한국문화사, 2013.

김상근, 한국의 한자수용 역사와 방법[J], 중국어문학, 1990(1):281-311.

김선희, 여성어에 대한 고찰[J], 목원대학 논문집, 1991, 19:111-127.

김선희·이석규, 남성어·여성어에 관한 연구[J], 어문학 연구, 1992(2):35-74.

김숙현·김평희·박기순·신인아·이두원·정현숙·최윤희, 한국인과 문화간 커뮤니케이션[M], 서울:커뮤니케이션북스, 2001/2007.

김순배, 한국 지명의 문화정치적 변천에 관한 연구[D], 한국교원대학교 박사학위논문, 2009.

김슬웅·김불근·신연희, 뜻 깊은 큰 소리 한글이름[M], 서울:다른우리, 2002.

김영심, 《사씨남정기》를 통해 본 조선후기 양반사대부의 가문의식[J], 이태진교수 정연기념논총 간행위원회, 시대와 인물, 그리고 사회의식(C), 2009:386-415.

김왕직, 알기 쉬운 한국건축 용어사전[M], 서울:동녘, 2007.

김용경, 토박이말 가게 이름에 나타난 특징 연구[J], 겨레어문학, 2005(34):27-58.

김윤학, 가게.물건.상호 상품 이름 연구:국어 순화와 말글 정책을 위하여[M], 서울:과학사, 1988.

김정태, 고유어 인명의 명명 특징[J], 인문학연구(1), 2012:87-111.

김종대, 우리문화의 상징세계[M], 서울:도서출판 다른세상, 2001/2003.

김태균, 빨리 빨리와 전통사상[M], 서울:도서출판 양림, 2007.

김혜숙, 성별에 따른 '네'와 '예'의 사용과 변화 양상[J], 언어연구, 2009(1):85-101.

김혜숙, 현대국어의 사회언어학적 연구[M], 서울:태학사, 1991.

김혜영·하승완, 사적대화에서 성별에 따른 의문형 발화 분석[J], 화법연구, 2011, 18:189-214.

김홍식, 조선궁궐의 막새기와 문양과 장식기와[M], 서울:민속원, 2009.

나은미, 언어 표현 전략[M], 서울:도서출판 박이정, 2009.

남풍현, 한국인의 이름의 변천[J], 새국어생활, 1991:57-75.

노대규, 한국어 화용의미론[M], 서울:국학자료원, 2002.

노명우, 세상물정의 사회학---세속을 산다는 것에 대하여[M], 파주:사계절, 2013/2015.

鈴木孝雄, 언어로 살펴본 일본 문화[M], 서울:소화, 2005

문금현, 고유어 이름에 대한 고찰[J], 새국어교육, 2003(66):119-149.

민현식, 국어 남녀 언어의 사회언어학적 특성 연구2[J], 사회언어학, 1997(2):561-587.

민현식, 국어의 여성어 연구[J], 아시아여성연구, 1995(34):7-64.

박갑수, 언어·문학·문화, 그리고 교육 이야기[M], 서울:역락, 2015.

박갑수, 우리말 우리 문화(상)[M], 서울:역락, 2014.

박갑수, 한국어교육과 언어문호 교육[M], 서울:역락, 2013.

박근혜, 평범한 가정에 태어났더라면[M], 서울:남송, 1993.

박동근, 한국어 어휘 연구의 새로운 모색[M], 서울:소통, 2008.

박동석, 중한대비어문론(하)[M], 서울:한국문화사, 2003.

박룡운, 고려시기의 통문관(사역원)에 대한 검토[J], 한국학보, 2005(3):2.

박병철, 고유어 지명의 한자어화 과정과 그 대립 양상에 관한 연구[J], 새국어교육, 2009(82):483-510.

박병철, 지명어의 한역화 유형에 관한 연구: 제천 지역 지명 자료 분석을 바탕으로[J], 지명학논문선, 2007:449-470.

박성현, 신문광고에 나타난 성(性)이미지 변화에 관한 연구:1961년에서 2011까지 조선일보를 중심으로[D], 홍익대학교 박사학위논문, 2012.

박영순, 한국어의 사회언어학[M], 서울:한국문화사, 2001/2007.

박영준.시정곤·정주리·최경봉, 우리말의 수수께끼[M], 서울:김영사, 2002.

박유희·이경수·차재은·최경봉, 우리말 오류사전[M], 서울:경당, 2003/2005.

박은하, 텔레비전 광고에 나타난 성별차이어의 인식 조사[J], 사회언어학, 2007(2):57-84.

박을수, 시조문학에 까친 한문학의 영향(Ⅱ)-인명·지명고[J], 어문논집, 1970:7-45.

박철수, 아파트의 문화사[M], 서울:살림, 2006.

박태순, 장인[M], 서울:현암사, 2009/2010.

박희병·정길수, 전란의 소용돌이 속에서—천년의 우리 소설3[M], 파주:돌베개, 2007.

方香玉、李相雨, 中韓 人名에 대한 비교 고찰[J], 중국인문과학, 2011(49):163-183.

서상규, 외국인을 위한 한국어 학습사전[M], 서울:신원프라임, 2006.

서정범, 어원벼곡[M], 서울:범조사, 1986.

서정범, 한국 특수어 연구[M], 서울:유씨엘, 2005.

서정수, 우리 이름의 변천 과정[J], 한글 새소식, 1993(247).

송기호, 종 부리고 말 타고-송기호 교수의 우리 역사 읽기02[M], 서울:서울대학교출판
　　문화원, 2009/2010.

송철의, 국어의 파생어형성 연구[M], 국어학회(국어학 총서18), 서울:태학사, 1992.

심재기·조항범·문금현·조남호·노명희·이선영, 국어 어휘론 개설[M], 서울:지식과교
　　양, 2011.

안동연·김재수, 한글이름의 파동이 인체와 생체에너지장에 미치는 효과[J], 한국어정
　　보학, 2012 (2):25-47.

안병희, 초기 한글 표기의 고유어 인명에 대하여[J], 한국언어학회 언어학, 1977(2):65-
　　72.

양명희, 인명의 특징과 그에 대한 언어 태도 연구[J], 한국어학, 2012, 55:239-266.

엄경옥, 현대 한국어 청자대우법의 사회언어학적 연구[D], 중앙대학교 박사학위논문,
　　2008.

오주석, 옛 그림 읽기의 즐거움(2)[M], 서울:솔, 2006/2011.

오주석, 오주석의 한국의 미 특강[M], 서울:솔, 2003/2011.

왕문용, 국어와 의사소통[M], 서울:한국문화사, 2008.

왕한석, 한국어와 한국사회[M], 파주:(주)교문사, 2008.

유동식, 한국무교의 역사와 구조[M], 서울:연세대학교출판부, 1992.

이광숙, 사회 계층과 작명[J], 어학연구, 1981(1):85-94.

이광호, 미지의 '이'를 찾아서[J], 어문학논업, 1986(5):67-83.

이규태, 한국인, 이래서 잘산다[M], 서울:신원문화사, 1999/2000.

이규태, 한국인의 의식구조(1)[M], 서울:신원문화사, 1983/2011.

이규태, 한국인의 의식구조(2)[M], 서울:신원문화사, 1983/2011.

이규태, 한국인의 의식구조(3)[M], 서울:신원문화사, 1983/2011.

이규태, 한국인의 의식구조(4)[M], 서울:신원문화사, 1983/2011.

이규태, 한국인의 힘(2)[M], 서울:신원문화사, 2009.

이능우, 한국 여성어 연구[J], 아세아여성연구, 1971, 10:71-82.

이동희, 동아시아 삼국의 한자문화의 역사와 미래 전망[J], 동서인문학, 2015(6):7-35.

이문규, 국어교육의 이념과 어휘 교육의 방향[J], 배달말, 2003, 32:383-402.

이병혁, 언어사회학 서설:이데올로기와 언어[M], 서울:까치, 1986/1993.

이성범, 음식과 언어[M], 서울:서강대학교 출판부, 2013.

이성희, 원격교육에서 인성교육을 위한 방안에 관한 연구[D], 경희대학교석사학위논문, 1999.

이어령, 뜻으로 읽는 한국어사전[M], 서울:문학사상, 2002/2011.

이어령, 흙 속에 저 바람 속에[M], 서울:문학사상, 2002/2018.

이을환, 한국인의 의식구조와 국어순화 방안연구[J], 논문집, 1978, 18:249-281.

이정영옥, 성찰별적 호칭의 문화적 의미와 영향[J], 커뮤니케이션학 연구, 2004(12-1):4-21.

이현희 외, 이야기 한국사[M], 파주:청아출판사, 2006/2016.

이화연, 한국의 여성언어를 통해 본 여성의 사회문화적 위치에 대한 연구[J], 사회연구, 2004(2):237-259.

임홍빈, 국어의 여성어(국어사 자료와 국어학의 연구)[M], 서울:문학과 지성사, 1993.

장소원·남윤진·이홍식·이은경, 말의 세상, 세상의 말[M], 서울:도서출판 월인, 2002/2003.

장승욱, 재미나는 우리말 도사리[M], 서울:하늘연못, 2004/2005.

장태진, 국어 병렬 어순의 유형 및 그 사외언어학적 규칙과 패턴[J], 사회언어학, 2008(1):265-298.

전혜영, 한국어 공손표현의 의미[J], 한국어 의미학, 2004, 15:71-91.

정경희, 문체와 의미[A], 박갑수 편저, 국어문체론[C], 서울:대한교과서(주), 1994.

정길남, 국어 표현 연구[M], 서울:한국문화사, 2006/2007.

정동준, 주민증에서 한자이름 없애면 큰일난다[J], 한국논단, 2006, 199:134-139.

정재호, 가사에 나타난 중국인명고[J], 어문논집, 1967(1):88-122.

조남민, 여성어의 변화에 관한 연구[J], 한민족문화연구, 2010, 33:143-181.

조항범, 국어 어원론(개정판)[M], 청주:충북대학교 출판부, 2014.

조항범, 그런 우리말은 없다[M], 서울:태학사, 2005.

조현용, 한국어, 문화를 말하다-한국어 문화 언어학 강의[M], 서울:도서출판 하우, 2017.

조흥윤, 무교사상사[A], 김홍철·김상일·조흥윤, 한국종교사상사(4)[C], 서울:연세출판사, 1992.

주간형, 우리문화의 수수께기(2)(개정판)[M], 서울:한겨레신문사, 2004.

채서영, 한국인의 영어 이름 사용실태와 작명 방식 변화에 대한 영어의 영향[J], 사회언어학, 2004(1):261-277.

천소영, 우리말의 문화 찾기-고유어 어원에 담긴 한국문화[M], 서울:한국문화사, 2007/2010.

천소영, 우리말의 속살-우리가 꼭 알아야 할 재미있는 어원 이야기[M], 서울:창해, 2000.

천소영, 한국어와 한국문화[M], 서울:도서출판 우리책, 2005.

崔桂华, 조선초기 한어문정책 연구[D], 서울대학교 박사학위논문, 2012.

최기호, 최기호 교수와 어원을 찾아 떠나는 세계 문화여행 아시아편[M], 서울:박문사, 2009.

최범훈, 한자차용 표기체계 연구[M], 서울:동국대학교 한국학연구소, 1977.

최상진, 한국인의 심리특성[A], 한국심리학회 편, 한국심리학의 이해[C], 서울:학문사, 2003.

최재웅, 격률의 의도적 위반이 유발하는 함축의 귀추법적 추론[J], 언어연구, 2009, 30:111-127.

최지훈, 한국어 관용구의 은유·환유 연구[M], 서울:혜안, 2010.

최창렬, 어원의 오솔길[M], 서울:한국학술정보(주), 2002/2003.

최창렬, 우리 속담 연구[M], 서울:일지사, 1999.

최창렬, 우리말 어원연구[M], 서울:일지사, 1986.

한국학중앙연구원, 한국향토문화전자대전[M], (网络版): http://www.grandculture.net/.

한글학회, 큰사전(제6권)[Z], 서울:을유문화사, 1957.

한나래·강범모, 세종 구어 코퍼스를 이용한 성별, 사용역별 언어 사용 차이의 연구[J], 한국언어정보학회, 여름학술대회 발표문, 2009.

한승억, 가련하고 정겨운 조선-프랑스인 본 한국[A], 김태준 외, 문학지리·한국인의 심상공간[C], 서울:논형, 2005:424-443.

허 웅, 우리 옛말본[M], 서울:샘문화사, 1975.

허의도, 낭만아파트[M], 서울:플래닛미디어, 2008.

허재영, 금기어의 구조 및 발생 요인[A], 조선대학교 BK21, 언어와 금기[C], 서울:역락, 2015:77-108

홍동식, 韓国俗谈的中国文化渊源考察[J], 中国语文论业, 2001:91-110.

홍민표, 언어행동문화의 한일비교[M], 서울:한국문화사, 2010.

黒田勝弘(구로다 가쓰히로), 한국인 당신은 누구인가[M], 조양욱 옮김, 서울:모음사, 1983/1985.

其他外文文献

홍민표, 日韓の言語の理解[M], 東京:風間書房, 2007.

Allport, G. W., Pattern and Growh in Personality[M], New York:Macmillan, 1961.

Andreoletti, C., Zebrowitz, L.A., & Lachman, M.E., Physical appearance and control beliefs in young, middle-aged, and older adults[J], Personality and Social Psychology Bulletin, 2001(27):969-981.

Anthony Giddens, 현대성과 자아정체성[M], 권기돈 역, 서울:새물결, 1997.

Chaika, Elaine., Language, the Social Mirror[M], Rowley, MA:Nevbury House Publishers, Inc.1982.

Cosgrove, D. & Jackson, P., New Directions in the Cultural Geography[J], Area, 1987(19-2):95-101.

Dirk Geeraerts, Theories of Lexical Semantics[M], Oxford: Oxford University Press, xix+341, 2010. (어휘의미론의 연구 방법:역사의미론에서 인지의미론까지, 임지룡·김동환, 대구:경북대학교출판부, 2013.)

Eakins & Eakins., Sex differences in nonverbal communication,In Samovar and Porter(eds.)Intercultural Communication: A Reader(5th ed)[M]. Belmont, CA: Wadsworth Publishing, 1982.

Geert Hofstede, Gert Jan Hofstede, Michael Minkov, 세계의 문화와 조직(Cultures and Organizations, 3rd ed, 2010)[M], 차재호.나은영 공역, 서울:학지사, 2014.

Holmes, J., An Introduction to Sociolinguistics[M], New York:Longman, 2001.

Kalcik, S., 'ike Ann's Gynaecologist or the Time I Was Almost Raped '-Personal Narraties in Women's Rape Groups[J], Journal of American Folklore, 1975(88):3-11.

Lakoff, Robin Tolmach, 여자는 왜 여자답게 말해야 하는가(Language and woman's place)[M], 강주헌역, 서울:고려원, 1991.

Langlois, J. H. & Roggman, L.A., Attracive faces are only average[J], Psychological Science, 1990(1):115-121.

Marriott Mckim, Little Communities In An Iandigenous civilization[J],American Anthropolgist,1955(17):2-22.

Milroy.L., Language and Social Networks[M], Oxford:Basil Balckwell, 1980.

Perlman, Ken., And It Was Good Pastime:Old Time Fiddling on Prince Edward Island[J], The Island Magazine, 1994(35):23-30.

Raghavan, V., Adult Education in Ancient India[M], Memoirs of the Madras:Library Association, 1944:57-65.

Romaine, S., Sociollinguistics[A], In R. E. Asher(editor in chief), The Encyclopedia of Language and Linguistics[C], Oxford:Pergamon, 1994.

Sankoff, G., A quantitative paradigm for the study of communicative ComPetence[A].In:Bauman, R.; Sherzer, J.(eds.) Explorations in the Ethnography of Speaking[C], Cambridge: Cambridge University Press, 1974:18-50.

Shaules, J., Deep culture:The hidden challenges of global living[M], Clevedon, UK:Multilingual matters, 2007.

Siegman, Aaron W.& Feldstein S., Nonverbal Behavior and Communication[M], 2nd ed.Hillsdale, NJ:Lawrence Erlbaum, 1987.

Trudgill, P., Sociolinguistics:AnIntroduction[M], Harmondsworth:Penguin, 1974.

Trugill , P., Sex, covert prestige and linguistic change in the urban Norwich in Britain English of Norwich[J], Language in Society, 1972 ,1(2):179-195.

Wolfram, W., A Sociolinguistic Description of Detroit Negro Speech[M], Arlington, VA: Center for Applied Linguistics, 1969.

Yaguello, Marina, Lesmots et les femmes[M], Paris:Payot, 1978.

王芳(왕방)

1975年生，女，山东泰安人，文学博士，现为山东师范大学副教授，硕士生导师。主要研究方向为语义学、中韩语言对比。

近年来，在《外语教学与研究》《解放军外国语学院学报》《东疆学刊》以及韩国核心期刊上发表论文多篇。在商务印书馆出版《韩国语汉字词与汉语词对比研究》(专著)、《韩国语汉字词学习词典》(编著)，在中国海洋大学出版社出版《韩国语前缀语义系统研究》(专著)。先后主持两项国家社科基金后期资助项目，分别是《韩国语汉字词与汉语词的对比研究》(2015-2018)、《认知语言学视域下的韩国语研究》(2020，在研)，主持并完成"海外韩国学"项目"以中国人为对象的韩国语汉字词学习词典的编撰及相关课程的开设"(2012-2015)。

王波(왕파)

1975年生，男，山东诸城人，特殊教育学博士，现为潍坊学院特教幼教师范学院教授，主要研究方向为特殊教师教育、特殊教育。

近些年来，在《光明日报(理论版)》《中国特殊教育》等发表专业论文30余篇，主持2017年度国家社科基金后期资助项目《特殊教育教师评价》一项、2017年度中国残联盲文项目一项，参与课题项目10余项。

韩国精神文化语言学

초판 인쇄 2022년 7월 12일
초판 발행 2022년 7월 28일

지 은 이　왕방(王芳) 왕파(王波)
펴 낸 이　이대현

책임편집　이태곤
편　　집　문선희 권분옥 임애정 강윤경
디 자 인　안혜진 최선주 이경진
기획/마케팅　박태훈 안현진

펴 낸 곳　도서출판 역락
주　　소　서울시 서초구 동광로46길 6-6 문창빌딩 2층(우06589)
전　　화　02-3409-2055(대표), 2058(영업), 2060(편집) FAX 02-3409-2059
이 메 일　youkrack@hanmail.net
홈페이지　www.youkrackbooks.com
등　　록　1999년 4월 19일 제303-2002-000014호
字　　數　364,034字

ISBN 979-11-6742-325-2 93710